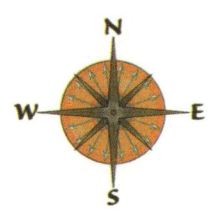

让孩子受益一生的

十万个为什么

①

陈星海 / 编

中国华侨出版社

图书在版编目（CIP）数据

让孩子受益一生的十万个为什么：全4卷 / 陈星海编. — 北京：中国华侨出版社，2012.8（2019.7 重印）

ISBN 978-7-5113-2741-3

Ⅰ. ①让… Ⅱ. ①陈… Ⅲ. ①科学知识—少儿读物 Ⅳ. ① Z228.1

中国版本图书馆 CIP 数据核字（2012）第 177023 号

让孩子受益一生的十万个为什么（全4卷）

编　　者：陈星海
出 版 人：方　鸣
责任编辑：高文喆
封面设计：中英智业
文字编辑：戴　楠
美术编辑：宇　枫
经　　销：新华书店
开　　本：889 毫米 ×1194 毫米　1/10　总印张：48　总字数：580 千字
印　　刷：北京德富泰印务有限公司
版　　次：2013 年 1 月第 1 版　2019 年 7 月第 2 次印刷
书　　号：ISBN 978-7-5113-2741-3
定　　价：198.00 元（全 4 册）

中国华侨出版社　北京市朝阳区静安里 26 号通成达大厦三层　邮编　100028
法律顾问：陈鹰律师事务所
发 行 部：（010）65934348　　传真：（010）88866079
网　　址：www.oveaschin.com
E-mail：oveaschin@sina.com

如发现印装质量问题，影响阅读，请与印刷厂联系调换。

前 言
FOREWORD

为什么太空是黑的？为什么沙漠中会有绿洲？为什么极地上空有臭氧洞？为什么地球霸主恐龙会灭绝？为什么向日葵总是追随太阳？为什么说勤用脑可防老？为什么中国人自称是炎黄子孙？为什么古代文人称为骚客？为什么金字塔前要造狮身人面像？为什么磨刀的时候要加点水？为什么隐形飞机能隐形？为什么咖啡不宜多喝……这些问题的答案或富含科学文化知识，或蕴含大自然的神奇奥秘，或标示人类社会发展的里程碑……寻求这些答案，是好奇和求知的天性使然。《十万个为什么》正是为满足人们的这种需求而诞生的。

最早的《十万个为什么》产生于20世纪60年代，是一批富有使命感的学者奉献给亿万青少年的一部经典的通俗科普读物。自从它问世以来，便因其独特的体例、丰富的知识涵量，深受广大青少年朋友的喜爱，至今销量已累积超过亿册，是我国发行量最大的科普类图书。《十万个为什么》影响了中国几代人，各种版本也层出不穷。然而时代在进步，知识在不断更新，必须不断改进，及时更新、补充和调整，并注入更多的新鲜元素，才能满足广大读者日益增长的阅读需求，正是基于这样的考虑，我们重新编撰更新了这一科普经典。

本书在内容上集思广益，突破了单纯的科普读物的限制，而扩展为融自然科学与人文知识于一体，精选了最有用、最有趣、读者最感兴趣的800多个问题。全书共分为四卷，第一卷"天与地的奥妙"，分为宇宙、地球、环境三大方面；第二卷"生命万象"，分为动物、植物、人体三大方面；第三卷"全球视野下的人文世界"，分为历史、文学、艺术三大方面；第四卷"科技指引生活"，分为数理化、应用技术、生活健康三大方面。天文、地理、生命、人文、科技，涵盖面广，包罗万象，总体来看就像一个图书馆，不仅给读者最基础最经典的科学知识，并且增补了近年来各领域的最新研究成果。

丛书仍沿用经典的体例形式，将各个领域的问题以"为什么"的形式逐一提出，引导读者的好奇心并启发思考，随后用通俗简洁的语言做出准确到位的解答，答疑解惑，加深读者印象；在内容编排上结合青少年的知识结构和阅读习惯，注重各条目间的内在联系和逻辑顺序；还设有关键词和名词解释栏目，帮助读者抓住每个条目的关键，对专业术语进行专业解释，扫除阅读障碍，更好地理解吸收。另外，本书还设置了知识链接栏目，或是实用性较强的提示说明，或是对相关知识的补充延伸，既活跃了阅读氛围，又充实了知识内容。这些人性化的设计，都增加了丛书的可读性。

同时，数百幅精美的彩色图片，或为生活中的实景照，或为简笔手绘图，或为原理展示图，或为解释详尽的分解图，图片与文字相辅相成，对相关内容进行说明和补充，使知识变得直观易懂，让读者在接受全面的知识的同时，获得更加鲜明而具体的认知。加上科学的体例、新颖的版式和先进的装帧设计，全力打造学习自然科学和人文知识的理想读本，带领读者步入轻松、有趣、绚烂的彩色读书之旅。

发问是获得知识的门路，解惑是传统的授业之道。我们真诚希望这套书，能为提高青少年的科学人文素养，打开一扇通往未来的大门。希望广大读者能在阅读过程中，在浩瀚多姿的知识世界里，获得知识，激发灵感，同时收获心灵的愉悦，精神的富足，保持身心的健康，快乐而充实地成长。

目 录
CONTENTS

宇宙真奇妙

1. 为什么说宇宙比我们想象的要大得多？ …………………… 002
2. 为什么把星系称为"宇宙岛"？ ……………………………… 003
3. 太阳为什么不是宇宙的中心？ ………………………………… 003
4. 为什么星际间不是空无一物的？ ……………………………… 004
5. 太空为什么是黑的？ …………………………………………… 005
6. 为什么不是所有的星星都发光？ ……………………………… 007
7. 星星为什么会有明暗的不同？ ………………………………… 008
8. 为什么"黑洞"是神秘的？ …………………………………… 009
9. 为什么"白洞"还只是理论上的名词？ ……………………… 010
10. 恒星为什么并不永恒？ ………………………………………… 011
11. 彗星为什么拖着一条"长尾巴"？ …………………………… 012
12. 地球为什么能安然穿过彗星的"尾巴"？ …………………… 013
13. 为什么说流星是地球的"常客"？ …………………………… 013
14. 天狼星为什么是全天最亮的星星？ …………………………… 014

15. 北极星为什么不永远在北极？ …… 015
16. 太阳为什么会发光发热？ …… 016
17. 为什么太阳总有一天会消失？ …… 017
18. 太阳系中的行星为什么都在绕太阳旋转？ …… 018
19. 为什么称水星为太阳的"月亮"？ …… 019
20. 金星上看太阳为什么会西升东落？ …… 020
21. 金星上的温度为什么特别高？ …… 021
22. 火星为什么呈火红色？ …… 022
23. 为什么木星又被称为"小太阳系"？ …… 023
24. 为什么木星表面有"大红斑"？ …… 023
25. 土星为什么有美丽的光环？ …… 025
26. 天王星为什么有一颗"冷酷的心"？ …… 026
27. 为什么海王星的发现是个意外？ …… 026
28. 冥王星为什么被降级？ …… 028
29. 为什么地球没有光环呢？ …… 029
30. 月亮为什么有圆缺变化？ …… 030
31. 月球为什么会引起地球上的潮汐现象？ …… 031
32. 月球的另一面为什么看不见？ …… 032
33. 火箭的燃料为什么与众不同？ …… 033
34. 为什么火箭外部要涂上特殊的材料？ …… 034
35. 为什么卫星发射有"窗口"？ …… 034
36. 为什么要发射人造卫星？ …… 035
37. 气象卫星为什么被称为"空中千里眼"？ …… 036
38. 为什么要提出"人造太空球"计划？ …… 037

39. 科学家为什么要实施卫星撞月？ …… 038

40. 航天器为什么能返回地面？ …… 039

41. 宇航员为什么要穿航天服？ …… 040

42. 为什么在太空吃一顿饭是不容易的？ …… 041

43. 为什么在太空洗漱是一件很麻烦的事情？ …… 042

44. 为什么天文望远镜越大越好？ …… 043

45. 为什么说加加林是遨游太空第一人？ …… 044

46. "阿波罗工程"为什么具有划时代的意义？ …… 045

47. 为什么要发射"旅行者号"探测器？ …… 046

48. "凤凰号"为什么采用推进降落方式着陆？ …… 047

49. "神舟号"飞船为什么只在一定条件下发射？ …… 048

50. 为什么说"嫦娥二号"卫星是先导星？ …… 049

51. 美国为什么要停飞航天飞机？ …… 050

52. "好奇号"火星车为什么选择陨石坑作为着陆点？ …… 051

53. 中国为什么要发射"天宫一号"？ …… 052

54. 为什么说太阳帆飞船是航天技术的一个突破？ …… 053

55. GPS系统为什么能全球定位？ …… 054

56. 欧洲为什么要实施"伽利略计划"？ …… 055

57. 为什么说北斗卫星导航系统是重要的？ …… 056

58. 印度为什么要大力发展"一箭多星"技术？ …… 057

59. 美国为什么要计划建设"太空加油站"？ …… 059

60. 为什么说太空旅游并不是梦？ …… 060

61. 为什么要进行"火星-500"试验？ …… 061

62. 美国为什么要制造"猎户座"飞船？ …… 062

揭开地球的神秘面纱

1. 为什么说地球内部是由若干圈层构成的? ………… 064
2. 地壳为什么不"安稳"? ………… 065
3. 为什么放射性元素能测量地球年龄? ………… 065
4. 为什么说地壳是复杂的? ………… 066
5. 为什么会形成大陆架? ………… 067
6. 地球上为什么有水循环? ………… 068
7. 为什么地下水冬暖夏凉? ………… 069
8. 为什么会形成石灰岩溶洞? ………… 070
9. 大河入海处为什么往往有三角洲? ………… 071
10. 为什么沙漠中会有绿洲? ………… 072
11. 鸣沙为什么会发出响声? ………… 073
12. 为什么会形成间歇泉? ………… 074
13. 为什么说地热是取之不尽的新能源? ………… 075
14. 盐湖为什么这么多盐? ………… 076
15. 石头为什么能浮在水面上? ………… 077
16. 火山为什么会爆发? ………… 078
17. 为什么说火山带给人类的不仅仅是灾难? ………… 080
18. 为什么会有地震? ………… 081
19. 为什么说地震是引发海啸的主要原因? ………… 082
20. 天空中的云朵为什么掉不下来? ………… 083
21. 为什么会下雨? ………… 084
22. 为什么清晨常常会起雾? ………… 085

23.为什么霞能预兆天气？ ……………………………… 086

24.为什么会刮风？ ……………………………………… 087

25.为什么会形成龙卷风？ ……………………………… 088

26.西北风为什么那么冷？ ……………………………… 089

27.台风为什么产生在热带海洋上？ …………………… 090

28.天空为什么会出现打雷和闪电？ …………………… 091

29.为什么雷雨前天气异常闷热？ ……………………… 092

30.炎热的夏季为什么会下冰雹？ ……………………… 093

31.为什么晴天夜里会很冷？ …………………………… 094

32.为什么秋天会"秋高气爽"？ ……………………… 095

33.为什么下雪不冷化雪冷？ …………………………… 096

34.为什么会出现冻雨？ ………………………………… 098

35.为什么会有寒潮？ …………………………………… 099

36.海平面为什么也会高低不平？ ……………………… 100

37.海洋中为什么会有"淡水井"？ …………………… 101

38.小瓶子为什么能漂洋过海？ ………………………… 102

39.海水为什么又咸又苦？ ……………………………… 103

40.海洋为什么不会完全结冰？ ………………………… 104

41.为什么说冰川都融化了会很糟糕？ ………………… 105

42.为什么会形成喜马拉雅山？ ………………………… 106

43.为什么会出现东非大裂谷？ ………………………… 107

44.为什么会形成北美五大湖？ ………………………… 108

45.为什么波浪岩是奇特的？ …………………………… 109

46.死海为什么会"死"？ ……………………………… 110

47.波罗的海的海水为什么最淡？ ………………………… 111

48.亚马孙平原为什么能成为世界上最大的低地平原？ ……… 112

49.南极冰盖为什么会移动？ ………………………………… 114

50.为什么说黄龙钙华景观是人间致景？ …………………… 115

51.为什么会形成大石围天坑？ ……………………………… 116

52.为什么会形成长白山天池？ ……………………………… 117

1. 为什么说宇宙比我们想象的要大得多？

◇ **名词解释** 宇宙：最早出自《庄子》一书，"宇"指空间，"宙"指时间，宇宙就是空间、时间以及物质和能量的综合体。

晴朗的夜晚，每当我们仰望星空，总会被那深邃无垠的宇宙深深吸引。仅在我们有限视野中的宇宙就已经如此浩瀚了，真实的宇宙该有多大啊！

从广义上来讲，宇宙指实际的宇宙。有科学家推算出宇宙的两头相距至少780亿光年（光在真空中行走780亿年的距离），也就是说，实际宇宙的直径大小至少有780亿光年。从狭义上来讲，宇宙指的是人类所能观测到的宇宙。从

● 画家笔下的绚丽夜空

最新的资料来看，人类已观测到的最远的星系与地球之间的距离有130亿光年。说得再明确一些，我们今天所知的宇宙范围是一个以地球为中心、以130亿光年为半径的球形空间。而我们人类居住的银河系，其直径就有约10万光年。

在银河系中，充斥着两千多亿颗恒星、数千个星团和星云，这些天体巧妙而有规律地相互组合，多个天体构成星系，多个星系再构成星系团。其中太阳位于距银河系中心2.3万光年的地方。目前观测到的像银河系这样的星系，在宇宙中有约1250亿个之多。这样看来，宇宙应该是很大了，然而这也只是人类目前所能观测到的宇宙的大小，实际的宇宙要比这大得多！

2.为什么把星系称为"宇宙岛"?

◇ **名词解释**　银河系：我们太阳系所在的恒星系统，包括上千亿颗恒星和大量的星团、星云等物质。

河外星系：指银河系以外的其他星系。

茫茫宇宙中分布着大量的星体及各类星际物质。

就像烟波浩渺的大海是由无数颗水滴组成的一样，宇宙中的星体和星云等各类星际物质的数量之巨也是超乎人们想象的。

根据天文学家的观测，在苍茫的宇宙空间里，分布着至少超过1000亿个星系。每个星系大概由近1000亿颗恒星，以及弥漫于星际间的大量的气体和尘埃组成，每颗恒星的体积都可能和我们的太阳一样大。包括我们所在的银河系在内的每一个星系只是千亿个星系大家庭中的普通一员，如同宇宙汪洋中的一个小岛。因此，星系又被称为"宇宙岛"。

◎ **宇宙链接：**

关于宇宙的起源，科学家曾提出一个"大爆炸"理论。按照大爆炸理论，宇宙起源于一个"奇点"。所谓"奇点"，实际上是一个数学的描述，它的特征是体积无限小、质量无限大、密度无限大、时空曲率无限大。然而突然有一天，这个奇点发生了改变（爆炸），它不再是一个点，而是产生了时间和空间的结构，这个时空结构就是宇宙的开端。

3.太阳为什么不是宇宙的中心?

◇ **名词解释**　地心说：即认为地球是宇宙中心的一种学说。

日心说：即太阳是宇宙中心的学说，由波兰天文学家哥白尼提出。

在古代，人们曾一度把地球当做宇宙的中心。古希腊时期，天文学家托勒密把"地心说"的模型发展完善。后来,"地心说"被天主教所接纳,成为其世界观的"正统理论"。16世纪,波兰天文学家哥白尼提出了"日心说"的宇宙模型,即太阳是不动的,位于宇宙中心;地球是运动着的球体;行星围绕太阳运动。"日心说"的提出,动摇了天主教的宗教权威,遭到了教会的猛烈攻击。

  随着天文学的发展进步,我们发现:不但地球、太阳不是宇宙的中心,即使浩瀚的银河系都可能只是宇宙一个偏远的地方。那么,宇宙的中心究竟在哪里呢?有一种说法认为,宇宙的中心不仅和空间有关,还和时间有关,它可能在几百亿光年之外,也同时在几百亿光年之前,只是我们无法到达。另外一种说法则认为,宇宙是不断膨胀的,处于不断的变形之中,因此不存在一个宇宙中心的说法。还有一种说法认为,宇宙的中心就是宇宙大爆炸的奇点。从目前的研究来看,我们既无法判断这些说法正确,也无法判断它们错误,还有待于进一步的研究。

4.为什么星际间不是空无一物的?

◇ **名词解释**　星云:指宇宙中除行星和彗星外的几乎所有延展型天体,主要成分是氢,其次是氦。

  星体之间广阔无垠的空间也许是寂静的,但绝对不是空无一物的。在这里存在着包括星际气体、尘埃和粒子流等星际物质。

  1758年8月28日,法国天文爱好者梅西耶观测到,在恒星间有一个没有位置变化的云雾状斑块。梅西耶的发现引起了英国著名天文学家威廉·赫歇尔的高度注意。在经过长期的观察核实后,赫歇尔将这些云雾状的天体命名为"星云"。

  "星云"并不是云,而是由星际气体、尘埃和粒子流等物质组成的,人们将这类物质叫做"星际物质"。星际气体主要由氢和氦两种元素构成,这跟恒星的成分是一样的;星际尘埃则是一些很小的固态物质，包括碳合物、氧化物等。星际物质在宇宙空间中的分布并不均匀。在引力作用下，某些地方的气体和尘埃可能相互吸引而密集起来，形成云雾状。因此，人们形象地把它们叫做"星云"。按照形态，银河系中的星云可以分为弥漫星云、行星状星云等几种。弥漫星云没有明显的边界，形状也不规则。它们的直径在几十光年左右，平均密度为每立方厘米10至100个原子，主要分布在银道面附近。比较著名的弥漫星云有猎户座大星云、马头星云等。行星状星云的中心是空的，它是由一颗很亮的恒星不断向外抛射物质形成的。可见，行星状星云是恒星演化的结果。比较著名的行星状星云有宝瓶座耳轮状星云和天琴座环状星云。

5.太空为什么是黑的？

◇ **名词解释** 奥伯斯佯缪：天文学家奥伯斯指出，静止、均匀、无限的宇宙模型会导致一个重大矛盾，即无论从哪一个方向观看天空，视线都会碰到一个星星，因而整个天空就要亮得像太阳一样，而实际上夜空却是黑的。这就是奥伯斯佯缪。

地球上，白天的天空是亮的，这是因为空气分子能够反射阳光，就像一面面小镜子。但是在月球上没有大气层，所以天空一片漆黑，连星光也消失了。

同样的道理，宇宙空间本身也是空荡荡的，几乎没有能够将光线反射进我们眼睛里的物质，所以我们看到的空间就是黑暗的——即使太阳周围也是漆黑一片。

但是关于宇宙的黑暗仍然存在着疑团：宇宙中所有的天体发出的光为什么不能合在一起形成明亮的光？天空为什么会在晚上变黑？

托玛斯·迪奇斯是16世纪的天文学家，他当时也研究了这些问题，他认为宇宙是无限的，宇宙在各个方向上拓展，在这个无尽的空间里，有无数颗恒星。但是按照他的推理，如果宇宙里充满了恒星，天空

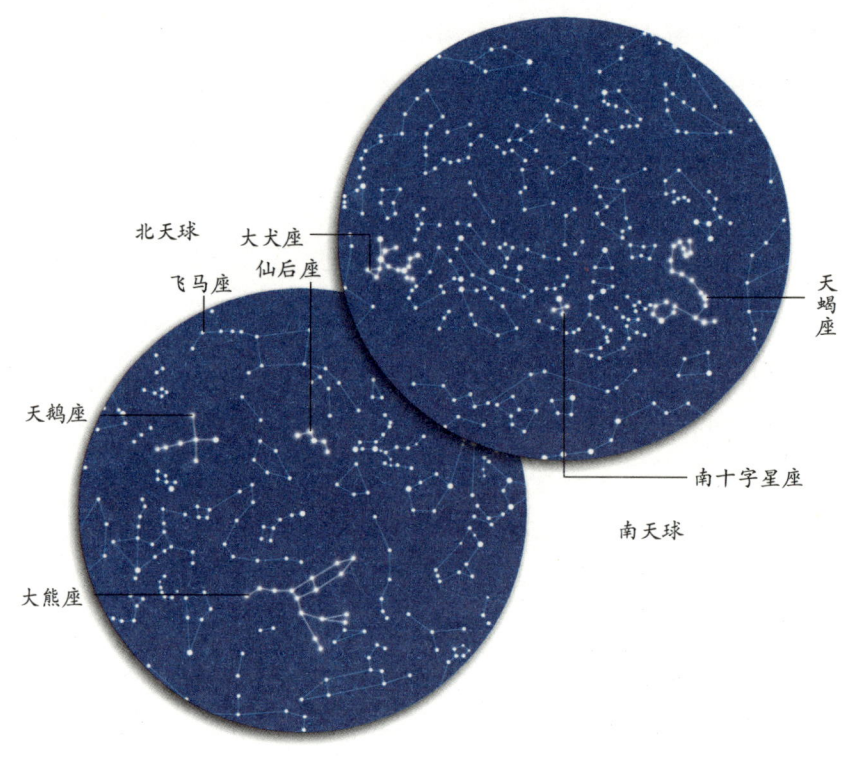

被星光笼罩，那么夜空将和白天一样明亮。然而事实并不是这样。迪奇斯终其一生都没能解开这个难题。

德国天文学家威尔海姆·奥伯斯在提出"奥伯斯佯缪"后，也试图解开这一难题。最后他认为：可能是宇宙空间里的尘埃吸收了恒星发出的光。

但奥伯斯死后，天文学家们计算了所有恒星发光的总和，结果发现，这个能量足以让挡在半路的所有尘埃升温发光。也就是说，夜空在闪亮的尘埃的照耀下也变得一片光明。于是，问题又回到了起点。

美国马萨诸塞大学的爱德华·哈里森在他《夜的黑：宇宙之谜》一书中写道：宇宙中的恒星数量并不足以覆盖整个天空，所以夜空是黑的。

6.为什么不是所有的星星都发光？

◇ **名词解释** 公转轨道：在一个天体系统中，小天体都要绕着中心天体运动，如在太阳系中，八大行星都要绕着太阳运转，这个运转的轨迹就叫公转轨道。

人们常常说，星星一闪一闪的，像是在眨眼睛。于是有人便认为，所有的星星都会发光。其实，在宇宙中，会发光的星星并不多。

行星是星星中不发光的代表。一般来说，它们自身不发光，但是可以通过表面反射太阳光而发亮。行星在天空中的位置不固定，有明显的相对移动。人们观察时，它们就好像在行走一般，因而得名。2006年8月24日，国际天文学联合会通过了"行星"的新定义，这一定义包括以下三点：一是行星必须是围绕恒星运转的天体。二是行星的质量必须足够大（直径必须在800千米以上，质量必须在5亿亿吨以上），其自身的吸引力必须和自转速度平衡，使其呈圆球状；三是在行星的公转轨道范围内不能有比它更大的天体。

根据这一定义，太阳系内的金星、木星、水星、火星、土星、天王星、海王星，包括地球，都属于行星。按行星起源于不同形态的物

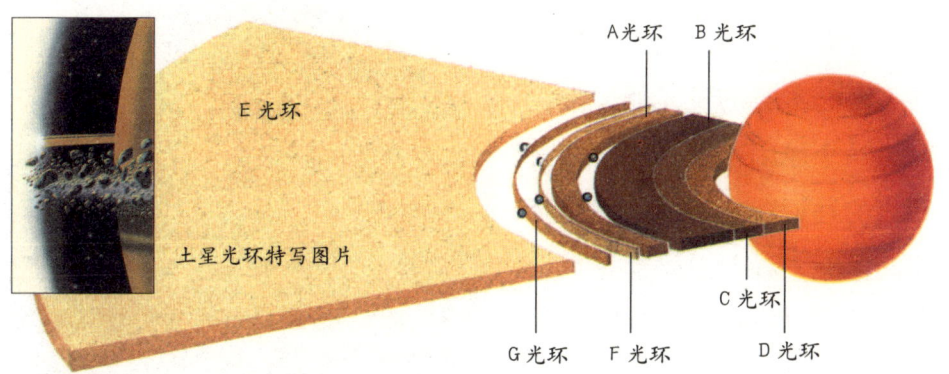

⊙土星被许多光环环绕着，但是我们在地球上只能看到3条光环（如图中A、B、C三处）。其他的光环是空间探测器发现的。这些光环看起来像实体板片，但实际上它们是由成千上万的绕着土星高速运转的碎冰、岩石块、尘埃和颗粒等物质组成的。这些碎冰块大小不一，小的如沙粒，大的如石块。土星光环的厚度大约为50米。

质划分，还可以把行星分为三类：类地行星（包括水星、金星、地球和火星）；巨行星（包括木星、土星）；远日行星（包括天王星、海王星）。在一些行星的周围，存在围绕行星运转的物质环，这种物质环由大量细碎岩石以及冰块等构成，因反射太阳光而发亮，称为"行星环"。20世纪70年代之前，人们一直以为唯独土星有光环，以后相继发现天王星和木星也有光环，这为研究太阳系的起源和演化提供了新的信息。

7.星星为什么会有明暗的不同？

◇ **名词解释** 亮度：指发光体（反光体）表面发光（反光）强弱的物理量。

日落之后，浩渺的夜空就成了星星们的乐园，它们用自身的光彩将夜空装扮得分外美丽。然而，并非所有的星星都是如明珠般闪亮的，有些星星仅隐隐约约地闪烁着微弱的光芒。

那么，为什么同处在一个天空下的星星会有明暗的不同呢？

让我们先用灯泡打个比方。我们知道，功率为60瓦的电灯比在同样条件下的20瓦的电灯亮，这是因为它的发光能力强。那么，按照这种解释，有些星星之所以看上去比较亮，仅是因为它们的发光能力比其他的星星强。这种观点正确吗？事实并非一定如此，因为决定星星亮度的除了它本身的发光能力外，还有另一个原因，就是星星与我们距离的远近。一般来说，星星离我们越近，看上去就越亮。

可是，亮度并不能代表星星的实际发光能力。天空中的亮星，有的可能真的是颗发光能力很强的恒星，但也有可能

◉ 北天球星座位置图

是因为它离我们特别近，才显得亮。相反，有些看上去比较暗的星也不一定真暗，尽管要通过天文望远镜才能观测到它们，但它们的发光能力可能要比某些亮星还要强许多，只是由于它们距离我们太遥远，所以看上去就显得比较暗。

8.为什么"黑洞"是神秘的？

◇ **名词解释**　量子力学：是研究微观粒子的运动规律的物理学分支学科，它主要研究原子、分子、凝聚态物质，以及原子核和基本粒子的结构和性质等。

1783年，英国天文学家约翰·米歇尔提出：一个质量足够大并足够紧致的恒星会有足够强大的引力场，吸收任何从恒星表面发出的光，这是最早的关于黑洞概念的提出。1969年，美国科学家约翰·惠勒完整地提出了黑洞的概念。所谓"黑洞"，就是质量大的恒星末期塌缩形成的"视界"上的封闭边界，这个边界无法被外界观测到，因为它蕴涵着巨大的引力，吸收一切反射光线，所以人们只能通过受其影响的周围物体来间接了解黑洞。

◎宇宙链接：

宇宙间不仅有黑洞，还有暗物质。暗物质被认为是天文学中最具挑战性的课题。根据目前的统计资料显示，我们平常看不见的暗物质很有可能占宇宙所有物质总量的90%以上，而我们可见的世界只占宇宙物质的10%都不到。暗物质无法直接观测，却能干扰星体发出的光波或引力等，根据这些，科学家推测它的存在。

"黑洞"理论提出后，包括天文学家、物理学家在内的大部分人都普遍接受了这一观点。1975年，英国著名的科学家霍金创立了关于黑洞的"霍金悖论"，即霍金通过计算得出结论：黑洞并非只吸收，不释放。事实上，黑洞在其质量减少的同时，还不断在以能量的形式向外界发出辐射，这就是著名的"霍金辐射"理论。当然，这些辐射只是热效应，并不包含任何信息。一旦这个黑洞浓缩并蒸发消失后，其中的所有信息都会随之消失。

"霍金悖论"与量子力学的相关理论出现了矛盾，至今科学界对此还抱有怀疑态度。然而，霍金对于"黑洞"理论的最大贡献或许不在于研究，而在于宣传。由于《时间简史》一书的流行，"黑洞"这一名词已经变得家喻户晓了。

9.为什么"白洞"还只是理论上的名词？

◇ **名词解释**　类星体：是类似恒星天体的简称，又称为似星体或类星射电源，与脉冲星、微波背景辐射和星际有机分子一道并称为20世纪60年代天文学"四大发现"。

物理学充满了对称。在"黑洞"理论提出后，科学家根据爱因斯坦的广义相对论，提出了"白洞"的概念。这是一种性质与黑洞完全相反的天体——它源源不断地向宇宙发出辐射，但本身却不吸收任何物质，即"只吐不吞"。根据科学家们的定义，白洞有一个封闭的边界，它的中心是强引力源，可以把周围的物质吸引到其边界上，形成一个物质层，但在无穷大斥力的作用下，所有物质都不能进入白洞，即使是光笔直地射向白洞，也会在白洞的边界上完全停止住。白洞其实是时间反转的黑洞，它就像是宇宙中的喷泉，凡是进入黑洞的物质，最后都应该会从白洞出来，出现在另外一个宇宙中。

"白洞"理论的提出，最初是为了解释高能天体现象。宇宙中有很多高能天体完全有悖于人们已知的物理学、天文学规律，譬如说类星体，其体积与一般恒星相当，而亮度却比普通星系还亮。这些天体的能量从哪里来？按照"白洞"理论，白洞就是这一类星体高能量的来源。

当然，到目前为止，科学家还没有实际找到白洞的存在，这还只是理论上的名词。不过随着科技的进步，白洞的秘密总有一天会被揭开。

10.恒星为什么并不永恒?

◇ **名词解释**　塌缩：也称"坍缩"或"坍塌"，在天文学上是指恒星的物质收缩而挤压在一起。

恒星是由炽热气体组成的天体，能自己发光发热。银河系中的恒星大约有2000亿至4000亿颗。每当晴朗无月的夜晚，在无光污染的地区，一般人用肉眼大约可以看到6000多颗恒星，如果借助于天文望远镜，则可以看到几十万乃至几百万颗恒星。恒星大都离地球很远，离地球最近的恒星是太阳，其次是处于半人马座的比邻星，它发出的光到达地球需要4.22年。

恒星的体积很庞大，例如太阳这颗恒星的体积就比地球要大130多万倍，而太阳也只是宇宙中一颗普通的恒星，比太阳大十几倍、上百倍的恒星还有很多。恒星也有自己的生命史，它的诞生得益于气体云的塌缩。宇宙中的大体积气体云由于自引力不稳定而出现塌缩。在塌缩开始阶段，物质在自引力作用下加速向中心坠落，中心压力增长很快，形成一个足以与自引力相抗衡的压力场，最后制止了自引力塌缩，建立起一个新的力学平衡位形，称为星坯。星坯又经过一系列漫长而复杂的演化，成长、衰老，恒星最终走向衰亡。实际上，构成行星的重原子就是在其他恒星生命结束时发生的爆发过程中创造出来的。

◎**宇宙链接：**

不管恒星当中有多少氢，总会有烧完的时候。当壮年恒星内部的核反应逐渐把氢消耗尽，所有的氢都转化为氦时，维持恒星状态的反应就结束了，恒星也就度过了它漫长的青壮年期——主序星阶段，而步入了晚年。这时候它就变为一颗红巨星了。一般来说，恒星从主序星变为红巨星所经历的时间并不长，它是在迅速膨胀中变为红巨星的。

11.彗星为什么拖着一条"长尾巴"？

◇ **名词解释** 太阳风：太阳向太阳系连续地以很高的速度和不稳定的强度释放的电离气体流。

1682年8月，天空中出现了一颗用肉眼可见的亮彗星，它的出现引起了英国天文学家哈雷的注意。哈雷通过仔细观测此彗星的位置变化，发现它的轨道与记载中1607年、1531年出现的彗星极为相似。通过计算，哈雷预言这颗彗星会在1758年年底或1759年年初再次出现。到了1759年，这颗彗星果然如期而至。为了纪念哈雷，人们将这颗彗星命名为"哈雷彗星"。

对于彗星的认识，西方国家由于长期受到亚里士多德的错误影响，一直认为彗星是地球大气中的一种燃烧现象。然而事实证明，彗星其实是太阳系大家庭中的一名特殊成员。彗星的质量非常小，没有固定的体积。从形态特征上看，可以将彗星分成彗核、彗发、彗尾三部分。

彗核位于彗星头部中央，为一亮点，集中了彗星的绝大部分质量；彗发由彗核周围延展的大范围的朦胧大气构成；彗尾则是从彗核往背向太阳方向延伸的长长的淡色光带，即我们通常看到的"长尾巴"。当彗星接近太阳时，受到太阳风和太阳光压力

◉ 哈雷彗星运行示意图

的作用，其彗发会变得越来越大，彗尾也变得越来越长，最长的彗尾可达2亿多千米。

12.地球为什么能安然穿过彗星的"尾巴"？

◇ **名词解释**　地球轨道：指地球围绕太阳运行的路径，大体呈偏心率很小的椭圆。

彗星是地球的"不速之客"，当它"光临"地球时，可能会给地球带来灾难，但也可能对地球丝毫没有影响，关键看它"身体"的哪一部位"光临"地球。

在20世纪初，天文学家曾经计算出：到1910年，著名的哈雷彗星将回到太阳附近，到那时，它的彗尾要扫过地球。消息一传出，人们顿时惊恐万分，媒体也趁机大肆渲染。一些报纸甚至宣称世界末日即将来临。1910年5月，哈雷彗星经过地球轨道，令人想不到的是地球却安然穿过了它的尾巴，毫发无损。实际上，彗尾是由很稀薄的气体组成的，所以，地球穿过彗星的尾巴，就好比燕子穿过炊烟一样，不会受到什么影响。

但是，如果彗星的主要部分——彗核撞上地球，情况就会完全改变了，因为彗核主要是由坚硬的冰体组成的，当高速运动的巨大冰体撞上地球，肯定会给地球带来一场空前的灾难。虽然存在着这种撞击的可能，但它的概率微乎其微。

13.为什么说流星是地球的"常客"？

◇ **名词解释**　微陨星：降落到地面上的宇宙物质极小颗粒。它们有的是飘落到地面上的微流星体，有的则是陨星陨落时掉下的碎屑。

在太阳系内，除了太阳、八大行星及其卫星、小行星、彗星之外，星际空间中还存在着大量的尘埃微粒以及微小的固体，天文学上把

◎ **宇宙链接：**

如果地球遇到彗星或者沿着一定轨道分布和运动的宇宙尘粒群，则会在同时有大批流星出现，这就是"流星雨"。在各种流星现象中，最美丽、最壮观的要属流星雨现象。当它出现时，千万颗流星像一条条闪光的丝带，从天空中某一点（辐射点）辐射出来，一时间光芒四射，十分美丽。著名的流星雨有仙女座流星雨、狮子座流星雨等。

它们叫做"流星体"。流星体也绕着太阳运动，当它们接近地球时，受到地球引力的影响，其运行轨道可能发生改变，从而进入地球的大气层。当流星体飞入地球大气层时，速度极快（一般在11千米／秒～72千米／秒之间），与大气分子产生剧烈摩擦，发出大量的热，最后燃烧形成一束光，这种现象被称为流星。一般来说，流星的质量都很小。例如，能够产生5等亮度流星的流星体，其直径约0.5厘米，质量约0.06毫克。

流星一般发生在距地面高度为80～120千米的高空。大部分流星体在进入大气层后都会燃烧殆尽，只有少数大而坚实的流星体才会降落到地面，成为微陨星。据观测资料估算，每年降落到地球上的流星体，包括汽化物质和微陨星，总质量约有20万吨。所以，流星体可以说是地球上的"常客"，然而关于对着流星许愿会梦想成真的说法，也只是人们的美好愿望，没有科学的根据。

14.天狼星为什么是全天最亮的星星？

◇ **名词解释** 主星：通常指双星或聚星中质量较大、通常也较亮的子星。

伴星：通常指双星或聚星中较难观测到的子星。

在冬春两季上半夜偏南的天空中，可以看到一颗全天最亮的恒星——天狼星，它的学名叫"大犬座α"。

天狼星其实是一对相互绕转的双星，人们要用较大的天文望远镜才能分辨出来。其中，主星比伴星亮1万倍（相差10个星等），所以，肉眼看到的天狼星的光几乎都来自这颗主星。天狼星的主星是颗比较普遍的蓝白星，质量、直径仅是太阳的两倍左右，光度为太阳的20余倍。由于它距离地球很近，仅8.7光年，因而在我们看来，它的亮度名列全天第一。相比之下，天狼星的伴星则十分暗弱。

人们首先根据牛顿的力学定律和天狼星主星的运动轨迹，预言了天狼星伴星的存在，1862年，这颗幽暗的伴星果真在科学家们的高倍望远镜中出现。这是牛顿力学在恒星世界中首次成功应用的范例。不仅如此，人们后来还发现，虽然天狼星伴星的发光量只有主星的万分之一，但它的表面温度却与主星一样，都达1万摄氏度。这意味着，天狼星伴星的"个儿"很小，但是通过力学定律又证实，天狼星伴星的质量却不小，与太阳相当。这样，体积很小而质量却不小的天狼星伴星必有很高的密度（每立方厘米近200千克）。像天狼星伴星这种低光度、高温度、高密度的恒星，称为白矮星。天狼星伴星是历史上第一颗被发现的白矮星。

15.北极星为什么不永远在北极？

◇ **名词解释** 星空：指从地球上望向宇宙所有星球的视野集合。

如果你是一位有心人，你不难发现在北方上空有一颗相当明亮的星，这就是北极星。在夜晚，你如果迷失方向，那么你只要面对它，正面就是北，背后是南，右为东，左为

◎**宇宙链接：**

春季星空中，最引人注目的是高悬于北方天空的大熊星座了。大熊星座中的七颗亮星形成一个勺子的形状，这就是我们常说的"北斗七星"。夏季的星座很多，天琴座、天鹰座等。织女星是天琴座的α星，由织女星向东南方看，隔着淡淡的银河会看见一颗略显黄色的亮星，这就是天鹰座的α星，即我们常说的牛郎星。

西。人们常用北极星来辩明方向。

在天文学上,北极星叫"小熊座α星"。它在天穹上恰好靠近北天极。北天极是什么?人们在观察天上的星星时,发现所有的星星好像都环绕着北方天空中的一点在转圈,这就是"北天极"。因为小熊座α星靠近这一点,故称之为北极星。地球在公转时,它的自转轴始终保持相同方向,因此看上去北天极也保持"一动不动"。那颗北极星在人们的视觉中也似乎永远在北极方向。在几年、几十年以至几百年中,这种"原地不动"不大可能会看到明显变化。但是,时间长了之后,天文学家发现地轴的方向在缓慢地变化,北天极也在缓慢移动,现在的北极星也就不在北天极附近。

天文学家告诉我们,12000年以后,北天极就会移到今天看到的织女星附近,而这时的织女星就成了"北极星"。

16.太阳为什么会发光发热?

◇ **名词解释** 核聚变:由轻原子核融合生成较重的原子核,同时释放出巨大能量的核反应,也称为热核反应。

太阳像一个无比炽热的大火球,每时每刻都在发光发热。

它的亮度,是其他任何天体都无法与之相匹敌的,它比肉眼能见到的最暗星要亮10多万亿倍。

如果把一层12米厚的冰壳覆盖在太阳表面,那么1分钟后,太阳发出的热量,就能将这层冰壳完全融化。而在人类有史可查的漫长岁月中,人们未曾发现太阳的光和热有丝毫的减弱。那么,如此巨大而持久的能量究竟是从哪里来的呢?

原来太阳中的燃料是氢,它燃烧后的余烬则是氦,氢的聚变反应产生了太阳能。

所以,在太阳上所发生的燃烧过程并非如一般人想象的那样是太阳内部的物质燃烧的结果。太阳内部进行着的氢转变为氦的热核反应才是其产生巨大能量的源泉。太阳上贮藏的氢至少还可以供给太阳像现在这样继续辉煌地闪耀50亿年！即使太阳上的氢全部燃烧完毕，也还会有其他的热核反应继续发生，因此太阳还是可以继续发射出它那巨大的光和热来！

17.为什么太阳总有一天会消失？

◇ **名词解释**　红巨星：是恒星燃烧到后期所经历的一个较短的不稳定阶段，在这个阶段，恒星表面温度相对很低，但极为明亮。

1979年，美国天文学家艾迪对英国格林威治天文台长达117年的"子午环太阳观测记录"进行了极为细致的研究。最后他得出结论：太阳角直径每百年大约会减小1角秒。这也就意味着太阳半径每天会缩短22米，每年共缩短8千米。根据艾迪的结论，太阳如此缩小下去，总有一天会消亡。

太阳的半径是否在缩小，目前还没有充分的科学证明。然而，科

⊙植物吸收阳光、水分和其他生物呼出的二氧化碳，释放出氧气，而氧气又为其他生物体吸收利用。

◎宇宙链接：

白矮星是一种很特殊的天体，它的体积小、亮度低，但质量大、密度极高。比如天狼星伴星（最早发现的白矮星），体积比地球大不了多少，但质量却和太阳差不多。白矮星也称简并矮星，是由电子简并物质构成的小恒星。当白矮星质量进一步增大，白矮星还会坍缩成密度更高的天体：中子星或黑洞。

学家通过对恒星演化及宇宙年代学模型的计算机模拟，测算出太阳已经历了大约45.7亿年，现在正处在主序星阶段的中年期。在这个阶段，太阳核心内部发生的核合成反应将氢聚变为氦。再过50亿～60亿年，随着氢的耗尽，太阳核心会猛烈收缩，导致温度升高，太阳外层膨胀，慢慢转变成红巨星。这样一来，太阳核心喷发出来的高温飓风会将所有靠近它的行星全部气化。红巨星阶段之后，由热产生的强烈脉动会抛掉太阳的外壳，使之形成行星状星云，失去外壳后的太阳残核，将会成为白矮星，在漫长的时间中慢慢冷却、消亡。

18.太阳系中的行星为什么都在绕太阳旋转？

◇ **名词解释** 角动量守恒定律：物理学的普遍定律之一，它描述的是当某些物体逐渐变小时，它会旋转得越来越快。

众所周知，太阳系中的行星都在围绕太阳旋转，但它们开始旋转的起点在哪里？是什么促使它们不停地运动呢？

要回答这个问题，必须追溯到太阳系的形成。太阳系是气体和尘埃在重力的影响下慢慢聚集形成一个巨大的球体后爆发而成的。当尘埃聚集时，粒子互相撞击，球体中央变得越来越热，直到它变得足够热，最终形成了一个我们现在称之为太阳的物体。随着温度的升高，太阳达到了一个临点，它变成了"导体"，就像火突然燃烧起来一样。这一燃烧导致了气体和尘埃脱离了太阳而形成了行星的最基本的物质结构。

自然界有一个"角动量守恒定律"，这个定律同样适用于宇宙中的尘埃和气体：任何正在旋转的物体，当它的体积逐渐减少时，旋转都会越来越快。当物体旋转时，离心力会把中部推开，把顶部拉回来。这发生在一个球体身上时，会最终使这个球体不再是一个球体，而是成为围绕着太阳旋转的圆盘。行星也来自于这个圆盘，这就是为什么它们都在固定的平面轨道上围着太阳转。

⊙ 围绕太阳转动的行星距离太阳的远近各不相同。

最初的气态球体，不一定需要太多的旋转来产生我们今天看到的太阳系的轨道。尽管最初是什么造成的轨道我们仍不清楚，但宇宙中的物体如果有任何变化，一般都可能是在旋转——事实上，来自银河系的每个物体都在旋转。

19.为什么称水星为太阳的"月亮"？

◇ **名词解释** Caloris盆地：是太阳系内最大的撞击盆地之一，形成于太阳系形成早期，由一颗巨大的小行星状天体碰撞而成。

水星是离太阳最近的行星。由于水星的表面很像月球，满布着环形山、大平原、盆地、辐射纹和断崖。因此，水星又被人们称为太阳的"月亮"。

水星是最靠近太阳的行星，是太阳系中的第二小行星。由于过于接近太阳，水星经常被太阳光所淹没，而无法观察到。水星的运动非常快，因此在远古的苏美尔时代，人们将它称为墨丘利，即罗马神话中专为众神传递信息的使者，行走如飞。它的轨道极度地偏离圆形，近日点距太阳仅4600万千米，远日点却有7000万千米。

⊙水星沿轨道围绕太阳转动时有两次非常靠近太阳,此时水星的速度之快可使太阳看似在天空中向后退去。

水星的地貌极似月球,表面大大小小的环形山星罗棋布,既有高山,也有平原,还有令人胆寒的悬崖峭壁。其最显著的特征之一就是一个半径为2440千米的Caloris盆地。人们很容易将此盆地与月球上最大的Maria盆地类比,两者的大小也十分相似。关于水星,另外一个让人感兴趣的问题就是:水星上究竟有没有水呢?目前一般认为,水星上没有水。因为水星的地表温度最高可达630℃,就算有水也会立刻蒸发为水蒸气,加上水星的引力不大,水蒸气便极容易逃出水星。不过,1991年美国天文学家曾宣称,用天文望远镜在水星表面太阳从未照射到的阴暗处,看到了隐藏的冰山。关于这些冰山的成因,科学家还在进一步研究,同时也不能排除冰山的存在只是视觉错误,是否真的存在尚待证实。

20.金星上看太阳为什么会西升东落?

◇ **名词解释** 自转:天体或天体系统绕质心的定点旋转,一般而言,自转轴都会穿越质心(轴心)。

公转:天体绕天体系统的主天体或质心运动,就太阳系而言,八大行星都绕太阳运动。

有人称金星是地球的孪生姐妹,确实,从结构上看,金星和地球有不少相似之处。然而,倘若有一天人们真的移居到金星上就会惊讶地发现:这里的太阳是西升东落的!

这种现象的产生源于金星是一颗逆向自转行星,即它的自转方向与太阳系的其他行星刚好相反,是自东向西的。很早以前,天文学家就测量出金星绕太阳的公转轨道是一个很接近正圆的椭圆形,其公转速度约为35千米/秒，公转周期约为224.70个地球日，这就是金星上1年的时间。那金星的自转周期是多长呢？由于金星终年被云雾笼罩，过去一直无法准确测量。直到20世纪60年代，才用雷达测得：金星的自转速度非常之慢，使得其赤道上物体的速度只有1.8米/秒（地球赤道上物体的速度为465米/秒），与人的步行速度差不多。因此，金星自转一周要243个地球日，即金星上1日的时间。由于金星上"日"比"年"长，它相对于太阳自东向西自转，才会出现太阳西升东落的奇景。

至于金星为什么会出现逆向自转现象，以及自转速度为何如此缓慢的问题，至今尚无定论。不过有一种说法认为，这可能是很久以前金星与其他小行星相撞而造成的。

21.金星上的温度为什么特别高？

◇ **名词解释** 金星大气：主要由二氧化碳组成，并含有少量的氮气，其压强非常大，为地球大气压的90倍。

金星最显著的特征就是看起来特别明亮。由于与地球的大小、质量、密度都差不多，并且也有一层稠密的大气，金星被称为"地球的孪生姐妹"。

关于金星上的温度，人们曾有过种种美好的猜测。然而苏联"金星"号宇宙飞船探测的结果却表明，金星表面温度高达477℃。美国的"先驱者——金星"号探测器也证实，金星表面温度为477℃。这样的高温足以使

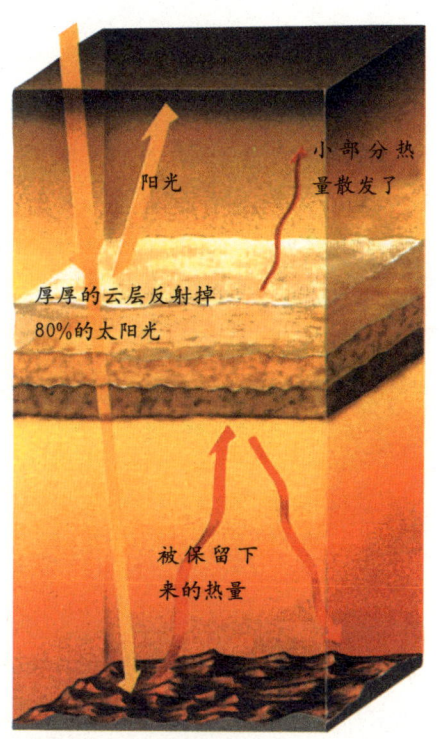

⊙ 金星大气层示意图
○金星不是靠太阳最近的行星，却是最热的行星。因为它厚厚的大气层有效地留住了太阳辐射的热量。

诸如铅锡之类的金属熔化，而且即使在深夜、在两极地区，那儿的高温照样会把岩石烧得灼热滚烫。

金星上的温度为什么特别高呢？首先，金星比地球离太阳要近些，它得到的太阳光和热更多，其表面被晒热得更快。其次，金星大气中的二氧化碳以及浓云，有这么一个特性：它允许太阳光通过，照到金星表面，使金星表面变得很热；但是，却不允许反射的热量透过并散发到太空中去。正是由于金星大气的这种特性，使得金星上的温度步步上升，从而出现了难以想象的高温。

22.火星为什么呈火红色？

◇ **名词解释**　氧化铁：别名磁性氧化铁红，是一种呈棕红色的化合物。火星表面含有大量的氧化铁。

在太阳系众多的行星中，火星是最有趣的行星。

当夜色笼罩大地时，如果你稍加注意，就会发现火星就像火焰一般在夜空中发出火红色的光芒。假如你能从天文望远镜中观看的话，你会发现火星宛若一团燃烧的火球在夜空中格外明亮。

我们知道，行星本身是不会发光的，所以我们所看到的火星火红的颜色一定是它反射太阳光的结果。既然如此，是什么物质能够使火星如此强烈地反射太阳光呢？科学家们在分析了从火星探测器上发回的照片及其带回的一些物质后，认为火星之所以呈火红色是因为火星表面的岩石含有较多的铁质。这些岩石很容易受到风化作用而成为沙尘，而其中的铁质也被氧化成为红色的氧化铁。火星上的沙尘，极易在风的驱动下到处飞扬，甚至发展成覆盖全火星的尘暴。正是这种经常发作而且覆盖面极广的尘暴，使火星表面几乎到处都覆盖着厚厚的氧化铁沙尘，这样，在太阳光的照射下，火星就会在夜空中荧荧似火，发出火红色的光芒。

23.为什么木星又被称为"小太阳系"?

◇ **名词解释** 卫星:指在围绕一颗行星轨道并按闭合轨道做周期性运行的天然天体,人造卫星一般亦可称为卫星。

木星是太阳系中一颗不同寻常的行星,它除了具有许多奇异的特征外,还拥有一个"大家族"——16颗卫星。所以,木星又被称为"小太阳系"。

1610年,意大利天文学家伽利略用自制的天文望远镜,发现了木卫一、木卫二、木卫三和木卫四。后来这4颗卫星被称为"伽利略卫星"。这4颗伽利略卫星的质量都比冥王星大,其中木卫三是太阳系中最大的卫星,直径超过水星。

4颗"伽利略卫星"的轨道内部,又有4颗木星卫星,它们分别是木卫十六、木卫十五、木卫五、木卫十四,其中木卫十六是离木星最近的卫星。从伽利略卫星向外,按距离依次为木卫十三、木卫六、木卫十和木卫七,它们绕木星顺向旋转,周期为260天左右。再向外,依次为木卫十二、木卫十一、木卫八和木卫九,它们逆向旋转,周期为700天左右。

这么多的"月亮"环绕着木星,必会发生许多十分有趣的天象。比如,木卫沉浸在木星影锥中的木卫食;木卫被木星视表面遮掩住的木卫掩;卫星本体通过木星视圆面的木卫凌木;卫星的影像投影到木星视圆面上的木卫影凌木,以及一木卫被另一个木卫遮掩的木卫互掩等。利用这些特殊的天象,有助于人类测定它们本身的大小及其他数据。

24.为什么木星表面有"大红斑"?

◇ **名词解释** 巨行星:一般指太阳系中四颗最大的行星,即木星、土星、天王星和海王星。

在太阳系中，按距离太阳由近及远的次序，木星排在第五位。木星是一个扁球体，它的赤道直径约为142800千米，是地球的11.2倍；体积是地球的1316倍；而质量则是太阳系所有行星、卫星、小行星和流星体质量总和的1.5倍，也就是地球质量的318倍。因此，木星又被列入"巨行星"之列。

从17世纪中叶起，人们就开始对木星进行观测。1973年12月，美国宇宙飞船"先锋10号"拍下了木星表面的彩色照片。在此照片中，人们发现在木星的南半球有一个色泽鲜艳的大红斑，与1664年在天文望远镜中观察到的橘红斑很像，也同1831年留下的木星照片上的大红斑一致。也就是说，木星上的大红斑至少已经存在了三百年，并且位置也没有太大变动。这块大红斑是怎么形成的呢？现在比较流行的一种说法是，大红斑可能是巨大的风暴，从外面看，像是一团沿逆时针方向迅速旋转并猛烈上升的强气旋。由于气旋中含有红磷化合物，因此呈红色。这一说法目前得到较多天文证据的验证。但是风暴为何持续几百年而无甚变化，这还要进一步地观测。

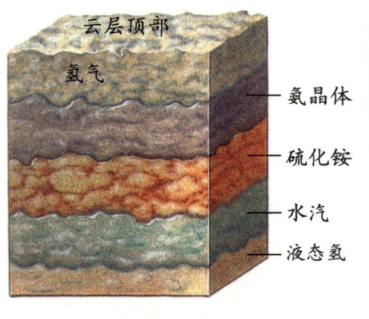
◉ 木星的大气层

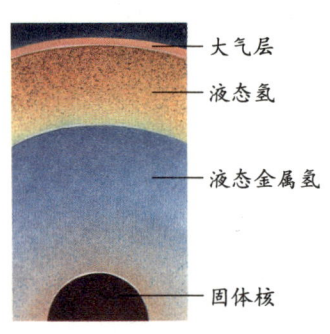
◉ 木星的结构

◉ 木星大红斑

25.土星为什么有美丽的光环？

◇ **名词解释** 行星环：围绕行星旋转的星际物质，主要为一些碎片颗粒，因反射恒星的光而发光形成光环。太阳系中拥有行星环的行星有木星、土星、天王星和海王星。

在望远镜之下，土星看起来就像是一顶金光闪闪的遮阳帽，其星体呈橘子形状，淡黄色，在星体的腰部还缠绕着一条又宽又亮的彩色光环。因此，土星又有"星中美人"之称。

1610年，伽利略用望远镜观察到土星有两个"耳朵"，因此他怀疑这两个"耳朵"是土星的两颗卫星。直到半个世纪后，荷兰天文学家惠更斯才解开了这个谜，原来这两个"耳朵"是与土星不相连接、环绕在土星赤道面上的光环。土星的光环是由包着冰层的大大小小的岩石碎块组成，它们都在一个差不多的平面上，沿着自己的轨道绕着土星旋转。这些岩石碎块中所含的冰层在太阳光的照射下，反射出五彩斑斓的光，形成7个彩色的同心光环。这7个光环按发现时间的先后，分别称为A、B、C、D、E、F、G环，而按照光环从里到外的实际位置排列则应是D、C、B、A、F、G、E环。这7个光环并不是整体的片状结构，1675年，意大利天文学家卡西尼发现光环中有一圈空隙，这就是著名的"卡西尼环缝"。

"卡西尼环缝"位于A环和B环之间，缝宽约5000千米。在这些环缝中还有很多地面上无法观测到的细环。

◉ 美丽的土星光环

26. 天王星为什么有一颗"冷酷的心"?

◇ **名词解释** 脏雪球:因彗星是由冰冻着的各种杂质、尘埃组成的,所以天文学家形象地称它为"脏雪球"。

在九大行星中,假如把木星称为"热行星"的话,那么天王星就是"冷行星"了,因为它有一颗"冷酷的心"。

虽然天王星与太阳距离要比海王星近1倍,但表面温度却与海王星一样,比冥王星高不了多少。通过对它辐射能的测定得知,其辐射的能量只有6%来自星体内部,而木星、土星、海王星却有40%。由此可见,天王星是太阳系中唯一缺乏内部热能的行星。

按照现行的天王星结构模型推算,它的中心温度只有2000℃~3000℃,远远低于其他行星。另外,在其核外,是一层厚达10000多千米的幔。与众不同的是,这层幔是由水冰、氨冰和甲烷冰组成的。这层厚厚的冰层足以使天王星变得"冷酷无情"。

要从根本上说明天王星的冷,还得追溯到它的起源与演化历史。根据它的占总质量50%的高含冰量,有人认为它是由无数彗星聚合而成,而彗星正是一颗颗冰冷的"脏雪球"。又有人认为,它倾斜98°,自转轴暗示在它演化的早期曾受到过一次猛烈的碰撞,这一撞虽未致命,但却损失了大部分热能,使它变冷。

27. 为什么海王星的发现是个意外?

◇ **名词解释** 气体行星:不以岩石或其他固体为主要成分构成的行星,主要成分是氢、氦和存在于不同物理状态下的水。

海王星的发现纯属巧合。当英国天文学家赫歇尔发现天王星后不久,法国天文学家勒威耶惊讶地发现:经过计算得出的天王星轨道与观测数据存在很大差异。当时有人就提出一种理论，认为这可能是因为在天王星之外还存在一颗未知的行星，正是它的引力导致了天王星轨道出现偏差。天文学家根据此理论的指引，经过进一步精确的计算，得出了这颗未知行星应该在的地方，最后终于在1846年9月23日发现了这颗未知行星，并将其命名为"海王星"。

> ◎宇宙链接：
>
> 海王星距离地球太遥远，按照同太阳的平均距离由近及远排列，为第八颗行星，人的眼睛看不见它。每当遇上观测海王星的良好时机，例如海王星运行到距离地球最近的轨道上时，人们只要有一架小型天文望远镜，再对照着一幅星图去寻找，就可以找到这颗淡蓝色的行星。

海王星是环绕太阳运行的第八颗行星，由于距离太阳十分遥远，其光度相当暗淡。海王星的直径小于天王星，但质量却比天王星大，相当于地球质量的17倍。作为一颗典型的气体行星，海王星上呼啸着按带状分布的大风暴或旋风，时速可达到2000千米。用大型天文望远镜观测，海王星略呈绿色，其大气中含有丰富的氢和氦，还有少量的甲烷，甲烷经过太阳光照射，在星体上空形成一层烟雾。尽管海王星是一个寒冷而荒凉的星球，但仍有科学家推测它的内部有热源，它辐射出的能量是它吸收太阳能的两倍多。

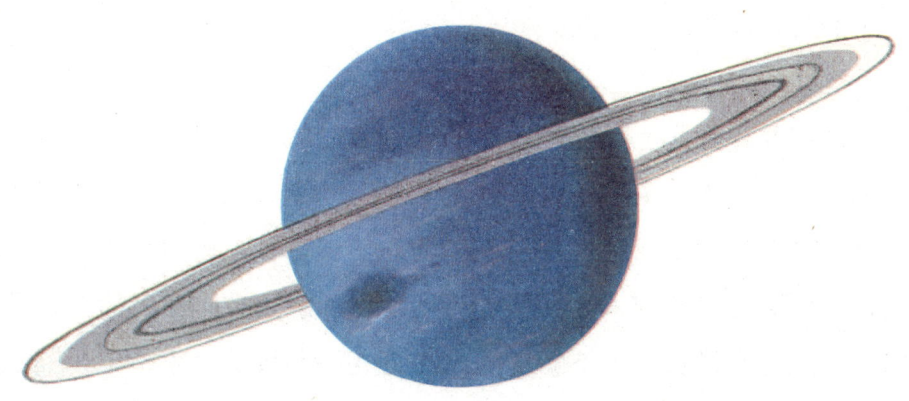

◉ 海王星

28.冥王星为什么被降级?

◇ **名词解释**　矮行星:又称"侏儒行星",指体积介于行星和小行星之间,围绕太阳运转,质量足以克服固体应力以达到流体静力平衡(近于圆球)形状的行星。

1930年2月18日,美国亚利桑那州的天文爱好者汤博在对太阳系进行了一次非常仔细的观察后,发现了冥王星。冥王星的命名,来自于罗马神话中住在阴森地下宫殿里的冥王普鲁托。由于冥王星是目前太阳系中离我们最远的行星,太暗太小,以至于在被发现60多年后,人们对它依旧知之甚少。太阳系的很多行星都曾被星际探

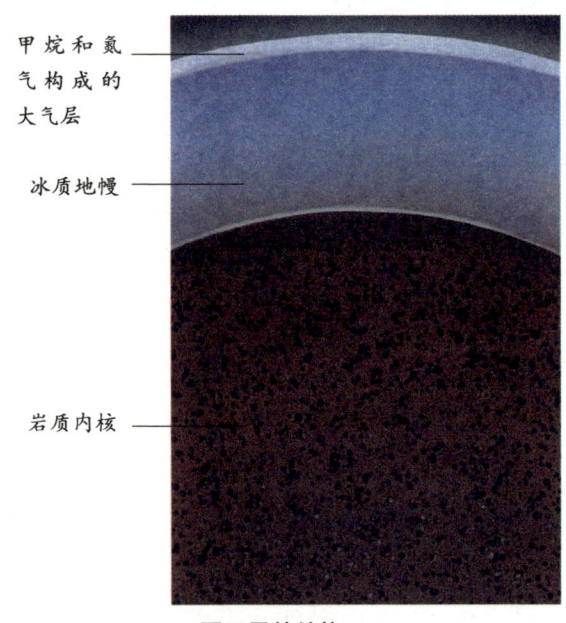

● 冥王星的结构

测器近距离探测过,只有冥王星是航天器未涉足过的死角。因此,有关冥王星的资料都相当不准确。

一开始,人们认为冥王星是一颗位于海王星轨道外的行星,但后来研究证明并非如此。冥王星轨道的偏心率、轨道面对黄道面的倾角都比其他行星大。当冥王星在近日点附近时,其距太阳比海王星距太阳还近。对于冥王星的质量,当年由于汤博的错误估算,得出冥王星比地球还大,因而冥王星被列入大行星的行列,然而经过数十年的研究观测,得出的冥王星半径长度也不断地缩水。近年一些天文学家指出,冥王星的直径约为2400千米,比月球直径(3475千米)还小。所以,在2006年

8月举行的第26届国际天文联合会上,冥王星被从太阳系九大行星中除名,不再被看做大行星,而是被列入了矮行星的行列。

29.为什么地球没有光环呢?

◇ **名词解释** 日潮:由太阳引潮力(太阳引力和地球离心力的一种合力)所引起的地球潮汐现象。

月潮:由月球引潮力(月球引力和地球离心力的一种合力)所引起的地球潮汐现象。

据天文学家推测,行星的光环都有一个相同的形成过程,它的形成过程可能是下面两种模式中的其中一个:一、光环是由靠近行星的小行星碰撞所产生的石块和尘埃组成的。土星和其卫星的引力将石块和尘埃捕捉成为我们现在所看到的环状物。二、当这些行星由微粒和气体云形成时,不是所有的微粒和气体都被行星所采集。换句话说,环只不过是行星形成时的残留物。现在如果天文学家们可以查出行星环中岩石的年龄,他们就可能证明哪种推测是正确的。大部分人都相信第一种猜测是正确的,因为木星、天王星、海王星的环都是那么的暗淡。他们认为土星环是仅有的亮环,因为它们是"最近"的(在天文学的术语里,"最近"意味着是几百万年以前)由于流星的碰撞而形成的。其他行星的环没有那么明亮是因为它们形成的时间较长,而且大部分环中的块状物已经被吸进了行星里。

为什么地球没有环呢?要形成行星环首先需要材料来源,而且这些材料必须不能太远,不能超过3倍行星半径——那将比卫星还近。关于木星,看起来它的尘环似乎是由流星碰撞到距木星很近的卫星上,爆炸所产生的碎片组成的。

另一个需要考虑的因素是太阳风的能量。太阳风是太阳向外释放的能量不断流动所形成的能量风。由于我们距离太阳较近,因此与其他距离太阳远的行星相比,太阳的能量风对地球的影响要更强烈。它会轻易地卷走任何试图绕着地球运转的小微粒。

即使地球拥有了提供环的材料来源，它们也将会相当灰暗，因为任何明亮的冰块（土星环的主要构成物）都会被太阳的热量所蒸发。它们不会持续很久的另一个可能的原因是日潮和月潮是相当强的，最后一定会将环的体系打乱。如果我们可以捕获一颗小行星并且使它在适当距离的轨道上解体，地球可能在短时期内拥有环，但这显然不会持续很久。

30.月亮为什么有圆缺变化？

◇ **名词解释** 农历：中国目前与格里历（公历）并行使用的一种历法，人们习称"阴历"，但其实是阴阳历的一种，即夏历，并非真正的"阴历"。

为什么太阳没有圆缺，而月球有呢？因为太阳发的光来源于自己，而月球则是依靠反射太阳照射到月球上的光。只要观察过月食的人，都会有这样一个常识，月全食时什么光也看不到，那是因为当时月球正好进入地球产生的阴影的范围内。而月偏食则是指月球的一部分进入地球的阴影内。太阳光照射月球产生月光便由此得到有力证明。

按照农历的算法，月球绕地球一圈就是农历一个月，也就是月球变化的周期。初一，太阳光照射到的月球半面正好背向地球，我们就看不到了。月半，月球被太阳照到的半面正好朝着地球，所以我们就看到满月。然而又慢慢恢复到很小直至看不见。月球正是按照这样的规律周而复始地变化着。

◎**宇宙链接：**

月食的发生也是有规律的。它一般发生在"望"日，即农历的十五或十六。但每个月的十五或十六不一定都会发生月食，因为地球运行的轨道和月亮运行的轨道不在一个平面上。大多数的"望"日，月亮都在地球运行轨道的上面或者下面溜过去。只有当月亮、太阳、地球都处在一条直线上的时候，月亮才进入地球的阴影，从而引起月食。

31.月球为什么会引起地球上的潮汐现象？

◇ **名词解释**　潮汐：在天体引潮力作用下产生的海面周期性涨落现象。中国古代习惯上把白天的河海涌水称为"潮"，而晚上的则称为"汐"，合称"潮汐"。

太阳、月球和太阳系中的所有其他行星对地球上的陆地和海洋都有牵拉的作用，但只有太阳和月球的作用是比较明显的。虽然太阳离地球很远（1.5亿千米），但太阳的质量也很大，所以它作用在地球上的万有引力相对较明显。月亮的质量虽小（约为地球的1/81），但它却是地球真正的近邻（距离地球约为38万千米），所以它对地球的作用也是相对显著的。

虽然太阳的引力大些，却不如月亮的作用效果明显。引起潮涨潮落的力主要来自于月亮，不仅因为月亮距离地球比较近，而且月亮作用在地球上的引力在各处变化比较明显——大小取决于该处距月亮的距离。刚好朝向月亮的海域由于比其他海域距离月亮更近，所以受到的引力比较大。可事实上，朝向月亮和背对月亮的海域会同时出现涨潮，这又是为什么呢？可以这样想：在朝向月亮的一面，海水被月亮拉向远离地球的一侧，而在背对月亮的那面，则是地球被拉向远离潮水的一侧，这也会产生涨潮的现象。在月亮绕地旋转的过程中，地球本身也在不停地自转，高潮和低潮交替出现。

我们知道，液体能够自由流淌。月亮的引力不足以竖直地提起海水，但当月亮围绕地球旋转时，在某些位置上月亮刚好处于海浪的前方，这就加速了海浪的运动，使海水在月亮正对着的海域积聚，这个过程并不需要很强的力。

聚集的海水一般会使海平面升高一到两米。当海浪冲向岸边时，海岸再次提升了海浪的高度。在某些海域，海浪可以高出海平面十几米。而在另一些海域，由于部分海水移向了涨潮的地方，这些海域就出现了低潮。

32.月球的另一面为什么看不见?

◇ **名词解释** 同步自转：指一个天体围绕另一天体公转的同时也在自转，其自转周期与公转周期相同，方向也基本一致的现象，比较典型的有月球同步自转。

● 月球背面

月球在绕地球公转的过程中，由于微气有前倾后仰、左摇右摆等原因，使科学家能看到它59%的表面。对月球那不肯露面的另一半，科学家们曾提出种种设想。其中最奇特的莫过于认为那另一半已被削平，月亮只是个突向地球的半球。直到1959年10月，苏联发射的"月球—3号"宇宙火箭首次成功地拍摄了月球背面的照片，这千古之谜才真相大白。

月球为什么不肯展示其另一半的庐山真面目呢？这是由于地球对月球的潮汐作用造成的。我们熟知地球上的潮汐——海水的定期涨落，主要是由月球的引力引起的。其实除了常见的海潮之外，还有气体潮（大气）和固体潮（地壳）。月球对地球的潮汐，造成大气、海水、地壳内部物质间的摩擦，损失了地

◎ **宇宙链接：**

关于月球，自古以来就有很多美丽动人的传说，诸如嫦娥奔月、玉兔捣药、吴刚伐桂等等。实际上，月球是一个寂静的、毫无生机的世界，没有空气和水，没有大气的保暖和海洋对温度的调节，昼夜温差相当大。根据测定，在太阳光照射的月面上，温度最高可达123℃，而黑夜又可降至-233℃，昼夜温差如此之大，根本不会有生命的存在。

球的自转能量而使地球自转变慢。同样，地球也因吸引月球造成月球层间的摩擦而损耗其自转能量，使它自转变慢。如今月球自转周期与公转相等，都是27.32166天，因此，在月球自转一周的同时也绕地球公转了一周，这样，它就始终以同一面对着地球的观测者了。

33.火箭的燃料为什么与众不同？

◇ **名词解释** 宇宙速度：分第一、第二、第三、第四和第五宇宙速度。在这里指第二宇宙速度，即使物体完全摆脱地球引力束缚，飞离地球的所需的最小初始速度，大小为11.2km/s。

早在运载火箭发明前，人们使用油和气作为燃料，汽车、轮船和飞机都是靠这些燃料来行驶的。后来，科学家发明了靠化学能来产生动力的运载火箭，并用煤油、酒精、偏二甲肼、液态氢等作为燃烧剂，用硝酸、液态氮等提供的氧化剂来帮助燃烧。人们习惯上把燃烧剂和氧化剂通称为火箭发动机的燃料。

从物理形态上讲，火箭发动机使用的燃料有两种形式，一种是液态物质，另一种是固态物质。燃料都呈液态的发动机称为液体燃料发动机，或称液体火箭发动机；燃料都呈固态的发动机则称为固体火箭发动机；如果燃料有两种以上，既有固态的，又有液态的，则称为固—液火箭发动机或直接以其物质名称来命名发动机，如氢氧火箭发动机。由于固态燃烧剂产生的能量比液体氧化剂发出的能量高，所以目前研制的火箭发动机多是固—液火箭发动机，两种燃料相遇燃烧，形

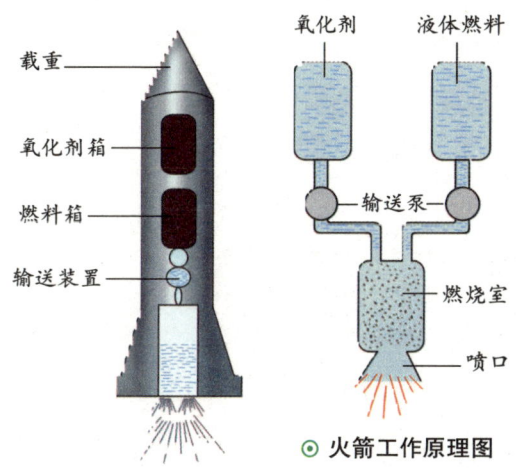

⊙ 火箭工作原理图

033

成高温高压气体，气体从喷口喷出，产生巨大推力而把运载火箭送上了太空。

34. 为什么火箭外部要涂上特殊的材料？

◇ **名词解释** 摩擦生热：物体与物体相互摩擦会产生热，摩擦越激烈，产生的热量越大。

当火箭以8千米/秒的高速运行时，火箭的外壳与大气发生强烈的摩擦，将会产生上千度的高温。与此同时，当火箭发动机工作时，还要喷出几千度的高温气流。一般来说，火箭的外壳是用钛合金、铍合金和铝合金等材料做成的，要是直接接触这样的高温，外壳的强度将会大大减弱，并且由于合金材料很容易传热，高温很快就会传到火箭内部，烧坏各种自动控制仪器和电子元件，那么火箭也就无法按预定的轨道正常飞行了。

为了防止高温危害，人们在火箭的外壳上涂上一层又轻又薄的特种涂料——耐烧蚀隔热涂料。这种涂料大多是由硅、磷、氮、硼、氯等元素合成的有机树脂，具有耐高温和自熄的特性，它就像是套在火箭外部的一件石棉衣服。如果再在这类树脂中加入一些无机填料（如二氧化硅、云母粉、碳硼纤维等）和升华物质（如氧化硒、硫化汞等），就可以制得一种既耐高温又有良好隔热性能的涂料。这种涂料一般采用涂刷、喷、刮的方法，紧密地覆盖在火箭的外壳上。当火箭在大气中高速飞行时，所产生的热量会使涂层中的升华物质渐渐挥发，与此同时，有机树脂表面消融，带走部分热量，并留下碳化层，把外界大部分热量都隔绝掉。

35. 为什么卫星发射有"窗口"？

◇ **名词解释** 航天发射场：发射航天器的特定区域。发射场场址的选择有非常严格的要求，如它应远离人口稠密地区；要求雷雨少、湿度小、风速低、温差变化不大；应尽量靠近赤道的低纬度地区等。

1990年4月7日晚，全国电视观众守候在荧屏前，等待观看发射"亚洲"1号通信卫星的转播。原定火箭于19时50分升空，可是屏幕上出现了"因航天发射场气象条件不好，发射时间待定"的字样。后来"长征"3号火箭终于在21点30分顺利起飞。专家们解释说：19时50分是第一个发射窗口，21时30分是第二个发射窗口。

　　发射卫星还有"窗口"？不错，但这里说的"窗口"是各种条件都有利于发射的一个时间段。若要让卫星飞往其他行星，就得研究地球与这些星球不断变化的相对位置，在几年甚至几十年的范围里找到一段只有几十天长短的日子，这时用较小推力的火箭、花较短的飞行时间，就能抵达目的地。例如：1977年发射的"旅行者"1号、"旅行者"2号飞船，充分利用了有利的行星排列，分别考察了木星、土星、天王星和海王星。

36.为什么要发射人造卫星？

◇ **名词解释**　地球静止轨道：指卫星或人造卫星垂直于地球赤道上方的正圆形地球同步轨道。

　　随着现代科技的不断发展，人类研制出了各种人造卫星。目前，人造卫星主要用于科学研究领域，按照其功能和用途的不同，大致可以将它们分为通信、气象、资源、侦察、导航五大类。

　　通信卫星是无线电通信的中继站，它就像一个国际"信使"，收集来自地面的各种无线电信号，然后再通过反射或转发，将其传达到另一个地面站。通信卫星一般位于36000千米的高空，信号覆盖面特别大。如果在地球静止轨道上均匀地放置三颗通信卫星，便可以实现除南北极之外的全球通信。气象卫星可以俯瞰整个地球大气层，通过携带的遥感设备对地球上的风、云、雨以及森林火灾进行监测。气象卫星收回的图像和数据是气象科技人员准确预报全球天气的重要依据。地球资源卫星利用遥感仪器来发现在地面和低空难以发现的地理特征，从而准确估计各地区的植被、地质、水文等方面的资源情况。侦察卫星携带有分辨率很高的照相机、摄相机，可以对地面目标进行拍摄，能准确地反映地面部队的调动、集结及各种军事设施的变化。导航卫星顾名思义，是用来帮助地面、海洋、空中和空间的用户准确定位的。

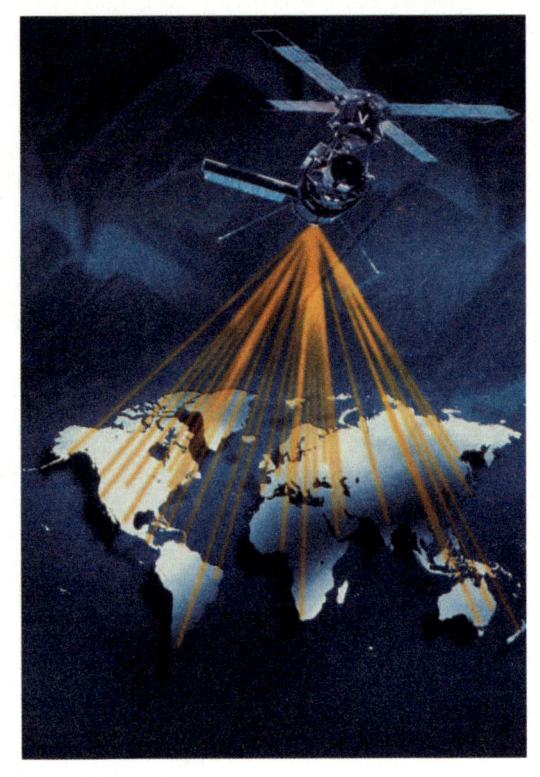

⊙空间卫星技术收集到的各地天气情况，即使只有微小的误差，也会谬以千里。

37.气象卫星为什么被称为"空中千里眼"？

◇ **名词解释**　卫星云图：由气象卫星自上而下观测到的地球上的云层覆盖和地表面特征的图像。

　　自1960年美国发射了第一颗气象卫星以来，现在已有近180颗气象卫星"兄弟"在浩瀚的太空中遨游过。

　　气象卫星在太空对地球大气进行观测时，地面上的各种状况和各种气象变化都能反映在卫星的各种观测仪器上，并拍成云图。我们每天从中央电视台天气预报节目中看到的卫星云图，就是气象卫星拍摄的。

　　气象卫星具有许多优点，最为突出的是：观测的地域广阔、观测的时间长久和观测的数据汇集迅速等。如气象卫星飞绕地球一圈所收集的气象资料，比地面上的上万个气象台站一昼夜收集的资料还多100

倍；气象卫星拍摄一幅卫星图片，所覆盖的面积比我国国土还大10倍多。

气象卫星拍摄的卫星云图，使气象预报员早在台风刚刚形成、远在千里之外时，就能看清它的外貌特征，确定它的中心位置和强度，并追踪它的移动路径和方向。同时也可以告诉人们，提前做好准备，免遭台风之害。自从气象卫星上天以后，所发生过的台风无一逃脱过它的"慧眼"，真够神通广大。由于气象卫星为人类了解天气变化、预报气象而巡逻在太空，因此被称为"空中千里眼"。

38.为什么要提出"人造太空球"计划？

◇ **名词解释** 失重：物体在引力场中自由运动时有质量而不表现重量的一种状态，又称"零重力"。

随着人口大爆炸时代的来临，地球的压力越来越大。如何解决这一难题让世界各国的科学家都大费脑筋。对此，英国科学家提出了"人造太空球"计划。

按照"人造太空球"计划，我们将建造一个直径为500米的空心球，在球的内壁有住宅、树林、河流，等等。如果将这座"人造太空球"投放入宇宙，它将以每秒钟一周的速度自转，在"赤道"处产生的引力几乎与地球相同，因此生活在其中的人感觉就像在地球上一样。科学家还会根据球上不同"纬度"的引力情况，巧妙地安装各种设计，以消除失重造成的不适感。此外，科学家还能利用合理的失重。例如，在75度处建立芭蕾舞剧场，演员便能轻松自如地跳到5~6米高，然后轻轻地下来，使优雅的舞姿更为迷人；在"两极"地区可建立滑翔俱乐部，滑翔机能长久地在空中自由"散步"。"人造太空球"中的气候能任意调节，设在200米高空的管子里的雨水可以根据需要落下。

但是每一个"人造太空球"只能容纳1万居民，这对减轻地球人口压力来说，显然是太小了。于是科学家又设想建造一个更巨大的"宇宙岛"，直径为6.5千米，每2分钟自转一周，可居住几百万人。

39.科学家为什么要实施卫星撞月？

◇ **名词解释**　月震：类似地震，指发生在月球上的震动。

研究地球的内部构造，科学家大多要借助地震波。同理，要弄清月球的内部构造也离不开月震波。为此，科学家一手炮制了一场场"卫星撞月"的精彩大戏。

1959年，苏联研制的"月球2号"探测器在飞行33小时后抵达月球轨道，但在着陆时坠毁，这是第一个撞击月球表面的人造探测器。此后，陆续有多个人造月球探测器撞击月球，这种报废坠落后的无意之举逐渐转变成一种废物利用的科学行为（用来撞击月球的都是退役卫星）。

20世纪90年代后期以来，越来越多的观测发现：月球上很可能有水。这一现象进一步引发了人类对月球探测的兴趣。有关专家指出，撞月计划有利于人们了解月球的起源，同时也可为人类未来登月提供更多的参考信息。

2006年9月3日，欧空局月球探测器"智能1号"成功撞击月球，以对月球的"温柔一击"结束了近3年的太空之旅，奏响了人类新一轮探月高潮的前奏。2008年11月14日，印度月球探测器"月船1

◎**宇宙链接：**

2007年10月24日18时05分，中国首颗探月卫星——"嫦娥一号"发射升空。"嫦娥一号"体重达2.315吨，卫星由中国空间技术研究院承担研制，以中国古代神话人物嫦娥命名，主要用于获取月球表面三维影像、分析月球表面有关物质元素的分布特点、探测月壤厚度、探测地月空间环境等。

号"在飞行38.6万千米后,携带的重29公斤的月球撞击探测器成功撞击月球。2009年3月1日,在科技人员的精确控制下,中国嫦娥一号卫星准确落于月球东经52.36度、南纬1.50度的预定撞击点,成功完成硬着陆。2009年10月9日7点31分,美国半人马座火箭在经过近4个月的飞行后,首先以每小时约9000千米的速度撞击月球南极的凯布斯坑,4分多钟之后,月球坑观测和传感卫星也"如约"撞击月球。

40.航天器为什么能返回地面?

◇ **名词解释** 遥感卫星:用作外层空间遥感平台的人造卫星,通常,遥感卫星可在轨道上运行数年。

很多航天器在太空完成科学考察任务之后,都可以返回到地面。在这一类航天器上往往配置有返回着陆系统。

航天器返回地面就是使航天器脱离原来的运行轨道,进入地球大气层并在地面安全着陆。早在20世纪40年代末,美国和苏联就竞相利用V-2导弹改装成地球物理探测火箭,将科学探测仪器和试验生物等发射到100千米以上的高空,然后回收到地面。人造卫星发射之后,科学家便着手研究卫星返回技术问题。1960年和1961年年初,美国的"发现者"号卫星和苏联的卫星式飞船先后成功地返回地面。这表明从环地轨道返回的技术基本成熟。"阿波罗"号飞船首次载3名宇航员飞向月球,在绕月球飞行后安全返回地面。中国是世界上第三个掌握卫星返回技术的国家。1975年11月26日,我国第一颗返回型遥感卫星发射成功,在轨道上运行3天后,按预定计划顺利地返回地面。此后的1976年、1978年、1982年、1983年和1984年,我国又多次成功地发射了返回型遥感卫星。

卫星返回地面的原理是改变其运动速度,使卫星脱离原来的运行轨道,转入另一条轨道。若速度的变化使航天器转入一条飞向地球并能进入大气层的轨道，便可实现返回。返回技术，是一项综合性技术。为使航天器安全返回和准时定点着陆，返回控制、制导、防热、回收和着陆等是返回的关键技术。

41.宇航员为什么要穿航天服？

◇ **名词解释** 宇宙辐射：宇宙中存在着巨大的能量，这些能量会以各种形式释放出来，这就是辐射。很多辐射对人体是有害的。

宇航员在宇宙空间飞行与在地球大气层里飞行是完全不同的。由于宇宙空间几乎是真空的，有很多我们人类根本无法适应的环境要素，为了保护宇航员的生命活动和工作能力，宇航员必须穿上专门设计的航天服。

航天服实际上是宇航员的个人密闭装备，它是在飞行员密闭服（也称全压服）的基础上发展起来的多功能服装，能够防止宇宙空间的各种不利因素，如低压或真空、缺氧或无氧、高低温、宇宙辐射、微流星体等对人体的严重危害。处于科考的需要，宇航员有时不仅要在舱内活动，还要到舱外活动。人在太空真空环境中，体内血液中含有的氧会变成气体，使体积膨胀，如果不穿航天服，宇航员就会因为体内外压差得悬殊而丧命。

如今的航天服都具有液体降温结构。20世纪70年代以后研制的航天服，在高压下仍具有最佳活动性能，不需要吸氧排气，宇航员就可以由座舱直接进入宇宙空间。

⊙1999年"发现号"航天飞机的宇航员进行了太空行走，对哈勃太空望远镜进行修复。

42.为什么在太空吃一顿饭是不容易的?

◇ **名词解释** 太空食品:也称"航天食品",是供航天员在空间飞行中食用的食品。因食用环境特殊,它与地面食品有很大不同。

俗话说"民以食为天",即使是逗留太空的宇航员也仍然要"食人间烟火",并且他们的食品还特别考究,必须精心烹调。

在太空中,像"炒麦粉"、"一口酥"之类带有粉末特性的食品是绝对不能食用的。因为一旦这些粉末从容器中或宇航员口中溢出,它们很快就会布满舱内的每个角落,到处飘飘悠悠,极易被吸入宇航员的肺中,造成安全事故。所以,早期的宇航员只能食用"牙膏袋装"食品,以"挤牙膏"的方式进食。从20世纪80年代开始,宇航员的饮食有了一些改观,出现了专门的"简易食堂"。通过"旅行皮箱式温水加热器",宇航员可以吃上热腾腾的饭菜了。目前,宇航食谱已经发展到70种食物和20种饮料,可供宇航员大饱口福。这些食谱经过营养学家精心设计搭配,足可保证每天3000大卡热量,绝不低于地面水准。

随着航天事业的日趋发展,宇航员越来越国际化,太空食品也正在添加一些民族特色,如有专为阿富汗宇航员制作的鹌鹑肉、鱼冻;专为法国宇航员制作的法式火腿、牛尾料理;还有日本宇航员爱吃的饭团、烤鱼等。

> ◎**宇宙链接:**
>
> 载人航天是人类驾驶和乘坐载人航天器在太空中从事各种探测、研究、试验、生产、军事应用等任务的往返飞行活动。其目的在于突破地球大气的屏障和克服地球引力,把人类的活动范围从陆地、海洋和大气层内扩展到太空。根据飞行和工作方式的不同,载人航天器可分为载人飞船、载人空间站和航天飞机三类。目前,世界上只有俄罗斯、美国和中国掌握了载人航天技术。

43.为什么在太空洗漱是一件很麻烦的事情?

◇ **名词解释** 真空:一种不存在任何物质的空间状态,在真空中,物体往往表现出特殊的性状。

随着科技的进步,人类能在太空中停留的时间越来越长。为了保障正常的生活,宇航员不仅要吃饭,还要洗漱。和陆地上相比,在太空中洗漱是一件十分麻烦的事情。

太空中的失重环境给宇航员的生活带来了诸多的不便,然而这些"不便"在我们看来倒是十分有趣的。比如刷牙,宇航员刷牙不能使用牙膏和牙刷,而是嚼一种类似口香糖的胶质物,让牙齿上的污垢粘在胶质物上,以达到清洁牙齿的目的。洗脸也不用清水和毛巾,只是用浸湿的纸巾擦擦脸,如果将这种湿纸巾贴在梳子上梳头,就算是洗头了。在宇航员座舱的卫生间里,还有精心设计的马桶和浴室。上厕所时,宇航员必须先将两脚放进固定的脚套里,然后用座带绑好腰间,以固定身体。浴室则是一个像手风琴一样的套子,挂在卫生间的顶棚上,使用的时候放下来,不用时可以折叠起来放在原处。顶棚上部装有圆形水箱、喷管和电加热器。水箱里一般能装5千克水,跟飞船上的冷热水管道相通。在浴室的地板上还有一双固定的橡皮拖鞋。洗澡的时候,宇航员必须按照事先编好的程序操作:先把通到浴室外的呼吸管套在嘴上,用夹子把鼻子夹住,以避免从嘴角和鼻子吸入污水;然后放下密封的塑料套,使浴室形成真空,防止水珠飘到外面;接下来穿上拖鞋,启动电加热器,水温合适时即可洗澡了。值得一提的是,洗澡时的水不是向下流的,而是四散飘浮,宇航员每次洗澡仅能用3千克水。

44.为什么天文望远镜越大越好?

◇ **名词解释** 光学望远镜:用于收集可见光的一种望远镜,并且经由聚焦光线,可以直接放大影像、进行目视观测或者摄影,等等。

望远镜的大小通常是指它的通光口径,也就是物镜的直径大小。它是望远镜观测天体能力的反映。口径越大就能收集到越多的天体辐射,聚光本领就越强。所以要想观测到更远、更暗的天体,就必须使用口径大的望远镜。除此之外,我们通过望远镜的角分辨的倒数来衡量望远镜的分辨本领,望远镜刚刚能分开两个天体(或一个天体的两部分)像的张角便是角分辨。在良好的天文台址的条件下,口径越大,望远镜的分辨率越高,所能观测到的天体就越多。因此,天文学家大都倾向于建造越来越大的望远镜。

从伽利略发明第一架天文望远镜到现在,天文望远镜的发展非常迅速。300多年来,光学望远镜的口径已从当初的几厘米发展到现在的10米。此外,望远镜家族还包括红外望远镜、射电望远镜、X射线和γ射线望远镜、紫外望远镜,而且这些望远镜也越做越大。望远镜

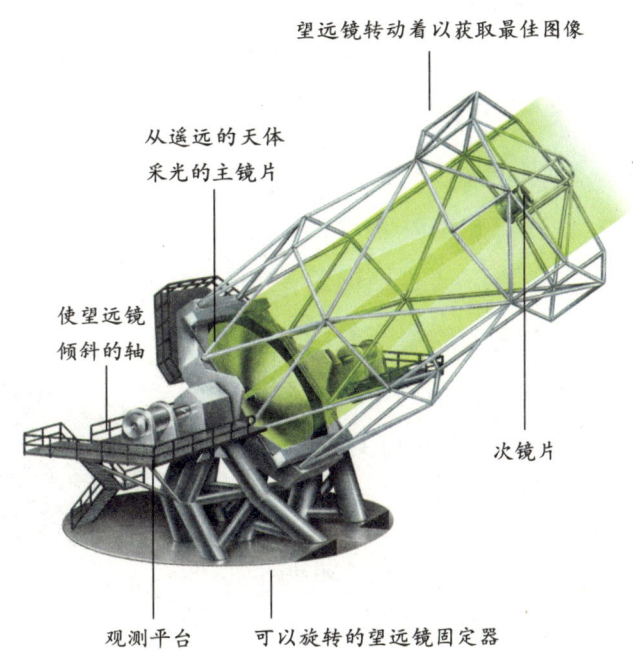

⊙最大的望远镜可以观测到大约1000亿个星系。大部分现代光学望远镜都是折射望远镜,镜片越大,采集的光越多。

就好比是天文学家的"千里眼",使他们获得了大量宝贵的观测资料,人们因此能不断深入地探索宇宙的奥秘。

45.为什么说加加林是遨游太空第一人?

◇ **名词解释** 飞船:一种运送航天员、货物到达太空并安全返回的一次性使用的航天器,它能基本保证航天员在太空短期生活并进行一定的工作。

1961年4月21日清晨,在苏联中部的拜科努尔宇航中心,加加林怀着激动的心情,登上了"东方"1号飞船。上午9点零7分,飞船起飞了。在飞船达到最高速度时,加加林已经适应了失重的环境。他在飞船里吃着食物,并观察舱内的仪表,认真地做着记录,并拍照。在飞船的生活舱内,温度比较适宜,只有20℃左右,气压和地面上一样。在轨道上飞行了一圈后,准备返回地面。

◉ 加加林像

在返航的时候,加加林启动了装在机械舱内的制动火箭,使飞船减速,然后控制火箭喷射气体的方向,使飞船脱离轨道,飞回地球。上午10点25分,飞船在北非上空进入大气层的时候,把机械舱甩掉,使它坠入大海,剩下生活舱用高速降落。在距离地面7700米时,加加林和他的坐椅一起被弹射出来,3顶彩色降落伞慢慢张开。当下降到4400米的时候,加加林脱离开坐椅,慢慢地飘落到地面上。随着加加林的升空,揭开了人类太空的新纪元。太空探险已成为令全世界瞩目的头等大事。

十分不幸的是，1968年3月27日，年仅34岁的加加林在一次飞行中不幸遇难身亡。他的名字将永远载入人类征服宇宙的史册。

46."阿波罗工程"为什么具有划时代的意义？

◇ **名词解释** 阿波罗：古希腊神话中的太阳神，掌管光明、青春等。美国登月计划用"阿波罗"做代号，有"光明"、"希望"之寓。

"阿波罗工程"是指美国于20世纪60年代至70年代初组织实施的载人登月工程。实施这一工程的目的，是实现载人登月飞行和人对月球的实地考察。

"阿波罗工程"在世界航天史上具有划时代的意义。工程始于1961年5月，至1972年12月第6次登月成功结束，历时11年，共耗资255亿美元。整个工程组织了2万家企业、200多所大学和80多个研究单位，共有30多万人参加。为了登月，方案论证了飞船登月飞行轨道和确定载人飞船的总体布局。从"阿波罗号"飞船的3种飞行方案中选定月球轨道交会方案，确定由指挥舱、服务舱和登月舱组成的飞船总体设计方案。

"阿波罗号"飞船使用的是大推力"土星号"运载火箭，"土星5号"巨型3级运载火箭作为飞船登月的运载工具。

1969年7月20—21日，首次实现人类登月的理想。此后，美国又相继6次发射"阿波罗号"飞船，其中5次成功，总共有12名宇航员登上月球。

> ◎ **宇宙链接：**
>
> 1969年7月21日，对于人类来说是一个难忘的日子。这一天，"阿波罗11号"载着三名宇航员阿姆斯特朗、科林斯和奥尔德林成功在月球登陆。4时7分，阿姆斯特朗的左脚落在了月球表面。那个时刻，全世界都屏住了呼吸，都在等待着他登上月球的第一句话。出乎很多人的意料，阿姆斯特朗只说了简单的一句："这是我个人的一小步，却是人类的一大步！"

47.为什么要发射"旅行者号"探测器?

◇ **名词解释**　地外文明:指地球外其他宇宙星体可能存在的文明,主要指生命体。

1977年8月20日和9月5日,美国先后发射了旅行者2号和1号探测器,这两个姊妹探测器沿着两条不同的轨道飞行,担负着探测太阳系外围行星的任务。

随着旅行者2号和1号探测器的发射,人类历史上人造飞行器最为漫长的星际旅行开始了。这两位"旅行者"身负重任,它们飞越太阳系,除了要完成几大行星的近距离探测任务外,还将向着太阳系的边际进发,以寻觅可能存在的第10大行星,确认太阳系的边界以及考察地外文明。由于两艘飞船都采用了能连续供电数十年的核电源,所以预计到2015年前,"旅行者"2号还能够发来微弱的信号。为了听取它们的"汇报",美国宇航局设有30人的专门机构日夜监测。

"旅行者号"中止与地球的联系之后,仍会在茫茫银河系中继续它们的旅程。预计在公元4200年,它们将飞抵罗斯248星;到公元296000年,临近宇宙中的第一亮星——天狼星。到那时,它们已经离地球8.6光年之遥。假如它们在日后的漫漫旅程中没有受到什么意外袭击,就可在宇宙中生存10亿年。

由于这两艘"旅行者"号上都携有一张特制的镀金铜唱片,唱片的一面录有90分钟的"地球之音",那是60

◉ 旅行者号探测器

种不同语言的问候语；另一面为115幅反映地球人类文明的照片。科学家们希望有朝一日，这张唱片能在他乡遇知音。倘能这样，这两位长途跋涉的"旅行者"也就可以自慰不虚此行了。

48. "凤凰号"为什么采用推进降落方式着陆？

◇ **名词解释** 火星日：火星上的一天。1个火星日比地球上的1天稍长，约为地球上的24.6小时。

2007年8月，"凤凰号"火星探测器在美国佛罗里达州卡纳维拉尔角发射，经过4.22亿英里的长途跋涉，终于于2008年5月25日19时53分在火星北极成功着陆。

"凤凰号"火星探测器的着陆地点设在纬度同地球格陵兰或阿拉斯加州北部相当的广阔浅谷。与姊妹火星探测器"勇气号"和"机遇号"不同，"凤凰号"着陆器没有采用气囊缓冲技术着陆，而是利用反冲火箭下降的，这种推进降落方法更适用于更加沉重的飞船降落，也能更加准确地降落在预定地点。据相关专家透露，"凤凰号"着陆的成功率其实并不高。从历史上来看，55%在火星表面降落的努力都最终以失败而告终，而"凤凰号"的这种着陆方式已经有32年没有尝试过。

此次，"凤凰号"的主要探测目的是寻找火星北极土壤中可能存在的生命特征，对浅层地下的水冰进行研究。成功着陆后，"凤凰号"在原地等候15分钟，待着陆掀起的尘埃物质落定后，它展开太阳能电池板，升起气象天线杆，将周围环境的第一批照片传回地面。在接下来的几个火星日，"凤凰号"伸出长约2.3米的机械臂向下挖掘，采集火星土壤样本，并以先进的仪器对土壤中的水冰加以分析。按照预定方案，"凤凰号"的寿命为90个火星日，这项计划共耗资四亿两千万美元。

49. "神舟号"飞船为什么只在一定条件下发射?

◇ **名词解释** 航天测量船：一种具有特殊用途的船只，主要任务是跟踪和遥测各种中、远程导弹、卫星和飞船，精确测定其落点，回收弹头锥体、卫星仪器数据舱和飞船座舱等。

◎ **宇宙链接：**

1999年11月20日至21日，中国载人航天工程第一艘"神舟"无人试验飞船飞行试验，获得了圆满成功。2001年年初至2002年年底又相继研制并发射成功了"神舟二号"、"神舟三号"、"神舟四号"无人试验飞船，获得了宝贵的试验数据。2003年10月15日，中国第一艘载人飞船——"神舟五号"成功发射，中国成为继俄罗斯和美国之后第三个能够独立开展载人航天活动的国家。

航天发射是一项极其复杂和庞大的系统工程，飞船发射时机的选择要考虑到各种各样可能影响的因素。我国的"神舟号"飞船能成功发射与有利的发射条件分不开。

我国成功发射的"神舟号"飞船基本上都是在相对寒冷的冬季发射升空的。这其中有什么特殊原因呢？据专家介绍，飞船上天后，要由我国的航天测控网对飞船实施测控管理和回收。这个测控网由多个国内测控站、国外测控站和我国的四艘"远望"号远洋航天测量船组成。在对飞船实施测控的过程中，远望一号、二号、四号和三号远洋航天测量船同时分布在太平洋、印度洋和大西洋的指

◉ "神舟"飞天

定海域，除了远望一号，其他三艘测量船的任务海域都在纬度相对较高的南半球。那里的海况在当地的春夏季节要好一些，秋冬季节则极为恶劣，尤其是在冬季，不要说在海上执行航天测控任务，就是正常航行都难保安全。为了尽量避开南半球的不利季节，我国的"神舟号"飞船才选择在冬季发射。

除此之外，我们还发现："神舟号"飞船的发射时间基本上都选择在凌晨和子夜。这其中最重要的原因是便于地面的光学跟踪测量设备在飞船发射升空时捕捉跟踪目标。道理很简单，在漆黑的夜空中，喷射着火焰的火箭非常显眼和突出。

50.为什么说"嫦娥二号"卫星是先导星？

◇ **名词解释** CCD照相机：以电荷耦合器件（CCD）作为光敏感器和光电转换器的遥感用相机，具有分辨率高、体积小、重量轻、不受磁场影响且抗震动和撞击之特性。

2010年10月1日18时59分57秒345毫秒，"嫦娥二号"探月卫星在中国西昌卫星发射中心点火升空。在飞行约29分钟后，星箭分离，卫星进入预定轨道。

"嫦娥二号"是中国自主研发的探月卫星，卫星的重量为2480千克，其中燃料重量约1300千克，七种科学探测设备重约140千克。卫星环绕月球飞行的轨道高度为100千米，比"嫦娥一号"距月球近了100千米。"嫦娥二号"主要任务是获得更清晰、更详细的月球表面影像数据和月球极区表面数据，因此卫星上搭载的CCD照相机的分辨率将更高，其他探测设备也将有所改进。

据中国探月工程副总设计师孙辉先介绍："实际上，'嫦娥二号'是'嫦娥一号'的备用星。"发射"嫦娥一号"时，为确保绕月飞行的成功，中国准备了两颗卫星。"如果'嫦娥一号'没有实现预定的目标，可能就会发射这颗备用星。'嫦娥一号'的任务圆满完成了，这颗卫星就成为我国探月工程二期卫星的先导星了"。

孙辉先透露，作为"嫦娥三号"的先导星，嫦娥二号的任务将持续半年。在发射完"嫦娥二号"卫星以后，中国就要发射一个月球着陆器和月面车。月球着陆器可以对月球表面进行月壤分析，月面车可以在距离着陆器5千米直径的范围内进行巡视探测。

51. 美国为什么要停飞航天飞机？

◇ **名词解释**　航天飞机：又称"太空梭"或"太空穿梭机"，是一种往返于地面和近地轨道之间的可重复使用的太空飞行器，著名的有"奋进号"、"挑战者号"、"亚特兰蒂斯号"等。

北京时间2011年7月9日上午7时38分，美国航天飞机"亚特兰蒂斯"号从佛罗里达州的肯尼迪航天中心点火升空。12天之后的7月21日下午17点56分，它成功返回地球。

这是"亚特兰蒂斯"号最后一次执行太空任务，同时也是美国所有航天飞机的最后一次太空之旅。从这以后，美国30多年的航天飞机太空之行将正式画上一个句号。

航天飞机承载着美国人的光荣与梦想。在30多年的飞行中，它们把50多颗卫星送进了轨道，将来自16个国家的355名人员送入太空，此外还

◉ 航天飞机外观

发射了包括哈勃太空望远镜在内的一些重要太空仪器。

这些太空使者的"英年早退"其实也是无奈,最主要的原因是:美国政府难以承担高昂的发射费用。据了解,在1972年美国航天飞机项目启动时,官员们曾承诺每次发射成本只约为1050万美元,但实际每次发射成本高达15亿美元!美国宇航局近日评估显示,从航天飞机诞生到2010年,美国已经在这个项目上花费了约2090亿美元。有报道称,考虑通胀因素之后,这一金额已超过登月、制造原子弹和开凿巴拿马运河的总和。

此外,航天飞机技术老旧,安全性能堪忧也是其退出历史舞台的又一原因。特别是"挑战者号"和"哥伦比亚号"的失事,导致14名宇航员牺牲,成了美国人心中永远挥之不去的痛!

52. "好奇号"火星车为什么选择陨石坑作为着陆点?

◇ **名词解释** 陨石坑:行星、卫星、小行星或其他天体表面通过陨石撞击而形成的环形的凹坑,较大的陨石坑又称环形山。

美国航天局2011年7月22日发表声明宣布,2011年年底升空的"好奇号"火星车将在火星"盖尔"陨石坑内中心山丘的一处山脚下着陆。

"盖尔"巨型陨石坑得名于澳大利亚已故天文学家沃尔特·盖尔,他发现了双星和彗星组成的天体系统。这个巨型陨石坑位于火星赤道以南,形成于大约3.5亿至3.8亿年前,直径约为154公里,整个面积相当于美国康涅狄格州和罗得岛州之和。

美国航天局2006年即着手挑选"好奇号"火星车的着陆点,最初候选的方案包括30多个着陆点;2008年进一步压缩至4个;至2011年,最终选定"盖尔"陨石坑作为唯一着陆点。

据美国航天局行星科学部门负责人吉姆·格林介绍："这一着陆点不仅能提供令人印象深刻的视觉景观，而且具有取得重大科学发现的巨大潜力。"

"好奇号"火星车的体积与小汽车相当，长度约为2004年登上火星的"勇气号"火星车的两倍，重量则是后者的5倍多。以核动力驱动的"好奇号"火星车携带的探测设备更多、更先进，在火星表面的连续行驶能力也更强。"好奇号"发射窗口期为2011年11月25日至12月18日，如能按时升空，它将于2012年8月在火星着陆，之后展开为期一个火星年（约687个地球日）的探测。"好奇号"的任务是查明火星过去或现在是否存在适宜生命存在的环境。

53.中国为什么要发射"天宫一号"？

◇ **名词解释** 交会对接：是两个航天器（宇宙飞船、航天飞机等）在空间轨道上会合并在结构上连成一个整体的技术，它是实现航天器空间装配、回收、补给、航天员交换等在轨服务的先决条件。

"天宫一号"是中国首个空间实验室的名称，它于2011年下半年发射。在发射之后的两年中，中国将相继发射"神舟八号"、"神舟九号"、"神舟十号"飞船与其对接，从而建立第一个中国空间实验室。

"天宫一号"实际

◎**宇宙链接：**

载人空间站是一种在近地轨道长时间运行、可供多名航天员在其中生活工作和巡访的载人航天器。小型的空间站可一次发射完成，较大型的可分批发射组件，在太空中组装成为整体。空间站的基本组成是以一个载人生活舱为主体，再加上不同用途的舱段，如工作实验舱等。1971年4月，苏联发射了第一座空间站——"礼炮1号"。到目前为止，全世界共发射了9个空间站。

上并不是严格意义上的空间实验室，它只是空间实验室的实验版，它的真正学名叫"目标飞行器"。我们可以把"天宫一号"看做一个小型的空间实验站，这个空间实验站重达8吨，采用两舱构型，分别为实验舱和资源舱。

中国之所以要发射"天宫一号"，它跟中国的航天战略是紧密相关的。中国载人航天工程分为三步走：第一步是航天员上天。"神舟五号"的升空标志着这一步任务已经圆满完成了。第二步是要实现多人多天飞行、航天员出舱、此后完成飞船与空间舱的交会对接，并发射短期有人照料的空间实验室。"神舟六号"和"神舟七号"完成了这一步的前一部分任务，而后一部分的任务目前正在进行中，发射"天宫一号"就是这一后续任务的重要部分。第三步就是建立永久性的空间试验室。

"天宫一号"主要用来突破并基本掌握航天器交会对接技术，而在此之后，大概在2015年之前，中国将再陆续发射"天宫二号"、"天宫三号"两个空间实验室。"天宫二号"将主要开展地球观测和空间地球系统科学、空间技术和航天医学等领域的应用和试验。"天宫三号"将主要完成航天员中期在轨驻留、货运飞船在轨试验等。

54.为什么说太阳帆飞船是航天技术的一个突破？

◇ **名词解释** 光子：光线中携带能量的粒子，具有速度、能量、动量和质量。光子可以变成其他物质（如一对正负电子），但能量守恒、动量守恒。

2010年5月18日，日本太阳帆飞船"伊卡洛斯号"从种子岛太空中心发射升空。20多天后，该飞船的太阳帆完全展开，这标志着人类在新航天动力技术上取得了一个重要突破。

此次发射的"伊卡洛斯号"并非传统意义上使用燃料助推的太空飞行器，而是一艘使用太阳帆反弹太阳光子的压力作为航行动力的"太空帆船"。据日本宇宙航空研究开发机构（JAXA）专家津田雄一介

◉ 太阳帆飞船

绍："这是一项借助电力和太阳粒子产生的压力的混合动力技术。有了太阳帆，只要有阳光，没有燃料我们照样能在太空遨游。利用太阳能生产电流后，我们将能在太阳系里进行更远、更加有效的飞行。"

利用太阳能作为宇宙飞行的动力，一直是宇航界着力探索的领域之一。在开普勒时代，科学家便已提出仅依靠太阳能持续飞行的宇宙飞船的设想。2005年，美国和俄罗斯曾合作开发了一艘太阳帆飞船"宇宙一号"，但升空后即与地面失去联系，踪影全无。其后美国宇航局的"光帆计划"也因各种技术难题而搁置不前。而此次日本飞船的成功，无疑是人类在这一技术应用上的一次重大突破。

据专家介绍，"伊卡洛斯"有一个基于薄膜太阳能技术的20米帆板，它柔软而富有弹性，厚度还不及一根头发。发射进入太空后，"伊卡洛斯"便展开边长为14米的太阳帆，使飞船依靠着阳光的沐浴而持续运行。JAXA通过改变太阳帆反弹太阳光子的角度来控制"伊卡洛斯"号的飞行路线。

55.GPS系统为什么能全球定位？

◇ **名词解释** 授时：利用无线电信号报告最精确的时间。根据授时手段的不同，分为短波授时、长波授时、卫星授时等，其中卫星授时可以实现发播信号大面积的覆盖，因此精度更高。

1991年年初的海湾战争中，有几位美军飞行员在飞机被击中后被迫跳伞。他们用一种袖珍收音机大小的仪器，迅速测定降落点的地理位置。闻讯赶来的营救直升机也利用类似仪器在茫茫沙海中找到了遇险者。这种高效的测向、定位系统就是"导航星授时和测距全球定位系统"，简称"GPS"。它是美国继"阿波罗"登月、航天飞机之后的第三大航天工程。

经过二三十年的研究，到1994年3月，GPS已经形成由21颗卫星和3颗有源备份卫星组成的、覆盖率高达98%的全球定位系统。GPS卫星位于距离地面20000千米的高空，均匀分布在6个轨道面上（每个轨道面4颗），轨道倾角为55°。这些卫星绕地球运转，无论你在地球的什么地方，都可以同时接收到至少6颗卫星的信号，但这些卫星与你的距离、相对方向和运动速度都有差异。用GPS接收机接收卫星的无线电信号并加以比较分析，就可以确定你所在的地理坐标，定位精度可达1米左右。

GPS还能提供十分准确的时间、速度数据，所以它可以帮助巡航导弹直接命中远方仅几米大小的目标。另外，GPS在民航、海运、探矿、工程测量以及野外旅游等方面都有用武之地。

56.欧洲为什么要实施"伽利略计划"？

◇ **名词解释**　单极世界：指苏联解体后，美国试图独霸世界，建立以己为中心的世界新秩序。它与多极世界相对应。

美国的GPS在20世纪90年代的局部战争中出尽风头，这刺激了欧洲自尊而敏感的神经。为了减少对美国的依赖，同时也为了在未来的卫星导航市场上分一杯羹，欧洲决定启动自己的"伽利略导航卫星计划"。

"伽利略计划"的总投资预计为36亿欧元，由分布在3个轨道上的30颗卫星组成。其中27颗卫星为工作卫星，3颗为候补卫星。除卫外，该系统还有2个地面控制中心。由于"伽利略系统"主要针对民用市场，因此在设计之初，设计人员就把为民用领域的客户提供高精度的定位放在了首要位置。与美国的GPS相比，"伽利略系统"可以为民用客户提供更为精确的定位，其定位精度可以达到1米，而GPS只能达到10米。

欧美关系一向很好，美国又一再表示愿意给欧洲提供最好的GPS服务，但是欧洲还是顶着来自美国的巨大打压，决心花大本钱去建设自己的"伽利略系统"。因为新欧洲正在形成和发展过程中，期间需要有大项目大工程来振奋人心，以增强欧洲的凝聚力和向心力，同时强化独立于美国的精神，打破美国主导的单极世界。"伽利略"是一张举足轻重的牌，它为欧洲赢得了更多的话语权。

随着"伽利略系统"的建设和运作，一系列新服务和新应用将陆续展开，它将会给欧洲带来巨大的经济和社会效益。据估算，至2010年后，"伽利略系统"在欧洲每年能形成超过100亿欧元的产值，还能给欧洲带来10万人的就业机会。

57.为什么说北斗卫星导航系统是重要的？

◇ **名词解释** 卫星导航：利用导航卫星发射的无线电信号，求出载体相对卫星的位置，再根据已知的卫星相对地面的位置，计算并确定载体在地球上的位置的技术。

目前世界上共有4套卫星导航系统，分别是美国的全球定位系统（GPS）、俄罗斯的"格洛纳斯（GLONASS）"导航系统、中国的北斗卫星导航系统（CNSS）和欧洲的"伽利略（GALILEO）"导航系统。其中美国的GPS和俄罗斯的"格洛纳斯"已经建成投入使用，而中国的"北斗"和欧洲的"伽利略"则仍处在建设之中。

北斗卫星导航系统致力于向全球用户提供高质量的定位、导航和授时服务，其建设与发展则遵循开放性、自主性、兼容性、渐进性4项原则。建成后的"北斗"将由空间端、地面端和用户端三部分组成。空间端包括5颗静止轨道卫星和30颗非静止轨道卫星。地面端包括主控站、注入站和监测站等若干个地面站。用户端由北斗用户终端以及与美国GPS、俄罗斯"格洛纳斯"（GLONASS）、欧洲"伽利略"（GALILEO）等其他卫星导航系统兼容的终端组成。

> ◎宇宙链接：
>
> 北斗卫星导航系统建成后，中国将摆脱对GPS的依赖，从而在经济上和军事上获得主动。最明显的体现是，北斗卫星导航系统将取代GPS，成为数量日益庞大的中国私家车的主要导航系统，这将为中国带来巨大的经济效益。与目前市场上民用较普遍的GPS相比，北斗导航系统不仅具有价格优势，而且还具备更丰富的功能——它不但具备定位导航能力，还具备通讯功能。

2011年7月27日，我国在西昌卫星发射中心用"长征三号甲"运载火箭，成功将第九颗北斗导航卫星送入太空预定转移轨道，它标志着我国北斗卫星导航系统的建设又迈出了坚实的一步。科学家们相信，建成后的北斗卫星导航系统将在中国国民经济的各个方面发挥重要作用——事实上，已初步建成的北斗导航试验系统（第一代系统）已经在测绘、电信、水利、交通运输等领域发挥了重要作用。

58.印度为什么要大力发展"一箭多星"技术？

◇ 名词解释　"一箭多星"技术：用一枚运载火箭同时或先后将数颗卫星送入地球轨道的技术。

2010年7月12日，印度发射了一枚极地卫星运载火箭，成功地将五颗卫星送入预定太空轨道，再一次向国际社会展示了它在"一箭多星"技术方面取得的骄人成就。

◉ "一箭多星"火箭

"一箭多星"技术是一种优越的卫星发射技术，它的发射常用两种方式：第一种是把几颗卫星一次送入一个相同的轨道上。第二种是分次分批释放卫星，使各颗卫星分别进入不同的轨道。就是说，运载火箭达到某一预定轨道速度时，先释放第一颗卫星，使卫星进入第一种轨道运行，然后火箭继续飞行，达到另一种预定的轨道速度时，又释放第二颗卫星，依此类推，逐个把卫星送入各自的运行轨道。

世界上最早实现"一箭多星"的国家是美国，该国于1960年首次用一枚火箭将两颗卫星送入太空。此后，俄罗斯（苏联）、欧盟（欧洲航天局）、中国也先后掌握了这门技术。印度是世界上第五个掌握"一箭多星"技术的国家。一经掌握后，印度便在其中投入了极大的精力。除了2010年的这次发射外，印度还多次进行了"一箭多星"发射，并且都取得了成功。尤其是2008年4月28日，印度成功进行了"一箭十星"的发射，震惊了整个世界。

"一箭多星"技术是尖端航天技术的重要组成部分，掌握它就意味着占领了世界航天技术的高地，同时也意味着在辽阔的太空中占有一席一地。印度之所以在这方面投入这么大精力，就是因为想在大国竞争的太空中占有一席之地，以此来提升本国在国际上的影响力。如今，作为新兴航天大国的印度，已经在这方面的太空竞争中占得了先机。

59. 美国为什么要计划建设"太空加油站"？

◇ **名词解释**　推进剂：又称推进药，指有规律地燃烧释放能量，产生气体，并推送火箭和导弹的火药。

2011年7月21日，美国"亚特兰蒂斯号"航天飞机完成其"谢幕之旅"，美国30年的航天飞机时代就此宣告结束。但对人类探索宇宙来说，这仅仅是另一个开始。

近年来，世界各航天大国相继提出了自己的太空探索计划。美国航天局更是提出了让其宇航员2025年登上小行星、2030年登上火星的宏伟计划。NASA称，如果派人登陆小行星往返至少需要6个月的时间，而登陆火星所需的时间更长，目前航天器所能携带的燃料无法支持完成如此长时间的飞行。这就意味着，我们必须在地球轨道或其他星球（如月球）上建立"太空加油站"，以便为航天器补充燃料。

"太空加油站"的建设绝非如地球上的普通加油站那么简单。目前的火箭推进燃料都需要在低温下保存，如果稍有不慎，就有可能导致燃料汽化或其他重大事故。美国航天局曾在一份报告中称，能否以最小的汽化损失将液态氢和液态氧这样的低温推进剂进行长时间保存，将是决定人类能否实现深空探索的关键。

为了实现"太空加油站"这一宏伟目标，NASA曾在"亚特兰蒂斯号"航天飞机的最后一次飞行任务中，特意对机器人加油任务进行了测试，该测试达到了预想的效果。

目前，在美国航天局和分析力学联合公司、鲍尔航天科技公司、波音公司、洛克希德·马丁空间系统公司的共同努力下，"太空加油站"计划正在有步骤地准备和实施中。

60.为什么说太空旅游并不是梦?

◇ **名词解释** 宇航员训练:宇航员作为特殊群体进行的训练。相较其他职业的训练,宇航员训练异常严格而艰苦,因为他们要面临的是地球上从未有的环境。

对已经进入过太空的宇航员来说,太空早已不是什么新奇的地方,但对普通民众来说,太空却始终是个充满玫瑰色彩的梦境。普通民众能登上太空吗?那绮丽的梦境能变成现实吗?

能!只要你有足够支付太空旅游的费用,只要你有足够挑战自己的勇气!

近年来,太空旅游热在欧美一些国家被炒作起来。一些有资质的太空旅游机构鼓动一些有实力的富翁去太空冒险。2001年5月6日,60岁的美国亿万富翁丹尼斯·蒂托带着疲惫和满意的笑容从太空中平安返回地球。他是世界上第一个太空旅游者,从那以后,有越来越多的富翁开始追随他的脚步。

太空旅游给人提供一种前所未有的体验,最新奇和最为刺激的是旅游者既可以观赏太空旖旎的风光,同时又可以享受奇特的失重体验。宇航员要学会操纵航天器,而游客要做的,仅仅是听从宇航员的命令,不要给担任"导游"的宇航员们制造任何麻烦,因此,游客并不用太费心。他甚至不需要经过特别严格而系统的宇航员训练,只做一些最基本的太空训练就可以登上太空。

目前的太空旅游是轨道飞行,能实现轨道旅游的主要是国际空间站,而可供游客往返于空间站与地球间的"交通工具"只能是俄罗斯的"联盟号"飞船和美国的航天飞机。2011年7月,美国的航天飞机整体退役,"交通工具"就只剩下俄罗斯的"联盟号"飞船。据媒体报导,为了招揽更多的太空游客,俄罗斯计划在2013年恢复生产用于太空旅游的"联盟号"飞船。

61. 为什么要进行"火星—500"试验？

◇ **名词解释**　模拟：是对真实事物或者过程的一种虚拟，它并不是真实，但却可以为真实提供最准确的参照。

"火星—500"（MARS500）是由俄罗斯组织、多国参与的国际大型试验项目，该项目将模拟人类登陆火星的全过程，为真正登陆火星积累经验。

"火星—500"试验在位于俄罗斯莫斯科郊外的一处地面模拟实验舱中进行。实验舱的设计充分考虑到乘组在长期狭小的环境中工作生活及安全保障的需求，共计550m3，由生活舱、医疗舱、公共活动舱、火星着陆舱模拟器、轻型充气火星表面模拟舱五个部分组成。密闭试验自2010年6月3日开始实施，计划持续520天。在这520天中，来自中国、俄罗斯、法国和意大利的6名志愿者将参与10多个国家的106个项目研究。

"火星—500"试验主要是探索人类模拟登陆火星过程中所能够耐受的一切，包括将来人类真正登陆火星所需要克服的生理心理保障和物质保障。主要任务是探索"人与环境"相互作用，了解长期密闭环境下乘组人员健康状况及工作能力状况，特别是获取超长飞行时间、资源有限、无法实施身体及心理特殊治疗等条件下的相关数据。

试验将分为三个部分：前250天飞往"火

◎**宇宙链接：**

世界各国都在积极开展火星探测计划，中国也不例外。2011年，中国将发射第一颗火星探测器"萤火一号"。火星在古代中国被称为'荧惑'，"萤火"正是取其谐音。"萤火一号"原计划于2009年10月和俄罗斯的"福布斯—土壤"卫星一起搭载"天顶"运载火箭从拜科努尔航天中心发射升空，但由于一些非技术的原因，这一计划被推迟到2011年。"萤火一号"主要研究火星的电离层及周围的空间环境、火星磁场等。

星"，中间30天登陆"火星"，最后240天返回"地球"。飞船完全自主控制，医学救助通过遥测技术实现，同时使用自主心理支持手段。通信方式模拟真实火星飞行状态，天地通话有20分钟时滞。试验要求一次性携带包括全部装船产品，期间不进行任何补给。

62. 美国为什么要制造"猎户座"飞船？

◇ **名词解释** 星座计划：美国宇航局已经终止的一项太空探索计划，计划包含众多新项目，包括制造新型航天器等。

美国的航天飞机退役以后，美国需要一种新的航天飞行器来代替它。"猎户座"宇宙飞船就是新"代替品"，它的性能比航天飞机更优良，发射成本也有望比航天飞机更节省。

"猎户座"宇宙飞船原本是美国小布什政府耗资1000亿美元的"星座计划"中的一个项目，设计初衷是要运送宇航员登月。但是新总统奥巴马上台以后，"枪毙"了这个"星座计划"，因为他认为美国宇航技术应该聚焦在发展火箭上。但是不久之后新政府又重启对猎户座宇宙飞船的研发，并将它承包给商业制造公司——洛克希德·马丁公司。

"猎户座"宇宙飞船的背后有着航天飞机的深重影子。航天飞机是一项科技奇迹，但机群却在不断老化，其运行成本也在不断飙升。哥伦比亚号航天飞机因泡沫绝缘材料问题导致的事故，更是引发了公众对于航天飞机安全性的怀疑。正是在这样一种背景下，制造新型"猎户座"宇宙飞船的设想被提出。

在飞船制造商的设计中，"猎户座"宇宙飞船实际上由两个飞行器构成，分别是可搭载四到六名宇航员的载人探测飞船（CEV）和可运送重型载运物，必要时还能搭载宇航员的货物运载火箭（CLV）。新型航天器除了服务空间站外还能发挥其他更重要的作用，比如用于探测月球背面、将人类送到小行星或者火星的卫星上等。

揭开地球的神秘面纱

1.为什么说地球内部是由若干圈层构成的？

◇ **名词解释** 　地震波：指从震源产生向四外辐射的弹性波，分为纵波和横波两种。

通常人们将地球内部划分为3层：由地面至地表以下的几千米到五六十千米的范围之内是地壳，以下到地下约2900千米为地幔；地幔以下至地球的中心称之为地核。也就是说地球内部可以大致划分为3个具有不同性质的同心圈层。

人们发现地震波能够传到地球内部，并能返回地表，这使我们可以了解地震波在地下的传播情况。科学家们经过实验得出：地震波纵波传播的速度快，能在固体、液体和气体等物质中传播；横波传播的速度慢，只能通过固体物质传播。

人们利用地震波这一性质，在探测地球内部时发现：当地震波向地表以下传播时，在陆地表面以下大约33千米处，地震波有明显变化，科学家认为这里就是地壳与地幔的分界；地震波再向下传播时，到约2900千米处又发生变化，而且地震波中的横波消失，科学家认为这里就是地幔与地核的分界，并且认为地核的组成物质可能是液体物质，因为横波不能通过。进一步分析，认为地核还可以分为内核与外核，外核呈液态，内核是固态。由于这两个界面分别是由莫霍洛维奇和古登堡最早研究发现的，所以分别用这两个科学家的姓名来命名：地壳与地幔的界面称之为莫霍界面，地幔与地核的界面称之为古登堡界面。

⊙地震波向四面八方传播，达到一定程度时，就引起地面震动，称为地震。

2.地壳为什么不"安稳"?

◇ **名词解释** 软流层:位于地幔的一层可塑性的、缓慢流动的物质。

"沧海桑田"这句成语的含义是:一片茫茫的大海,后来变成一片桑田;或者一块肥沃的农田,后来变成了汪洋的大海。你或许以为这是一种夸张的说法,其实不然,在台湾海峡的海底,就发现了一大片的原始森林遗迹。这证明,台湾岛原来是同大陆相连的,后因断裂下陷,成为台湾海峡。这种"沧海桑田"的变化,起主导作用的就是"地壳运动"。通过使用现代化的探测手段,科学家已经有可能时刻监测地壳的活动。

人们不禁要问:由各种岩石组成的地壳,厚30~40千米,怎么会如此不稳定呢?地质学家认为:软流层的运动带动了地壳运动。由于软流层中的各部分物质的物理、化学性质不同,它们要经常进行必要的调整。如温度高、单位体积质量小的物质,会向上运动;温度低、单位体积质量大的物质,会向下运动。向上运动的物质到达软流层的上部,接近岩石圈时,就会引起地壳的运动。地壳在运动时,由于受力发生变形,所以拉伸会使地表出现张裂甚至裂谷,挤压会使岩层发生弯曲变形或断裂错位。

3.为什么放射性元素能测量地球年龄?

◇ **名词解释** 同位素:中子数不同的同一种元素的一种原子形式,包括稳定同位素和放射性同位素。具有放射性的同位素即为放射性同位素。

生活在地球上的人类自古以来就十分关心地球的年龄问题,但是由于古代人缺乏推算地球年龄的科学方法,地球的年龄始终是一个未解之谜。17~18世纪,有科学家曾试图通过研究海水的盐度来推算地球的

◎ 地球延伸：

有始就有终。地球已经诞生40多亿年了，它的结局怎样呢？20世纪30年代之前，人们认为终有一天太阳的能量会消耗殆尽，地球也会因此渐渐冷却，最后变成一个光能枯竭的黑暗星体。30年代以后，科学家第一次揣摩太阳和其他恒星中所发生的核反应，因而推测出，地球最后的结局是因太阳变热膨大而被烤成灰烬。是变成冰碳还是被烤成灰烬？目前无法定论。

年龄；还有一些科学家想通过测量海洋每年的沉积率来推算地球的年龄。在19世纪达尔文提出进化论以后，人们发现了通过对生物化石的研究来确定岩石相对年龄的方法，但是这种方法不够完善。到了20世纪，科学家们终于找到了测定地球年龄的最可靠的方法——同位素地质测定法。

科学家们发现，地壳岩石中含有微量的放射性元素，这些放射性元素按一定的速度衰变。例如，1克铀-235，每年有74亿分之1克衰变为铅元素。所以，根据岩石中现有的铅和铀的比例，便可推算出这些岩石的年龄。科学家们已用放射性元素的同位素测得了地球上许多古老岩石的年龄，在各大洲的大陆上都找到了30亿年以上的古老岩石，其中最古老的岩石要算南极洲的火山岩，距今已有40亿年左右。经过测算和必要的校正，现在国际上普遍认为地球的年龄为40亿年。也有人认为，从熔岩冷却到固体岩还需要一段时间，所以地球大约是在50亿年前开始形成的，其年龄与太阳的年龄大致相同。

4.为什么说地壳是复杂的？

◇ **名词解释** 花岗岩：一种岩浆在地表以下凝却形成的火成岩，主要成分是长石和石英。

玄武岩：属基性火山岩，是地球海洋地壳的最主要组成物质，也是地球大陆地壳的重要组成物质。

地壳是复杂的。首先，地壳的厚度在地球各地是不同的。有的地壳较厚，如我国青藏高原厚度可达60~80千米；有的地方较薄，如大西洋海盆厚度仅有5~6千米，太平洋海盆厚约8千米。海陆地壳的平均厚度约为33千米，仅占地球半径的1/200。

其次，地壳虽然很薄，但它上下层的物质结构并不相同。地壳的上部主要由密度较小、比重较轻的花岗岩组成。它的主要成分是硅、铝元素，因此，这一层又称为"硅铝层"。地壳的下部主要由密度较大、比重较重的玄武岩组成。它的主要成分是镁、铁、硅元素，所以这一层又称"硅镁层"。在大洋底部，由于地壳已经很薄，一般只有硅铝层而没有硅镁层。此外，在地壳的最上层，还有一些厚度不大的沉积岩、沉积变质岩和风化土，它们构成地壳的表皮。

最后，地壳并不是静止不动和永久不变的。在漫长的地球历史中，沧海桑田的巨变时有发生。大陆漂移、板块运动、火山爆发、地震等都是地壳运动的表现形式。地壳还受到大气圈、水圈和生物圈的影响和侵蚀，形成各种不同形态和特征的地壳表面。其中土壤与人类的活动关系最为密切。

5.为什么会形成大陆架？

◇ **名词解释** 海洋渔场：鱼类和其他水生经济动物形成集群可供捕捞的特定海域，按环境特点分为大陆架渔场、上升流渔场、岛礁渔场等。

大陆架是大陆延伸进海洋的浅海中的陆地。大陆架的深度一般在200米以下，宽度大小不一，坡度和缓。它大多分布在太平洋西岸、大西洋北部两岸上、北冰洋边缘等。

据科学家研究，最近200万年以来，全球气候发生过周期性的变冷和变暖。当整个地球都在转冷时，大陆的高山区和高纬度地区到处堆满了厚厚的冰层，如同现在的南极一样。那时的海平面比现在要低

100多米。当整个地球的气候转暖时，陆地上的冰川大量融化，给海洋补充了大量的水，海平面也就随之上升。由此可见，在冰川时期，大陆架的很大一部分曾经是露出海面的陆地，以后因为海平面的上升才沉入海底的。

"制造"大陆架，除了升降的海平面外，还有其他几个原因：第一个就是地壳的沉降；另一个是河流里的泥沙把起伏不平的海底逐渐填平淤高，成为地形平坦、沉积层单一的大陆架；再一个帮忙"造"陆架的是海浪。它主要是在岩石型的海岸边，不断地拍打着立在水中的岩石，一点点地打碎，使岸边形成一个水下的石头平原，科学家们把这个过程叫做"海浪侵蚀"作用。

大陆架有丰富的矿藏和海洋资源，已发现的有石油、煤、天然气、铜、铁等20多种矿产。大陆架的浅海区是海洋植物和海洋动物生长发育的良好场所，全世界的海洋渔场大部分分布在大陆架海区。还有海底森林和多种藻类植物，有的可以加工成多种食品，有的是良好的医药和工业原料。

6.地球上为什么有水循环？

◇ **名词解释** 蒸腾作用：水分从活的植物体表面（主要是叶子）以水蒸气状态散失到大气中的过程。它是一个复杂的生理过程，不仅受外界环境条件的影响，而且还受植物本身的调节和控制。

在地球表层有一个重要的圈层结构，那就是水圈。水圈囊括了地球上的所有水体，包括海洋、河流、湖泊、沼泽、冰川、积雪、地下水和大气圈中的水等。

海洋占地球总面积的71%，蒸发量最多，它在水的循环中起主要作用。据估算，每年海洋蒸发掉的水量为42万立方千米，其中的2/3通过海洋上空的大气降水重新降落到海洋里，构成了海洋内部的水循环。

其余的1/3被气流带入大陆上空，它们和陆地上植物树叶蒸腾出的水汽，以及江湖、土壤蒸发的水汽混合在一起，以陆地上空的大气降水形式落到地面。

每年陆地上的总降水量为10万多立方千米，其中的2/3被地面植物暂时截留后，通过植物蒸腾作用和地面蒸发作用，重新返回到陆地上空，构成大陆内部的水循环。剩下的1/3的降水，或直接以江河湖泊的形式重返海洋，或渗入地下，以地下水的形式慢慢流入海洋。

这样，大海不断地向空中蒸发水分，同时陆地又不断向大海补充水分，如此循环往复，加上海洋和陆地各自内部的水循环，就构成了地球的水循环。

> ◎ **地球延伸：**
>
> 地球上的水来自何处？早期的说法认为来自星云物质。1961年，科学家托维利提出水的产生与太阳风有关。因为经计算，地球已从太阳风中吸收氢达1.70×10^{23}克，而在理想的状态下，氢与氧结合可产生1.53×10^{24}克水，这几乎等于地球水的总重。近年来，美国人弗兰克等人又提出一个时髦的理论：地球水来自太空冰球。地球上的水究竟来自星云物质、太阳风还是太空冰球？这个问题还有待人们继续研究。

7.为什么地下水冬暖夏凉？

◇ **名词解释** 地下浅层水：地质结构中位于第一透水层中、第一隔水层之上的地下水，由大气降水、地表径流透水形成。典型代表为井水。

为什么地下水会冬暖夏凉呢？地下水难道会自动调节温度吗？

地下水一般处于地面以下几十米甚至更深处，它的温度与地下深处的岩石和泥土的温度相近。地下水不会自动调节温度，由于被厚厚的地层所阻隔，地下水不能直接从地面上吸收热量，也难以散发热量，再加上地下水深处的泥土传热也很慢，因此，地下水的温度几乎是不变的。

地下水被抽取到地面上时，由于地面和大气层的温度一年四季变化很大，人对地下水就产生了冷热不同的感觉。冬天气温比地下水的温度低，人们就感到地下水比较热一些；夏天气温比地下水的温度高，人们就感到地下水凉一些。

用温度计去测量地下浅层处的地下水（例如井水）的温度会发现，地下水的温度也是夏天比冬天高，只不过它的温度变化幅度不像地面温差变化那么大，一般只有3℃~4℃。

地下水是一个庞大的家庭。据估算，全世界的地下水总量多达1.5亿立方千米，几乎占地球总水量的十分之一，比整个大西洋的水量还要多！需要注意的是：地下水有一个总体平衡问题，不能盲目和过度开发，否则容易形成地下空洞、地层下陷等问题。

8.为什么会形成石灰岩溶洞？

◇ **名词解释** 石灰岩：简称灰岩，主要成分是碳酸钙，可以溶解在含有二氧化碳的水中。

很多石灰岩溶洞都是著名的旅游胜地。溶洞中千姿百态、变化万千的钟乳石、石笋和石柱，宽敞高大的洞厅，迂回曲折的通道，可以航行的河道都给我们留下了深刻的印象。那么这些引人入胜的溶洞又是怎样形成的呢？

很久很久以前，这些地方都是一片片面积很大而又巨厚的石灰岩山地，经过大自然千百万年的精细雕塑，才形成现在这样风景秀丽的石林山洞。不过大自然的雕凿工具不是形状奇特的刻刀，而是降雨汇成的潺潺流水。

坚硬的石灰岩又是怎样被水雕塑成千姿百态的景观呢？原来石灰岩的主要成分是碳酸钙，很容易被含有二氧化碳的水溶解，并随水流走。天长日久，流水就会把岩石的裂缝和小孔，落蚀成大小不等的洞穴。这些洞穴顶部裂缝渗下的水中，总是含有很多被溶解的碳酸钙，一渗出孔隙，水中的二氧化碳就会散逸，加上水分蒸发，就使碳酸钙沉淀出来，附着在洞顶，越积越多，逐渐形成像挂在屋檐上的冰锥似的钟乳石。当洞顶上的水滴落下来时，石灰质也在地面上沉积起来，就这样石笋对着钟乳石向上长起来。石笋和钟乳石连在一起，就是顶天立地的石柱。

9. 大河入海处为什么往往有三角洲？

◇ **名词解释** 冲积平原：河流搬运的碎屑物，因流速减缓、能量降低而逐渐堆积下来所形成的平原。

如果你仔细地观察世界地图，会发现在世界各大河的入海处，大都有一个三角洲。三角洲是河口地区的冲积平原，是河流入海时所夹带的泥沙沉积而成的。

奔腾咆哮的江河携带着泥沙倾泻而下，其中大量泥沙被输送到大海。据科学家估测，全世界的河流每年的输沙总量大约有160亿吨。我国黄河的输沙量最大，每年约为16亿吨，是"世界之冠"。那么这些泥沙都到哪里去了呢？

原来河流输沙是有规律的：水流越快，携带能力越强。河流上游水流湍急，能够裹挟砾石粗沙；中下游水流渐缓，携带能力减弱，只好抛掉大粒沙石，带着颗粒较小的泥沙前进。可见，江河输沙是随走随丢的，而且是先丢大的，后丢小的，能够带到海边的只是其中最细小的泥沙。

河流注入大海时，水流分散，流速骤然减小，加之潮水的不断顶托，更加阻滞河水注入大海的速度，于是泥沙大量沉积下来，越积越多，最后露出水面。假如我们从空中俯视河流入海口的话，会发现一块形似三角形、顶点指向上游、底边面对外海的陆地，这就是通常所说的"三角洲"。三角洲的面积不等，土层深厚，表面平坦，土质肥沃。

世界上著名的三角洲有尼罗河三角洲、密西西比河三角洲、长江三角洲等。我国的长江三角洲就是由长江携带大量的泥沙堆积而成的。当然，也有一些河流的入海口没有形成三角洲，如我国的钱塘江口就没有三角洲。

10.为什么沙漠中会有绿洲？

◇ **名词解释**　风蚀：地表松散物质被风吹扬或搬运的过程，以及地表受到风吹起颗粒的磨蚀作用。

在内陆一些地区，由于降水稀少，并且蒸发量大于降水量，因而气候干旱、温度低、植物很难生长。久而久之，这里形成了黄沙盖地、不见绿色的沙漠。这里几乎无人定居，到处是流沙和大风吹蚀而成的风蚀蘑菇、风蚀城堡等。但沙漠中并非处处荒凉，有些地方也会出现小河流水、两岸滴翠的景象，这就是生机勃勃的绿洲。

◎**地球延伸：**

沙漠的色调并非一成不变，它也可以有各种各样的颜色。像在澳大利亚的辛普森沙漠有一片广阔的红色沙漠，景色十分美丽；在美国南部的路索罗盆地分布着白色的沙漠，是一片银色世界；中亚的卡拉库姆沙漠是黑色的；美国的亚利桑那沙漠更奇妙，拥有红、黄、紫、蓝、白等多种色泽，真可谓五彩缤纷，在阳光的照射下，空中也会折射出绚丽的色彩。

那么，沙漠中怎么会有绿洲呢？

虽然沙漠里干旱少雨，但地下有时也能贮存水。沙漠里的地下水，有的是雨水渗入地下的；有的是因沙漠中昼夜温差大，空气中的水汽遇冷凝结成小水滴渗入地下的；还有一种地下水是由高山上的冰雪融化后形成河水流至沙漠地区时下渗而成的。在有地下水的地区，人们靠地下水灌溉，形成绿洲。另外在山前的山麓地带，靠冰川融水灌溉也可以形成绿洲，如新疆石河子垦区。

在我国西北河西走廊和新疆等地，绿洲是人们赖以生存的农业生产基地。这里的绿洲主要分布在背靠高山的地区。这里的地势自然倾斜，地下水和河水极为丰富，加上土层深厚，因而适宜农作物生长。绿洲上草丰水美，与周围邻近的沙漠景观截然不同，人们定居在绿洲之上，过着安定的生活。

⊙ 沙漠中绿洲示意图

11.鸣沙为什么会发出响声？

◇ **名词解释** 共鸣：发声器件的频率如果与外来声音的频率相同时，则它将由于共振的作用而发声，这就是"共鸣"。

鸣沙现象早已引起科学家们的兴趣，经研究认为，鸣沙要具备以下条件：沙山要高大陡峭，呈月牙形；细沙的成分要以石英为主；沙山下要有可供蒸发的水源。这是因为，声音是空气振动产生的，鸣沙也是如此。沙粒之间的空隙充满空气，一遇人畜走动或风吹，都会引起沙粒间的空气振动，自然会产生声音。显然众人集体滑沙或狂风劲吹与个人滑沙或轻风吹拂发出的音响会有明显差异。

鸣沙声响很大而且怪异是大自然的共鸣现象造成的。陡峭的月牙形山坡恰与山脚下水分蒸发形成的幕障构成一个天然"共鸣箱"，会对鸣沙发出的声音加大和修饰，使声音突然放大，以致形成震耳欲聋的轰鸣。当然，共鸣箱一旦被破坏，就会使鸣沙不鸣。我国宁夏沙坡头鸣

○ 鸣沙山一角

沙，因植树造林，共鸣箱不能形成，响沙已有多年不响了。

也有人认为，鸣沙可能是一种"电子音乐"，因为鸣沙的石英含量很大，如沙坡头鸣沙含石英为52%，而内蒙古罕台川含石英竟达62%。石英有个奇异的特性，当晶体受到挤压或拉伸发生变形时，晶体表面就会产生电荷，如果这种电荷进而转变成声音，哑然无声的黄沙就会成为神奇的鸣沙。

鸣沙山移动威胁"沙漠奇观"月牙泉

据统计数据显示，过去15年间甘肃省敦煌市月牙泉周边鸣沙山东山、南山山脊向月牙泉移动了8~10米，南北两山间的区域面积缩减了7%；和20世纪70年代相比，月牙泉四周沙山坡脚移动了13~60米，被称为"沙漠奇观"的月牙泉面临着沙山掩泉的威胁。

12. 为什么会形成间歇泉？

◇ **名词解释** 沸点：液体开始沸腾时的温度。沸点的大小随压力的变化而变化。

我国西藏雅鲁藏布江中游，有许多间歇喷泉，每隔一段时间，就把沸水和蒸汽喷入河中。于是，水面偶尔漂有许多熟鱼，热气腾腾。然而这不是厨师所为，而是大自然的"绝技"。

世界上的间歇喷泉多数不讲"信用"，喷射时间没有规律。但是个别间歇喷泉极其遵守时间，间隔一定时间后，准时喷射。如美国黄石公园内的"老实泉"，每隔64.5分钟喷射一次，每次喷射4.5分钟，水柱可达56米，喷水量为41.64立方米。由于"忠实"可信，故被称为"老实泉"。

间歇泉为什么会间歇呢？专家认为，间歇的原因有以下三点：

第一，水的沸点与压力有关，压力越大，沸点越高。在标准大气压下，水的沸点是100℃；在水深10米处，沸点会上升到136℃；在水深88.5米处，水一定要达到245℃才会沸腾。

第二，间歇泉所在地点地热非常丰富。

第三，有可以使水灌入地下的垂直管道，能使水形成一根液柱。液柱底部受热升温，虽然越过了100℃，在水柱的压力下，也不会沸腾。水温越来越高，底部水开始变成蒸汽，蒸汽压力迫使水柱上升，溢出管道，水柱缩短，压力减小，水迅速汽化，压力大增，把整个水柱猛烈地推出，形成喷射。汽、水喷出后，水又流入管道，进入下一次喷发过程。

我国科学家在野外考察和室内实验中发现，在间歇泉喷管下部还必须有一个体积很大的空洞，才能利于贮存一定的水量和蒸汽，形成猛烈喷发。

至于老实泉为什么会老老实实地遵规守时，那是因为形成间歇喷射的诸多条件都很稳定。

13.为什么说地热是取之不尽的新能源？

◇ **名词解释**　地热田：指在目前技术条件下可以采集的深度内，富含可经济开发和利用的地热流体的地域。

日常生活中，我们经常能听到用温泉洗浴可以治疗皮肤病等话语。地底下涌出的温泉，其实是地热的一种表现。平时我们接触到的地热只是其中的一小部分，而巨大的地热能却深藏在地表之下。

世界地热资源分布最明显的特点是地热田比较集中分布在环绕太平洋的一圈上，位置几乎和环太平洋火山地震带相重合。温泉的产生往

◎ 地球延伸：

在我国西藏，有一个非常著名的地热资源区，它就是羊八井地热蒸汽田。羊八井地热位于拉萨市西北90公里的当雄县境内，方圆7000公里，是中国大陆上开发的第一个湿蒸汽田，也是世界上海拔最高的地热发电站。羊八井地热站每小时汽水混合物达500～600吨，温度为145℃～172℃。在羊八井地热资源区，分布着规模宏大的温泉、热泉、沸泉等资源。

往往同火山和断层有关，地下岩浆常常沿着地壳裂隙上升，在接近地表一带，加热了周围的岩层和地下水，产生温度很高的热水和蒸汽。当它们溢出地表时，就成了温泉。因此，在火山活动过的地区，就可能有温泉出现。

地下的热能非常巨大，假如我们将全球所储藏的煤所释放出来的热能定为1的话，地下热能则为1700万。这些地下热能如能利用起来，将是取之不尽、用之不竭的新能源。但是，现在我们只能对地下10千米以内的热能加以利用，而更深层次的热能还无法利用。

人们往往寻找一些"地热异常区"，这些地区的地热比较明显，有的甚至在地下100米处，其温度就可以有100多摄氏度。人们正是利用这些温度高于100℃的地下蒸汽来发电的。此外，人们还从温泉中提取工业原料，如碘、溴、硼、钾盐等。在农业方面，人们还利用温泉进行温室栽培、水稻育秧、融雪灌溉、养鱼等。

14.盐湖为什么这么多盐？

◇ **名词解释** 卤水：盐类含量大于5%的液态矿产。聚集于地表的称表卤水或湖卤水；聚集于地面以下者称地下卤水；与石油聚集在一起的称石油卤水。

世界上的湖泊众多，有淡水湖和咸水湖之分。湖水的含盐量达到35%以上，就称为盐湖。

盐湖为什么这么多盐？换句话说，盐湖的盐类物质是从哪里来的呢？

归纳起来，盐湖的盐类物质主要有以下4种来源：一是来自盐湖附近的地面岩石或盐类矿床。由于这类含盐的矿石被风、水侵蚀，溶解后的物质进入湖中，形成盐湖。如俄罗斯的英杰尔湖。二是来自火山喷发的岩浆和逸散的气体物质。火山岩浆中含有钾、钠、钙、镁等硅酸盐，这些易溶盐类溶于附近的湖水就形成了盐湖。如非洲乌干达卡特韦火山盐湖。三是来自深层卤水溢出。每升深层卤水的含盐量可达300克以上，这些物质通过地壳深层断裂源源不断地输送到湖泊之中，就会形成盐湖。四是来自风力的输送。大风不仅吹起地面的泥沙，还将易溶于水的盐分吹送到湖泊之中。像印度的桑勃尔湖，附近的海风每年吹送至该湖的盐类物质有3000吨之多。

地球上的盐湖分布带主要有：北半球盐湖带、南半球盐湖带和赤道盐湖区。在我国最著名的盐湖是青海湖，湖水的含盐量从每升14克上升到16克，是世界上著名的半咸水湖。

15.石头为什么能浮在水面上？

◇ **名词解释** 珍珠岩：一种火山喷发的酸性熔岩，经急剧冷却而成的玻璃质岩石，因其具有珍珠裂隙结构而得名。

石头在人们的印象中往往是很重的，把它扔在水中就会沉下去。可是，在自然界中还有一种石头，把它扔在水中，会浮在水面而不沉，因此得名叫做"浮石"。

浮石为什么会浮在水面呢？这与潜艇浮沉的道理是一样的。潜艇能浮在水面，是因为潜艇中有很大的密封舱，当舱内充满气体，潜艇重力小于水的浮力时就会浮到水面上；若潜艇中加入大量的水以后，情况就不同了，那时水的浮力就小于潜艇的重力，潜艇就下潜。

浮石是火山爆发后由岩浆凝结而成的海绵状岩石，火山喷发时，喷出大量的岩浆，这些岩浆是地下的一种高温液态物质。当岩浆没有喷

○ 浮石是在火山喷发中形成的。

出地表时，由于地心的压力过大，气体物质被迫压在岩浆的内部，而喷出以后，随着温度的下降，压力的减轻，气体物质迅速逸出，使这种岩石中含有许多气孔。岩石中的气孔占岩石总体积的70%以上，气孔间只有极薄的玻璃质相连，比重很小，这样的石头落入水中，就会浮在水面，所以称为浮石。

浮石多为白色或浅灰色，也有黑色的，无光泽，全玻璃质结构。其化学成分有二氧化硅、三氧化铝，另外，还含有钙、镁、钾、钠等氧化物。

在太平洋中的卡别无什海底火山喷发时，附近碧绿的洋面上就漂浮着很多棕色的斑点，将洋面点缀得十分瑰丽，这些斑点就是浮石。人们将珍珠岩压碎，迅速加热到熔点，使其所含水分迅速变为水蒸气，使岩石中含有气泡，冷却以后就形成了人造浮石。

16.火山为什么会爆发？

◇ **名词解释** 火山岩：是岩浆喷出地表冷却凝固而形成的岩石，又称"喷出岩"，具有抗风化、耐高温、无放射性、永不退色等特性。

在地壳之下100多千米处有一个"液态区"，岩浆就存在于这里。岩浆是一种高温、高压下含气体挥发成分的熔融状硅酸盐物质。这些炽热的岩浆，平时被地壳束缚着，但是却总想跑出来。由于地壳压力巨大，想冲出去很不容易；而在地壳比较脆弱的地方，地壳压力较小，岩浆中的气体和水就有可能逃离出来，使岩浆活动加强，推动岩浆冲出地面。当岩浆冲出地面时，岩浆中的水形成水蒸气，体积急剧膨胀，于是便会发生火山爆发。喷出物在地表堆积成特殊形态（多为锥形）的地质体，由此形成火山。

火山是地球内能释放的强烈显示。火山通常划分为两大类型：一是裂隙式，岩浆沿着地壳上的巨大裂缝溢出地表，没有强烈的爆炸现象，喷出物多为基性熔浆，冷凝后往往形成覆盖面积广的熔岩台地。二是中心式，地下岩浆通过管状火山通道喷出地表，熔岩从火山的喉管，沿着最易行的通道向山下流去，高黏稠度的熔岩也可能堵塞火山喉管，只有猛烈爆发才能得到解除。三是熔透式喷发，指岩浆熔透地壳大面积地溢出地表。

火山活动常以地震或气体逸出作为先兆。喷发时，有的火山产生爆炸，有的主要涌出灼热的岩浆。喷发后期常见的现象是逸出气体或出现温泉。

> ◎ **地球延伸：**
>
> 公元79年的一天，古罗马帝国庞贝城的居民们正悠闲地从事着手里的活计。突然，从城市旁边的维苏威火山上传出隆隆巨响，随即，一股滚烫的岩流喷了出来，并且直扑城市。短短的几十分钟内，奔腾汹涌的熔岩流和遮天蔽日的火山灰吞没了整座城市。庞贝城消失了，它消失在来自地狱的这股大火之中。这股来自地狱的大火就是维苏威火山。

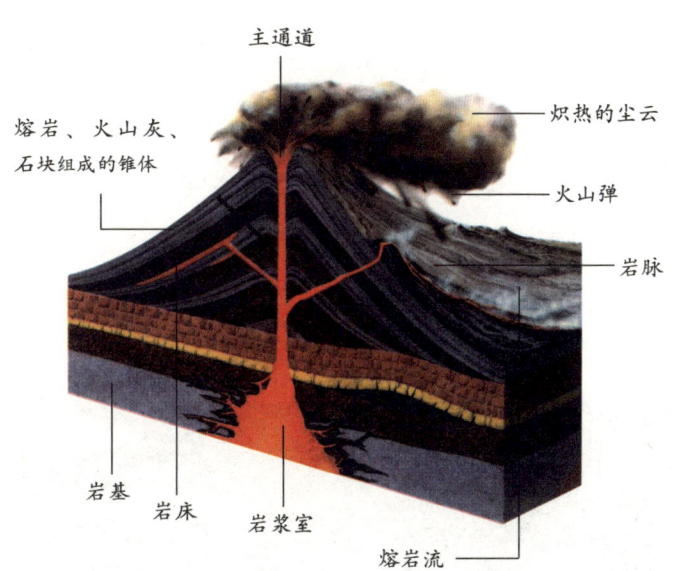

● **正在爆发的火山的横断面**
除了由主火山通道喷出来，附近被称为岩脉的通道熔岩也能流出来。岩床指岩石层间充满熔岩的通道。

17.为什么说火山带给人类的不仅仅是灾难？

◇ **名词解释** 火山灰：由火山喷发出的、直径小于2毫米的碎石和矿物质粒子。

火山带给人类的并非仅仅是灾难，它在无意之中还会给人类送去一些礼物。

地热是火山送给人类的第一件礼物。在火山分布的地带，地热资源非常丰富。地热是一种天然无污染的能源，在全球能源紧张且环境日益恶化的今天，它无疑是石化资源的理想替代品。地热可以为人类提供热量，也可以驱动发电机为人类创造电能。在拥有众多火山的新西兰，1993年就开始探索地热发电。如果新西兰的地热发电技术进展顺利，估计将可获得来自地下的9亿千瓦时的电量，这个数目是该国目前发电设备容量的6倍。据美国地质研究所的报告，作为世界能源消费的第一大国，美国在未来可能有10%的能源来自地热。而在冰火两重天的冰岛，其能源则大部分来自因大量火山分布而产生的地热。

肥沃的火山灰是火山送给人类的第二件礼物。中美洲的岛国古巴，因盛产甘蔗而享有"世界糖罐"的美称；南美洲的厄瓜多尔盛产大个的香蕉。这些国家经济作物的生长，都得益于极其肥沃的天然土壤——火山灰土壤。根据科学检测，火山灰里含有多种有益的肥料成分，这些肥料能给作物提供源源不断的养分。

火山存在的地

⊙大量的火山灰是很好的植物养料。

点，本身就构成了一道美丽的风景，这是火山带给人类的第三个礼物。像日本的富士山，原本为火山的它不仅是日本的"圣山"，而且还是世界著名的旅游圣地。还有非洲的乞力马扎罗火山、菲律宾的马荣火山等，它们无不是地球上不可多得的亮丽风景线。

18.为什么会有地震？

◇ **名词解释**　地震强度：地震能量的大小，用震级来表示。目前世界上通常采用"里克特级数"，也就是"里氏"震级。

地震是由海洋或大陆下面固体的地壳板块活动产生的碰撞、挤压、错动、变形、断裂等地球表面运动。地震的强度可以从轻微的震颤到能引起大面积广泛破坏的剧烈运动。地球上几乎每时每刻都在发生地震，每年会有500多万次，平均每天有1万多次。不过，大部分地震发生在海底，或者较轻微的地震，所以人一般很难感觉到。

地震一般发生在地壳之中。地球在不停地自转和公转，同时地壳内部也在不停地变化，由此产生的力，使地壳岩层变形、断裂、错动，这就是地震。地下发生地震的地方叫做震源。从震源垂直向上到地表的地方叫震中。从震中到震源的距离叫震源深度。震源深度小于70千米的地震称为浅源地震，震源深度在70至300千米之间的地震为中源地震，震源深度超过300千米的地震为深源地震。震源越浅，破坏性越大，但波及范围也越小，反之同理。

地震的破坏力十分巨大。大地震如果发生在陆地，顷刻间就会倾覆成千上万的高楼大厦、农舍田庄，会破坏道路、良田、工厂、矿山，造成重大的人畜伤亡；大地震如果在海底爆发，刹那间就会引起海啸，吞没船只、席卷海滨；大地震如果在山川发生，又会震得山崩地裂、江河断流、堤坝崩溃；另外，大地震还会诱发火灾、水灾，是人类最可怕的自然灾难之一。

19. 为什么说地震是引发海啸的主要原因？

◇ **名词解释** 海啸：受地震、海底山脉塌陷和滑坡、宇宙天体等影响激起的巨浪，在涌向海湾和海港时所引发的海水剧烈波动就是海啸。

当我们盛赞美丽的海洋是"聚宝盆"、"药材库"的时候，切莫忘了，大海发起狂来也非常可怕，比如说海啸。

地震是引发海啸的主要原因。震源在海底下50千米以内、里氏震级6.5级以上的海底地震通常会引起海啸。当地震在深海海底发生时，海底板块会发生变形，板块之间出现滑移，进而造成海水大量逆流，形成海啸。除了地震，海底火山爆发引发海底山脉崩塌，而山脉崩塌落下的沉积物和岩石也会导致大规模海水的运动，从而引发海啸。

◉ 海啸的破坏威力很大。

通常，如果岸边的海水水位出现异常的增高或降低，则预示着海啸即将来临。发生海啸时，岸边的人们要尽快从地势低洼的地区转移到地势高的区域；正在海上航行的船只此时绝不能返回港口，而是应该将船驶向深海区，因为深海区相对于岸边更安全。

海啸给人类带来的灾难是十分巨大的，巨浪通常以摧枯拉朽之势，越过海岸线，越过田野，迅猛地袭向岸边的城市和村庄，岸边的人们顷刻间消失在巨浪中。2004年12月26日，印度尼西亚的苏门答腊外海发生里氏9级海底地震。地震引发的海啸袭击了斯里兰卡、印度、泰国、印度尼西亚、马来西亚、孟加拉国、马尔代夫、缅甸等国和非洲东海岸，造成30余万人丧生。

20.天空中的云朵为什么掉不下来？

◇ **名词解释** 凝结：指气态物质转化为液态的过程，是蒸发的反过程。

天空中常常飘浮着多姿多彩的云朵，它们有时白云似丝、有时薄纱缕缕、有时天空一片灰暗、有时乌云浓密。可是，这些云层无论多低，就是不掉下来，总是悬浮在天空。

云朵为什么不掉下来呢？自古以来，人们就对这个问题充满了兴趣，经过研究，现代人终于明白了其中的奥秘。

我们知道，空中的云是由地面的水蒸气上升凝结而成的。当水蒸气上升到高空，遇冷后它就会在凝结核的周围形成小水滴或小冰晶。众多的小水滴或小冰晶聚集起来，总想下落，可是由于自身体积太小，重力较轻，抵抗不住上升的强大气流的顶托，于是就悬浮在空中。

那么，上升的气流又是如何形成的呢？原来，它与受力有关。上升的气流受力而成，这种受力主要有三种形式。第一种是热力抬升——因为地面强烈受热，引起地面空气受热膨胀上升，形成上升气

◎ **地球延伸：**

自然界的云是千姿百态、不断变化的。从一年来看，不同季节的云朵，形状会各不相同。从一天来看，不同时刻也会有所变化。其实，各种不同云状的出现，主要是空气上升运动形式的不同造成的。人们根据云朵的不同的形状，在大的方面将云朵分为积状云、层状云、波状云等几种，其中每一种又可再细分为若干小种。

流。第二种是动力抬升——气流在前进途中，遇到地形阻挡，在迎风坡爬升而形成上升气流。第三种是动力抬升与热力抬升同时起作用——冷空气与暖空气在前进途中相遇，冷空气密度大、暖空气密度小，暖空气被冷空气挤向上方，形成上升气流。正是因为有了这些上升气流的顶托，云朵才不会掉下来，在化为雨等其他形态之前始终飘浮在天空。

21.为什么会下雨？

◇ **名词解释**　凝华：物质从气态不经过液态而直接变成固态的现象。

我们已经知道，地球表面上的水受到太阳光的照射后，会变成水蒸气蒸发到天空中去，当这些水蒸气在高空中遇到冷空气后，便凝聚成小水滴。小水滴的体积很小，直径大概只有0.01～0.02毫米，质量也很轻。又小又轻的小水滴被空气中上升的气流烘托，飘浮在空中，这就是我们见到的云，它是雨的前期形态。

然而，小水滴是不甘心总是飘浮在天空中的，它们总想挣脱气流的烘托，变化成真正的雨，然后重新回到孕育它们的大地中去。为了实现这个目的，小水滴必须依靠两种手段，先将自身的体积增长到100万倍以上。一种手段是凝结，另一种手段是凝华。

在雨滴形成的初期，云滴主要依靠不

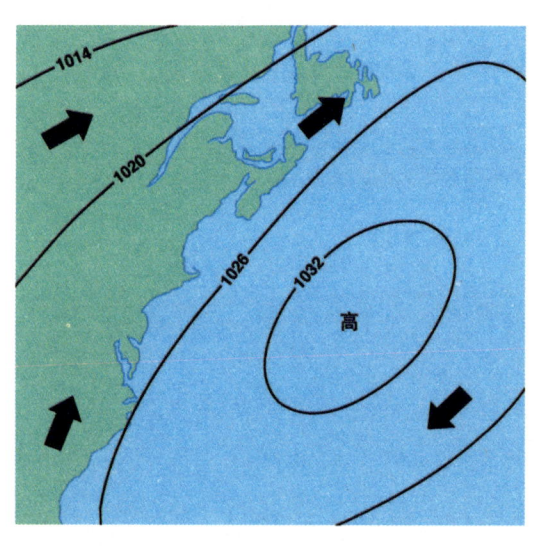

➡ 箭号表示风向

"—1032—"表示等压线（连接气压相等的地方的线），气压的单位是百帕。

⊙夏季，雷雨前控制当地气候的是反气旋，空气下沉，气压较低，所以会有闷热的感觉。

断吸收云体四周的水气来使自己凝结和凝华。如果云体内的水汽能源源不断得到供应和补充，使云滴表面经常处于过饱和状态，那么，这种凝结和凝华过程将会继续下去，最终使得云滴不断增大，成为雨滴。但是，有时云内的水汽含量有限，在同一块云里，水汽供应往往不足，这就不可能使得每个云滴都增大为较大的雨滴，有些较小的云滴只好归并到较大的云滴中去。当云中的云滴增大到一定程度后，空气中上升的气流再也托不住它，这时，云滴也会从云中直落到地面，成为我们最终见到的雨水。

22.为什么清晨常常会起雾？

◇ **名词解释** 冰晶：水汽在冰核上凝华增长而形成的固态水成物。

一般来说，秋冬早晨雾特别多，为什么呢？我们知道，当空气容纳的水汽达到最大限度时，就达到了饱和。而气温越高，空气中所能容纳的水汽也越多。1立方米的空气，气温在4℃时，最多能容纳的水汽量是6.36克；而气温是20℃时，1立方米的空气中最多可以含水汽量17.30克。如果空气中所含的水汽多于一定温度条件下的饱和水汽量，多余的水汽就会凝结出来，当足够多的水分与空气中微小的灰尘颗粒结合在一起，同时水分子本身也会相互黏结，就变成小水滴或冰晶。空气中的水汽超过饱和量，凝结成水滴，这主要是气温降低造成的。

白天温度比较高，空气中可容纳较多的水汽。但是到了夜间，温度下降了，空气中能容纳水汽的能力减少了，因此，一部分水汽会凝结成雾。特别在秋冬季节，由于夜长，而且出现无云风小的机会较多，地面散热较夏天更迅速，以致使地面温度急剧下降，这样就使得近地面空气中的水汽，容易在后半夜到早晨达到饱和而凝结成小水珠，形成雾。秋冬的清晨气温最低，便是雾最浓的时刻。

雾的等级通常是以发生雾的天气时，其水平能见度的范围来划分的。雾可分为重雾、浓雾、大雾、中雾和轻雾。

23.为什么霞能预兆天气?

◇ **名词解释** 散射:在光学上是指由于传播介质的不均匀性引起的光线向四周射去的现象。如一束光通过稀释后的牛奶后为粉红色,而从侧面和上面看却是浅蓝色。

日出和日落前后,天际有时会出现红或橙红色的艳丽色彩,这就是霞。霞按出现时刻,可分为朝霞和晚霞。

为什么会产生霞呢?原来,日出和日落时分,太阳光要通过较厚的大气层才能照射到地平线附近的空中。阳光通过大气层时,波长较短的紫色光和蓝色光,发生的散射最强,到达地平线上空时所剩无几,余下的只有波长较长的红、橙、黄色光线。这几种光线经地平线上空的空气分子、水汽和尘埃的散射后,就产生了我们看到的色彩艳丽、美如画卷的彩霞。

大气对阳光的散射作用,与大气中的水滴、尘埃多少也有关,水滴、尘埃杂质越多,彩霞的颜色就越艳丽。天空中如果有云朵,那厚重的低云会被染成红色,中云只能披上橙色或黄色,高云则依然保持白色。

尘埃使彩霞更加艳丽的例证,是印度尼西亚的喀拉喀托岛的火山强烈爆发。专家估计,这次火山爆发喷出了约180亿立方米火山灰,长期

◉ 朝霞

弥漫于天空。那一年的彩霞特别鲜艳美丽，人们称之为"血霞"。

由于霞的颜色和艳丽程度与大气中的水分有关，所以对天气变化有指示意义。出现朝霞，说明大气中的水汽和小水滴比较多，又由于云层移动是自东向西的，因此预示天气变化将由晴天转为阴雨；晚霞的出现，表明含大量水汽的云层已经移到西边，东边已经雨消云散，而且夜晚将临，大气趋于稳定，因此，晚霞是天气转为晴好的标志。故有"朝霞不出门，晚霞行千里"和"朝起红霞晚落雨，晚起红霞晒死鱼"的谚语。

24.为什么会刮风？

◇ **名词解释**　大气环流：指地球表面上大规模的空气流动。

简单地说，风就是空气分子的运动。我们知道，空气是由氮分子（约占空气总体积的78%）、氧分子（约占21%）、水蒸气和其他微量成分构成的，空气分子的运动就是这些氮分子、氧分子的运动——所有空气分子以很快的速度移动着，彼此之间迅速碰撞，并和地平线上物体发生碰撞，从而形成了我们能够感受到的风。

形成风的物质基础是空气分子，而促使这些空气分子运动的原动力则是水平气压梯度力。那么什么是水平气压梯度力呢？在回答这个问题之前，我们先理解什么是气压。气压就是在一个给定区域内，空气分子在该区域施加的压力大小。一般而言，在某个固定的区域，空气分子存在越多，这个区域的气压就越大。我们把单位距离间的气压差叫做气压梯度，而水平气压梯度力则是指促使大气由高气压区流向低气压区的力，正是这一种力促使了风的产生。

风受大气环流、地形、水域等不同因素的综合影响，表现形式多种多样，如季风、地方性的海陆风、山谷风、焚风等。

25.为什么会形成龙卷风？

◇ **名词解释** 风速：单位时间内风移动的距离。风速没有等级，风力才有等级，风速是风力等级划分的依据。

龙卷风是一种猛烈旋转的空气旋涡。它有两种，一种产生在陆地上，人们叫它"陆龙卷"；另一种产生在江河或海洋上，人们称它"水龙卷"。

孕育龙卷风的摇篮是极不稳定的天气，它的实质是雷暴巨大能量中的一小部分在很小的区域内集中释放的一种形式。具体来说，在积雨云里，空气扰动非常厉害，上下温差也非常悬殊——地面气温是二十几摄氏度，而在积雨云顶部8000多米的高空，温度却降到了零下三十几摄氏度。这样，冷气流急速下降，热空气猛烈上升。上升气流到达高空时，如果遇到很强的水平方向的风，就会向下旋转运动，上层空气交替扰动，产生旋转作用，形成许多小旋涡。这些小旋涡逐渐扩大，形成大旋涡。大旋涡先是绕水平轴旋转，形成一个呈水平方向的空气旋转柱。随后，这个空气旋转柱的两端会渐渐弯曲，并且从云底慢慢垂下来，最终形成了龙卷风。

龙卷风的风速，往往大到每秒上百米。要知道，12级大风的风速才只有每秒三十几米。因为有非常大的风速，所以它的

⊙ 龙卷风的前进速度可达每小时180千米。

破坏力也就非常惊人：它能够捣毁各种物体，并把杂物、碎屑吸卷到高空；在陆地上，它可以把人和动物卷到空中，然后再摔下来；在海洋，它能让一只大船瞬间倾覆……总之它是一条无恶不作的"巨龙"。

26.西北风为什么那么冷？

◇ **名词解释**　西伯利亚：是俄罗斯境内北亚地区的一片广阔地带，濒临北极，是地球上最寒冷的区域之一。

冬季每当刮西北风的时候，就感觉特别寒冷。尤其是居住在我国东南部地区的人们，每到春、秋季节，这种体会则更为明显。

为什么刮西北风会让人觉得特别寒冷呢？这是因为，西北风是从亚洲内陆西伯利亚和蒙古地区吹过来的。西伯利亚和蒙古地区由于纬度比较高，获得的太阳光热少，加之冬季时白天时间短，地面接收的太阳热量更少，气温很低，在1月份平均气温可达到$-40℃$。

再从西伯利亚和蒙古的海陆地理位置来看，这个地区远离海洋，深居大陆内部，所以那里的空气除了非常寒冷之外，还特别干燥。这样在西伯利亚和蒙古地区的上空，冷空气积蓄得很多，所以气压就越来越高。在西北气流的引导下，频频入侵，形成了寒冷又干燥的西北风。每当刮西北风时，就将西伯利亚和蒙古地区的干冷空气带到我国相关地区，干冷空气代替了原来比较温暖的空气，所以人们就感到非常寒冷。

我国地域辽阔，西北风从北方刮到南方，由于北方地区离寒冷空气的源地近，受它的影响就大，气温降得就很低。如我国东北部的黑龙江省漠河镇，是冷空气南下的第一站，1月份平均气温达到$-32℃$，极端最低气温$-52.3℃$。因此，我国冬季几乎是同纬度上最冷的国家。

事实上，并不是所有的西北风都是很冷的，因为风向是受到局部地区的气压分布而决定的，有一些范围较小的西北风，不一定来自于我国的西北。尤其是在暮春和初秋这段时间，即使有风从北部刮来，但由于西北寒带的气温此时也并不是很低，所以吹西北风的时候，人们也不会感到寒冷刺骨。因此，我们不要把西北风的寒冷看做是一成不变的，因为这只是在一定地区、一定的季节才是如此罢了。

27.台风为什么产生在热带海洋上？

◇ **名词解释**　副热带高压：中心位于副热带地区的高压系统，它是影响天气的一个主要天气系统。

台风是一种热带气旋，它的产生需要比较高的温度和充沛的水汽。

只有在热带的海洋上才能同时具备这两个条件。首先，热带海洋洋面上气温非常高，低层空气可以充分接收来自海面的水汽。而这些水汽正是台风形成发展的原动力。其次，热带海洋离赤道有一定距离，地球自转所产生的偏向力有利于台风发展气旋式环流和气流辐合的加强。最后，热带海面情况比较单一，同一海域上方的空气，往往能长时间保持稳定，从而有充分的时间积蓄能量，酝酿出台风。

◎**地球延伸：**

在西北太平洋沿岸的国家和我国南沿岸的国家，台风总是成为人们谈论最多的自然灾害之一，而飓风很少有人谈及。而在北太平洋东部、大西洋以及加勒比海沿岸，人们则只会讨论飓风，对台风的概念知之甚少。事实上，飓风和台风是一样的，它们都是风速达到33米/秒以上的热带气旋，只是因为发生的地域不同，才有了不同的名称。

台风的运行轨迹有一定的规律，其中心大致是按照抛物线形或直线形来运行的。这是由台风所受的力决定的。促使台风移动的力量有两种：一种是使台风产生的自身的内力，即地转偏向力；另一种是外力。外力是台风外围环境流场对台风涡旋的作用力，即北半球副热带高压南侧基本气流东风带的引导力。内力主要在台风初生成时起作用，外力则是操纵台风移动的主导作用力。

28.天空为什么会出现打雷和闪电?

◇ **名词解释** 电荷:带正负电的基本粒子,称为电荷。其中带正电的粒子叫正电荷(表示符号为"+"),带负电的粒子叫负电荷(表示符号为"-")。

雷电是一种自然放电现象。夏季,高空中有好多云团在不断运动,云团交错运动,相互摩擦,从而产生大量的电荷,形成电场。由于同种电荷相排斥,所以正电荷与负电荷分别聚集到云的两端。积云所带的电达到一定程度时,就会穿过空气放电,使两种电荷发生中和并产生火花,这便是雷电现象。因为空气的电阻不均匀,电前进的形状大多曲曲折折,形成像树枝一样的光带,这就是闪电。而放电使空气振动发出声音,就是雷声。

声音在空气中的传

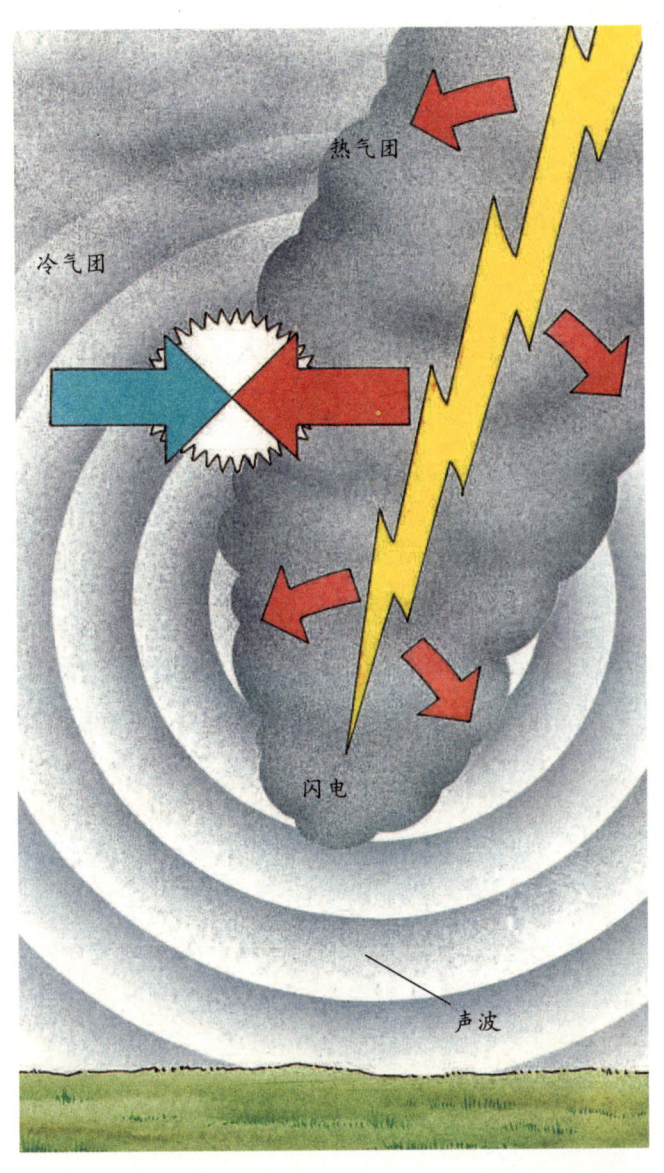

◉ 雷电原理图

播速度是每秒钟340米，而光在空气中的传播速度是每秒30万千米。所以我们总是先看到闪电后听到雷声。有时，由于放电云层离我们太远，或者发出的声音不够响，而声音在空气里传播的时候，它的能量是越来越少的，所以这样的时候，我们只看见闪电而听不见雷声。

雷电大都发生在低纬度地区，如印度尼西亚、非洲中部、墨西哥南部、巴拿马、巴西中部。世界上雷雨最多的地方是印度尼西亚的茂物市，一年中有322天电光闪闪，素有"世界雷都"之称。

雷电虽然很壮观，但它也会带来危害。一次闪电的能量大概相当于600千瓦电，它能击毁房屋，还会引起森林火灾，破坏高压输电线路，给人们的生活带来诸多不便。

29.为什么雷雨前天气异常闷热？

◇ **名词解释** 湿度：表示大气干燥程度的物理量。在一定的温度下在一定体积的空气里含有的水汽越少，则空气越干燥；水汽越多，则空气越潮湿。

雷雨是夏季常见的一种天气现象。人们通常有这么一个生活经验：雷雨前天气总是很闷热。这是为什么呢？

这与雷雨的形成过程有关。雷雨的形成要有两个条件：一是大气里要湿度大，二是地面上要温度高。地面上温度高了，靠近地面的空气温度能升得很高，变成上升气流，升向高空。但是光是热，空气若是干燥的话，也不可能下雷雨。只有当湿度大了，有潮湿的空气上升到了高空，才会形成积雨云。天空里有了积雨

◎**地球延伸：**

长久以来，人们一直在寻找抑制雷电减少灾害的办法。18世纪，美国科学家富兰克林用风筝捕捉到了雷电，并由此发明了避雷针。避雷针是在高大建筑物上竖一根尖锐的铜棒，再接上金属线，线的另一端埋在地下。这样，云中的负电荷就会顺着这一装置传入地下，就可以避免因雷电造成的危害了。

云，就可能有雷雨发生。

夏季，有时地面温度很高、空气很热。这时，由于地面水分充足，蒸发旺盛，地面的水分源源不断地变成水蒸气。此时，大气较为稳定，没有形成上升气流，只能聚集在低空，使近地面空气温度增高，湿度增大。由于近地大气的温度高、水汽含量多、湿度较大，人体汗液不易散发，因而感到十分闷热。

如果近地面空气继续受热增温，就会膨胀上升，形成强大的上升气流。在上升过程中，空气中的水汽遇冷凝结成小水滴或小冰晶，逐渐形成积雨云。积雨云越积越多、越积越厚，便会形成雷雨天气。

但是，有的时候天气虽然十分闷热，却不下雷雨。这是因为雷雨的范围较小，雷雨下到别处去了，而没有落到感觉者所处的地方。因为雷阵雨的地方性很强，降雨范围狭小，在较小的区域内常常有的地方下雨，有的地方却是天晴。大陆上雷雨多半是午后或傍晚，而海洋上的雷雨多半是在夜里。

30.炎热的夏季为什么会下冰雹？

◇ **名词解释** 积雨云：也称"雷雨云"，一种浓厚庞大的云体，垂直发展旺盛，云顶随云的发展逐渐展平成砧状，通常会产生强阵性的降水。

在春末和夏季，有时早上还很晴朗，可是中午前后却突然下起了冰雹。夏天气温那样高，为什么会下冰雹？而冬天天气寒冷，倒不下冰雹，这究竟是为什么呢？

如果你在夏天有过爬山的经历，一定还记得，山顶上早晚还是非常凉快的，必须穿毛衣或棉衣。在4~5千米高的山顶上有终年不化的积雪冰川。这说明，随着海拔的升高，气温是不断下降的。高山顶上如此，那么比山高的高空呢？一定是更冷的。

夏天太阳烘热了大地，在大气层中，挟带着大量水汽的热空气急速地向上升。这时候，地面上虽然很热，但在高空中依然很冷。当湿热空气进入高空并冷下来时，它所挟带的一部分水汽凝结成小水滴；当小水滴继续变冷，就冻成小冰晶了。这些小冰晶从高空落下来，一路上兼并了许多温度低于0℃的小云滴，使它们在自己身上冻结，就成为冰粒；有时候在它下落的途中，遇上一股由下往上吹的风，也就是所谓的上升气流，又把它带回高空。这些小冰粒在高空中，再度受冷，与温度低于0℃的小云滴碰撞，并兼并它们，冻结在自己身上，因而在它的外表又包上一层冰。就这样，它在空中上上下下地翻腾，不断地与温度低于0℃的小云滴相碰撞，穿上了一件又一件冰做的外衣，直到变得又胖又重，上升气流无法再把它带上高空，于是一落千丈，从空中摔下来——下冰雹了。拾起冰雹，用刀子切开，它的剖面层次分明，那就是冰雹所穿的几层冰衣。

由于冰雹是积雨云在强烈的空气对流运动过程中产生的，所以只能在夏季生成。在冬天，因为地面接收的太阳能量较少，空气比较稳定，上下空气温差不像夏天那样厉害，空气垂直对流运动不如夏天强烈，积雨云不易发生，所以，冰雹难以形成。

31.为什么晴天夜里会很冷？

◇ **名词解释** 地表辐射：又称地面辐射，是由地球表面放射的辐射，其能量大部分被大气所吸收，成为大气中能量的重要来源。

地理学上讲，昼夜温差最大的情况是昼夜都是晴天，所以有时候人们会觉得，晴天的夜里温度会较之阴天更低，你知道这是为什么吗？

太阳供给地球光和热，光是一种电磁波，这是大家都知道的。其实，热也是一种电磁波，晴天的夜里会比阴天的夜里冷一些，这些都是水蒸气捣的鬼。水蒸气有这样一个特性：它对像光波这样短波长的电磁波是透明的，但对于像热这样长波长的电磁波却是不透明的。

白天，太阳光射向大地后被地面吸收，变为长波长的热向太空辐射，这种辐射能一直持续很久。由于在晴天有太阳不断供给地面能量，所以地面的温度会不断升高，而到了夜晚，太阳热辐射低，近地面的热源是由地表湍流带来的，也就是白天地表吸收太阳辐射而积累的热量在晚上放出来（白天也会有，但是相比较太阳辐射，地表辐射很微弱，所以不明显），而且在晴天的夜里，近地面几乎没有云层，地表散发的热量很快就会散失，同时又没有了太阳的热量，所以地面附近的气温就会明显地降低。

○ 秋高气爽

然而，在阴天的时候，天空上面有一层厚厚的云，云就会把地面辐射的热给反射回来，地面就像盖了一层厚厚的被子，使热能够有效地留在地面，气温也就不那么低了。

32.为什么秋天会"秋高气爽"？

◇ 名词解释　瑞利定律：英国物理学家瑞利指出，分子散射强度与入射光的波长四次方成反比，且各方向的散射光强度是不一样的。

一到秋季，我国的大部分地区，特别是华北平原和长江中下游地区，白天常常是日丽风清，夜间则是星月交辉，天空显得异常高敞，空气亦比较清新宜人，给人以秋高气爽的感觉。

为什么这些地区会出现这样的好天气呢？这要从太阳辐射的季节变化、大气环流和地形的情况来分析。

秋季是由夏到冬的过渡季节，这时太阳照射的角度由大变小，地面所受的太阳光照，比夏季明显减少，而暖湿空气已经从大陆转移到太平洋上，北方的干冷空气开始南下。这种干冷的空气，本身非常干燥，所以很难凝结成云。同时，干冷的空气比较重，就要往下沉，沉到地面时又变热，而这一带天空原有的云，也因变热蒸发而减少。结果，这些由冷空气控制的地区，天气总是晴朗的。

另外，秋季白天地面上吸收太阳的热，因为夜间天空没有云遮蔽，热量可以自由地散发。秋分之后，夜长日短，白天吸收的热量比夜间散发的热量少，地面温度就逐渐降低了。同时，秋天空气中水分减少，干冷空气充满在人们的周围，人们皮肤上分泌出来的水分，就很容易蒸发。由于这些原因，人就感觉凉爽了。

我国许多地区雨季在夏季，大量的降水清洗了天空，使大气中的尘埃杂质微粒大为减少，从而减少了穿过大气时光能的散失，使大气透明度大大提高。据瑞利定律微粒的大小与被散射的光波波长有关可知，由于尘埃等较粗的微粒及小水滴的减少，则使天空散射较长波长的光的能力变小，相对而言也就使天空中波长较短的蓝紫光的比例明显增多，故而天空更蓝、更高远。

33.为什么下雪不冷化雪冷？

◇ **名词解释** 物态转化：物体有三种状态，即固态、液态、气态。物态转化即这三种状态的相互转化，在转化的过程中，伴随着能量的转化。

我们知道，雪可以说是低温固态水，下雪的时候，雪所带的低温对周围的空气影响不会太大，所以人体不会感到太冷，而化雪的时候，雪由固态融化成水时，原有的低温就会进入空气，从而将空气的温度降低,所以人体就会明显地感觉到冷了。

要科学地判断"下雪不冷化雪冷",首先要弄清楚什么叫下雪,什么叫融雪,例如:每年的第一次降雪时,因为雪花是在高空形成的,在高空气温远低于0℃,但这时地面温度常在0℃以上。这样,雪一落到地上就立即融化了。但根据热力学基本定律:物体的热量只能从高温物体转移到低温物体。水与冰雪的相互转化温度为0℃,水结冰放热到环境中会使环境温度升高,但最高不可能超过0℃,否则热量的流向就会"掉头不顾";另一方面,雪融化为水要吸热,使环境温度下降。但环境温度最低也不可能降到0℃以下,否则低于0℃的环境就会使冰雪融化的过程产生"逆转"。因此,从理论上讲,下雪绝不可能比融雪温度低。

水结冰要放热,而冰融化为水要吸热,这种物态转化规律是恒久不变的,而另一方面,由于一天之中早晨和中午气温不同,同一时间不同地点(如向阳处和背光处)的气温也不一样,加上白雪和脏雪吸热的能力不同,而且即使环境温度高于0℃,雪的融化也有一个过程,还有风速和湿度的影响,使人感觉到的冷热与物理学上的温度高低并不完全一致。有了这个道理,我们就不难解释为什么说"下雪不冷化雪冷"了。

> ◎地球延伸:
>
> 中国古代曾用"六月飞雪"来形容"人间冤屈"。事实上,六月还真可能下雪。以中国为例:1981年6月1日,山西管涔山林区普降大雪,雪深达25厘米;1987年6月5日,河北张家口地区降了一场大雪,最低气温降至-7℃……据科学家分析,产生"六月雪"的原因,多半是夏季高空有较强的冷平流,也可能与可导致气候异常的太阳活动、洋流变化、火山爆发等因素有关。

34.为什么会出现冻雨?

◇ **名词解释** 凝固:物质从液态转变为固态的过程或现象。

在入冬或转暖的冬天,有时我们会看到雨滴落在树枝、电缆上后,在这些物体表面结上一层晶莹的冰层。落下来的明明是雨,而电缆上悬垂下来的却是小冰柱,这种"滴水成冰"的现象是怎么一回事呢?

原来这种雨滴是一种温度低于0℃但还没凝固的"过冷水滴"。这种水滴降落时,一接触到固体,马上会发生冻结,所以又称它为"冻雨"。

那么冻雨是怎样形成的呢?在冬初或冬末,大气会形成以下层次结构:近地面层的空气略低于0℃,它的上面有温度高于0℃的气层或云层,再往上又是处于0℃以下的云层。这时从零下十多摄氏度的云中降落的雪花,穿过暖气层融化后,以雨的状态继续往下降,进入近地面低于0℃的冷气层中,雨滴又迅速地冷却,直径较小的雨滴容易发生冻结,降落下来的是"冰粒";直径较大的雨滴,由于凝固点低,还来不及冻结,降落下来的就是"冻雨"。

冻雨凝聚成的冰层,气象上叫它"雨凇"。雨凇如凝聚在电线上,就会使电线受到很重的压力,两根电线杆相距25米的电线就可能承受100多千克的额外负重,加上风吹引起的震荡,会使电线被压断,电

● 冻雨

线杆倒折，造成通信中断。雨凇凝聚在树木上，也会使树干被压倒或冻坏。

为了防治冻雨带来的灾害，人们在实践中总结了许多好的办法。例如架设电线一般避免架在山脊或冬季盛行风向的迎风坡上；在经常遭到冻雨侵害的地段，架设牢固的电线杆和较粗的电线；遇到严重冻结时，可以用电流加热，使冰融化剥落；组织人们用特制的工具把冰敲掉或刮掉。

35.为什么会有寒潮？

◇ **名词解释** 冷气团：气团形成之后，因大气环流条件改变，离开源地而到达新地域时，如本身的温度比到达区域的地面温度低，即称"冷气团"。

在我国，每年冬季都有很多次较强冷空气南下，造成大范围地区大幅度的降温。人们常把这种现象称为"寒潮"。

寒潮的形成与冷空气源有关。就北半球来说，冷空气源主要是北极地区。北极地区由于太阳光照弱，地面和大气获得热量少，因此常年冰天雪地。到了冬天，太阳光的直射位置越过赤道，到达南半球，北极地区的寒冷程度增强，气温一般都在零下40℃～50℃以下。范围很大的冷气团聚集到一定程度，在适宜的高空大气环流作用下，就会大规模向南入侵，最终在南边国家形成寒潮天气。

寒潮对人类活动的影响很大。寒潮带来的大风降温天气影响工农业生产，使农田和工业设施遭到不同程度的破坏。寒潮带来的雨雪影响交通，阻碍人们的出行。寒潮对人体的健康更是有害，它容易引发感冒、气管炎、冠心病、肺心病、中风、哮喘、心肌梗死、心绞痛、偏头痛等各种疾病，有时还会使患者的病情加重。尽管寒潮会带来各种麻烦，不过它的存在还是具有一定的益处。地理学家的研究分析表明，寒潮有助于地球表面的热量交换，这对保持自然界的生态平衡、保持物种的繁茂具有一定的意义。

36.海平面为什么也会高低不平？

◇ **名词解释** 海拔：指地面某个地点高出海平面的垂直距离。

海水是液体，在重力作用下，由高处向低处流，构成一个大洋的平面，即海平面。按理说，风平则浪静，海水应该在一个水平面上。但事实上，各大洋的水面是高低不平的。例如在印度洋斯里兰卡附近的洋面要比其他大洋的洋面高出100米，大西洋冰岛附近的洋面则比其他大洋的洋面低65米。那么，为什么海平面会有高低呢？

这要从影响海平面不平的两个主要因素谈起。一是涨潮、落潮、风暴和气压高低等因素，使海面始终不能归于平静；二是海底地形的不同，也决定了海面的不平。

我们知道，海底的地形是十分复杂的，它不仅分布有巍峨的海底山脉、平缓的海底平原，而且还有许多陡峭的海底深沟。由于受海底地形的影响，一个海区的海面会低于或高于另一个海区几米甚至十几米。据科学家们使用雷达高度计测量，发现在大西洋海面不同海域存在着高度差。一般来说，海底是一座山脉的地区，海面就比其他海域高一些；而海底是一个盆地的地区，海面就比其他海域要低一些。比如，同是大西洋海域，波多黎各海下是一片凹地，因而这一地区的海面就比周围地区明显的低；而巴西东部由于海下有一座3500米的海岭，所以这里的海面就比其他地区要高。

此外，有时海面的高低还与附近巨大的山脉或山脉所组成的物质的积聚有关。这种物质的积聚，可以使其表面引力弯曲，从而形成一种动力，驱使水离开一个地区而流向另一个地区。

线杆倒折，造成通信中断。雨凇凝聚在树木上，也会使树干被压倒或冻坏。

为了防治冻雨带来的灾害，人们在实践中总结了许多好的办法。例如架设电线一般避免架在山脊或冬季盛行风向的迎风坡上；在经常遭到冻雨侵害的地段，架设牢固的电线杆和较粗的电线；遇到严重冻结时，可以用电流加热，使冰融化剥落；组织人们用特制的工具把冰敲掉或刮掉。

35.为什么会有寒潮？

◇ **名词解释** 冷气团：气团形成之后，因大气环流条件改变，离开源地而到达新地域时，如本身的温度比到达区域的地面温度低，即称"冷气团"。

在我国，每年冬季都有很多次较强冷空气南下，造成大范围地区大幅度的降温。人们常把这种现象称为"寒潮"。

寒潮的形成与冷空气源有关。就北半球来说，冷空气源主要是北极地区。北极地区由于太阳光照弱，地面和大气获得热量少，因此常年冰天雪地。到了冬天，太阳光的直射位置越过赤道，到达南半球，北极地区的寒冷程度增强，气温一般都在零下40℃～50℃以下。范围很大的冷气团聚集到一定程度，在适宜的高空大气环流作用下，就会大规模向南入侵，最终在南边国家形成寒潮天气。

寒潮对人类活动的影响很大。寒潮带来的大风降温天气影响工农业生产，使农田和工业设施遭到不同程度的破坏。寒潮带来的雨雪影响交通，阻碍人们的出行。寒潮对人体的健康更是有害，它容易引发感冒、气管炎、冠心病、肺心病、中风、哮喘、心肌梗死、心绞痛、偏头痛等各种疾病，有时还会使患者的病情加重。尽管寒潮会带来各种麻烦，不过它的存在还是具有一定的益处。地理学家的研究分析表明，寒潮有助于地球表面的热量交换，这对保持自然界的生态平衡、保持物种的繁茂具有一定的意义。

36.海平面为什么也会高低不平？

◇ **名词解释**　海拔：指地面某个地点高出海平面的垂直距离。

海水是液体，在重力作用下，由高处向低处流，构成一个大洋的平面，即海平面。按理说，风平则浪静，海水应该在一个水平面上。但事实上，各大洋的水面是高低不平的。例如在印度洋斯里兰卡附近的洋面要比其他大洋的洋面高出100米，大西洋冰岛附近的洋面则比其他大洋的洋面低65米。那么，为什么海平面会有高低呢？

这要从影响海平面不平的两个主要因素谈起。一是涨潮、落潮、风暴和气压高低等因素，使海面始终不能归于平静；二是海底地形的不同，也决定了海面的不平。

我们知道，海底的地形是十分复杂的，它不仅分布有巍峨的海底山脉、平缓的海底平原，而且还有许多陡峭的海底深沟。由于受海底地形的影响，一个海区的海面会低于或高于另一个海区几米甚至十几米。据科学家们使用雷达高度计测量，发现在大西洋海面不同海域存在着高度差。一般来说，海底是一座山脉的地区，海面就比其他海域高一些；而海底是一个盆地的地区，海面就比其他海域要低一些。比如，同是大西洋海域，波多黎各海下是一片凹地，因而这一地区的海面就比周围地区明显的低；而巴西东部由于海下有一座3500米的海岭，所以这里的海面就比其他地区要高。

此外，有时海面的高低还与附近巨大的山脉或山脉所组成的物质的积聚有关。这种物质的积聚，可以使其表面引力弯曲，从而形成一种动力，驱使水离开一个地区而流向另一个地区。

37.海洋中为什么会有"淡水井"?

◇ **名词解释** 弥散:海洋科学术语,指涌浪在传播过程中原先叠加在一起的不同波长、周期、速度的分波分散开来的现象。

尽管海洋中海水的含盐量很高,但在海洋中也蕴藏着大量淡水资源。而且海洋中淡水区里水的颜色、温度、波浪同周围的海水都不同,人们称之为海中的"淡水井"。

海洋中的"淡水井"在世界上的许多海区都有分布,如在美国佛罗里达半岛与古巴东北部之间的海区,有一个直径30米的淡水区;夏威夷群岛附近海面上有200多处"淡水井"。

那么,"淡水井"中的淡水是哪里来的呢?

在很久以前的地质历史时期,现在的一些海底原来可能是陆地,陆地上众多的河流和湖泊为形成地下含水层创造了有利条件。在历经海陆变迁后,其中的水分可被原封不动地保存下来。根据麦克拉伦的"冰川控制"说,现今的大陆架是在第四纪冰期的低海平面时期,大陆边缘的陆地受到侵蚀和堆积的产物。陆地水系通过地下含水层向大陆架或陆缘盆地边缘延伸,使地表淡水直接成为海底淡水的补给源,即原生海底淡水。在地质历史中,海平面多次下降,造就多期规模巨大的埋藏古河道系统,形成多层原生海底淡水层。另一方面,海底含水层中的咸水在自然条件下,经过地下水质点的弥散作用和对流作用可自发淡化成淡水,成为海底淡水的次生源。这些淡水源由于压力的作用,由海底冒出来,形成"淡水井"。

因此,海中"淡水井"的出现有三个不可少的条件:一是陆上水丰富;二是淡水有"钻"到海底的通路,即岸边岩层裂隙必然向海倾斜,形成通向海底的"地洞";三是海底有出口,渗到海底的淡水一旦有出口,就会在压力的作用下喷涌而出。

38.小瓶子为什么能漂洋过海？

◇ **名词解释**　热盐效应：在海洋中，有的地方盐度高、有的地方盐度低。盐度的高低与温度有关，温度高的地方盐度要大一些；温度低的地方，盐度要小一些。

人们是如何认识到洋流的存在呢？这还得从一个小小的瓶子说起：

美国有一个小男孩有一天在海滩上玩耍，偶然间发现了一个小瓶子。他好奇地将瓶子捡起来，打开一看，发现瓶中有一份英国某贵妇人的遗嘱。上面写道："谁如果捡到小瓶就可以凭遗嘱获得一笔价值不菲的财产。"于是，转眼间小顽童就变成了"小富翁"。

那么这一个小小的瓶子为什么会由英国漂到千里之外的美国海洋上去呢？科学家们经研究后发现，原来大海中有一股水流，它就像陆地上的河流一样，会有规律地朝一定方向流动，这种有规律的水流就是洋流。那位英国贵妇的小瓶子就是借助洋流漂洋过海来到美国的。

洋流可以是一支浅而狭窄的水流，仅仅沿着海洋表面流动；也可以是一股深而广阔的洪流，携带着数百万吨海水前进。引起海流运动的因素可以是风，也可以是热盐效应造成的海水密度分布的不均匀性。

洋流按其水温低于或高于所流经海域的水温，可分为暖流和寒流。暖流本身水温比周围水温高，来自水温低处，一般由低纬度流向高纬度。寒流亦称凉

◎**地球延伸：**

墨西哥湾暖流是世界上规模最大的暖流，它起源于墨西哥湾，直达欧洲西海岸。墨西哥湾暖流水温很高，特别是冬季，比周围的海水要高出8℃，能达到27℃至28℃。它散发的热量相当于北大西洋所获得的太阳光热的1/5，因此被称为"海洋中的暖水管"。如果墨西哥湾暖流停止，西北欧沿海的气温将直线下降4℃至6℃，由此给该地区带来一系列的灾难。

流、冷流，本身水温比周围水温低，来自水温高处，多是由高纬度流向低纬度。世界上主要的寒流有西风漂流、拉布拉多寒流、加那利寒流、加利福尼亚寒流和秘鲁寒流等，主要的暖流有墨西哥湾暖流、北太平洋暖流、北大西洋暖流、几内亚暖流等。

39.海水为什么又咸又苦？

◇ **名词解释** 盐类物质：指由酸根离子和金属离子组成的化合物。日常生活中最常见的盐类物质就是食盐。

喝过海水的人都知道海水又咸又苦，还略带一点点涩。海水中又咸又苦的东西是什么呢？

原来海水中富含各种盐类。据计算，一立方千米的海水中，有2700多万吨氯化钠、320万吨氯化镁、220万吨碳酸镁、120万吨硫酸镁，还有许多其他种类的盐。如果我们把海水全部晒干，得到的盐类物质填满一个北冰洋，还绰绰有余。我们和盐的关系极为密切。食盐占海水盐类的78%，我们每天吃的食盐，就是从海水中提取的。做豆腐用的卤水的主要成分是氯化镁，氯化镁也是海水中含量较大的一种盐类物质。食盐是咸的，氯化镁是苦的，现在你知道海水为什么又咸又苦了吧。海水中含的盐类物质不只是这两类物质。据研究，地球上的100多种元素中，有80多种可以在海水中找到，其中有很多元素在海水中的含量要大得多。比如，核工程当中用到的铀的总含量可达40亿到200亿吨，是陆地上的总储量的2000倍到10000倍。黄金的含量约1000万吨，仍比陆地的含量多得多。现在，我们可以从海水中提取钾、碘、镁等多种元素。随着科学技术的进步，海水对人类的贡献会越来越大。

40.海洋为什么不会完全结冰?

◇ **名词解释** 冰点:液态水转变成固态冰时的温度,与压强有关,压强增大,冰点相应降低。

海水结冰要比陆地上结冰困难得多。首先,海水的冰点与盐度有关。淡水的冰点是0℃,而盐度为3.5%的海水冰点是零下1.9℃。其次,海水密度是随盐度增加而降低的,它降低的速度比冰点随盐度增加而降低的速度快。当海水达到冰点时,海水密度没有达到最大,还在进行着对流混合,这大大妨碍了海水结冰。此外,海洋还受到洋流、波浪、风暴和潮汐的影响,这些因素加速了海水的混合,同时也使海水的结晶体难以形成。诸多因素,都不利于海水结冰。因此,海洋完全结冰的情况是不会发生的。

◉ 海洋

海洋不会完全结冰,但会出现部分海域封冻的情况。海洋封冻情况在亚欧大陆东西两岸差别很大。欧洲西岸由于受到西风和墨西哥暖流的影响,冬季的海港不封冻。亚洲东岸冬季受大陆季风、南下的鄂霍次克海寒流和日本海寒流的影响,沿海地区会出现封冻的现象。例如,我国渤海之滨的塘沽港,所处的纬度和葡萄牙的首都里斯本相近,但是冬天就会封冻。有的时候需要靠破冰船来疏通航道,以此来保证海轮的安全航行。

41.为什么说冰川都融化了会很糟糕?

◇ **名词解释**　海平面:海的平均高度,指在某一时刻假设没有潮汐、波浪、海涌或其他扰动因素引起的海面波动,海洋所能保持的水平面。

　　冰川是全世界最大的淡水水库,全世界约有70%的淡水储藏在冰川之中。如果冰川融化了,那么世界将会出现一系列灾难。

　　如果全世界所有的冰川都融化了,直接后果就是海平面的上升,这必然会给沿海的国家和城市带来灾难性的后果。单在孟加拉国,海平面上升一米,就会使数百万人失去家园。而荷兰可能整个国家都要遭受灭顶之灾,因为即使是现在,荷兰的很多地方都位于海平面以下,所以荷兰人通过建造围海大坝,来维持正常的生活。而如果海平面真的大幅上升,我国的上海、香港等城市也难逃厄运。

　　如果冰川都融化了,不仅会带来海平面上升,导致陆地被海水淹没,而且还会带来其他灾难。最明显的,海平面上升必然导致海洋面积的扩大,与大陆相比,海水吸收太阳热能的能力更强。陆地吸收太阳的能量大多会通过反射和辐射的方式释放出去,而海洋所吸收到的太阳热量有相当一部分自己储存起来了。这就意味着地球上将会储存更多的热量,温室效应也会因此而加剧,形成一个恶性循环。这很可能会影响到全球的气候变化,并导致海上的风暴频繁出现。

　　可见,冰川的融

◎**地球延伸:**

　　南极几乎被坚冰所覆盖,就是在这样一个寒冷的地方,科学家们却意外地发现了一个面积约2500多平方公里的不冻湖。为什么在这样的条件下水没有结成冰呢?有的人认为,特殊的压力是湖水不解冻的原因。他们根据气压与固体熔点之间的关系类推不冻湖地不结冰的原因。的确,在257个标准大气压的压力下,冰在零下2℃左右就会融化。

化将会对世界造成灾难性的影响。虽然冰川都融化了的现象不太可能出现，但是现今冰川正在加速融化却是不争的事实，而且已经危害到了人类的生存环境。为避免情况进一步恶化，需要人们加强环境保护意识，不去破坏人类赖以生存的环境。

42.为什么会形成喜马拉雅山？

◇ **名词解释**　板块：实际上是岩石圈，包含了地壳以及一小部分的上部地幔。全球岩石圈分为六大板块，即太平洋板块、欧亚板块、印度洋板块、非洲板块、美洲板块和南极洲板块。

耸立在青藏高原南缘的喜马拉雅山，是世界上最高大雄伟的山脉。它东西绵延2450千米，南北宽200～350千米，是由4列平行山脉组成的略向南凸的巨大弧形山系。

中国科学家在珠穆朗玛峰地区考察发现，这里有大量的海洋生物化石，如鱼类、海螺、海藻等。原来在距今4000万年前，这里还是汪洋大海，属古地中海的一部分。此后，由于地壳运动，整个喜马拉雅山升出水面，并不断抬升，到距今300万年时，这里成为海拔1000米的热带草原。以后大幅度抬升，就形成了今天的喜马拉雅山和珠穆朗玛峰。

由于喜玛拉雅山是青藏高原的组成部分，当然形成原因和结果会有共同之处：都是印度洋板块向亚欧板块碰撞、俯冲造

⊙ 喜马拉雅山终年为积雪所覆盖。

成的，都成了世界之最。它们的不同点在于：

第一，印度洋板块和亚欧板块碰撞，喜马拉雅山地区首当其冲，因此比青藏高原主体部分受到的影响更直接、更强烈。

第二，喜马拉雅山不仅有挤压褶皱增厚的抬高方式，也有俯冲重叠抬高的作用。

第三，喜马拉雅山地区有许多纵向断裂，把这一地区分割成大小不等的断块。由于断块上升幅度不同，于是形成若干凸起和凹陷，前者就形成山峰，珠穆朗玛峰就是其中最高的一个。

43.为什么会出现东非大裂谷？

◇ **名词解释** 造山运动：地壳局部受力、岩石急剧变形而大规模隆起形成山脉的运动。这种运动的结果常常是形成巨大的褶皱山系和地堑、裂谷等。

在人造卫星拍摄的地球照片上，可以十分清楚地看到，非洲大陆的东部绵延着一条呈南北向延伸的巨大"疤痕"，这就是世界上最长最著名的东非大裂谷。

东非大裂谷北起死海经埃塞俄比亚高原，南到赞比西河河口，全长6000千米，宽50～80千米。在最底部有一条宽带状的低地，夹在两边峭壁陡立的高原之间。相对高度500～800米。大裂谷一带拥有众多大大小小的湖泊，它们都有一个共同的特点：形状狭长，岸陡水深。大裂谷还处在陆地上一个非常活跃的火山地震带上，那里共有10多座活火山，70多座死火山。宏伟壮观的火山锥就是火山爆发的熔岩流形成的。

从第三纪开始并延续到第四纪的造山运动，在非洲引起了强烈的抬升与断裂活动，东非大裂谷就形成于这个时期。至于具体成因，板块学说认为，地壳以下的地幔中上升流强烈上升，致使地壳隆起，形成了东非高原；上升流向两侧扩散，巨大的拉张力致使地壳发生断裂，形成东非大裂谷。目前裂谷还在不断地扩张。

据美国"双子星"宇宙飞船长期观测发现,东非大裂谷北面的死海每年扩张2厘米,东非大裂谷每年加宽几厘米。有关人士曾预测,如按照这种速度扩张下去,在2亿年后,裂谷间将会形成一个新的海洋。

44.为什么会形成北美五大湖?

◇ **名词解释**　冰原:陆地上其厚度不足以掩盖冰下地形的起伏的毯状冰体,其规模次于大陆冰盖。

"北美五大湖"位于北美洲中部,由彼此相通的苏必利尔湖、密歇根湖、休伦湖、伊利湖和安大略湖组成,总面积达24.48万平方千米,是世界上最大的淡水湖群。

五大湖中,除密歇根湖全在美国境内,其余皆为美国和加拿大的界湖。其中以苏必利尔湖最大、最深,伊利湖最浅,安大略湖最小。五大湖水量丰富,总蓄水量达22.7亿立方米,约占世界总淡水量的1/

◉ 北美洲五大湖

5，是世界上最大的"淡水库"。五大湖从西向东，逐级下降，总落差达108米左右。各大湖之间都有天然水道相连，圣劳伦斯河是下游的天然入海通道。由于落差较大，各大湖之间连接水道多急流险滩、瀑布叠泉。其中最著名的是尼亚加拉大瀑布。

为什么世界上最大的瀑布和湖群集中分布在这里？这要追溯到距今1.2万年前，那时全球气候很冷，北美洲更冷。北半球大陆北部纬度较高的地方，都被厚厚的冰川覆盖着。这时北美大陆的冰盖很大，它的边缘扩展到北纬40°以南，厚度达2400多米，被称做拉布拉多大冰原。五大湖区正处在这个大冰原的中心地带。在厚重无比的大冰原的重大压力和冰川运动对地面强烈的刨蚀作用下，五大湖一带形成了一个个断续相连的深凹地。随着气候转暖，冰原逐渐消退，地壳运动又使五大湖以东的阿巴拉契亚山脉隆起，于是被大冰原重压和刨蚀形成的凹地下部，又被围拢，形成一串大型洼地，潴水成湖，从而形成今日具有"北美地中海"之称的五大湖群。

45.为什么波浪岩是奇特的？

◇ **名词解释**　剥蚀：岩体或土体在风化作用下被破坏并经水力、风力等搬运的侵蚀过程。

澳大利亚西部称为西部高原，其面积约占全国总面积的2/3。这里多为海拔180～600米的起伏丘陵和海拔1000～2000米的山脉，自西海岸开始一直延伸到澳大利亚中部。

西部高原上覆盖着厚厚的圆石和有棱角的石头，有的被风吹蚀得已经十分光滑。这些石头大小各异，既有巨大的砾石，也有小卵石，当地人们称之为"砾石荒漠"。

在这众多的砾石之中，有一块独特的巨大的岩石，好似一座巨大的石壁，在陡峻的石壁上布满了纵向的波浪似的条纹。人们叫它波浪

◎ 地球延伸：

在澳大利亚，除了波浪岩外，还有一处地理景观非常吸引人，那就是会变幻色彩的巨石山——艾尔斯巨岩。艾尔斯巨岩位于阿利斯普斯市445千米处的一片荒原上，它由一整块露出地面的岩石组成，高348米，方圆9千米。艾尔斯非常奇特：每当夕阳西照时，整块巨岩通身红透，犹如一块红宝石镶嵌在辽阔的大地上；当乌云压顶时，整块巨石呈现为蓝绿色，如同幽灵一般。

岩。假如你仔细地端详这块石壁，就会发现这些波浪似的条纹，好似"一帘瀑布挂前川"。又好像你来到大海边，看到气势磅礴的大海的波涛。

那么，你一定会问，它是怎样形成的呢？原来澳大利亚西部高原的底部为10亿年前的古老花岗岩，其范围比法国国土陆地面积还要大，超过55万平方千米。这些花岗岩露出地表后，由于昼夜温差的变化很大，白天表层温度高，热量缓慢地传到内部，当内部温度增高时，已经到了夜晚。这时岩石的表层开始降温，而内部岩石因受热开始膨胀，使花岗岩的表层剥蚀，并且经过长期的风力吹蚀作用，最终形成了这些独特壮观的景色。它可不是由水的溶蚀形成的。

46.死海为什么会"死"？

◇ **名词解释** 嗜盐细菌：能在含有百分之十几到饱和的食盐培养基中生长的细菌。包括耐盐的淡水细菌、半咸水中的专性嗜盐细菌及专性的海洋细菌。

目前有"死海不死"的说法。但若以水中生物灭绝、湖水干涸和湖盆消失作为"死"的标志，从长远发展趋势看，死海必"死"无疑。

死海不"死"的根据之一是，最近发现死海里有大量嗜盐细菌和藻类，在含盐量极大的环境中可活跃地繁殖生长。但专家们认为，一旦死海水深降至200米左右，水中盐度进一步提高，适应现在湖水盐度的微生物就难以存活了。

死海会不会因湖面缩小，盐度提高导致蒸发量减少到入湖水量，从而使死海不"死"呢？统计表明，约旦河每年注入死海水量约5.4亿立方米，占入湖水量的2／3以上。这里年降水量仅有50毫米，年蒸发量却高达1400毫米。因此，死海蒸发损失量远高于入水量。预计湖水入不敷出现象将难以消除，因而湖面下降就不可避免。

⊙死海的水密度很大，因而它的浮力要远大于普通的海水。

从地中海引水入死海，可以维持湖水量不减少，但是海水含盐多，经过长期蒸发、浓缩、沉积，总有一天会把湖盆填满。目前湖底的400米厚的盐层，就是可信物证。

从地球几十亿年的发展历程来看，地球面貌时刻在变。地壳运动加剧，就会拉大地面起伏的高差；地壳平稳，风、雨、阳光等"外力"就会削平高山、填平洼地，使整个大地高差缩小。死海不断缩小、变浅的发展趋势，不正说明它正在步入死亡吗？

47.波罗的海的海水为什么最淡？

◇ **名词解释** 冰川时代：也称"冰期"，指地质史上气候寒冷、冰川广泛发育的时期。每次大冰期又可包括若干次冰期。

波罗的海位于欧洲北部，镶嵌在斯堪的纳维亚半岛与欧洲大陆之间。波罗的海的平面轮廓很奇特，弯曲狭长，好像一个手写体的英文字母"y"。

波罗的海的含盐量很少，平均含盐量约7‰~8‰，与外海相连的西南部含盐量虽然较高，也只有20‰左右，到北部的波罗尼亚湾一带，只有2‰。因此，波罗的海是世界上最淡的海，故有"淡水海"之称。

波罗的海含盐量为什么最少呢？

原来，这里是欧洲西北部的沉降谷地，在地质历史上的第四纪气候特别寒冷的冰川时代，被大陆冰川覆盖，如同现在的南极洲冰盖。在冰川长期的刨蚀下，把原来的谷地拓宽挖深，形成了冰下沟槽。后来天气变暖，冰川消融，海水涌入，巨大的冰下沟槽就成了今天的波罗的海。

波罗的海与外海通过几个又窄又浅的海峡进行水量交换，是"双向"交流的，波罗的海海水中含盐量少，密度小，从海峡表层流出；外海含盐量高，密度大，从底层流入。因此，海水交换量很少。

注入波罗的海的河流很多，有维斯瓦河等大小河流250多条，总计入海淡水量约4370亿立方米。并且波罗的海处于温带海洋气候区，年降水量比较多，一般在500毫米以上，个别地方超过1000毫米。相反，因这里纬度偏高，在北纬55°以北，水面温度很低，热季低于15℃，冷季皆在0℃以下，所以蒸发量很小，远低于降水量。由于波罗的海与大洋交换量很少，河水注入量大，加上降水量大，蒸发量小，致使海水含盐量远低于一般海洋35‰的水平。

48.亚马孙平原为什么能成为世界上最大的低地平原？

◇ **名词解释** 河漫滩：位于河床主槽一侧或两侧，在洪水时被淹没，枯水时露出的滩地。

位于南美洲的亚马孙平原辽阔无垠，面积达到560万平方千米，约占南美洲总面积的1/3，是世界上最大的低地平原。平原地势低平坦荡，大部分地区海拔在150米以下。

亚马孙平原内部根据高度和排水情况可分河漫滩和高位平原两种地貌类型，它们之间由40~60米的陡崖相隔。河漫滩分布在河流两侧，面积较小，仅占1/10左右。这里地势低下，每当洪水季节，即为一片水乡泽国。其余为高位平原，因地势较高，排水良好，无洪灾之患。

那么，亚马孙平原为什么会成为世界上最大的冲积

◎ 亚马孙平原卫星图

平原呢？这是因为它有得天独厚的形成条件：一是有最丰富的物质基础。它位于巴西高原和圭亚那高原之间，西接安第斯山麓，其中除了南极洲的冰雪大高原外，巴西高原是世界上最大的高原，它为河流填海造陆准备了取之不尽的沙石泥土。二是地质上这里曾是一个世界罕见的巨大凹陷。这个凹陷东窄西宽，西部宽达1300千米，而东部最窄处仅有240千米左右。这种"肚大口小"的浅碟形的洼地极利于河流携带泥沙的淤积。三是有世界上最大的河流——亚马孙河，为填海造陆、塑造大平原提供了举世无双的动力。亚马孙河流域雨量十分充沛，年平均降水量超过2030毫米，使亚马孙河成为全世界流量最大的河流，每年入海水量为3800~4700立方千米；它有500多条支流，交织成6万多千米的水系网；它的流域面积为705万平方千米，是全球之冠。以上3个条件造就了亚马孙平原世界之冠的地位。

49.南极冰盖为什么会移动？

◇ **名词解释**　南极点：是地球表面非常特殊的一个位置，它是地球上没有方向性的两个点之一（另一个点是北极点），站在南极点上，东、西、南三个方向完全失去意义，只有北方一个方向。

1957年，美国在南极极点设置了一座观测基地，即阿蒙森—斯科特南极极点科学站。到了20世纪70年代初，工作人员发现，原本正好设在南极极点的观测站，已经离开了极点，向南美洲方向"移动"了100多米，平均每天移动将近3厘米。建在冰层上的科学站离极点越来越远，是冰层移动而导致其随冰"漂流"的结果。为保持在极点进行科学观测，必须依据冰层的移动速度，隔几年就重建一次科学站。

现已查明，南极冰盖的运动中心并不在南极点附近，大致在南纬81°、东经78°的地方。这里是冰盖最高的位置，海拔高度超过4200米。南极冰盖从这里出发，以平均每昼夜半米左右的速度，向四面八方流去。

南极冰盖下面的地形高低错落，崎岖不平，坚硬的冰盖为什么会不受阻挡地流动呢？

这是因为：一方面南极冰盖自身形成的压力太大了。冰盖最厚的地方，接近世界最高的珠穆朗玛峰的一半，它对下边每平方厘米的地面，可产生378千克

◎**地球延伸：**

1911年12月14日，挪威人阿蒙森等一行5人依靠狗拉雪橇、踏滑雪板和爬坡越岭的方式，第一次将人类足迹延伸到南极点。1985年2月10日，中国在西南极洲乔治王岛南部建立了南极长城站。1989年7月，中国科学家秦大河与来自法国、英国、苏联、美国和日本的科研人员从南极半岛顶端出发，穿越从南极点到苏联东方站之间的"不可接近地区"，历时220天完成人类有史以来唯一一次国际合作横穿南极大陆的壮举。

的压力。如此巨大的压力不仅可以为冰盖运动提供足够的动力，还可以使地壳变形。另外，坚硬的固态冰在强大压力的作用下，会变成可塑状态，就像刚出锅的年糕，变得柔韧绵软。并且冰的融点在重大压力下会降低，因此冰盖底部会有受压融化的现象。这样一来，尽管地面崎岖不平，南极冰盖也能在自身压力、塑性变态和融水滑润的共同作用下，畅通无阻地向大陆边缘流动。

50.为什么说黄龙钙华景观是人间致景？

◇ **名词解释**　钙华：含碳酸氢钙的地热水接近和出露于地表时，因二氧化碳大量逸出而形成碳酸钙的化学沉淀物，一般具有多孔隙的海绵状结构，以及薄层壳状、块状构造。

黄龙景区位于中国四川省松潘县城东，在岷山山脉主峰雪宝顶北侧一条名为"黄龙沟"的山谷中。黄龙沟长约6.5千米，两侧山坡铺满葱郁的原始森林，谷底就是如诗似画的钙华景观。

黄龙钙华景观的形成，有其独特的有利条件。黄龙南部山区主要由碳酸岩组成，钙源十分丰富；黄龙沟地势南高北低，利于溶有大量钙质的水向景区流动；水源充足，不仅有降水，而且还有高山冰雪融水；上游山地森林茂密，利于降水充分溶解钙质岩石，使大量析出钙华成为可能。据测定，黄龙钙华沉积速率为2毫米～5毫米／年。

黄龙钙华景观是人间致景，其类型十分丰富，除有泉水、溶洞以外，最引人入胜的奇景是钙华滩流、彩池和瀑布。

钙华滩流是沉淀在谷底的钙华层。滩流表面以黄色为主色调，经片状水流的修饰，形成顺滑流畅、色彩斑斓的波纹，在波光水影的映衬下，令人赏心悦目，素有"金沙铺地"的美称。钙华滩流上起黄龙寺，下至洗身洞瀑布，规模之大，世间少有。

钙华彩池好像镶嵌在一起的无数小块梯田，不过边坝、池底皆由钙华筑成。池中水漫坝缘，并有五颜六色的水藻繁生，使池水色彩鲜艳，故名彩池。有的彩池中生有高山柳等树木，远远望去，宛如精心培植的巨型盆景。这里有彩池8群，共2300余个，数量之多，天下罕见。

钙华瀑布是沉淀在陡壁表面，具有瀑布形态特征的钙华体。黄龙最著名的钙华瀑布是洗身洞瀑布，顶宽33米，高7米左右。"瀑布"在阳光照射下，晶莹透亮，恰似玉雕蜡铸。

51.为什么会形成大石围天坑？

◇ **名词解释**　天坑：一种特大型喀斯特地貌，它具有巨大的容积和陡峭而圈闭的岩壁，外形一般呈深陷的井状或者筒状。

在我国广西壮族自治区乐业县，有一个著名的"天坑"——"大石围天坑"，它集大型岩溶漏斗、地下原始森林、地下暗河和地下溶洞于一体，举世称奇。

大石围天坑长约600米，宽约420米，深为613米，容积约0.5亿立方米。天坑底部及坑壁岩缝中，布满地下原始森林，其面积之大，居世界首位。考察发现，流经天坑底部的地下河的延伸河段，还发育了极为壮观的地下溶洞，景色奇美至极，俨然是一座冰雕玉琢的地下宫殿。

目前世界上发现的天坑数量不多，巨型天坑或天坑群就更加罕见。而目前已经查明，大石围天坑附近共有24个天坑，是世界上独一无二的天坑群。

那么广西乐业的天坑为什么既大又多呢？原来，天坑的形成需要两个基本条件：一是要有大片厚层的石灰岩，而且裂缝又多又深；二是天气湿热，雨水比较多。湿热的雨水，沿着岩石裂缝渗下，一路溶蚀、侵蚀，使岩缝四壁逐渐扩大，就会在地下形成大型溶洞。溶洞顶部在日益松散和重力的作用下，不断地崩塌滚落，一个"井状岩溶漏斗"就形成了，这就是今日的天坑。

乐业天坑群一带还有一个特殊现象，就是年降水量高达1400毫米，地面却没有一条河流。专家认为这也是由于这里地下有干流发达、支流繁多的地下河。这条河的源头可能在南侧的海拔2026米的岑王老山，下游可能汇入红水河支流布柳河。

52.为什么会形成长白山天池？

◇ **名词解释** 火山口湖：火山形成并喷发过后，火山口的岩浆冷却后形成一个碗状物，再经过多次降雨后，雨水集聚在火山口中便形成火山口湖。

长白山天池又称白头山天池，池面呈椭圆形，南北长约4.5千米，东西宽约3.3千米，最大水深373米，总蓄水量约20亿立方米。它是我国规模最大、湖水最深、景色最美的火山口湖。

天池水从北侧缺口处溢出，在距天池1250米的峭壁处跌落而下，形成高达68米的瀑布。在瀑布以下不到1000米的地方，分布着由30多个泉眼构成的温泉群。更为奇特的是，天池东北部水面，有两条热水带，夏天可见水花上涌，冬天则为两条热气升腾的不冻带。

天池及其所在的高大山体，都是火山喷发形成的。7000多万年以来，这里有过3次玄武岩喷溢，累积厚度有500～600米。近400多年以来，先后于1597年、1668年、1702年和1903年有过喷发活动，可见喷发活动异常频繁。但是，天池偌大湖盆的雏形，应是距今最近的一次特大火山喷发

◎**地球延伸：**

我国被称为"天池"的湖泊有很多，除了长白山天池以外，新疆天池也是非常著名的一个。新疆天池坐落在阜康市南侧40千米的天山深处，湖面海拔1980米，长3400米，最宽处1500米，最大水深105米。天池平面轮廓呈半月形，周围群山环抱，层峦叠嶂，犹如一颗碧蓝的明珠镶嵌在白雪皑皑的博格达峰下绿树丛中。天池是冰川、滑坡共同筑成湖盆，由冰雪雨水会聚其中形成的。

造就的。通过对火山大喷发中残留的炭化木的精确年代的测定，并核查有关古代文献，确认于1199年至1200年间，曾有一次特大喷发。记载表明，在455千米之外都能听到火山喷发的爆炸声，看到赤黑色的喷柱，浓密的火山灰使人在咫尺却难以辨认。这次喷发的猛烈程度，堪称2000年来世间罕见。由于这次喷发是爆炸式喷发，使火山口岩浆大量喷出，火山口周围崩塌下陷，于是形成了巨大的天池湖盆。

　　值得一提的是，天池火山仍是在活动的活火山，并有大规模喷发的可能，其依据是天池中的热水带、周围的温泉，并探测到火山颈下部有炽热的"岩浆房"存在。不过最近不会爆发。

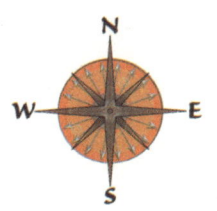

让孩子受益一生的
十万个为什么

2

陈星海 / 编

中国华侨出版社

目 录
CONTENTS

动物也疯狂

1. "地球霸主"恐龙为什么会灭绝? ………… 002
2. "乖乖兔"为什么会吃自己的粪便? ………… 002
3. "九命猫"为什么从高处落地却不死? ………… 003
4. "笨猪"为什么其实并不笨? ………… 004
5. "忠诚卫士"狗为什么热天里要吐舌头? ………… 005
6. "活闹钟"公鸡为什么会打鸣? ………… 006
7. "沙漠之舟"骆驼为什么能长时间不喝水? ………… 007
8. "陆上运载工具"马为什么脚上要钉铁掌? ………… 008
9. "巨人"长颈鹿的脖子为什么那么长? ………… 009
10. "万兽之王"狮子为什么有时会"大吃小"? ………… 011
11. "时尚美人"斑马为什么身上有条纹? ………… 012
12. "大嗓门"吼猴为什么要吼叫? ………… 013
13. "集团战之王"狼为什么爱在夜里嚎叫? ………… 014
14. "捕蛇能手"獴为什么总跟蛇过不去? ………… 015

15. "臭屁王"黄鼠狼为什么能吃刺猬？ ………………………… 015

16. 为什么说土拨鼠是优秀"警报员"？ ………………………… 017

17. "流浪者"旅鼠为什么相约投海自尽？ ……………………… 017

18. "冰原主人"企鹅为什么可以好几个月不吃东西？ ………… 018

19. "飞舞的星星"萤火虫为什么能发光？ ……………………… 019

20. 屁弹甲虫的"化学武器"为什么这么厉害？ ……………… 020

21. "轻生者"飞蛾为什么投火？ ………………………………… 021

22. "编织高手"蜘蛛为什么能结网？ …………………………… 023

23. "导航仪"蚂蚁为什么不会迷路？ …………………………… 024

24. "轻音乐演奏家"螽斯为什么要"奏乐"？ ………………… 025

25. "嗜泪虫"为什么嗜泪如命？ ………………………………… 026

26. "舞蹈家"蜜蜂为什么会跳"8字舞"？ …………………… 027

27. "吸血鬼"蚊子为什么要叮人？ ……………………………… 027

28. "肮脏之最"苍蝇为什么不会生病？ ………………………… 029

29. "飞行专家"蜻蜓为什么要点水？ …………………………… 030

30. "快刀手"螳螂为什么是益虫？ ……………………………… 031

31. 蜣螂为什么被称为"清洁工"？ ……………………………… 032

32. 为什么说跳蚤才是真正的"跳跃冠军"？ ………………… 033

33. "伪装高手"变色龙为什么会变色？ ………………………… 034

34. "攀爬高手"壁虎为什么要遇敌断尾？ ……………………… 035

35. 为什么说响尾蛇的响尾是"死亡警报"？ ………………… 036

36. "禽中巨人"秃鹫为什么爱吃尸体？ ………………………… 036

37. "沙漠飞车"鸵鸟为什么能跑那么快？ ……………………… 037

38. "信使"鸽子为什么不会迷路？ ……………………………… 038

39. "远足者"大雁飞行时为什么要排队？ ………… 039

40. 为什么说缝叶莺是"裁缝专家"？ ………… 041

41. "口技大师"鹦鹉为什么能学人说话？ ………… 042

42. "森林医生"啄木鸟啄树时为什么不得脑震荡？ ………… 043

43. "田园卫士"猫头鹰的头为什么能转很大的角度？ ………… 044

44. "瞎子"蝙蝠为什么在黑暗中飞行却不撞墙？ ………… 045

45. "对虾"为什么并不成双成对？ ………… 046

46. "横行将军"螃蟹为什么横着走？ ………… 047

47. "自救专家"海参为什么要抛出内脏？ ………… 048

48. "珍珠温床"蛤、蚌为什么能产珍珠？ ………… 049

49. 为什么说河狸是"土木工程师"？ ………… 050

50. "发电机"电鳐为什么会放电？ ………… 051

51. "美人鱼"为什么其实并不美？ ………… 052

52. "隐身高手"叶形鱼为什么能躲避敌害？ ………… 053

53. 为什么说射水鱼是"神枪手"？ ………… 054

54. 为什么"剑侠"剑鱼的本领这么高超？ ………… 055

55. "活墨盒"乌贼为什么会释放"烟幕弹"？ ………… 056

56. 为什么"海霸"章鱼"婚礼"结束后就是"葬礼"？ ………… 057

57. "怪眼"比目鱼的眼睛为什么会移位？ ………… 058

植物世界里的千百面孔

1. 为什么说植物也要"呼吸"？ ………… 060

2. 为什么说植物也会"讲话"？ ………… 061

3. 为什么纺锤树能提供"自来水"? ………………………… 062

4. 为什么箭毒木的"毒药"这么毒? ……………………… 062

5. 为什么铁树身上也开花? ………………………………… 063

6. 为什么光棍树身上"光秃秃"? ………………………… 064

7. 为什么说龙血树流出的"血"是宝物? ………………… 065

8. 为什么笛树会"奏乐"? ………………………………… 066

9. 为什么说梓柯树是"植物消防员"? …………………… 067

10. 为什么猴面包树并不能结出"面包"? ………………… 068

11. 为什么说洗衣树能"洗衣服"? ………………………… 069

12. 卷柏为什么有"九死还魂"的本领? …………………… 070

13. 苏醒树为什么不停"搬家"? …………………………… 071

14. 臭菘身体为什么会"发热"? …………………………… 072

15. 灯笼树身上为什么会有发光的"灯笼"? ……………… 073

16. 笑树为什么会"哈哈大笑" ……………………………… 074

17. 为什么马努拉树能使大象"酩酊大醉"? ……………… 074

18. 为什么木盐树会"生产"盐? …………………………… 076

19. 为什么说百山祖冷杉是"植物大熊猫"? ……………… 077

20. 为什么说珙桐是"植物界的活化石"? ………………… 078

21. 为什么说海檬树是"自杀树"? ………………………… 079

22. 为什么说胡杨是"不负责任的母亲"? ………………… 080

23. 为什么黄栌一到深秋会"一片火红"? ………………… 081

24. 为什么说银杏会"假死"与"假活"? ………………… 082

25. 为什么古柯会"含毒"? ………………………………… 083

26. 为什么雨树会"下雨"? ………………………………… 084

27. 椰子树为什么把"家"安在海边？ ………………… 085

28. 为什么说红树林是"海岸卫士"？ ………………… 086

29. 为什么说旅人蕉"沙漠甘泉" ………………… 087

30. "沙漠之王"仙人掌为什么浑身长满刺？ ………………… 088

31. 为什么雨后春笋"节节高"？ ………………… 089

32. 为什么甘蔗越"老"越受人欢迎？ ………………… 090

33. 杂交水稻为什么比纯种水稻更高产？ ………………… 091

34. 燕麦为什么"长眼睛"？ ………………… 093

35. 为什么姜还是老的辣？ ………………… 093

36. 为什么洋葱会让人泪流满面？ ………………… 094

37. 为什么无花果"看似无花却有花"？ ………………… 095

38. 为什么桃树"山上花开山下谢"？ ………………… 096

39. 为什么说神秘果是"果园里的魔术师"？ ………………… 097

40. 为什么说柑、橘"同宗不同种"？ ………………… 098

41. 为什么说刺梨是"维C大王"？ ………………… 099

42. 为什么说樱桃是"百果第一枝"？ ………………… 100

43. 为什么说苹果是"智慧果"？ ………………… 101

44. "花相"芍药为什么又被称为"女科之花"？ ………………… 102

45. 为什么水仙"喝"清水就能成长？ ………………… 103

46. "花中君子"莲花为什么"出淤泥而不染"？ ………………… 104

47. 报雨花为什么能"报雨"？ ………………… 105

48. 雪莲花为什么能"傲立"高寒？ ………………… 106

49. 巨花马兜铃为什么会发出死鼠臭味？ ………………… 107

50. 短命菊为什么最短命？ ………………… 108

51. 日轮花为什么能"吃"人? …………………………………… 109

52. 向日葵为什么总是追随太阳? ………………………………… 110

53. 虎头兰为什么爱"喝"雨水? ………………………………… 111

54. 叶子花为什么要"招蜂引蝶"? ……………………………… 112

55. 为什么说唐菖蒲是"环境监测员"? ………………………… 113

56. 为什么罂粟会成为"有毒植物之王"? ……………………… 114

57. "飞虫捕手"猪笼草为什么能捕食虫子? …………………… 115

58. 舞草为什么会翩翩起舞? ……………………………………… 116

59. 含羞草为什么会"害羞"? …………………………………… 117

动物也疯狂

1. "地球霸主"恐龙为什么会灭绝？

◇ **名词解释** 生物碱：存在于自然界中的一类含氮的碱性有机化合物，它被认为是导致恐龙灭绝的因素之一。

恐龙是2亿—6500万年前地球当之无愧的"霸主"，然而，就是这么一群庞然大物，却在6500万年前突然灭绝了，是什么原因导致它们灭绝呢？

关于恐龙的灭绝的原因，目前还没有一个统一的答案，人们为此提出了各种各样的说法。

最为流行的是陨石碰撞说。这种说法认为，6500万年前，一个直径10千米左右的陨石撞击了地球。这次碰撞非常严重，相当于一场核爆，引起地球震荡，高原地区强烈的火山喷发，铺天盖地的灰尘遮天蔽日，海啸产生，极地雪融化，地球因终年不见阳光而进入低温，这种状况持续数年之久，恐龙终因无法生存而灭绝。

还有一种说法认为，恐龙时代末期，哺乳动物已经出现，它们的身体结构更能适应当时的环境，因此大量繁殖。这些哺乳动物不断取食恐龙蛋，恐龙因而灭绝。

还有人认为恐龙的灭绝和裸子植物的消亡有关。恐龙时代末期，被子植物逐渐取代裸子植物而大量繁殖，本来以裸子植物为食的素食恐龙也不得不采食被子植物。但被子植物中含有生物碱，这些生物碱在素食恐龙体内逐渐累积，最终导致素食恐龙死亡直至灭绝。而以素食恐龙为食物的肉食恐龙也会因为食物短缺而灭绝。

2. "乖乖兔"为什么会吃自己的粪便？

◇ **名词解释** 复合维生素：相对单种维生素而言，指各类单种维生素（维生素A、维生素B等）混合在一起的维生素。

兔子是我们常见的动物,它们外表温顺,喜静而不喜动,给人一种"乖乖兔"的印象。可是,就是这样一种乖乖的小动物,有时候却也做出一些奇怪的举动,比如说吃自己的粪便。这是为什么呢?

原来,兔子的胃很小,不会反刍。它白天吃了大量嫩草后,往往会营养过剩,到了晚上便会以软粪形式排出体外,夜里饥饿的兔子无草可吃,而软粪中的各种营养物质已呈半消化状态,容易被身体吸收,所以有兔子爱吃自己粪便的现象。经化验分析,兔子吃软粪后,合成的复合维生素有利于被小肠吸收,同时,软粪中的矿物元素也有利于促进兔子对营养物质的吸收。

◉ 兔窝横截面

兔子吃自己排出的软粪是一种充分利用营养物质的正常现象。而家兔由于人工饲养食物丰富,因而一般不会有吃自己粪便的现象。

3. "九命猫"为什么从高处落地却不死?

◇ **名词解释** 应激:机体在面对各种内外环境因素刺激时所做出的全身性非特异性适应反应,它是生命的一种本能。

中国古代民间有"猫有九条命"的说法。当然,按照现代的观点,这是没有科学根据的。但是,猫的命真的很硬,它们甚至从很高的地方摔下来也不会死。

一位纽约城的兽医在他的笔记中曾经记载过一只名叫塞布丽娜的猫，这只猫从32层楼上跌落到地面，却没有摔死，只是摔断了牙齿并受了些轻伤，然后喵喵叫着走开了。换了人从这么高的地方掉下来，应该立刻就死了。

为什么猫的命这么大呢？首先，猫比人类体重轻很多，所以它们掉在地上受到的冲击也小很多。但这并不是最主要的原因，因为猫与同等大小的动物相比，比如狗和兔子，也更不容易被摔死。最主要的原因是，猫有一种非常神奇的应激能力。如果猫是四脚朝天从高处落下的，那么它会在最短的时间内扭转身体，以确保落地时四肢着地。它们内耳里的一个器官具有强大的平衡功能，它能够迅速地判断出身体的位置，并帮助身体及时调整姿态，就像是随身携带了陀螺仪。着落时，冲击力会由四条腿吸收。而且猫的四条腿在着陆时会弯曲，这样冲击力就不会直直地沿着骨骼传播，还会分散到肌肉和关节之间，这就更加降低了骨折的概率。

这就是猫摔不死的秘密。

◎ **动物趣述：**

1950年，日本水俣市曾发生过一件奇怪的事情：当地的许多猫在出现步态不稳、抽筋、麻痹等奇怪症状后，最后竟纷纷从海岸跳向大海自杀；几年后，当地的人们也出现了同样的症状。这件事一度引起当地居民的极度恐慌。后来经调查才发现，原来这是一起汞中毒事件，作案的"元凶"是新日本氮肥公司排出的汞渣，它造成了当地水体的污染，人和猫食用受染水体中的鱼贝后中毒。

4. "笨猪"为什么其实并不笨？

◇ **名词解释**　智力：指生物一般性的精神能力。就动物来说，我们可以将智力理解为：通过改变自身、改变环境或找到一个新的环境去有效地适应环境的能力。

在我们的意识中，猪好像是非常笨的，因此常常把猪和"笨"、"愚蠢"等词汇联系在一起，甚至骂不那么聪明的人为"笨猪"。事实上，猪并不笨，有时它比狗还有聪明。

美国马里兰洲有一对夫妇，经常让小孩子们骑猪玩。经过适当的训练，猪很快就学会跳舞、打滚、挑水、拉车、拿报纸，以及把东西找回来。

经过动物学家的测验训练，发现猪的智力并不比狗差，而且在很多情况下，猪比狗更聪明，凡是狗能做的各种技巧，猪都可以做，而且训练时间比狗还要短。在音乐的伴奏下，猪"演员"能表演"独舞"和"双人舞"，还会表演花色打滚、玩翘翘板、过桥等节目，是一名出色的动物杂技演员。

人们还发现，猪的感情很丰富。它会用不同的吼叫声、咆哮声、呼啸声和扇耳舞尾等动作，表达自己的感情。

猪的嗅觉很灵敏，因而便有人用它寻找丢失的东西，或在战场上嗅出地雷。在德国萨克森州，警察局专门训练了一头野猪，使它成为"警猪"。它不但能找到犯罪分子深埋在粪堆中的毒品和枪支，而且还能用鼻子把它们拱出来。在炎热的天气里，"警猪"还能连续几个小时将鼻子贴在发烫的地面上，为主人尽力搜寻物品。

在大量的事实面前，人们开始改变对猪的偏见了。

5. "忠诚卫士"狗为什么热天里要吐舌头？

◇ **名词解释** 汗腺：哺乳类生物皮肤上的一种附属器，用来分泌汗液。

狗是人类的忠实朋友，也是人类的"忠诚卫士"，它们时时刻刻都在保卫着自己的主人。夏天到了，我们的"忠诚卫士"会经常将它们的舌头吐出来，你知道这是为什么吗？

我们知道，狗属于哺乳动物。哺乳动物的体温在正常状态下是恒定的，当热量过多时，就要散发热量，而这主要是通过降温的办法来达

◎ **动物趣述：**

狗有一个奇怪的行为，那就是在睡觉前先紧紧地蜷缩成一团。科学家猜测，这可能是狗的一种防御行为，仅仅只是为了留意周围是否有任何的风吹草动或者侦测天敌的袭击。此外，狗还经常先蜷成一团，躺下，然后又再站起来走动到其他地方。科学家认为这也只是狗的非理性行为，或者说本能的动作而已，因为狗并不会思考，它只会直接用自己的脚感觉所卧环境。

到的。人和许多动物身体表面都布满了汗腺，气温升高时，汗液便能从汗腺中分泌出来，热量也随着汗液的分泌散发到体外，体温就得以降低。但是，动物学家们发现，狗却是一个例外，它的身体表面没有汗腺，令人匪夷所思的是，它那长长的冒着热气的舌头伸出来时，身体热量的发散就可以较快地进行。

然而事实上，即使不是夏天，狗的舌头有时也要伸出来，如它在奔跑或打架之后，身体在剧烈运动后发热了，体温升高，这时它也会伸出舌头来散发热量。正如人在寒冷的冬天里，参加了体力劳动或进行了剧烈的运动后，也同样会出汗一样。

可见，狗之所以在夏天老伸舌头出来，不过是因为它的汗腺长在舌头上，毕竟外面要比嘴里的温度低。

6. "活闹钟"公鸡为什么会打鸣？

◇ **名词解释** 视力：在一定距离内眼睛辨别物体形象的能力。不同种类的生物在视力上有很大差别，而同种生物在不同时间内的视力也会有所不同。

清晨，公鸡总会站在高处雄赳赳、气昂昂地打鸣，催促人们早起，就像闹钟一样。即便到现代，在一些乡村，人们仍然习惯于在听到公鸡打鸣数遍后，起床下地。

公鸡为什么会打鸣呢？

其实，打鸣是公鸡的一种本能行为。鸡属于鸟类，它和除猫头鹰等少数鸟类以外的其他鸟类一样，夜晚的视力很差，几乎是个"睁眼瞎"。所以每当夜幕降临的时候，公鸡就会自觉地找一个安全的地方来度过漫漫长夜，有些鸡甚至会飞到树上去过夜。经过漫长的黑暗，清晨的阳光照在了公鸡的身上，公鸡受到光的刺激很兴奋，禁不住鸣叫起来。久而久之，公鸡的这一习性被保留下来，成为一种本能行为。即使将公鸡关在黑暗的环境中，清晨到来时，公鸡依旧会打鸣。公鸡没有声带，只有一条鸣管，类似于军乐团中的小号，虽然声音无法实现婉转华丽，却胜在高亢嘹亮。

此外，公鸡是一种很好斗的动物，领地意识很强，经常通过打鸣来告诫其他的公鸡，不要到它的领地来。它还通过打鸣来引起母鸡的注意。

7. "沙漠之舟"骆驼为什么能长时间不喝水？

◇ **名词解释** 脂肪：机体组织的重要组成部分，是体内贮存能量的仓库，主要提供热能。同时，脂肪还参与机体各方面的代谢活动。

骆驼是一种很能忍饥耐渴的动物，它们的驼峰储存有大量脂肪，它们的鼻腔能够很好地吸收和保存水分。它们是人类沙漠旅行的最好伴侣，它们被称之为"沙漠之舟"。

骆驼为什么能够在干旱的沙漠长途跋

⊙ 独峰驼

涉、忍饥耐渴呢？从前，人们以为骆驼背上的肉峰一定是一个贮水器，里面装满了水能够不断满足身体的需要。其实驼峰里贮存的并不是水，而是胶质脂肪。双峰驼的两个驼峰里足足可以贮存40千克的脂肪。艰苦的长途跋涉常使骆驼处在饥渴交迫的境地，这时奇异的驼峰脂肪便会逐渐起化学变化，氧化分解后供给骆驼体内所需要的营养、能量和水分。据估计，每100克脂肪在氧化时可以产生107克水，贮满脂肪的两座驼峰在不断氧化的过程中，就可以得到40多升水。可见，驼峰并不是一个普通的蓄水池，而是一个化学贮水池。

最近科学研究发现，骆驼蓄水不只是依靠它的双峰，它的鼻子也是贮水的工具之一。骆驼的鼻腔很大，有着很大的呼吸面，每当它呼出气后，鼻腔便会把混在空气中的水分重新吸收回来。这是因为骆驼长管状的呼吸道能使呼出的气体冷却到体温之下，这样就能保存其中70%的水分。难怪这种有着"沙漠之舟"美称的动物，在浩瀚的沙漠里行走数日也平安无事。

8. "陆上运载工具"马为什么脚上要钉铁掌？

◇ **名词解释**　角质化：表皮最重要的生理功能就是形成一层保护性外皮，即角质层。表皮细胞在经过一系列转变后，最后会变成角质细胞。这种表皮细胞的分化过程就叫做"角质化"。

现代人要运载什么东西，只要叫来车辆就可以。但在古时候，人们还没发明汽车，所以只能用其他运载工具运载物品。马就是古时候最重要的运载工具之一。

提到马，在大家的脑海中就会出现一种身体细长、四肢健壮、善于奔跑的动物形象。不过有这样一个现象，不知你是否注意到：当马奔跑的时候，会出现"嗒嗒嗒"的马蹄声。那么，马奔跑时何以发出那么大的声音呢？这与马脚上的蹄铁有关。为什么马的脚上要钉蹄铁？它有

○ 给马脚钉蹄铁

什么作用呢？

原来马蹄是一种角质化的坚硬皮肤，是身体重量的支点，又经常在坚硬的地面上摩擦，时间长了，蹄上会出现凹凸不平的磨蚀现象，这会对马的速度和负重产生很大的影响。为了避免这种现象，人们就会在马蹄上钉一块蹄铁来保护马蹄，防止蹄的磨损。钉蹄铁必须要有一定的方法。在钉蹄铁之前，必须用蹄刀修整蹄形，把蹄壁的底缘削平，然后选择能使蹄与铁吻合的合适蹄铁，再把蹄钉插入钉孔。蹄壁的底缘与蹄底之间的环状白线处是下钉的部位。钉下的蹄钉要向外穿出蹄壁，但不能对马的触觉部分造成损伤。

9."巨人"长颈鹿的脖子为什么那么长？

◇ **名词解释** 生存竞争：同种或异种生物个体相互竞争，以维持个体生存和种族繁衍的自然现象。达尔文自然选择学说认为它是推动生物进化的重要因素。

长颈鹿是世界上最高的动物，它的身体有二层楼那么高，所以，被称为动物中的"巨人"。长颈鹿的脖子很长，有2米多长，但脖子里只有7块骨头。由于骨头少，它的脖子活动不灵活，所以要想弯脖非常困难。它低头喝水的时候，必须把它的长腿跨得很远很远，才能使嘴够着水面。但它的头转动起来非常灵活，吃起树叶来得心应手。

长颈鹿的脖子为什么特别长呢？原来，非洲的热带干草原是它的故乡。很早以前，它的个儿并没有今天这么高。由于自然环境变化，植物减少，而身材高大的长颈鹿可以吃到高处的嫩枝、嫩叶，能更好地适应当时的环境。久而久之，短脖子的长颈鹿逐渐被淘汰，而长脖子的长颈鹿则生存了下来，成为我们今天看到的样子。在长颈鹿生活的周围，经常有狮子等猛兽虎视眈眈，不断骚扰，而长脖子使它能观察得很远，起到保护安全的作用。长颈鹿腿长，跑得很快，这也是在生存竞争中练成的。

然而，对于要做妈妈的长颈鹿，却体验到身材高大带来的不方便了。许多动物通常是侧躺着生宝宝，而长腿的长颈鹿一旦躺下却需要费很大周折才能再度站起来，这中间难免会遭到袭击。所以，母鹿只好站着生宝宝。刚出世的幼崽达50多千克，从较高的母肚处落下，不久，就能站立起来，在妈妈身边走动。

> ◎ 动物趣述：
>
> 长颈鹿的血压很高，其在心脏高度附近的收缩压大约是200毫米汞柱，基本上是一个成年人正常收缩压的两倍。在运动时，其腿部高度附近的血压更是心脏高度上的两倍。大多数哺乳动物要是有如此高的血压，基本上都会患上中风和动脉硬化，但是长颈鹿却不会。因为长颈鹿的循环系统已经进化出一种特殊的适应性，不论血压高低，它都能够很好地适应。

10. "万兽之王"狮子为什么有时会"大吃小"?

◇ **名词解释** 猫科动物:是哺乳动物的一个分类,其中的大型成员往往是各地的顶级食肉动物,如狮子、雪豹等。

"万兽之王"狮子是地球上力量强大的猫科动物之一,在狮子生存的环境里,其他猫科动物都处于劣势。与其他猫科动物相比,狮子的成长似乎更艰难,因为据统计:幼狮的死亡率高达80%。这是一个非常惊人的数字,它意味着10头幼狮中只有2头才能最终"长大成人"。

这是怎么回事呢?幼狮为什么这么难成长呢?原来,这都是大狮子"造的孽"。

有时候,大狮子不让幼狮吃食,有时候将幼狮驱逐出群,使它们遭受饥饿和其他猛兽袭击的厄运。即使在同一个狮群中,许多成年狮子也经常不和幼狮在一起,尤其在食物严重不足的情况下,母狮有时会狠心地把幼狮杀死,当做食物吃掉。有些成年雄狮在饥饿时,也会吞食小狮子。据估计,大约有20%的小狮子是被大狮子吃掉的。

在狮子的群体中,为了生存,往往发生弱肉强食的现象。

在生物学家的眼里,这是狮群维持生态平衡的一种正常现象。因为小狮子生长快,5~6岁就性成熟,能够繁殖下一代小狮子了。如果狮群"人口"大增,而草原上的食草动物有限,这将给狮子的整个种群带来食物不足的严重后果,最终影响到狮子整体的生存。这样看来,大狮子吃掉小狮子,是狮群在进行"计划生育",控制"人口"了。

11. "时尚美人"斑马为什么身上有条纹?

◇ **名词解释** 自然选择:生物进化的一种理论。该理论认为,生物在演化过程中,更能适应环境的生物,其生存下来的概率要高于不能适应环境的生物,也就是:适者生存,不适者淘汰。

斑马身上有黑白相间的美丽条纹,这让斑马看起来就像是穿着一身华丽衣服的时尚美人。事实上,美丽条纹只是斑马的保护色,它可以起到模糊或分散体形轮廓的作用。

斑马是非洲特产的哺乳动物,生活在山地、草原和稀疏的林区。它身上长着黑白相间的光滑条纹,很像一幅美术图案,在阳光照射下显得非常美丽。这些条纹是适应环境的保护色。在阳光或月光照射下,由于斑马身上的黑白颜色吸收和反射光线的不同,能破坏和分散身形的轮廓,展眼望去,很难与周围环境区分开来。这样可减少被猛兽伤害的危险。这种保护色是自然选择的结果,在长期的进化中,那些条纹不太明显的斑马,逐渐被猛兽吃掉,条纹显著的就被保存下来,一代一代传下来,就成了今天非常美丽的斑马。这就是达尔文所说的"物竞天择,适者生存"。

除此之外,斑马的条纹还可以分散吸血昆虫的注意力,避免遭受叮咬。这种不易暴露目标的保护色对动物非常有利。人类从这种现象中得到了启示,在军舰上涂上类似于斑马条纹的色彩,以此来混淆对方的视线,达到隐蔽自己迷惑敌人的目的。

斑马是成群活动的。它们在巡游觅食时,总会有一匹斑马担任警戒,一有敌情马上发出警报,通知斑马群立即逃跑。要是狮子、老虎等猛兽追得很紧,情况十分危急,斑马群中会有一匹勇敢的斑马,离群单独与狮子搏斗,掩护同伴撤退。这匹斑马最终成了猛兽的腹中之物。要是斑马群再次被猛兽追上,那么另一匹斑马就又会挺身而出。

12. "大嗓门"吼猴为什么要吼叫？

◇ **名词解释** 声带：又称声壁，是人或动物发声器官的主要组成部分。声带的振动产生了声音。

在动物园里，猴山往往是最吸引游人的地方，猴子们在那跳跃、嬉戏，俨然是动物园的主人。猴子中有一类是非常引人注意的，它就是"大嗓门"的吼猴。

吼猴体长约0.9米，像狗一般大，有一根细长而能卷曲的尾巴，以适应它们的树栖生活。吼猴的食性较杂，果子、树叶，都是它们爱吃的美肴，且吼猴的食量很大，每只吼猴一天能进食大约三磅半的食物。吼猴的身上披有浓密的毛，多为褐红色，且能随着太阳光线的强弱和投射角度的不同，而变幻出从金绿到紫红等各种色彩，十分美丽。

吼猴最引人注意的是它的巨大吼叫声。这种猴子的舌骨特别大，能够形成一种特殊用途的回音器。每当它需要发出各种不同性质的传呼信号时，它就以异常巨大的吼声，不停息地响彻于森林树冠之上，有时十几只在一起，用它们特有的"大嗓门"，发出巨声，咆哮呼嚎，震撼四野，这吼声可在一公里以外都能清楚地听到。

吼猴之所以能发出如此大的吼声，是因为它有一个宽阔的下颌，将膨大的喉头围住，于是喉头里的舌骨形成一个"共振箱"。当一只吼猴在吼叫时，其声带振动发出的声音，通过

◎ **动物趣述：**

猴子天性调皮捣蛋，奇怪的是，它们的调皮很少出格，原来是猴王在管束着它们呢!作为普通的游客，怎么能认出猴王呢？其实，猴王并不会混迹于群猴之间，独坐的就是猴王了。猴王为了显示特殊的地位，除了占领制高点外，还会把高高翘起的尾巴弯成"S"状，就像一根权杖，这种动作，猴群中的其他猴子是决不敢仿效的，否则会遭到猴王的严厉惩罚。

"共振箱"变得十分洪亮,震撼四野。吼猴的名称也是由此而来。

实际上,吼猴的吼叫并不是无知的喧闹,而是向其他猴群发出的一种虚张声势的"示威",宣布"这里是我们的领土,不要进来!"即使碰上大蟒蛇那样的敌害,只要吼猴群合力吼叫,也可使敌手心惊胆怯。

13. "集团战之王"狼为什么爱在夜里嚎叫?

◇ **名词解释** 传递信息:生命体的基本生命活动之一。就动物来说,它们相互传递信息的方式有多种,包括语言、肢体动作、气息等。

狼是一种非常凶残的动物,但是单个的狼并不会让人恐惧。狼最让人恐惧的是群体攻击,无论是人还是其他更强大的动物,只要遇上狼群,那基本上就意味着死亡。所以狼又被称之为"集团战之王"。

狼有点像狗,体长1.6米,尾长33～50厘米,体瘦,足长,尾垂于后肢之间,眼斜,吻尖,口阔,耳竖立;有多种毛色,通常上部黄灰色,略混黑色,下部带白色;栖息于山地、平原和森林间;分布于亚洲、欧洲和北美洲;狼性凶暴,平时独居或雌雄同栖,冬季常集合成群,袭击野生和家养的禽、畜,是畜牧业主要害兽之一。

狼生性机警,昼伏夜出,每到傍晚,饥饿的狼往往成群结队出来寻找食物,夜晚的狼嚎使人感到毛骨悚然。其实,狼的嚎叫是一种传递信息的手段。

嚎叫是动物之间相互联系的一种方式。情况不同,动物发出的叫声不同。狼在夜晚嚎叫是为了呼唤同伙,如母狼常发出叫声来呼唤小狼,公狼则是呼唤母狼。繁殖期,狼也会用嚎叫声来寻找配偶,幼狼在饥饿时也会发出尖细的叫声。

很多时候,狼一开始并不是结群外出的,但碰到危险情况或发现重要猎物时,狼立刻就会嚎叫,以这种方式来集结狼群。那时,猎物们的灾难也就开始了。

14. "捕蛇能手"獴为什么总跟蛇过不去？

◇ **名词解释** 天性：指生来就具有的品质或性情，也指本能。

人们常把獴称为"捕蛇能手"。这种动物身体细长，头小，嘴巴尖，四肢短小，有点像黄鼠狼。它们与蛇是天生的冤家对头，一旦狭路相逢，总要拼个你死我活。

夏天，在中国云南西双版纳的密林中，一只体毛浓密的印度獴，在草丛中发现了可怕的眼镜蛇。印度獴出于捕蛇天性，飞快地冲了上去。眼镜蛇面对生死大敌，不敢怠慢，立即竖起上身，处于一级戒备状态。

獴围着对手不断地绕圈子，因为眼镜蛇是十分厉害的，如果不能一口咬住蛇的脖颈，自己就可能反遭其害。在最初的15分钟，精力充沛的眼镜蛇占了上风，獴只顾躲避，根本没有还击余地。

为了对付眼镜蛇的凶猛进攻，獴蓬起周身的毛，整个身躯看上去好像比平时大了一倍。眼镜蛇探出身子，一次又一次去咬对方，然后再迅速收回。这样经过多次反复后，眼镜蛇已疲惫不堪，进攻的节奏逐渐缓慢下来。印度獴于是开始反击，它蹿上去一口咬住眼镜蛇的颈部，死死不放，双方立即扭成一团。没过多久，被利齿紧紧咬住的眼镜蛇，最终丧失了抵抗力，成了獴的腹中之物。

15. "臭屁王"黄鼠狼为什么能吃刺猬？

◇ **名词解释** 臭腺：也称臭液腺，是分泌恶臭液体的一种腺体。在脊椎动物，它属于皮肤腺，是皮脂腺的特化腺体。

动物界有千奇百怪的动物，而动物们猎食或防御的手法也是千奇百怪：有用尖刺的，有用利爪的，还有用臭屁的。你知道利用臭屁来进行猎食和防御的最著名的动物是什么吗？

或许你已经猜出来了。没错，它就是大名鼎鼎的"臭屁王"——黄鼠狼！

黄鼠狼是食肉的小兽，习惯于晚上出来找食吃。黄鼠狼最喜欢捕食的是鼠类，但刺猬身体肥胖，个体又大，发现刺猬，黄鼠狼从来都不会轻易放过。

可是刺猬身上有钢针一样的刺，黄鼠狼怎样捕捉它呢？

原来，黄鼠狼有一个臭腺，能随时分泌大量臭液。这个臭腺就藏在黄鼠狼的肛门里。黄鼠狼的臭液威力很大，是一种武器。被敌人追逐时，敌人的嘴接近它的屁股，它会立即喷射出臭液。像狼这样大的动物，一个"屁"，即可阻止它的前进或追赶。所以黄鼠狼的"屁"又称"救命屁"。刺猬遇到黄鼠狼，就缩成球形。黄鼠狼找到刺猬蜷曲的缝隙，就会将"屁"射入缝隙处。不一会儿，刺猬就会被臭液所麻醉，麻醉后的刺猬，躯体就会伸展开来。这时，黄鼠狼就会将刺猬咬死，大吃一顿。

◉ **黄鼠狼**
一般在地面和地洞中追捕猎物，它们背部是淡红棕色的，腹部则是白色的。黄鼠狼的尾毛可制毛笔。

16. 为什么说土拨鼠是优秀"警报员"?

◇ **名词解释** 敌害：危害某种动物的动物，叫做这种动物的敌害。有时敌害也指天敌。

在大自然中，许多鸟兽的习性都非常谨慎，警惕性也非常高，说它们是动物界的"警报员"并不为过。在众多"警报员"中，土拨鼠是较优秀的一类。

土拨鼠又名旱獭，是松鼠的近亲。土拨鼠最迷人的地方，莫过于那条可爱的尾巴和短短胖胖的手脚了。它的嘴巴前排有一对长长的门牙，呆呆傻傻的模样相当地讨人喜欢。

土拨鼠的警惕性特别高，每次成群出穴觅食活动时，总派出一只土拨鼠担任"哨兵"。这只"哨兵"十分负责，常常用后脚跟站立在地面或高处，以便探察四周的动静。一旦发现有猛禽、凶兽来袭的危急情况时，它就立即发出高频率的尖叫声，其他的土拨鼠听到这一"紧急警报"，便急忙纷纷钻入洞穴，逃避凶险。当敌害远离时，这只放哨的土拨鼠又会发出洪亮的叫声，以示"解除警报"，恢复正常。这时，躲避在洞穴中的土拨鼠又纷纷出来，照常觅食活动。

17. "流浪者"旅鼠为什么相约投海自尽?

◇ **名词解释** 繁殖力：生育后代多寡的能力。鼠类的繁殖力在动物界中是较强的。

在动物界有一种鼠类，它们好像并不安于现状，总是从一个环境迁徙到另一个环境，就像人类中的流浪者。人们将这种鼠类称之为旅鼠。

旅鼠有一个非常奇怪的现象：喜欢"集体自杀"。在北半球高纬度海区，人们经常能看到大批旅鼠的尸体。

旅鼠为什么要"集体自杀"呢？这个谜目前还没有完全解开。据科学家研究认为，可能是因为食物不足，旅鼠数量过剩，导致旅鼠大规模地外迁，以寻求更多的食物。而在迁徙的过程中，由于某种本能，旅鼠一致地选择了投向大海。

据生物学家的研究结果得知，旅鼠的繁殖力极强，生育周期又短，刚出生的幼鼠只消6个星期即可成熟生育，1年要生育七八次，这样6周1代，代代地繁殖下去，四五年的时间就达到相当惊人的数目。当旅鼠的数量实在太多，而天敌的数量又总是有限时，原来环境中的食物就不再够支撑旅鼠们的食用了。这时，出于某一种本能（有科学家认为是"迁徙"的本能），旅鼠们聚集在一起，开始向外迁徙，并寻找食物。

令科学家困惑的是，地区不同的旅鼠迁徙的最终目的地却大都一致：投向大海。如挪威的旅鼠奔向大西洋，瑞典的旅鼠奔向巴伦支海，而北部斜角上的旅鼠则投身北冰洋。

有人说，旅鼠并不是"投海自杀"，而是"误入海而死"，因为它们不知道大海有多宽多大，可能只是认为它们只是自己刚刚渡过的小河沟。

18. "冰原主人"企鹅为什么可以好几个月不吃东西？

◇ **名词解释** 孵化期：动物培育后代的时间，这个时间有长有短，因动物种类而异。

企鹅是南极大陆的"主人"，是白皑皑的冰原上最亮丽的一道风景线。企鹅有一门非常了不起的本事：几个月不吃东西也不会饿死。你知道那是什么原因吗？

原来，企鹅在"挨饿"之前，已经在身体内储存了大量的脂肪，"挨饿"的时候，它们就用这些脂肪补充能量。

帝企鹅是所有企鹅中体型最大的，一般帝企鹅体重在22～27千克之间，有的甚至更重。巨大的体型意味着它们要比一般小型企鹅更能经得起严寒的考验。帝企鹅实际上并不筑巢，而是把蛋稳稳地放在自己的脚面上。雄性帝企鹅身上有一个特殊的囊，能垂下来盖住蛋，起到保护的作用，这样一来就算还在孵化期，帝企鹅也能蹒跚而行。在整整两个月的孵化期中，帝企鹅基本上一直都站着。

⊙ 企鹅

在绝食期间，雄性帝企鹅的体重大约要下降45%。首先，它们主要通过捕食鱼类和鱿鱼，储存起好几层厚厚的类似鲸脂的脂肪层，然后在进入可能长达两个月的求偶期时它们才开始绝食。帝企鹅只在五月份产一个蛋，接下来就进入孵化期，此时雌性帝企鹅奔向大海寻找食物，以恢复自己在产卵过程中被大量消耗的体能，直到小企鹅降生之后它们才会回来，给雄企鹅一个喘息的机会。幸运的是，到十二月份时，小企鹅已经发育成长了2/3，这时它们就可以脱离父母，在南极盛夏到来之际自己觅食、独立生活，为下一次繁殖季节作准备。

19. "飞舞的星星"萤火虫为什么能发光？

◇ **名词解释** 冷光：就是只发光而不产生热（或产热极少）的光。在自然界中，有许多生物都能发出冷光，如细菌、真菌、蠕虫、软体动物、昆虫和鱼类等。

夏天，在草丛密生的地方，我们经常能够看到一些"飞舞的星星"，它们是萤火虫。萤火虫就像是大自然的精灵，它们在给大地带来惊喜的同时，也给我们带来了惊喜，同时也带来了疑惑。

我们疑惑的是：萤火虫为什么会发光呢？

对这个问题，动物学家作出了很好的解答。

动物学家发现，萤火虫的尾部有个发光器，里面有一种叫荧光素的物质。它在荧光酶的作用下和氧化合，便发出荧光。荧光素和荧光酶的比例不同，发光的颜色就不一样：有淡绿色和淡黄色的，也有橘红色和淡蓝色的。进入发光器的氧气数量的多少，会使发出的幽光亮度不一。

荧火虫在发光反应过程中所产生的能量大部分都用来发光，只有2%~10%的能量转为热能。所以当萤火虫停在我们手上时，我们感觉不到萤火虫发光的热，更不会感觉烫手，因此有些人称萤火虫发出来的光为"冷光"。

萤火虫为什么要发光呢？实际上，这是它们在进行"对话"呢。美国佛罗里达大学动物学家劳德埃发现，同一种雄萤和雌萤之间能用闪光互相联络。有一种雌萤会按很精确的时间间隔，发出"亮—灭—亮—灭"的信号，这是告诉雄萤："我在这里。"雄萤得知这个信号后，就会用"亮—灭、亮—灭"的闪光回答："我来了！"并向雌萤飞去。它们用这种"闪光语言"保持联系，直到雌雄相会。

20.屁弹甲虫的"化学武器"为什么这么厉害？

◇ **名词解释** 酶：一种有机的胶状物质，大多数由蛋白质组成，对于生物化学变化起催化作用。细胞新陈代谢包括的所有化学反应几乎都是在酶的催化下进行的。

当人们在野外荒草乱石堆中捕捉昆虫时，往往会受到一种"化学武器"的攻击。这种"化学武器"具有刺激性臭味，它会让人头昏、鼻

酸以致流泪。你知道这种化学武器是什么吗？它的制造者又是谁？

其实，这里说的"化学武器"并不是真正的化学武器，它只是一些甲虫释放出的烟雾、毒液或臭气，释放这些毒物的甲虫就叫屁弹甲虫或放屁虫。

当屁弹甲虫迈开六足出外寻找食物时，如果突遇敌害拦阻要道，或与它抢夺食物，它便停住脚步，两只后足往地上一撑，尾部高高抬起，对准敌人"啪！啪！啪！"接连不断地射出一股有毒的炽热雾状"化学炮弹"，射程可达30厘米。这种化学武器，不但能驱逐蚂蚁、螳螂、蛙、蟾蜍、老鼠等，连披甲带鳞的犰狳也望之生畏。这种"屁弹"威力很大，可以向任何方向瞄准连续发射，能够在4分钟内发射29次。有人还做过实验，让屁弹甲虫与大型蚂蚁对阵，在200次交锋中，前者安然无恙。

屁弹甲虫的"化学武器"为何有如此巨大的威力呢？科学家研究发现，小小屁弹甲虫的腹部尖端有一对囊状分隔室，作为储藏室和反应室使用，由腺体分泌的对苯二醌和过氧化氢都留在储藏室里，储藏室的活门经常关闭着，当遇到蚂蚁和其他肉食动物来犯时，它会立即打开活门，让分泌物进入反应室，此刻反应室的腺体分泌出过氧化物酶和过氧化氢酶，进入的混合液在这两种酶的催化作用下进行化学反应，产生巨大的压力，进行爆炸反应并排出一种恶臭，同时发出响亮的"啪啪"声。反应释放的热量使反应室内的温度上升到100℃。爆炸的一刹那，大约有四分之一的溶液化为蒸汽，形成热气腾腾的"液体炮弹"，令来犯动物敬而远之。

21."轻生者"飞蛾为什么投火？

◇ **名词解释** 趋光性：生物对光刺激的趋向性，这种趋向性可表现为定向运动的行为习性，如飞蛾的扑火。

中国有句古话叫做"飞蛾扑火，自取灭亡"。它说的是昆虫界的一个奇怪现象：飞蛾见到火光就会奋不顾身地扑上去，直至把自己烧死。我们不禁要问：飞蛾为什么这么"轻生"呢？

以前，人们认为这是昆虫的喜光性，正是由于昆虫的趋光性，它们才会以身扑火。昆虫对紫外线的反应特别灵敏却看不见红色光线。利用这种特性，人们常将一盏紫外光灯挂在野外来诱杀飞蛾。他们在灯下放置一水盆，飞蛾飞过来时，最终死在水盆里。

经过长期观察和实验，科学家发现飞蛾在夜间飞行时，是依靠月亮的光线来确定方向的。月光总是从一个方向投射到飞蛾的眼里。在逃避敌手的追逐，或者绕过障碍物转弯以后，飞蛾只要再转一个弯，月光就仍从原先的方向射来，于是飞蛾就很容易找到方向。

⊙ 扑向灯光的飞蛾

飞蛾之所以绕灯光转，是因为它把灯光当成了月光，因此，它误用灯光来辨别方向。月亮距离地球很遥远，飞蛾只要同月亮呈固定角度就可以确定自己的方向。可是，灯光离飞蛾很近，飞蛾本能地保持固定的角度，所以它只能绕着灯光转圈，直到最后死去。

从飞蛾扑火的故事中，科学家得到了启发。有一种远程导弹，导弹头部安装有类似飞蛾的眼睛，它以一定的角度对准一颗明亮的恒星，发射后，导弹的眼睛始终与恒星保持着一定的角度。导弹一旦偏离了航向，这个人造眼睛就会把这种偏差传到导弹的电脑装置，然后重新修正航向，以此保证导弹不偏离预定的飞行轨道。

22. "编织高手"蜘蛛为什么能结网？

◇ **名词解释** 丝囊：又称做纺织器，为蜘蛛腹部末的器官，其主要作用是分泌黏而可凝成丝的液体。

不管在室内或在室外，我们不难找到蜘蛛网。每张蛛网都是用很细的丝线织成的。这些蛛网可以用来捕捉苍蝇、蚊子、甲虫或其他昆虫。

"编织高手"蜘蛛织网的本领是与生俱有的，并不需要学习。它织网的丝很细，很难看清楚，要想看清楚，必须借助放大镜。织网的丝是从蜘蛛尾部的小孔中出来的，科学家把这种小孔叫丝囊。丝线是蜘蛛身体内的纺织腺分泌的，这种液体出了蜘蛛体遇到空气就变硬了。有时候蜘蛛需要用它的后肢帮忙才能抽出丝来。蜘蛛在草上、树枝间或屋檐下，来来回回地吐丝结网，织好网之后，它在网的附近结一个丝窝；然后，蜘蛛躲在窝里，等着捕捉落在网里的小虫。

蜘蛛丝虽然很细，实际上是很强韧的。它能像皮筋一样拉长。小虫落在蛛网里，蛛丝会延长，不过不会把蛛网压破。大风可以把树叶、尘土吹到蛛网上，但都吹不破蛛网。假如蛛网破了，蜘蛛会小心地、很快地把它修好。

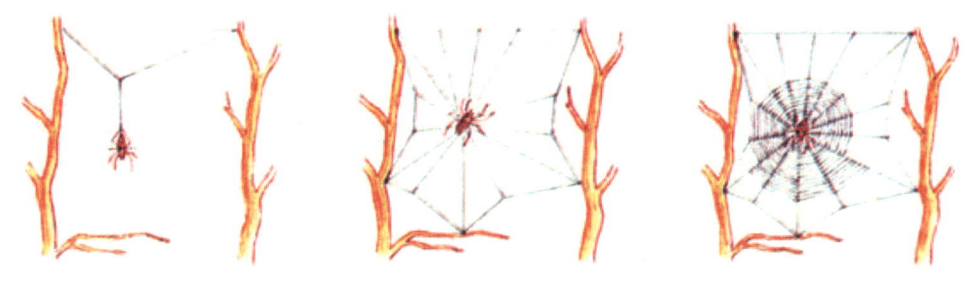

⊙ 球形网蜘蛛结网的过程

蜘蛛除了用丝结网捕食小虫外，它还会用丝线保护自己。当你把树上的蜘蛛弹下来的时候，蜘蛛不会摔到地上，它会吐丝把身体悬挂着慢慢落在地上，或是悬在丝线上来回摆动，然后慢慢沿着丝线回树技上。

23. "导航仪"蚂蚁为什么不会迷路？

◇ **名词解释** 参照物：在物理学上，用来判断一个物体是否运动的另一个物体，就叫做参照物。一个物体，不论是运动还是静止，都是相对于某个参照物而言的。

蚂蚁躯体虽小，但却有一套非常出色的认路本领，不容易迷失方向。一个个小小的蚂蚁就像一个个小巧的"导航仪"，它们是"造物主"创造的又一个奇迹。

科学家研究发现，蚂蚁具有非常灵敏的视觉，不但利用陆地上的景物来认路，而且也能把空中的景物当做认路的参照物。太阳的位置和蓝天上反射下来的日光，都是可以被利用来辨认回巢方向的。

除了依靠眼睛外，蚂蚁还能通过对气味辨别来认路。试验证明，有些蚂蚁留下一种气味在它们爬过的地面上，在回来时只要循着这种气味，就不会迷失方向。在这种蚂蚁经过的道路上，假若用手指横画一条线，将气味的连续性破坏掉，那么就会使它们发生短时间的迷乱。也有的蚂蚁，虽然不会在经过的路面上留下什么特殊的气味，但是它们非常熟悉往返道路上的天然气味，所以也不会走错路。由于蚂蚁具有上述认路的本领，即使满天阴云，蓝天被浓云覆盖住的时候，或者大动物把蚂蚁留在地面上的气味踩踏破坏掉的时候，只要一些可以利用的线索还保留着，它们仍旧会找到蚁巢，只不过所走的弯路多了许多。

◎ 动物趣述：

最新科学研究表明，蚂蚁中的大齿猛蚁是地球上攻击速度最快的动物。科学家们运用高倍速视频技术，对大齿猛蚁进行观察。结果发现，这些蚂蚁合嘴时所用时间平均为0.13毫秒，比人类眨眼速度快2300倍。如果把大齿猛蚁上下颌之间的距离与闭合速度做个形象比喻，其速度相当于每小时125至233公里。大齿猛蚁的猎物通常是小昆虫，如幼小蟋蟀等。

24. "轻音乐演奏家"螽斯为什么要"奏乐"？

◇ 名词解释　音锉：昆虫以身体的一个部分摩擦另一表面粗糙部分而发出声音，被摩擦的粗糙面即是音锉。

动物界中有许多出色的音乐家，螽斯就是其中的一类。螽斯"奏出"的音乐低沉婉转，悦耳动听，被认为是"轻音乐的代表作"。

螽斯也叫"蝈蝈"，又称"哥哥"，是鸣虫中体型较大的一种。螽斯的鸣叫虽然动听，但能够发出声音的只是雄性螽斯，雌性螽斯是"哑巴"。不过，雌性螽斯有听器，它们可以听到来自雄虫的呼唤。

螽斯发出的各种美妙的声音，是靠一对覆翅的相互摩擦形成的。它们的"乐器"长在前翅上：在左覆翅的臀区具一略呈圆形的发音锉，锉周缘围以较强而弯曲的翅脉，中间横贯一条加粗的翅脉作为音锉，音锉上有许多小齿；右覆翅上具边缘硬化的刮器，音锉与刮器相互摩擦，即可发出声音来，由于不同种类音锉的大小、齿数、齿间距都不相同，因而发出的声音也各不同。此外，翅的薄厚和振动速度也影响鸣声的节奏和高低。品种不同，发生的频率也不一样。

雄虫以寻找配偶为目的鸣叫是一种多音节或单音节构成的唧唧声，称做"婚恋曲"，雄虫往往能连续唱很长时间，并常会有几头雄虫同时高歌，雌虫闻讯赶来，一般选中歌声洪亮者作为自己的"恋人"。声音除了用来吸引异性外，还能起到自卫和报警的作用。

25. "嗜泪虫"为什么嗜泪如命？

◇ **名词解释** 营养：有机体从外界摄取和利用食物的总和，它是维持生命的基本物质。

动物界有这么一些奇怪的昆虫：它们嗜泪如命，就是冒着失去生命的危险也要去吸食其他动物的眼泪。这些奇怪的昆虫被统称为"嗜泪虫"。

嗜泪虫主要生活在东南亚一带，它们在偷饮眼泪时，常在动物眼睛下方来回飞行，注意对方是否发怒。如果动物没有什么动静，它们便飞到对方眼睛附近，吸取眼泪。较有经验的嗜泪虫，往往专找那些感觉迟钝、脾气温和的动物"下手"。

在所有的嗜泪虫中，最出色的要数马阿布飞虫了。它的头部是红色的，身体极小，腹部有两根较长的红毛，闪耀着金属般的光泽。因为身体细小，它们往往不易被发现，因而屡屡得手。为了得到充足的眼泪，这种嗜泪虫常在动物眼睛四周乱叮一气，使对方疼痛难熬，泪水夺眶而出。这时，它们就可以畅怀痛饮了。

为什么嗜泪虫能用眼泪维持生命呢？首先，动物的眼泪中含有丰富的水分，特别是在干旱地区的炎热季节，眼泪成了嗜泪虫最理想的水源。也许有人会问：有时嗜泪虫的周围有水池和小河，为什么它们还要冒着生命危险去偷饮眼泪呢？这是因为动物的泪水中含有盐，而盐是昆虫及其他生物生命活动的必需物质。此外，眼泪中还含有蛋白质，这也是嗜泪虫必需的营养物质。总之，对于绝大多数嗜泪虫来说，眼泪成了它们营养成分丰富的精美主食。

26. "舞蹈家"蜜蜂为什么会跳"8字舞"？

◇ **名词解释** 蜜源：指蜜蜂可采集蜂蜜的植物，如油菜花、紫云英、椴树等。

蜜蜂是出色的舞蹈家，它跳出的"8字舞"不仅形态优美，而且还具有深刻的意义。这个意义就在于向同伴传递信息。

在蜜蜂的社会生活中，工蜂担负着筑巢、采粉、酿蜜、育儿的繁重任务。大批工蜂出巢采蜜前先派出"侦察蜂"去寻找蜜源。侦察蜂找到距蜂箱100米以内的蜜源时，即回巢报信，除留有追踪信息外，还在蜂巢上交替性地向左或向右转着小圆圈，以"圆舞"的方式爬行。如果蜜源在距蜂箱百米以外，侦察蜂便改变舞姿，呈"∞"字，所以也叫"8字舞"或"摆尾舞"。如果将全部爬行路线相连，直线爬行的时间越长，表示距离蜜源越远。直线爬行持续1秒钟，表示距离蜜源约500米；持续2秒，则约1000米。侦察蜂在做这种表演时，周围的工蜂会伸出头上的触角争先与舞蹈者的身体碰撞，以便从其身上了解信息。

侦察蜂跳的"8字舞"，不但可以表示距离蜜源的远近，也起着指定方向的作用。蜜源的方向是靠跳"8字舞"时的中轴线在蜂巢中形成的角度来表示的。如遇阴雨天，利用舞蹈定位的方法就有点失灵。蜜蜂还会及时变换指数，依靠天空反射的偏振光束来确定方位，及时回巢。

27. "吸血鬼"蚊子为什么要叮人？

◇ **名词解释** 组织胺：是身体内的一种化学传导物质，它可以影响许多细胞的反应，包括过敏、发炎反应、胃酸分泌等。

在炎热的夏季，我们常常有被蚊子叮咬的经历。被蚊子叮后，皮肤的伤口上就会起一个包，又红又痒，因而人们总是痛恨蚊子的，将其称之为"吸血鬼"。

"吸血鬼"为什么要叮人呢？

其实，大自然中，雄蚊子是不会叮咬人的，它们专门吸食植物

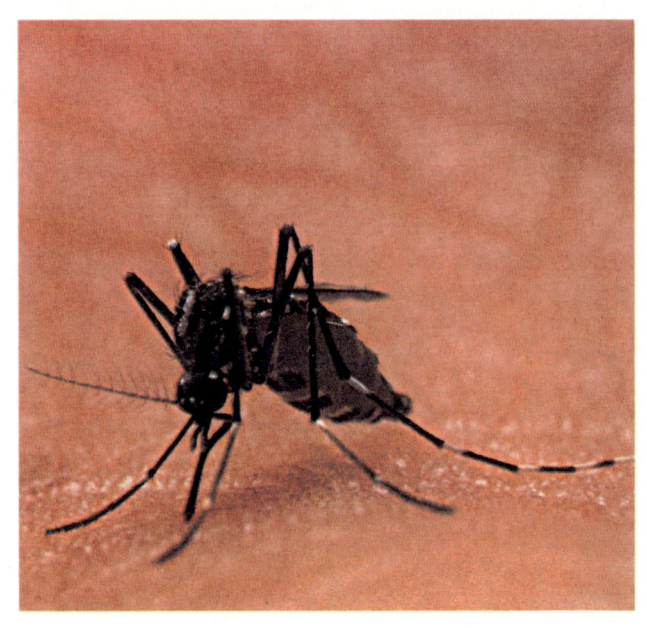
◉ 蚊虫叮咬后会造成皮肤瘙痒和红肿

的花蜜以及果实、茎、叶中的汁液，叮人的蚊子实际上是雌蚊子。这是为什么呢？其实雌蚊子偶尔也会尝尝植物的汁液，但它们一旦与雄蚊子交配以后，就非吸血不可。因为只有吸血后，它们的卵巢才可以发育，才可以正常产卵。雌蚊子吸完血后，就躲在阴暗的角落里消化血液，让卵发育，接着寻找脏水坑产卵，进而繁殖后代。

蚊子叮过的皮肤会起一个很痒的包，是因为蚊子在叮咬的时候会往皮肤里注入碳酸和其他刺激性物质，人体的免疫系统为了对抗这些外来物，会释放一种被称为组织胺的蛋白质。当血液流向叮咬处以加速组织复原时，组织胺会造成叮咬处周围组织的肿胀，产生过敏反应。

蚊子爱叮哪些人？蚊子对湿度、温度、汗液都很敏感，所以体温较高、爱出汗的人是蚊子的首选对象，因为这些人的身上分泌出的气味中含有较多的氨基酸、乳酸和氨类化合物，极易引诱蚊子。而且蚊子喜欢弱光，全暗和强光它们是不喜欢的。深色衣服反光弱，正好符合蚊子的视觉习惯，所以穿深色衣服的人要比穿浅色衣服的人更容易"招惹"蚊子。

28. "肮脏之最"苍蝇为什么不会生病？

◇ **名词解释** 抗生素：也称抗菌素，一种化学物质，它不仅能杀灭细菌而且对霉菌、支原体、衣原体等其他致病微生物也有良好的抑制和杀灭作用。

生病并非人类的"专利"，许多动物都会生病，不仅如此，植物也会生病，有些植物甚至还会长肿瘤。然而令人不可思议的是，经常出没在粪坑、垃圾堆和腐败食物等肮脏不堪的地方的苍蝇却从未生过病。要知道，苍蝇的身上携带着大量的病菌。据观察，家蝇体表的病菌就有600万个，肠内的则多达2800万个。在不清洁的地区，苍蝇身上的细菌更多，甚至可以达到5亿个。在如此"恶劣"的环境生活中，"肮脏之最"的苍蝇到底是怎样做到"百病不染、百毒不侵"的呢？

首先，苍蝇的消化非常快，能在7~11秒的时间内完成进食、消化、吸收和排泄的全过程，而哺乳动物从进食到排便，最快的也要几十分钟，有的要好几小时。这么高的速度和效率，进入苍蝇体内的病菌来不及大量繁殖就已经被排泄出去了。

其次，苍蝇体内会产生一种抗菌活性蛋白，这种蛋白是现今任何一种抗生素都无法比拟的，只要万分之一的浓度就足以将各种病菌和病毒置于死地。有了这个保护神，任何病菌都不能在苍蝇身上存活超过七天。最近，科学家们还在苍蝇体内发现了一种抗癌活性蛋白，对癌细胞有很强的抑制作用。

虽然苍蝇自身不会生病，但却是危险的致病源。它长期生活在肮脏的地方，携带有大量的治病病菌，人一旦不慎误食被苍蝇污染过的食物，就有可能受到苍蝇携带的病菌的侵害。

29. "飞行专家"蜻蜓为什么要点水？

◇ **名词解释** 蜕皮：许多节肢动物和爬行动物，生长期间需要脱去旧表皮，并长出新表皮，这个新旧表皮替换的过程就叫蜕皮。

蜻蜓是"飞行专家"，它既可以加速，也可以停留在半空，甚至它的飞行方向和飞行轨迹都可以随时改变。在江河或池塘，我们时常可以看到成双成对的"飞行专家"在水面上"点水"，像是在戏水，其实那是蜻蜓在产卵。

蜻蜓虽然是生活在陆地上的肉食性昆虫，整日翱翔于空中，但却喜欢生活在靠近水的地方，而且它们的受精卵和幼虫只有在水中才能存活。所以繁殖时节，蜻蜓就要不断贴近水面，一次又一次地将尾部插入水中，通过这种"点水"的方式，将受精卵产在水中。

⊙ 两只蜻蜓停在水面上觅食

受精卵到了水中就附着在水草上，不久便孵化出幼虫，幼虫叫做水虿。蜻蜓的幼虫时期大约有一两年，必须在水中度过。水虿的长相和蜻蜓相差甚远，没有能飞的翅膀，只有三对脚用来爬行。它的下唇很长，能屈能伸，发现猎物时，能伸出去捕捉猎物。休息的时候，下唇可以折曲，将口全部遮盖起来。池塘中的蜉游和蚊类的幼虫是它的主要食料，因此也被人们称为除害虫的能手。水虿在水中经过七到十四次的蜕皮以后，便沿水生植物的枝条爬出水面，在经过一次蜕皮，就能变成展翅飞翔的蜻蜓了。

蜻蜓在"点水"的时候还有一个有趣的现象，雄蜻蜓好像害怕"妻子"失足落水一样，飞翔在雌蜻蜓的前上方，用它的尾尖钩住雌蜻蜓的头部，拖着它在水面产卵，所以，人们也称雄蜻蜓为尽职尽责的"助产士"。

30. "快刀手"螳螂为什么是益虫？

◇ **名词解释** 益虫：广义的概念指一切对人类有益的昆虫，包括资源昆虫，如蜜蜂、家蚕等。狭义的概念主要指天敌昆虫，它与害虫相对而言。

螳螂是一种有益的昆虫，它利用它锋利的"快刀"，能够捕捉到许多害虫。不仅如此，它的幼虫也有捕食小害虫的本领。

螳螂的"快刀"是它的前足，平时安静的时候，螳螂的前足伸向半空，好像是在祈祷一般。而事实上捕食时的螳螂极其凶狠，它那看似"祈祷"的前足非常令猎物害怕，上面密密麻麻地长着像锯齿的小钩，是捕食中最厉害的武器。螳螂的小腿也具有锯齿状的小钩，末端还有尖锐得犹如针一样的硬钩。拥有如此强大的"武器"，螳螂能捕食苍蝇、蛾子、蝴蝶、蚱蜢、蝗虫等害虫。它平时栖息在植物上，体色与环境相似，不易被发现。螳螂一旦发现目标就如箭一般射出胫端挂构，从猛扑到捕获只需要0.5秒钟，而且百发百中，从不扑空，因此被称为"捕虫神刀手"。据统计，一只螳螂在3个月内能吃掉700多只蚊子。

不仅螳螂的成虫具有捕食害虫的本能，就连从卵壳里刚出世的幼虫，也已具备了捕食蚊子等小虫的本领。随着幼虫逐渐长大，慢慢地也能捕捉苍蝇、飞蛾、蝉以及昆虫界的跑跳冠军——蝗虫等。此外，螳螂的卵鞘还可以入药，含有18种氨基酸，7种磷脂成分，有抗尿频和收敛作用。

因此，螳螂是一种益虫。目前有些国家还专门采集它的卵藏着过冬，等到第二年春天的时候放在害虫多的地方。

31.蜣螂为什么被称为"清洁工"？

◇ **名词解释** 胫节：昆虫足的第四节，位于胫节和跗节之间，通常细长且带刺。

蜣螂俗称屎壳螂，它体型肥大，强壮有力，身穿一套黑色盔甲，后腿细长向外弯曲。这种生理特性适于奔走，而且蜣螂还具有一身特殊的本领——滚粪球，所以，蜣螂又被称为"勤劳的清洁工"。

蜣螂的前腿胫节像耙子似的向外扩大，这些是它制作粪球必不可少的生理构造。蜣螂在制作粪球时，先把粪切成小块，推来推去，运用它那像耙子似的两对脚相互合作，把粪块滚成圆球形状。起初，这个粪球只有蚕豆粒那么大，渐渐地再往上添加，随后越滚越大，最后可以滚到核桃那般大小。在这紧张的劳作中，蜣螂多是雌雄一起合作。蜣螂把粪球滚好后，还要将它运到一个适当的场所。这个工作与制作粪球相比，要付出的劳动就更大了。因为在滚动粪球的时候，常在途中遇到草堆、石头等阻碍物，甚至还要爬山越岭，在爬坡时，有时刚要推到坡顶，又连球一齐滚下来。这时，它还会找到滚落的粪球，用尽全身力量，一步一步地将粪球再从原路滚上去。

32.为什么说跳蚤才是真正的"跳跃冠军"?

◇ **名词解释** 鼠疫:感染鼠疫杆菌引起的烈性传染病,鼠疫杆菌通常借跳蚤在人群间传播,会导致大规模死伤。

我们都知道袋鼠是跳跃能手,而实际上,动物界真正的跳跃冠军并不是袋鼠,而是令人厌恶的跳蚤。跳蚤跳跃距离跟它体长的比,远远大于袋鼠跳跃距离跟它体长的比。

跳蚤是一种寄生性昆虫,其体型又扁又小,成虫通常生活在哺乳类身上,少数在鸟类。跳蚤特别善于跳跃,其在起跳时,犹如离膛的子弹,"唆"地一下就无影无踪了。即使用现代电影摄影机,也只能拍出它跳跃时模糊的身影。

昆虫学家发现,跳蚤那3对带毛的长腿,有着特殊的弹跳能力。有人曾做过一番观察和研究,跳蚤的身长只有0.5~3毫米,体重仅200毫克左右,可是往上跳的高度却可达35厘米,也就是说,它能跳的高度是它身长的100多倍。跳蚤可以跳过它们身长350倍的距离,相当于一个人跳过一个足球场。更令人吃惊的是,跳蚤每4秒钟跳1次,可以连续不断地跳78小时。

跳蚤的外壳,对生命具有非常强的保护能力,可以承受比体重大90倍的重量!有专家推算,人的身体,如果有了如同跳蚤身体一样的外壳,而不是如今的皮肉,那么,人可以从1000米的高空摔跌下硬地而安然无恙,也可以承受1000公斤的重物。

跳蚤是传播鼠疫等传染病的媒介,所以必须控制它的数量,必要时要消灭跳蚤。

33. "伪装高手"变色龙为什么会变色？

◇ **名词解释** 色素：指使有机体具有各种不同颜色的物质。

变色龙是"伪装高手"，它的身体颜色可以随着外界环境的变化而变化，常常在人们不经意间就已经融入到周围的环境之中了，这就是它名字的由来。

变色龙的学名叫做避役，是蜥蜴家族的成员之一。

变色龙为什么会有变色这种神奇的能力呢？原来，变色龙的表皮含有丰富的色素细胞，每个色素细胞中都含有四种色素：红、黄、赭、绿。这四种色素的扩张和收缩就是变色龙变色的奥秘所在。例如当它来到绿色的草地上时，眼睛受到绿色的刺激，将刺激传到中枢系统，中枢系统整合刺激后又将刺激传给表皮色素细胞，从而使得绿色色素扩张，布满整个细胞，而其他色素则收缩成微细的点，变色龙因而呈现绿色。

变色龙改变体色，是它对环境的适应，一方面可以隐藏自己，躲避天敌；另一方面也可以伪装自己，有利于捕捉猎物。改变体色也是变色龙进行信息交流的一种手段，如对于侵犯其领地的同类，雄性变色龙通常将体色变为亮色来示威，以显示自己对领地的统治权；当遇到自己不中意的求偶者

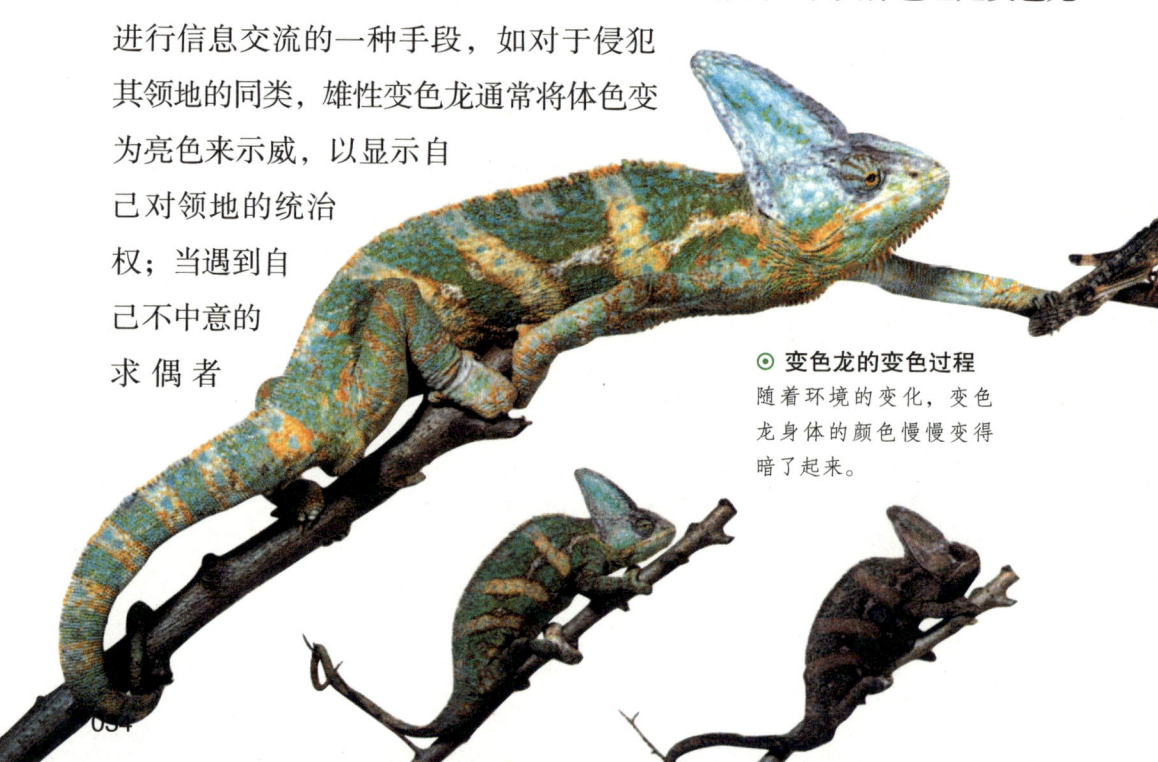

◉ **变色龙的变色过程**
随着环境的变化，变色龙身体的颜色慢慢变得暗了起来。

时，雌性变色龙会将体色变得很暗淡，且显现出闪动的红色斑点来表示拒绝；当变色龙意欲挑起争端、发动攻击时，体色也会变得很暗。

34. "攀爬高手"壁虎为什么要遇敌断尾？

◇ **名词解释** 糖原：一种广泛分布于哺乳类及其他动物肝、肌肉等组织的大分子高聚物，主要用于能源贮藏。

壁虎是"攀爬高手"，常常栖息在山岩或荒野的岩石缝隙、石洞或树洞内，有时也在人们住宅的屋檐、墙壁附近活动。

壁虎的尾巴易断，但能再生。壁虎的断尾，是一种"自卫"。当它受到外力牵引或者遇到敌害时，尾部肌肉就强烈地收缩，能使尾部断落。掉下来的一段，由于里面还有神经，一些时候尚能跳动。这种现象，在动物学上叫做"自切"。

壁虎的尾巴为什么避敌时易断，而且还能再生呢？

这是由于壁虎尾椎骨中有一个光滑的关节面，把前后半个尾椎骨连接起来，这个地方的肌肉、皮肤、鳞片都比较薄而松懈，所以在尾巴受到攻击时就可以剧烈地摆动身体，通过尾部肌肉强有力的收缩，造成尾椎骨在关节面处发生断裂，以此来逃避敌害。

由于尾巴是以糖原的形式而不是单纯以脂肪的形式贮存能量，而糖原化脂肪更容易释放能量，所以刚断下来的尾巴的神经和肌肉尚未死去，会在地上颤动，可以起到转移天敌视线的作用。断尾以后，自残面的伤口很快就会愈合，形成一个尾芽基，经过一段细胞分裂增长时期，然后转入形成鳞片的分化阶段，最后长出一条崭新的再生尾，但与原来的尾巴相比，显得短而粗。

35.为什么说响尾蛇的响尾是"死亡警报"？

◇ **名词解释** 角质：就是类似角的质地，一般质地坚实，半透明状。角质是表皮细胞不断再生的最后产物，它起到保护内部组织的作用。

在美洲的草原和沙漠里，有时会听到流水一般的声音，但你千万别以为就是流水，那可能是响尾蛇发出的"死亡警报"。

响尾蛇是一种剧毒蛇类，主要分布于南、北美洲。响尾蛇的尾部在摇动时，会发出类似于流水的响声，这和它尾部的响环结构有关。响尾蛇的响环由多个角质环组成，像一串干燥的串珠。这些角质环的中间是空的，并被一层角质膜相隔成两个环状的空泡，类似于哨子的构造，这两个空泡实际上就是两个空气振动器。当响尾蛇摇动尾部时，空泡内就形成了一股气流，随着气流一进一出地往返振动，空泡就会发出一阵一阵的声音。响尾蛇响环发出的响声，一般３０米以外就能听到。

刚孵出的幼响尾蛇的响环只有一个角质环，但它在成长过程中会蜕很多次皮，每蜕一次皮都会在尾巴上留一部分，形成一个环。久而久之，响环的长度会越来越长，发出的声音也会越来越大。通过声音的大小和响环的长度，我们也可以判断响尾蛇的年纪。

响尾蛇的响环对它的生存有重要作用。它的响环发出的声音类似于流水声，不明就里的小动物们会以为是小溪而前来饮水，结果却成为响尾蛇的腹中餐了。当遇到庞然大物而感到害怕时，它也会摇晃尾巴，发出警告。

36."禽中巨人"秃鹫为什么爱吃尸体？

◇ **名词解释** 病菌：能使人或其他生物生病的微小生物，其形体大小只有微米级，可通过多种途径进入生物体，并在生物体内繁殖，制造病情。病菌可分为细菌和病毒两种。

秃鹫是猛禽中的"巨人"，它体型高大，张开两只翅膀后整个身体大约有2米多长，0.6米宽。这种鸟力大无穷，使劲扇动翅膀起飞时，能在地面上刮起一股不小的旋风。

秃鹫常常站在悬崖峭壁或山峰突出的岩石上眺望，并不断发出"咕喔"的叫声。它喜欢吃牛、马、羊等大牲畜和人的尸体，这个"嗜好"是在几百万年的进化中形成的，属于天性。

由于食尸的需要，秃鹫那带钩的嘴变得十分厉害，可以轻而易举地啄破和撕开坚韧的牛皮，拖出沉重的内脏；裸露的头能非常方便地伸进尸体的腹腔；秃鹫脖子的基部长了一圈比较长的羽毛，它像人的餐巾一样，可以防止食尸时弄脏身上的羽毛。在这些动物尸体中，有自然衰亡的、也有得病而死的，但秃鹫不管青红皂白，全都吞食。为什么它们不会被病菌感染呢？这是因为秃鹫的体内能产生一些抗生素，使病菌无法发挥作用。于是，这种猛禽便成了大自然的"清洁工"。

37. "沙漠飞车"鸵鸟为什么能跑那么快？

◇ **名词解释**　退化：生物体在进化过程中某一部分器官变小、构造简化、机能减退甚至完全消失的现象。如鲸、海豚等的四肢成鳍状、虱子的翅膀完全消失等。

生活在沙漠中的鸵鸟是陆地上体型最大的鸟类，但是它拖着130余千克的身躯，却有高达70千米/小时的速度，被称为"沙漠飞车"。

鸵鸟的奔跑速度大大超过了常人的速度。鸵鸟是怎样做到这一点的呢？而我们人类为什么又不能跑得像鸵鸟一样快呢？

从鸵鸟的体型上来看，它的翅膀极度退化，小得看起来和它身体的其他部位极不协调，但是在高速奔跑中，这对名不副实的翅膀却足以起到平衡的作用。鸵鸟两腿修长而有力，大脚踢出去足以使孱弱的人类腿断胳膊折。它脚上有两个脚趾，脚趾下面的肉垫厚实而有弹性，是一

◎ 动物趣述：

鸵鸟有一个古怪的行为，那就是遇到危险来不及逃跑时，它会把头颈平贴地面，或者埋进沙堆里。人们讥笑鸵鸟的这种滑稽行为，并用"鸵鸟政策"来形容那种逃避、不敢正视问题的政策。其实，人们误解鸵鸟了。鸵鸟这样做完全是出于自我保护：把头埋进沙堆，一来可听到远处声音，有利于及早避害；二来可放松颈部的肌肉，消除疲劳，同时借身体保护色伪装。

个很不错的"跑鞋"。尾部几乎完全退化掉了，这也使鸵鸟显得更加精干。

另外，从生存环境来说，鸵鸟长期生活在辽阔的沙漠，无情的大自然中随时有天敌出没，鸵鸟为了生存，不仅要对周围动静充满了警惕，还需要有出色奔跑的能力以摆脱天敌的追捕。日复一日、年复一年，经过一代一代的进化，鸵鸟的奔跑能力终于达到了动物界数一数二的水平。

而我们人类，本身的奔跑条件远远不能同大多数野生动物相比，更何况是其中的佼佼者鸵鸟呢？另外，作为万物之灵，人类并不需要像鸵鸟一样的速度来躲避天敌，因为目前世界上没有任何生物能够威胁到人类的生存。因此，我们不可能像鸵鸟那样健步如飞。

38. "信使"鸽子为什么不会迷路？

◇ **名词解释** 半导体：指常温下导电性能介于导体与绝缘体之间的材料。半导体在收音机、电视机以及测温上有着广泛的应用。

一只鸽子，即使你把它带到千里之外的陌生地方，它也能回到自己熟悉和生活的地方。于是，人们利用鸽子这种天生的归巢本能，来传递紧要信息。因此，鸽子又被称为"信使"。

那么，信鸽为什么具有天生的归巢性呢？

科学家们曾做过试验：在鸽子头顶和脖子上绕几匝线圈，以小电池供电，鸽子头部就会产生一个均匀的附加磁场。当电流顺时针方向流动时，在阴天放飞的鸽子就会向四面八方乱飞。于是科学家得出结论：鸽子是靠地磁导航的。

那么，鸽子又是如何靠地磁导航呢？

有人把鸽子看做是半导体，它在地球磁场中振翅飞行时，翅膀切割磁力线，因而在两翅之间产生感应电压。鸽子按不同方向飞行，因为切割磁力线方向不同，所以产生电压的大小就可以辨别方向。但是试验表明：晴天放飞鸽子时，附加磁场并不影响它的飞行，这说明地磁并不是它唯一的罗盘。这是因为鸽子能检测偏振光，在晴天它能根据太阳的位置选择飞行方向，并由体内生物钟对太阳的移动进行相应的校正。所以说，即使阻隔千山万水，鸽子也能顺利归巢。

39. "远足者"大雁飞行时为什么要排队？

◇ **名词解释** 候鸟：夏末秋初的时候，有些鸟类由纬度较高的繁殖地南迁到纬度较低的过冬地，春天的时候又再返回来。这种随季节变化而南北迁移的鸟类称之为候鸟。

大雁是冬候鸟，一到秋冬季节，它们就从西伯利亚一带开始成群结队地"远足"，大概经历1～2个月后，到达相对温暖的南方。

大雁在长途迁徙的过程中，通常会保持一种非常严密的队形，比如说排成"人"字形或者"一"字形。这是为什么呢？

原来，这是大雁为保证能安全顺利到达南方目的地而采取的有效措施。一般来说，"雁阵"由有经验的"头雁"带领，加速飞行时，队伍排成"人"字形，一旦减速，队伍又由"人"字形换成"一"字长蛇形。当飞在前面的"头雁"的翅膀在空中划过时，翅膀尖上就会产生一股微弱的上升气流，排在它后面的大雁就可以依次利用这股气流，从而节省了体力。前面的雁鼓动翅膀，后面的雁利用上升气流的滑翔，一只

◉ 雪雁飞行排成"人"字形

跟着一只,这样就形成了整齐的"人"字形或者"一"字形。此外,排成"人"字或"一"字形队伍,也是大雁集群本能的体现,这样有利于防御敌害。

由于"头雁"没有微弱的上升气流可资利用,很容易疲劳,所以在长途迁徙的过程中,雁群需要经常地变换队形,也需经常更换"头雁"。

大雁的行动是非常有规律的,它们的迁徙大多是在黄昏或夜晚进行,旅行的途中还要经常选择湖泊等较大的水域进行休息,寻觅鱼、虾和水草等食物。大雁每小时能飞69~90千米,每一次迁徙都需要经过大约1~2个月的时间。不管途中经历多少辛苦,大雁信守春天北去,秋天南往,从不失信。

40.为什么说缝叶莺是"裁缝专家"?

◇ **名词解释** 植物纤维:广泛分布在种子植物中的一种厚壁组织,在植物体中主要起机械支持作用。

在无限神奇的自然界中,许多动物可谓是"能工巧匠",其高超的技艺令人类叹为观止。缝叶莺就是这样的一类"能工巧匠",它筑造巢穴的技术为其赢得"裁缝专家"的美誉。

缝叶莺虽然体型不大,但却活泼可爱,主要栖息在中国南部、印度以及亚洲东部,它喜欢在公园、果园或灌木丛中建造自己的"家园"。筑巢工作开始以前,缝叶莺在林中飞来飞去,在隐蔽安全的地方选择一片或两片向下垂吊的大型树叶,之后,这位技艺高超的"裁缝"便开始一展身手了。

缝叶莺筑巢的技术简直令人难以置信,因为它的巢是用"针"和"线"一针一针缝成的。它先用嘴叼住树叶的一端,在脚的配合下把树叶合拢,卷成一个长长的"袋子"。接着便用长而尖的嘴当做"针",在叶片的边缘扎出一个一个的小孔,再用它早已准备好的植物纤维、蜘蛛丝、野蚕丝等做"线",开始"穿针引线"。把树叶缝合在一起,它一边缝一边细心地打好结,以防止脱线。缝叶莺工作起来非常细心,不急不躁,一针一针缝得细细密密。

缝叶莺在缝好的叶口袋上会留下一段而不缝死,作为自己的出入口,然后再去搜寻一些细草、兽毛、棉絮等填在缝好的口袋里。这样,一个小巧、暖和、舒适而又隐蔽的窝就造好了。更令人惊叹的是,这个新居还有一定的倾斜角度,它能防止雨水落入巢中,以便使这位高明的"裁缝专家"在里面安全地产卵、育雏、繁育后代。

41. "口技大师"鹦鹉为什么能学人说话？

◇ **名词解释** 鸣管：鸟类的发音器官，位于气管与支气管交界处，由若干个扩大的软骨环及其间的薄膜（称鸣膜）组成。鸟类通过气管内冲出的空气，使鸣膜鼓动而发声。

人们常说，"人有人言，鸟有鸟语"，但"口技大师"鹦鹉不仅有"鸟语"，还会学人说"人话"。难道它们真得懂得"人话"？

答案是否定的。鹦鹉的大脑没有人类的脑发达，不能像人一样由大脑支配说出一些有意义的话，所以鹦鹉在说"人话"的时候，是不知道这些声音所表达的含义的。它们之所以能够说出"人话"，是因为它们具有与其他鸟类不同的发声器官。它们的口腔较大，舌短圆而且多肉，特别是在两条支气管交叉处的鸣管管壁非常薄，当空气通过时，很容易发出声音。鸣管的外面还有发达的肌肉，肌肉的收缩和放松可以改变鸣管的形状，增加了能够发出声音的种类。

光有发声器官是不够的，还必须要有人的有意识的训练。这样，天长日久，鹦鹉通过无意识地模仿就学会说"人话"了。但无论"说"的是什么，对于鹦鹉来说，都只是一串无意义的音节组合而已，而且它们也只能

◉ 相思鹦鹉

"说"几句非常简单的"人话",复杂的它们是"说"不出来的。由于没有人的训练,野生鹦鹉是很少"说话"的。

动物界中,几乎只有鸟类,尤其是鸣禽,能够模仿同类之间的声音和其他动物的叫声。而具有学人说话的本领,则仅限于少数能鸣叫的鸟类,如鹦鹉、八哥等。

42."森林医生"啄木鸟啄树时为什么不得脑震荡?

◇ **名词解释** 脑震荡:指头部遭受外力打击后,即刻发生短暂的脑功能障碍。对人来说,其临床表现主要为头痛、头晕、恶心、耳鸣等。

啄木鸟的舌头又细又软,能伸出口外十多厘米,而且舌尖还有短钩,能将隐藏在树木深处的害虫一一消灭,因而有"森林医生"的美称。

利用特制的电影摄影机,美国科学家菲力普·梅依惊奇地发现,啄木鸟在啄木找虫吃的时候,每啄一次的速度达到惊人的每秒555米,是空气中音速的1.4倍;而其头部摇动的速度也很快,约为每秒580米,甚至高于子弹出膛的速度。照这样计算,啄木鸟啄木时,其头部受到的冲击力是其重力的1000倍。如此快的速度,难怪树干

⊙啄木鸟拥有14厘米长的舌头,它用喙在树干上凿出一个洞后,便将舌头伸进去,将害虫钩出来。

很容易被凿穿。而遭受如此大的冲击力，啄木鸟为什么不会得脑震荡呢？

通过对啄木鸟的头部进行解剖，科学家发现它的头部有一套防震装置，这个装置能够很好地保护啄木鸟。啄木鸟尽管有非常坚硬的头颅，但骨质却很疏松且充满气体，像海绵一样。而其颅壳内有一狭窄的空隙在外脑膜与脑髓间，这一空隙使震波的传导变弱了。它的脑组织从头部的横切面上可以看出是很细密的，头部的两侧还有起防震作用的肌肉系统。另外，啄木鸟在啄树的时候，头部和喙都保持直线运动。所有这些因素加在一起，也就致使啄木鸟在啄树时不会得脑震荡了。

科学家从啄木鸟中获得启示，制成了防震头盔。

43．"田园卫士"猫头鹰的头为什么能转很大的角度？

◇ **名词解释** 盲区：视野范围以外的地方，也即眼睛看不到的地方。

夜幕降临，一只狡猾的田鼠从洞里窜出来，准备偷盗庄稼地里的粮食。这时，一只大鸟突然从天上冲下，一下就把田鼠抓住。这只田鼠最终葬身于大鸟腹中。

这大鸟是谁呢？它就是被称为"田园卫士"的猫头鹰。

猫头鹰是一类很奇特的鸟，它圆圆的脸庞上有两只炯炯有神的大眼睛，头顶长着两只小耳朵，身上长着一身有黑褐色斑纹的羽毛，很像老鼠的天敌——猫。由于它不但长相像猫，习性也像猫，最爱捕食老鼠，所以人们就给它起名叫猫头鹰。

有人说猫头鹰的头能转一圈，其实它们的头并不能自始至终地转一圈，因为那可能会伤害到它们的神经系统。但是猫头鹰能把它们的头转到一个远大于其他动物能达到的角度。

鸟类的视野范围能从一个很小的角度转变到一个完整的360°。

这对于它们来说，无论是作为捕食者还是被捕食者都是一个很好的技能。被捕食类动物趋向于在头两边各长一只眼睛来提供给它们360°的视野，帮助它们扫描到更多事物，从而发现即将到来的危险。猎食类动物的眼睛趋向于长在更靠近头正面的地方，来给它们一个很宽的双眼视野，使它们拥有一个很强的判断力，判断大小和距离并看清其中的细节。这也使眼睛能在光线弱时看得更清楚。

猫头鹰对前方有60°的视野，但对后面有一个大约130°的盲区。其他大多数鸟的视野都属于这两个极端。因此，猫头鹰会将它们的头以更大的角度旋转来抵消这个大盲区。

44. "瞎子"蝙蝠为什么在黑暗中飞行却不撞墙？

◇ **名词解释** 回声定位：某些动物能通过口腔或鼻腔把从喉部产生的超声波发射出去，利用折回的声音来定向，这种空间定向的方法就是回声定位。

蝙蝠虽然长有眼睛，但却是个"瞎子"。它不用眼睛看路，而是用耳朵"听路"。凭借这种特殊的本领，蝙蝠即便在伸手不见五指的夜里飞行也不会撞墙，而且还能捕捉到许多的猎物。

蝙蝠通常会在日落之后外出觅食。白天里，它们大都待在自己的巢穴里，要么倒挂在岩洞里，要么树上，甚至是阁楼的屋顶。夜幕降临时，蝙蝠就开始拍

◎ **动物趣述：**

在蝙蝠中有一种非常嗜血的"魔鬼"——吸血蝙蝠，它们身体不大，但却有两片锋利的牙齿。这两片锋利的牙齿可以极准确地割开熟睡动物的皮肤，而不会被那些动物察觉。由于吸血蝙蝠的唾液中含有抗凝血的化学成分，因此它们可以痛快畅饮被攻击动物的血液。吸血蝙蝠从不深咬，或与受害者争斗，它们一次可吸食和身体等重的血液。

着翅膀出门寻找食物了。有的蝙蝠专吃水果。热带的吸血蝙蝠靠吸食鸟类、牲畜和其他动物的血液为生。但是大多数蝙蝠以各种小虫子为食。蝙蝠喜欢在夜间捕食是因为黑暗能让它们避开天敌，并且能使它们宽大无毛的翅膀避免被阳光灼伤。

蝙蝠利用声音在黑暗中为自己导航，这与潜艇上发出声波用来测量水深的声呐相似。蝙蝠用嘴或鼻子发送声音脉冲，这些脉冲遇到物体反射回来，传进蝙蝠的耳朵里，蝙蝠就知道障碍物体的轮廓了。这个过程叫做回声定位法，蝙蝠就是用这种方法来确定位置并捕获猎物的。蝙蝠的大耳朵形状古怪，但它却是接收回声、辨别方向的得力工具。

即使是在凌晨三点钟误闯进你家的客厅，蝙蝠也不会在黑暗中到处乱撞。声波遇到沙发、椅子和电视都会发生反射。而对于开着的窗户，声波就会传播到户外去，没有反射。这样，蝙蝠就知道如何离开了。

蝙蝠发出的声波遇到小物体也会发生反射。一旦有晚餐（比如一只苍蝇）在屋子里转悠，蝙蝠一定会发现它。

45."对虾"为什么并不成双成对？

◇ **名词解释** 洄游：一些水生动物为了繁殖、索饵或越冬的需要，定期、定向地从一个水域迁移到另一个水域的运动。

每年春夏之季，原先散居黄海海域的对虾，从四面八方游向渤海海域，产卵繁殖，虾崽在严冬来临之前，又纷纷集中沿原路洄游，进入黄海，回到南部水温较高的海域。由于它们的称呼中有个"对"字，许多人以为它们总是雌雄相伴，形影不离，犹如鸳鸯一样成双成对，恩恩爱爱。这其实是一个误解。渔民捕获的对虾，往往是雌多雄少，并且悬殊极大，根本谈不上一对一对的。那么，对虾这一名称从何而来的呢？

对虾又叫"东方对虾"或"中国对虾"。据说过去的渔民统计捕捞成果时，往往不论雌雄，每两只算一对，以"对"计数，而不是用

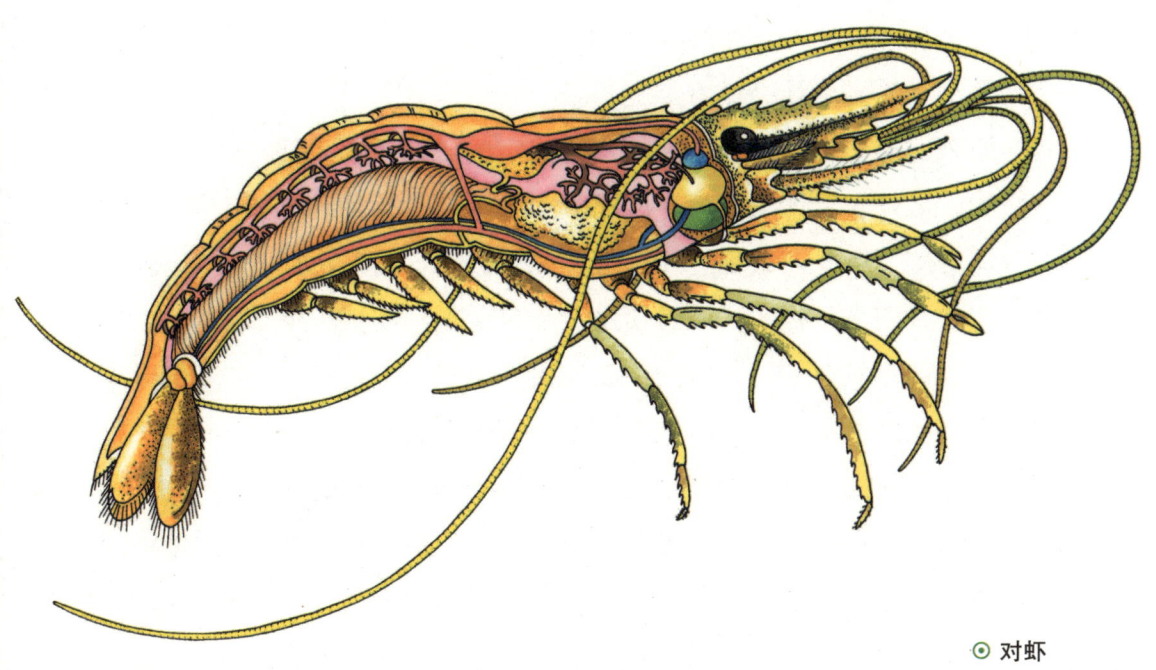

⊙ 对虾

"千克"来计算。在市场出售时,也常常把两只虾放在一起,仿佛雌雄成对,并且按"对"论价,既美观又醒目。时间久了,"对虾"这个名称便流传下来了。

成年的雌虾体型肥大,从额剑顶端到尾巴末端,长18～23厘米,有些"长个子"可达26厘米。它除体表长满甲壳外,身上其他的地方都是味道鲜美的肉。雌虾一般体重60～80克,大一点竟有150克,相对来说,雄虾比较小,但体长也在15～20厘米之间,体重30～40克。正因为对虾如此肥硕丰满,所以在北京等地对虾又有"大虾"之称。

46. "横行将军"螃蟹为什么横着走?

◇ **名词解释** 螯:螃蟹等节足动物的第一对脚。足端两歧,开合如钳子,可取食并作防卫之用。

螃蟹的模样很怪:背上有个近似圆形的甲壳,就像坚硬的盔甲;十只铁爪似的长脚中,有一对钳子似的大螯,使人望而生畏。因为它全副武装,横冲直撞,威风凛凛,所以人们便称它"横行将军"。

那么，螃蟹为什么横着走呢？

原来，这是由它奇特的身体构造决定的。螃蟹的头部和胸部是连在一块的，从外表上无法区分，因而就叫头胸部。这种动物的十只脚就长在身体两侧。第一对螯足，既是掘洞的工具，又是防御和进攻的武器。其余四对是用来步行的，叫做步足。步足由七节组成，但节与节之间没有关节相连，只有一层薄薄的韧皮连接，只能上下运动。

大多数蟹头胸部的宽度大于长度，因而爬行时只能一侧步足弯曲，用指尖抓住地面，另一侧步足向外伸展，当指尖够到远处地面时便开始收缩，而原先弯曲的一侧步足马上伸直了，把身体推向相反的一侧。由于这几对步足的长度是不同的，螃蟹实际上是向侧前方运动的。

据研究，螃蟹并非一贯横行，它们的祖先与其他动物一样，也是朝前退后、规规矩矩走路的。那时候，它们的头部有触觉，可以像指南针一样，用来确定方向，以便前后运动。可是后来地磁场发生变化，触角失去了定向作用。为了求得生存，它们便改变行走方式，从前后运动变成了横向运动。

所以，"横行将军"螃蟹其实并不狂妄自大、横行霸道，之所以横着走，是它们的足肢构造使然，也是地球磁场变化使然。

47."自救专家"海参为什么要抛出内脏？

◇ **名词解释** 结缔组织：动物组织间的组织，由大量细胞外基质和埋藏的细胞组成，具有连接、支持、营养、保护等多种功能。

一只海参餐后在海底的石缝中休息，这时，一只海蟹正偷偷地向它爬去。海参发现了海蟹，开始逃跑，但海蟹穷追不舍。在危急情况下，海参使出了自己的"绝活"。它迅速把内脏抛出去，贪吃的海蟹以为抓到了海参，狼吞虎咽地吃起来，殊不知在它享受"大餐"的时候，真正的海参已经从容地逃走了。

可能我们会有疑惑：内脏都没有了，海参还怎么活呀？不要担心，既然能不要内脏来逃命，海参就不会因为没有内脏而死。

海参是一种再生能力很强的动物，它的体内有一种结缔组织，这种组织由无数形态、构造相同的细胞集合在一起，能够再生、修补受伤或坏死了的细胞。所以，即使海参将内脏丢掉，不出两个月，这些结缔组织还会再生出新的内脏来。

"自救专家"海参在海中的活动并不灵活，时常会受到威胁，除了抛出内脏的方法来自救以外，它还会将身体"切"成几段，来迷惑敌人。这几段只要没有被敌人吃掉，不用多久，各自还会再生出一个完整的海参。由于海参具有这样的自救方法，所以渔民在捕捞到海参以后，都要立即加入盐、矾进行加工，否则它们的身体自动"切割"，很快就会成为水状物。

48．"珍珠温床"蛤、蚌为什么能产珍珠？

◇ **名词解释** 珍珠质：产在珍珠贝类和珠母贝类软体动物体内，由大量微小的文石晶体集合而成的物质，主要成分是碳酸钙。

蛤、蚌有一层特殊的外套膜，它不仅能形成蛤、蚌坚硬的外壳，还能将进入其中的外来物层层包裹，形成美丽的珍珠，所以，它们是制造珍珠的"温床"。

为什么蛤、蚌能产珍珠呢？这要从蛤、蚌的身体、生理构造说起。

蛤、蚌的内脏外包有一层柔软的膜，这层膜叫做外套膜。外套膜具有分泌功能，蛤、蚌的外壳就是由外套膜的分泌物形成的。外壳有三层组成，从里向外依次为外骨膜、碳化钙层、珍珠层，其中珍珠层由外套膜分泌的珍珠质形成，能焕发艳丽夺目的光彩。

蛤、蚌在觅食时，会稍微张开两壳，吸进海中微小的浮游生物，但偶然也会吸入异物，如沙粒、贝壳的碎屑等，为了降低不适感，也为

⊙ 美丽的珍珠就是从这些贝壳中孕育出来的。

了不让这些异物伤害自己，受到刺激的外套膜就分泌出珍珠质，像屋檐的瓦片一样，将外来物一层又一层紧紧包裹住，久而久之，就形成了珍珠。当寄生虫钻进蛤和蚌坚硬的贝壳里，一时间没法排出去时，外套膜受了痛痒的刺激，也会分泌出珍珠质来逐渐包围它。时间长了，沙粒外面被包上很厚的珍珠质，也就会变成一粒粒圆圆的珍珠了。

珍珠特有的光泽就是珍珠质对光的反射和衍射造成的，珍珠质层越薄越多，光泽就越漂亮。一般的珍珠是白色的，也有些珍珠是黄色、绿色、蓝色、棕色或黑色的。

49.为什么说河狸是"土木工程师"？

◇ **名词解释** 啮齿动物：指咬东西的动物，除了少数种类外，一般体型均较小，数量多，繁殖快，适应力强，能生活在多种多样的生境中。

河狸是一种生活在河流湖泊附近的啮齿动物，喜欢夜间活动，白天很少出洞，善游泳和潜水，不冬眠。河狸异常勤奋，它们总是孜孜不倦地劳动，比如不停地用树枝、石块和软泥垒成堤坝等。因此在英国和美国，人们都喜欢用"河狸"一词来称赞那些对工作不辞辛苦的人们。

河狸的建筑本领堪称一绝，享有"土木工程师"的美誉。为了防御狼、山猫、狐狸等天敌，河狸都把房建在水中。它们造房可不是件容易的事，既要有一定的水位，还不能让水把房冲走，因此它们必须先筑堤将水流截住，然后再在堤内造房。它们先选择好方向，用它锐利的门牙将树干啃断，让树倒向河里。当聚集了许多树干后，再利用水流把树干运到围堤的地方，再一根根垂直地插进土里当做木桩，然后用树干、石子、淤泥堆成堤坝。堤坝把河水截住使坝内变成浅滩，然后在近岸的地方造房。它们造的房很精巧，圆圆的房顶，从远处望去像是一个炭窑，坚厚的墙壁外面涂着黏土，里面是干燥宽敞的卧室，有两个大门，一旦有水獭等动物闯入可以从后门逃跑。

50. "发电机"电鳐为什么会放电？

◇ **名词解释** 神经末梢：神经纤维的末端部分，分布在各种器官和组织内。按其功能不同，分为感觉神经末梢和运动神经末梢两种。

有一支海洋生物考察队，乘船来到太平洋的热带水域，潜水到海洋底部进行考察。突然，他们发现一条足有20厘米长，且行动迟钝的鱼，它的身体扁平，头、胸部连在一起，尾部呈粗棒状，很像一把厚的团扇，一对小眼睛长在背面前方的中央，身体的腹面有一横裂状的小口，口的两侧有五个鳃孔。

然而奇怪的是，考察人员在触摸鱼身时，却被电击了一下。难道鱼儿真会放电？事实正是这样，这种鱼叫电鳐，它的身体内部有特殊的发电构造：头胸部腹面两侧各有一个肾脏形的蜂窝状"发电器"。这两个发电器，

> ◎ **动物趣述：**
>
> 电鳗是另一种会放电的鱼，它们体型要比电鳐大。电鳗放出的电能使小虾、小鱼和蛙等触电而死，然后自己饱餐一顿。当电鳗遭到袭击的时候，也会立即放出电来，一举击退敌害的进攻。电鳗不仅用放电来猎取食物和对付敌害，还将它用于水中通信和导航。有人发现，当雄电鳗接近雌电鳗时，水中的电流强度会发生变化。这是它们之间在打招呼。

是一块块肌肉纤维组成的"电板"重叠而成的六角形的柱状管，大约每个"发电器"中有600个柱状管。在这些"电板"之间，充满着胶状物质，可以起绝缘作用。每一块"电板"的两面都与神经末梢联系着，其中一面为负电极，另一面则为正电极。

当大脑神经受到刺激或兴奋时，这两个"发电器"就把神经能变为电能，放出电来。电鳐每次放的电，一般为80～90伏特。每次放电后，特别是连续发电后，电鳐都需休息一段时间后才能恢复过来。电鳐放电的情况一般有两种，一是为击毙水中的小鱼、虾，把它们作为食料；再就是遇到敌害，用电来保护自己。

像电鳐这样能够放电的鱼类很多，光热带海边，就有上百种。

51. "美人鱼"为什么其实并不美？

◇ **名词解释** 哺乳动物：一种恒温、脊椎动物，身体有毛发，大部分都是胎生，并借由乳腺哺育后代。哺乳动物是动物发展史上最高级的阶段，也是与人类关系最密切的一个类群。

在我们的认识中，美人鱼是属于童话世界的。她们以腰部为界，上半身是美丽的女人，下半身是披着鳞片的漂亮的鱼尾，整个躯体既富有诱惑力，又便于迅速逃遁。美人鱼的故事最初源自德国传说中的美丽人鱼洛雷莱，她经常在天色昏暗不明的时候出现在莱茵河畔，用她冷艳凄美的外表以及哀怨动人的歌声，迷惑过往的船夫，使其分心而失去方向感，最后沉入河底。作家们以美人鱼为题材，也创作了大量作品，其中以安徒生《海的女儿》中的美人鱼形象最为脍炙人口。那么，真有美人鱼吗？

其实，世界上真有美人鱼，它是一种生活在海洋和河道的海兽，名叫海牛。海牛和鲸鱼一样，也是水中的哺乳动物。这种动物目前仅存4种，我国南海沿岸常见的一种叫儒艮。海牛遍体长有稀疏粗硬呈黄褐色的短毛，面部长得十分奇特，上唇外翻厉害，看起来不仅不美，而且很丑，但它和人却有诸多相似之处。它的胸部两侧长有两个拳头大小的乳房，与人的乳房位置相似。母海牛在哺乳时，会用鳍肢将小海牛抱在胸前，并将上半身浮出海面，平躺着喂奶，在湿气、雾气很重的海上，远远看去就像是传说中的美人鱼。于是经文学家的渲染和动物学家的肯定，海牛就有了"美人鱼"的美称了。

海牛还是"水中的除草机"，它吃水草，而且食量非常大，因此经常被用来清除港湾、河道中的杂草。

52. "隐身高手"叶形鱼为什么能躲避敌害？

◇ **名词解释** 鳍：指鱼类和某些水生动物的类似翅或桨的附肢，起着推进、平衡及导向的作用。按其所在部位，可分为背鳍、臀鳍、尾鳍、胸鳍和腹鳍。

为了防御敌人，许多鱼类都有自己特殊的自卫武器和保护身体的色彩。叶形鱼即是如此，它是依靠形体伪装躲避敌害的"隐身高手"。

叶形鱼生活在南美洲的水域，它们的体型扁扁的，就像是一片椭圆形的树叶；它们的头部前面长着一个尖形的吻突，好像树叶的叶柄；叶形鱼身上的横侧线，犹如从叶柄那儿延伸出来的叶脉。这种鱼的行动也很奇特，在水中时它们好像是顺水漂浮，没有任何游水的动作，仔细观察，才能发现它们在频繁地摆动着鳍划水。之所以如此，是因为它们的鳍很小，而且透明无色，所以在水中摆动的幅度很小，几乎与落到水里的树叶毫无区别。

叶形鱼的体色会随环境光线的变化而变化，有时呈绿色，有时呈枯黄色。叶形鱼为了能避开敌害的袭击，无忧无虑地生活在水中，常常伪装成一片落叶漂浮于水中，而且这种伪装还可以使其获得小鱼、昆虫等猎物。

叶形鱼的自救也非常令人惊奇。当漂浮在水中的叶形鱼被渔人用网捞起时，它不会像其他鱼那样猛烈地挣扎，而是静静地一动不动。所以，渔人往往以为它是树叶，不去理会，而叶形鱼也因此死里逃生。

53.为什么说射水鱼是"神枪手"？

◇ **名词解释** 折射：光从一种透明介质斜射入另一种透明介质时，传播方向一般会发生变化，这种现象就叫光的折射。

在东南亚和澳大利亚的小河里，生长着一种色彩艳丽的小鱼。它们是"神枪手"，能在水中喷射出一束细水珠，将空中的昆虫击落，可谓百发百中。

这个"神枪手"叫射水鱼，它们身长只有10～20厘米，头的两侧长着一对水泡眼，眼白上长有一条条不断转动的竖纹，游动起来很灵活自由。

射水鱼以捕食岸边草木上或空中的小虫为食，它们在水面游动时，不仅能看到水里的东西，而且还能觉察到空中的物体。它经常在岸边游动，只要一发觉小昆虫停在岸旁的草木上，便偷偷地游近目标，从水里探出头，让嘴尖对准小虫，从口唇上的小槽里喷射出一条细水柱，可将"水弹"喷到3米高，偶尔可达4.5米。它能在1.5米以内用这种"水枪"击落任何小昆虫，而且

● 射水鱼

射水鱼不仅能够通过射水来捕捉食物，而且能够跳出水面直接捕捉食物，有时能够跳起离水面约30厘米的高度。

是百发百中，弹无虚发。射水鱼就是靠这种射击本领猎取食物，可算是鱼类中的"神枪手"。

为什么射水鱼有这种奇妙的本领呢？原来，太阳光从空气进入水里时，会发生折射，而射水鱼在瞄准目标时，会自动调整光线折射时的误差。由于射水鱼在目标的下面，当喷射"水弹"时，它使自己的身躯变成垂直的姿势，眼睛离水面很近，发射的"水弹"也几乎是垂直的，这样就克服了光线折射时的偏差，使射出的"水弹"不偏不倚地击中。

54.为什么"剑侠"剑鱼的本领这么高超？

◇ **名词解释** 冲击波：通常指瞬间形成的高温高压气流，具有很大的破坏性。

剑鱼又叫"箭鱼"，生性好斗，因嘴的前面长着一支既坚固又锐利的"利剑"，因此，海洋生物学家们给它取了个雅号——大海中的"剑侠"。

一条成年的剑鱼可长达三五米，重约500千克。剑鱼常常活跃在上中水层，游动时，常将头和背鳍露出水面，用宝剑般的上颌劈水前进，速度很快，每小时可达119公里。

剑鱼的"剑术"是很高明的。遇到不太厉害的对手，它会"先发制人"，速战速决，以一"剑"穿心结束战斗，然后用长剑挑起猎物，飞快地向前游上几十分钟，直到猎物完全窒息，才摇头摆尾，用力挥"剑"，使猎物脱"剑"而出。此时，它便可以美美地饱餐一顿。如果碰上鲨鱼、虎鲸等强大的对手，剑鱼就采用"后发制人"的策略，能躲就躲，实在无处躲避，便突然返身，杀个"回马枪"，整个身子像冲击电钻那样快速旋转，"长剑"就会在鲨鱼或虎鲸躯体上钻出一个大洞来，使敌手一命呜呼或带着重伤仓皇逃跑。

据测定，剑鱼的"长剑"在实施攻击时，反冲击力可高达150千克左右。为什么它能承受这么大的冲击，而不至于"玉石俱毁"、剑折身亡呢？原来，剑鱼的头部就是一个天然的优质防震器："长剑"基部的骨头有蜂窝一样的结构，孔隙中充满了油液，好像是多孔的冲击波吸收器；剑鱼头盖骨的骨头结合紧密，又与"长剑"的基部连成一片。正是这种结构，才使剑鱼能经受住很强的冲击力，在汪洋大海中横冲直撞，称王称霸。

55. "活墨盒"乌贼为什么会释放"烟幕弹"？

◇ **名词解释** 墨囊：乌贼等软体动物体内能分泌黑色汁液地囊状器官，遇到敌害时，即将墨囊内的黑色汁液喷出，使水浑浊借以逃脱。

乌贼又称墨斗鱼或墨鱼，是一种软体动物。乌贼的身体像个口袋，全身长10～30厘米，头上长有10条触手，触手上约有几百个吸盘。平时，乌贼喜欢在海面上漂浮，如果遇到大鱼的袭击，它就拼命地逃跑。若实在逃脱不掉时，它只能使出最后的绝招，放出"烟幕弹"来躲避敌害。

为什么乌贼能释放"烟幕弹"呢？这是因为，在乌贼体内直肠的末端长有一个墨囊，囊的上半部是墨囊腔，是贮备墨汁的场所；下半部是墨腺，它的细胞里充满了黑色颗粒，衰老的细胞逐渐破裂，形成墨汁，并进入墨囊腔储存起来。所以，乌贼是一个名副其实的"活墨盒"。

当乌贼遇上强敌的时候，它就喷出一股股墨汁来。墨汁在水中散

◎ **动物趣述：**

乌贼不仅靠制造黑暗逃避敌害，而且还靠制造"光明"逃避敌害。有一种形休很小的荧乌贼，它就是制造"光明"的高手。荧乌贼是一种会发光的生物，它的腹部拥有三个发光器，有些种类在眼睛的旁边还有一个。这种发光器所发出来的光可以照亮30厘米远的地方。如果大敌当前，它便射出强烈的光，在敌人还没明白怎么回事之前，它便早已逃之夭夭。

成烟雾形状,就像释放的"烟幕弹",霎时,海水中"乌烟"滚滚,一片漆黑,乌贼便趁机逃之夭夭。另外,这种墨汁里含有麻醉剂,可以麻醉敌害的嗅觉,还能麻醉小鱼小虾,所以乌贼还可以乘机捕食。

但是乌贼墨囊里积贮一囊墨汁,需要相当长的时间,所以,乌贼不到十分危急之时是不会轻易释放墨汁的。

56.为什么"海霸"章鱼"婚礼"结束后就是"葬礼"?

◇ **名词解释** 腺体:指机体内能够产生特殊物质的组织,这种物质主要为激素(荷尔蒙),激素通过血液输送到体内或外分泌腺。

章鱼是出了名的"海霸",它凶狠残忍,好斗成性。不过,章鱼又是出了名的"倒霉蛋",它一生只能生育一次,"婚礼"结束之后就是"葬礼"。

章鱼和人们熟悉的墨鱼一样,并不是鱼类,它们都属于软体动物。章鱼与众不同的是,它有八只像带子一样长的脚,弯弯曲曲地漂浮在水中,于是渔民们又把章鱼称为"八爪鱼"。

章鱼算得上是海洋里的"一霸",它力大无比、残忍好斗、足智多谋、不少海洋动物都惧怕它。不过章鱼也有点软欺硬怕,碰到比自己厉害的对手,它时常会施展"丢卒保车"的战术;而如果碰到不及自己的对手,它必然会跟对方纠缠不休,直到将对方打败为止。

别看章鱼对待"敌人"凶狠残忍,但对待自己的子女却百般疼爱,体贴入微,甚至累死也心甘情愿。

令人遗憾的是,章鱼在其一生中只有一次生育机会,婚礼的结束也就意示着其葬礼的来临。每当繁殖季节,雌雄章鱼一旦交配完毕,就会失去食欲,大约在7~10天内便相继死去。1个月后,雌章鱼产下的一串串晶莹饱满的犹如葡萄似的卵才能孵化成幼儿,然而,它们永远见不到自己的亲生父母了。

为什么会出现这种令人惋惜的结果呢？经过科学家们研究发现，在章鱼的眼窝后面，有两个很特殊的腺体，称之为"死亡腺"。科学家们认为，这种死亡腺是一种与衰老有关的"秘密"组织，但是，生育与死亡有什么关系，至今还是一个不解之谜。

57."怪眼"比目鱼的眼睛为什么会移位？

◇ **名词解释** 头骨：脊椎动物骨骼系统中最复杂的部分，一般位于头部或鳃部。

海洋是个深而广阔的世界，因此，动物的活动范围很大。它们要在各种不同的环境里维持生存，繁殖下一代，就需有各种变异来适应环境。随着生活条件的不同，经过各种变异，形成了极复杂的品种。

习惯于海底躺卧的比目鱼，背部颜色深，腹部颜色浅。但是比目鱼却很特殊，它的眼睛、鼻孔都生在同一侧。比目鱼的身体扁长而呈椭圆形，胸鳍、腹鳍都很小，脊鳍和臀鳍极长且环绕着身体，几乎和尾鳍相连。比目鱼的种类很多，一般来说，眼鼻都生在左边的叫鲆，都生在右边的叫鲽。鲽类往往雌雄并游，形影不离，所以中国以"鹣鹣鲽鲽"（鹣是天空并翼而飞的鸟）来形容夫妇情感之好。

比目鱼的眼睛为什么这么怪呢？

其实，比目鱼并不是生来就是鼻子与眼睛长在同一侧的，在初孵化的一个月内，形状和普通鱼类一样，眼鼻分生在两边，而且也不躺卧而是往来游泳自如。后来，随着成长，它慢慢地喜欢斜游和把右边的身体贴在海底沙泥里去。这样头骨就渐渐扭转，右边的眼睛和鼻孔就移向光亮的左边，于是就造成两只眼睛和两只鼻孔都长在一边。右边贴在海底，不需要颜色来保护，于是就逐渐变成白色，左边需要保护色，所以颜色就慢慢变得和泥沙一般深。

植物世界里的千百面孔

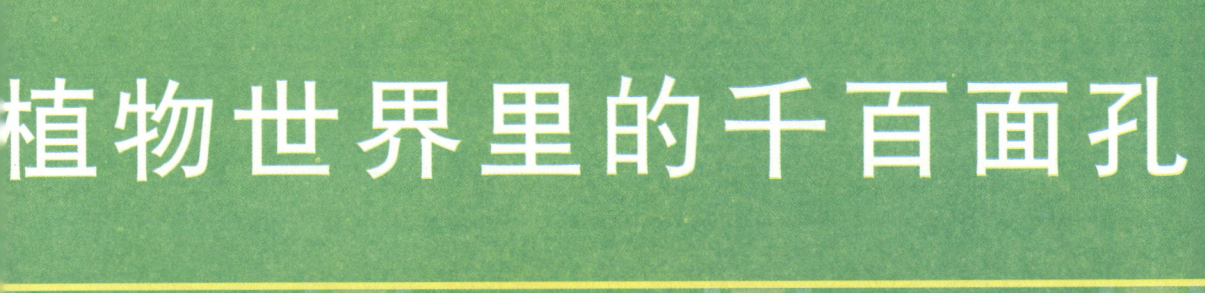

1.为什么说植物也要"呼吸"?

◇ **名词解释**　叶绿体:绿色植物细胞内进行光合作用的结构,是一种质体,由双层膜围成,内含叶绿素(一种重要色素)。

呼吸并非人和动物的专利,植物也会"呼吸",而且必须"呼吸"。如果不"呼吸",植物也会和人及动物一样,最终死掉。

白天,植物进行光合作用,吸收二氧化碳,吐出氧气。到了晚上,阳光没有了,光合作用停止,这时,植物就只进行呼吸作用,吸进氧气,吐出二氧化碳。

那么植物又是怎样进行呼吸的呢?

植物与人及动物不同,它全身都是"鼻孔",每一个细胞都能进行呼吸,气体通过植物体上的气孔完成呼吸。呼吸作用要消耗一些有机物。这种消耗实际上就是用吸进去的氧气分解有机物。有机物分解以后,把能量释放出来,作为植物生长、发育等生理活动不可缺少的动力。

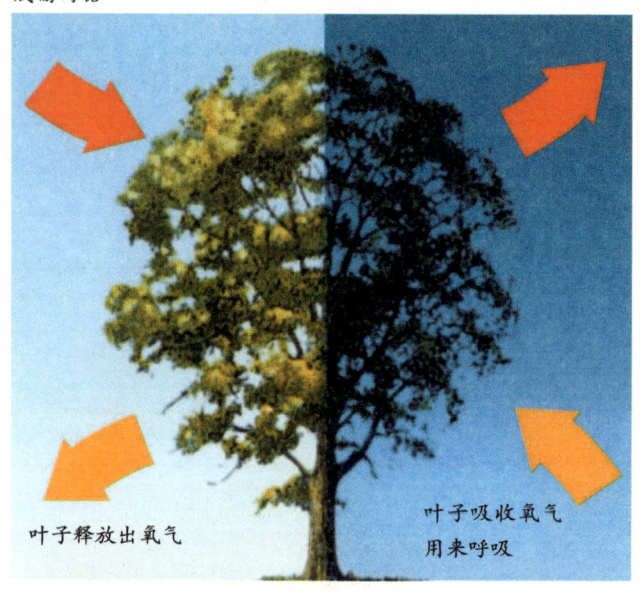

叶子从空气中吸取二氧化碳制成葡萄糖

叶子释放出二氧化碳

叶子释放出氧气

叶子吸收氧气用来呼吸

⊙ 植物有自己的呼吸特点,白天与夜晚进行着不同的呼吸运动。

植物的这种呼吸作用叫做"光呼吸",和光合作用有密切的关系。光合作用,通常认为是在太阳光的照射下,植物利用叶绿体中的叶绿素吸收阳光,将水分子分解成氢和氧,从而放出氧气,同时还原二氧化碳合成有机物。研究发现，大气中的氧气全部来源于地球上植物的光合作用。

2.为什么说植物也会"讲话"？

◇ **名词解释**　音频：声音的频率。正常人耳的音频范围一般约为 16Hz~16kHz，植物发出的声音不属于这个范围。

过去，人们一直以为，植物是不会"讲话"的。实际上，这只是人们的臆想而已，许多科学实验都证明了植物"语言"的存在。植物的"讲话"与人类不同，但同样起到重要的信息交流作用。

植物的语言我们听不到，更看不到。但通过科学的实验和先进的仪器设备，我们依然发现了它的存在。

为了研究植物的语言，科学家曾制造了一种高灵敏度的传声器。这种传声器能收听到植物的根所发出的声音振动，并把音频高低、声音大小如实地记录下来。根据记录，人们发现，当植物缺水或者缺少养分的时候，它的根部就会自动发出一种微弱的声音来，表示要喝水，要补充营养！人们掌握了这些"语言"以后，就可采取相应的措施了。

除了声音"语言"外，植物还存在化学"语言"。在茂密的大森林里，某些植物突然感到虫咬刺痛，就会发出信号招呼旁边的伙伴提防虫子。这种信号是一种挥发性化学物质，周围植物接受到这种信号后，就会启动自身防御系统。

植物中这种信息交流的现象非常普遍。现在，我们国家的植物生理研究所设立了专门的实验室，对各种气候和天气进行模拟试验，倾听、记录和研究植物的"语言"，观察植物的反应，了解植物生长过程中的变化和需求，以创造出稳产、高产的新品种。

3.为什么纺锤树能提供"自来水"?

◇ **名词解释** 根系:植物根的总合称为根系,它分为直根系和须根系两种。

纺锤树主要位于南美巴西高原的东部,最高可达30米,树干两头细中间粗,最粗的地方直径有五米之多,远远看去就像一个纺锤,因而得名。

纺锤树生长的巴西高原雨季短旱季长,干旱少雨。为了适应这样的环境,纺锤树进化出一套相应的"对策"。首先,它的纺锤外形使得它的树冠非常小,减少了蒸腾作用带走的水分。其次,它的根系非常发达,雨季一到,就拼命吸收水分,贮存在大纺锤里,同时,树顶上也开始长出稀疏的枝条和心形的绿片。繁殖季节到来时,这些叶片就会凋零,而枝头则会出现朵朵红花。这时的纺锤树又成了插着花束的"大花瓶",所以当地人又称它为瓶子树。一棵纺锤树在雨季时贮存的水量是非常大的,最高可达两吨之多。到了旱季,这些水分就成为它的"能量来源"。

由于纺锤树的储水能力,生活在那里的人们常常将纺锤树作为"水库",或者在树上钻出一个小孔,或者直接将树砍断,就可以饮到清凉的"自来水"。有人曾做过统计,若以每人平均每天饮水3千克计算,一棵纺锤树的储水量可供一个四口之家至少半年之用。

4.为什么箭毒木的"毒药"这么毒?

◇ **名词解释** 乔木:指树身高大的树木,由根部发生独立的主干,树干和树冠有明显区分,通常与灌木相对。

箭毒木是一种高大的常绿乔木,属桑科植物。箭毒木一般高25至30米,树干通直,树冠庞大,叶椭圆形,长十几厘米。春夏开黄花,秋结紫黑色肉果,有蜜味芬芳。树皮和叶子中有白色的乳汁,内含强心苷，有剧毒，如果进入眼中，眼睛顿时失明；一旦进入血液，能使肌肉松弛、血液凝固、心脏停止跳动。

我国西双版纳的傣族人习惯用箭毒木的毒汁制造毒箭打猎，这种毒箭杀伤力很强，3秒钟之内能使野兽血液迅速凝固，心脏停止跳动而死亡。这种有毒的树汁如果碰到人的皮肤伤口上，人也会死亡。人、兽误食了它，会引起心脏麻痹而停止跳动，或窒息而死，所以人们叫它见血封喉树。美洲、非洲和欧洲的土人，都曾用这种毒汁制造武器来抵御外来侵略者和捕猎野兽。

由于箭毒木毒性强烈，有人称它为"死亡之树"，一旦中毒，就可能危及生命。解毒方法是先将红背柊叶连根捣乱，加淘米水摇匀，过滤后饮用。箭毒木的毒性如此厉害，可算是自然界中剧毒的树木了，但它又是工业上的重要原料。医药上可从其树皮、枝条、乳汁和种子中提取强心剂和催吐剂。它的茎皮纤维强韧，可以编织麻袋和制绳索。它的材质很轻，可做纤维原料或代软木用。

5.为什么铁树身上也开花？

◇ **名词解释** 裸子植物：顾名思义，即"种子裸露的植物"。在学术上，它是指胚珠在一开放的孢子叶上边缘或叶面的种子植物。种子植物的另一主要类群为被子植物，其胚珠在心皮内。

人们常用"铁树开花、哑巴说话""千年铁树开了花"等来形容非常罕见的事情，或者很难办到，甚至根本办不到的事情。可见铁树似乎不容易开花，事实上，这只是人们的错误认识。

铁树在植物学上的名称为苏铁，属苏铁纲苏铁科，主要分布在南北半球的热带和亚热带地区，是世界上著名的优美观赏植物。在我国，铁树主要分布在云南、广东、福建等地。

苏铁之所以被称为铁树，原因有两个：一是因其木质密度大，入水即沉，沉重如铁；二是因其生长需要大量铁元素。有一种说法：一棵衰败垂死的苏铁，只要用铁钉钉入其主干内，就可起死回生，重复生机。事实上，这种说法有点夸张，但苏铁的生长确实需要充足的铁元素。

铁树是一种裸子植物，到了一定的树龄，它就会开花，而且年年都会开。人们之所以认为铁树不容易开花，原因有三个。一是铁树的开花树龄较长，一般生长二十年之后才会开花。二是铁树的花不大，颜色也不鲜艳，而且模样又与众不同，所以即使铁树开花了，不熟悉的人还是会视而不见的。三是铁树是一种热带植物，喜欢温暖潮湿的气候，不耐寒冷，开花有很强的地域性，若条件不适宜，不仅生长缓慢，甚至还会不开花。所以种在北方的铁树很难开花，而在南方，只要到了一定的树龄，你仔细观察，铁树是会开花的。

◎植物关联：

苏铁不仅很难开花，而且有多种苏铁的雌雄花开花时间也很不一致，往往是"郎有情时妹无意"。虽然花期都是一个星期，而雄花总比雌花早开一个星期，当雌花需要授粉时，雄花花粉的活性已经大大降低，这对苏铁的繁殖极为不利。有人曾对1000棵处于自然生长状态下的苏铁进行统计，每年往往只有10株左右结实。

6.为什么光棍树身上"光秃秃"？

◇ **名词解释**　蒸腾作用：水分从植物体表面以水蒸气状态散失到大气中的过程，与物理学的蒸发不同，蒸腾作用不仅受外界环境条件的影响，而且还受植物本身的调节和控制，因此是一种复杂的生理过程。

多姿多彩的大自然孕育了多姿多彩的植物，奇特的光棍树就是其中一种。光棍树产于非洲沙漠地区，我国海南也有大量生长。光棍树身上只有枝条，不长叶子，一年四季都呈现光秃秃的形象。

为什么光棍树只长树干、枝条，不长叶子呢？原来，非洲的荒漠地带气候干旱，雨水稀少。为了生存。植物除凭借顽强的生命力外，还要采用各种各样的巧妙办法去适应大自然。植物与干旱作斗争的最常用办法就是"节约开支"，减少叶片的蒸腾作用。光棍树用绿色的茎与枝条代替叶的功能，进行光合作用，通过汲取阳光的营养来强壮自己，而叶就退化了。这是它与干旱作斗争的最巧妙的办法，也是它在长期自然选择中的结果。

如果光棍树也像气候湿润、雨水充足地方的植物一样，长出又大又多的叶子，那么叶子上有许多细小的气孔，植物的蒸腾作用就大，光棍树就无法适应于干旱，因而就有可能被自然界淘汰。

除此以外，光棍树不长叶子还具有自我保护的作用，一些吃叶的动物见到光秃秃的枝丫就不会去光顾，光棍树被动物吃掉的可能性就减少了。

7.为什么说龙血树流出的"血"是宝物？

◇ **名词解释**　树脂：一般认为是植物组织的正常代谢产物或分泌物，常和挥发油并存于植物的分泌细胞，树脂道或导管中。

一般的树木，在受到损伤后，流出的树液是无色透明的。一些树，如橡胶树、牛奶树等，流出的则是白色乳液。然而有一种树，却能流出"血"来，这种树就是龙血树。龙血树流出的"血"实际上是一种树脂，呈暗红色，很像人的鲜血。别看这血色的汁液有点吓人，其实它有很多功用呢，是名副其实的宝物！

龙血树的"血"干后凝结成血块状就成为名贵的中药，被称为"血竭"或"麒麟竭"，可治疗筋骨疼痛，并有散气、去痛、祛风、通经活血之效。古人很早就发现了龙血树的"血"，不仅用它来治疗疾病，还用它来保藏尸体，因为树脂是一种很好的防腐剂。此外，它也经常被用作油漆的原料。

龙血树原产非洲西部的加那利群岛。当地人传说，很久以前，巨龙与大象交战时，巨龙的血洒在了大地上，从而长出了一棵龙血树。这便是龙血树名称的由来，龙血树的树液也被认为是龙血。

龙血树长得很奇特，它的树干粗短，树皮纵裂，显得老态龙钟，但枝、叶却十分繁茂，而且墨绿色的带状叶片像一把锋利的长剑，集中生长在枝顶，生机勃勃，远远看去就像一把大雨伞。龙血树生长很缓慢，一年之内树干增粗还不到1厘米，但它却是最长寿的树木，最高可活六千多岁，是名副其实的"植物寿星"。

◉ 龙血树

8.为什么笛树会"奏乐"？

◇ **名词解释** 纤维：一般是指细而长的材料。纤维具有弹性膜量大，塑性形变小，强度高等特点，有很高的结晶能力，分子量小，一般为几万。

当你来到南美洲安第斯山北麓，听到一阵阵虽然清脆悦耳但却突然的"笛声"时，千万别吃惊，那是笛树在欢迎你呢！

笛树，当地人又叫它"蒲甘笛树"。这种树要10个人手拉着手才能把它围起来，树荫十分浓密，张张叶儿都像喇叭似的，好像挂在树梢上的个百万支笛子，在风的吹奏下发出了优美动听的乐曲。有趣的是随着风的大小和方向的变化，曲调和节奏也会发生变化。当微风吹拂时，它低头呻吟；狂风劲吹时，它山摇地动；风雨交加时，它发出密如连珠的鼓声。

笛树为什么会"奏乐"呢？人们在它的喇叭状的叶子上找到了秘密。叶子的末端有个小孔，由于叶儿大小不一，叶孔也就各异了，不同强度的风吹过这些小孔时，就发出各种高低长短不同的声音，形成了抑扬顿挫的声音。

非洲还有一种会吹笛的荷花，人们叫它"水笛荷"。它的花朵巨大，花的基部有4个小孔，气孔内壁覆盖着一层花膜，只要有微风吹来，就会发出各种音响。非洲象牙港也生长着一种会奏乐的树，当地人称它为"唱歌树"。它的样子很像普通的柳树，枝叶也是一条条下垂的。但它的叶子却不普通，叶子上的纤维组织很致密，如同玻璃一般，一旦彼此碰撞，便会发出悠扬而美妙的声音。

9.为什么说梓柯树是"植物消防员"？

◇ **名词解释** 四氯化碳：又称四氯甲烷，为无色、有特殊气味、易挥发、不易燃烧的液体。

在非洲丛林发生的一场火灾中，许多树都被烧得遍体鳞伤，唯有一种树丝毫没有受到伤害，不仅枝繁叶茂，生机勃勃，而且还抑制了火势的蔓延，这种树就是梓柯树。梓柯树是植物中的"消防员"，对火非常敏感。只要有人在树下抽烟，或者点起一堆篝火，灭火树会立即喷射出大量液体，把火灭掉。

曾经有一位好奇的科学家为了试验梓柯树对火的反应情况，故意用打火机吸烟。然而让他没想到的是，火光只是一闪，香烟还未点着，就有无数条白色液体从树上飞泄下来，火不仅被灭，就连他的脸上也被溅满了液体，衣服也都湿了。这足可见梓柯树对火的敏感性了。

梓柯树为什么能灭火呢？

梓柯树是一种树型高大、枝叶茂密的四季常绿树，它的叶片又长

⊙ 梓柯树花苞的汁液里含有能灭火的四氯化碳

又细，垂挂下来，好像女孩子的长头发一般飘逸美丽。在高大的树枝和繁密的叶子之间，长有许多比拳头稍大的球状节苞，常被人们误认为果实。其实这正是梓柯树能灭火的秘密所在。这种球状节苞上密布网眼小孔，和洒水的莲蓬头相似，苞里装满透明的汁液。节苞一旦遇到太阳光或火光照耀，液汁就从网眼小孔里射出来。由于液体中含有灭火的物质四氯化碳，所以火焰一碰上它很快就熄灭了。

当地还流传着一句谚语，"盖房要用梓柯树，不怕火灾安心住"。梓柯树的木材可以防火，常被用于盖房子。

10.为什么猴面包树并不能结出"面包"？

◇ **名词解释** 雨季：在一定的气候型中，一个地区每年雨量最大的一个月或几个月的时期。简单地说，就是一年中降水相对集中的时期。

看到"猴面包树"这个名字，我们或许会想：这是一种会长面包的树吗？其实不是的，猴面包树虽然能结出美味的果实，但那并不是面包。

猴面包树也称为波巴布树、猢狲木、酸瓠树，主要分布在非洲。它的果实很奇怪：形状大如足球，果肉甘甜汁多，既可以当干粮，又可以冲水后当做饮品。猴面包树是猴子、猩猩、大象等动物最喜欢的美味，每当果实成熟的时候，猴子就会成群结队爬上树去摘果子吃，所以才被叫做"猴面包树"。可见猴面包树并不能结出面包，但它的果实却成为动物们的食物来源。虽然猴面包树不能像面包一样给人们提供淀粉和能量，但它的作用同样可与面包相媲美。

猴面包树树冠巨大，树干很粗，最粗的直径可达12米，要40个人手拉手才能围它一圈，但它个头又不高。因此，整棵树看上去就像一个大肚子啤酒桶。可别小看它这副"模样"，这里可藏着大学问！

它的树干木质部松软且多孔，可以代替根系，像海绵一样大量吸收并贮存水分。所以，雨季时，它就拼命地吸收水分，并贮藏在肥大的树干里，成为人们理想的水源。而且这时长出的嫩叶富含维生素和钙质，是当地居民喜爱吃的蔬菜，叶片晒干捣碎后还可以做调料。当地居民常把树干的中间掏空，搬进去居住；也有的居民将掏空的树干作为畜栏或贮水室、储藏室。令人感到奇怪的是，在猴面包树洞里贮存食物，可以放置很长时间而不腐烂、变质。

◎ **植物关联：**

除了猴面包树会长"面包"以外，在南太平洋一些岛屿国家，还有一种树木也长"面包"，它就是面包树。面包树一般高10米，最高可达40米，它一年中有9个月结果，圆圆的果实就像一个面包。把成熟的果实摘下来放在火上烘烤时，会散发出浓郁的香味，尝起来酸中带甜。面包树的果实营养很丰富，含有丰富的维生素A和B，以及淀粉和脂肪等。

11.为什么说洗衣树能"洗衣服"？

◇ **名词解释** 碱：在化学上，指能在水溶液中电离而生成氢氧离子的化合物，如氢氧化钠等。这里指含在土里的一种物质，化学成分是碳酸钠，可用做洗涤剂。

有一种树，只要你把脏衣服绑在其树干上，几小时后，取下衣服，用清水漂洗一下，衣服上的污垢就没有了，非常干净。这种树就是普当树，也叫洗衣树。

普当树主干挺直粗壮，树皮红色，远远看去犹如红色的柱子。与别的柱子不同的是，这是一个能够洗衣服的"柱子"。

普当树的"洗衣"方法你可能连听都没听过，更别说见。它不需要人的手来用力搓洗，也不需要耗电的洗衣机来代劳，只要将脏衣服绑在树干上，它就能自动洗涤干净了——这是地中海南岸的阿尔及利亚常见的洗衣方法。

普当树之所以能够清洗衣物，与它的生长环境有关。普当树生长的地方土壤碱性很重，而阿尔及利亚夏热冬暖，树叶的蒸腾作用极大，为了补偿失去的水分，树根必须从土壤中吸收大量的水分。这样，普当树在"喝"水的过程中，就不可避免地"吃"到了很多碱，这给普当树的健康带来了极大的危害。为了排除这些多余的碱，普当树在树皮上进化出了许许多多的细孔，专门用来排碱。而从这些细孔流出的富含大量的碱性物质的黄色汁液，恰恰是一种优质的洗涤剂，具有很强的除脂、去污、增白作用，从而被人们用来洗衣服。可见这是生物适应性的一种表现，是自然选择的结果。

12.卷柏为什么有"九死还魂"的本领？

◇ **名词解释** 休眠：有些动植物在不良环境条件下，生命活动会暂时停滞，进入昏睡状态；等不良环境过去后，又重新苏醒过来，进行正常的生命活动，这就是休眠。

蕨类植物中，虽然没有像仙人掌那样能生长在沙漠中的类群，但也有一些非常耐旱的种类，卷柏就是其中之一。

卷柏是一种矮小的草本植物，高不过十几厘米。在直立短粗的茎顶部，密密地丛生着许多扁平的小枝，看上去很像一簇柏树小枝插在了地上。如果将采到的卷柏存放起来，它的叶子会因干燥而缩成拳状，看起来似乎已经干死了，其实这是"假死"，一旦遇到水分，卷缩的叶子就会重新展开，渐渐"还阳复活"。以后再碰上干旱，它依旧来个"假死"；等有了水，再"复活"，继续生长。就这样，卷柏能够根据环境情况，三番五次地"死"而复生，生而复"死"，因而被人们称为"九死还魂草"。

◉ 卷柏

那么，卷柏为什么拥有这种神奇的"九死还魂"本领呢？原来，卷柏生活在干燥的岩石缝里，很难得到充足的水分，长期进化的结果使它们形成了体内含水量极低的特点。遇到干旱的季节，卷柏便卷缩成团，不再伸展，全身细胞都处于休眠状态，即使体内的含水量降到5%以下，照样可以生存。雨季一到，卷柏立即"苏醒"过来，获水以后的细胞又能恢复正常活动，枝条重渐展开，获得新生。

卷柏也是一种药，炮制后可用于止血、治疗吐血、便血、尿血等病症。

13.苏醒树为什么不停"搬家"？

◇ **名词解释** 习性：指生物长期在某种自然条件或者社会环境下所养成的特性。

在我们的意识里，树木一旦扎了根便永远都会待在同一片土地上，直到死亡。可是有人却在美国发现了会"搬家"的树。这种神奇的树便是苏醒树。

苏醒树是生物学家在美国东部和西部地区发现的一种植物，它具有一个非常奇特的习性。在水分充足的地方它的长势非常旺盛，然而一到水分消失，干旱缺水时，它立刻就会把自己的根从泥土中拔出来，蜷缩成一个球体，然后借助风力去寻找有水的地方，一旦找到了它就会停留下来，把根插入泥土中，开始新的生活。如果新家还是缺水，它又会继续"卷铺盖走人"，去寻找新的适合它生长的"家"。所以只要苏醒树一直"搬家"，它就会一直活下去。

苏醒树被认为是一种有灵性的植物，也被认为是一种"奇迹树"，它比普通的植物更能适应周围的环境，生命力比普通植物更加顽强。就人类来讲，人类改造自然，而苏醒树却适应自然，所以它能一直找到适合自己的"住所"，使自己不断"苏醒"，获得重生——这正是它得名"苏醒树"的原因。

14.臭菘身体为什么会"发热"？

◇ **名词解释** 佛焰花序：被子植物花序的一种，可归入肉穗花序。为天南星科植物所特有，其特点是在肉穗花序的根部包有一个佛焰苞。"佛焰苞"因其花苞似庙里供奉佛陀的烛台而得名。

寒冷冬天，在南美洲中部冻结的沼泽地里，万物都在忍受着低温的侵袭。然而，此时却有一类植物，它傲立于寒风中，不但不怕冷，而且还在低温中绽放着花朵，同时身上散发出融融热量，俨然就是一个小温室。

这就是臭菘——一种能发热的植物。

臭菘为佛焰花序，花朵能在寒冷的气候中绽放，并且始终维持在22℃左右，比周围的温度整整高出20℃。它的花期能维持半个月左右，在寒冬中长时间开放，非常神奇！

科学家们对臭菘这种奇特的特性进行了研究。他们发现，臭菘的花朵里有一种产热细胞，这种产热细胞中含有一种酶，能使臭菘体内的淀粉和葡萄糖氧化，释放出大量的热量。它氧化的速度之快，简直可以与鸟类翼肌和心肌对能量的利用相媲美！氧化能力如此强，产生如此多的热量，臭菘当然能在冰天雪地中建造自己的"小温室"啦！

15.灯笼树身上为什么会有发光的"灯笼"？

◇ **名词解释** 磷光：磷化氢是自然界中一种常见的含磷化合物，它在燃烧时能发出白中带蓝绿色的火光，这就是磷光。

在空旷的山野，一个个发光的小"灯笼"引起了我们的好奇：怎么山野上也有灯笼？其实，我们被"骗"了，那不是灯笼，那是一种名叫"灯笼树"的植物开出的花！

灯笼树是杜鹃花科的落叶灌木，生长在我国长江以南一带，高2~6米，其花是呈棕红色的钟形花朵，远远看去就像是一个个小灯笼，它的名字便由此得来。灯笼树不仅是极具前途的园林观赏树木，它还能发光！

灯笼树吸收土壤里磷质的本领很强，在光合作用之下，根部的磷质被运送到叶子的各个部分，再通过光合作用的一系列反应，叶子释放出磷化氢气体，这些低燃点的磷化氢气体一遇到空气便引发了自燃，从而发出淡蓝色的火焰，也就是温度很低的冷光。在天气很好的夜晚，这些散发出磷光的花朵就像是一盏盏为路人指路的路灯，煞是美丽。

其实，不止是灯笼树会发光，在国外同样也发现了能发光的夜光树。大千世界，无奇不有，造物者真是神奇，它以它的聪明智慧为我们创造了一个绚丽多彩的世界！

16.笑树为什么会"哈哈大笑"

◇ **名词解释** 灌木：指成熟植株较低矮（一般在3米以下）、没有明显的主干、呈丛生状态的树木。与乔木相对而言。

芝密达兰哈德动物园是卢旺达首都基加利的一个著名动物园，在这个动物园里生长着这样一种奇怪的树：它会没来由地突然发出"哈哈"的笑声。不明真相的游人在听到这种笑声却没有看到发出笑声的人之后，往往会疑惑不解，甚至会认为是发生了灵异事件。

其实，这都是笑树在搞鬼。笑树是一种小乔木，能长到七八米高，每个树杈间都长有一个酷似铃铛的皮果，皮果内有许多能在其内自由滚动的小滚珠似的皮蕊。微风吹过来的时候，皮蕊便随风摆动，笑树便发出了类似人笑声的声音。

笑树的这个特性被当地人们利用来保护农作物。把笑树种在农作物的旁边，每当风起笑树便会发出"笑声"，鸟类听到这种"笑声"以为是人来了，便不敢跑到地里去啄食了。

除了笑树以外，在巴西还长着一种名叫"莫尔纳尔蒂"的灌木，它不仅会"笑"，而且还会"哭"——白天的时候"笑"，晚上的时候"哭"，非常有趣。植物学家经过研究后，认为这一奇特的现象与阳光的照射有着密切的关系。

17.为什么马努拉树能使大象"酩酊大醉"？

◇ **名词解释** 酵母菌：子囊菌、担子菌等几科单细胞真菌的通称，在自然界分布非常广泛，可以用来酿酒。

有这样一种奇怪的植物：它能使壮硕的大象在吃了自己的果实之后，变得兴奋和狂乱，就像一个喝醉了酒的醉汉。你知道这是什么植物吗？

⊙ 吃完"马努拉树"果实的大象显得异常兴奋。

其实,这是一种叫"马努拉树"的植物,它生长在南非国立自然公园里。马努拉树是一种名副其实的醉树,因为它能结出一种让人或动物"醉酒"的果实。

马努拉树在每年的雨季结果,结出的果实鲜甜多汁,人们非常爱吃,大象更是对其趋之若鹜。每年果实成熟之际,大象就会用身躯去撞树,把果实震下来,然后吃掉。吃了马努拉果实的大象,就像喝醉了酒的人一样,酩酊大醉,举止失态。有的醉躺在地上,安静地睡觉;有的则发了疯似的大闹酒疯,跑去撞汽车,把树连根拔起,甚至疯狂地追逐游客。若是游人碰到这种情形,一定会非常恐慌。所以,当地的管理者,在马努拉树果实成熟的季节,一般都会采取预防措施,要么限制大象吃果实,要么引导游人以安全的方式游览公园。

为什么马努拉树的果实能使大象变得酩酊大醉呢?原来,这种植物的果实里含有糖类和淀粉,而大象胃里的温度就像是一个酒窖,很适合酵母菌的产生。当大象吃下这种果实后,果实就会在胃里发酵,酵母菌迅速地繁殖，把糖类和淀粉分解成酒精，致使贪吃的大象酒兴大发。当地的人还会把这种果实用来酿酒，酿出来的酒味道香醇浓郁，别有一番滋味。由于马努拉树的这种特性，当地的人们把它结出的果实称之为"酒果"。

18.为什么木盐树会"生产"盐？

◇ **名词解释** 盐碱地：指土壤表层盐碱聚集，不能种植一般农作物，只能种植较少耐盐植物的土地。

盐一般都是从海水中蒸馏出来的，或者用现代的生产机械生产得到。可是大自然中却有一种植物，它不用蒸馏，也不用现代机械，照样能"生产"出盐。很神奇吧？

这种能"生产"盐的植物叫木盐树，它主要生长在我国黑龙江省与吉林省交界的地方。该树高六、七米，每到炎炎夏日，它便会冒出"一身大汗"，干后便凝成一层盐霜。把这种盐霜刮下来一尝，味道可与精盐相媲美。木盐树正是以这样的方式生产盐的。

木盐树为什么能产盐呢？

一般说来，植物生长的土壤里含盐量都不高，这样更有利于它们的成长。但是有些地区地下水的含盐量很高，水分蒸发后就会在土里形成一层盐霜，形成盐碱地。木盐树就是长在含盐量很高的盐碱地里，为了生存需要，它要把体内多余的盐分排出去。于是每到夏季便冒出大"汗"来，一经风干，便在树干上结成了盐霜。

除了木盐树外，瓣鳞花、盐角草、长冰草等这类的盐生植物，对减少盐碱地的含盐量也具有不小帮助。用它们来开发海滨盐碱地或许不失为一个好办法。

19.为什么说百山祖冷杉是"植物大熊猫"？

◇ **名词解释**　雌雄同株：种子植物的雄花和雌花生于同一植株，它分为两种情况：其一，雌蕊与雄蕊分在两朵花上，这种叫单性花，就像玉米；其二，雌蕊与雄蕊分在一朵花上，这叫两性花，就像桃花。

我们知道，大熊猫的数量非常稀少，所以是世界非常重要的珍稀动物。植物中有一个种类，它的数量比大熊猫还稀少，被称为"植物大熊猫"。你知道这是什么植物吗？

这种植物就是百山祖冷杉。

百山祖冷杉是近年来在我国中东部亚热带地区发现的冷杉属植物，现存仅五株，目前已被国际物种组织列为世界上最珍稀濒危的12种植物之一，所以称它为"植物大熊猫"一点也不为过。

◎ **植物关联：**

《中国珍稀濒危保护植物名录》是1994年国务院环境保护委员会公布的，这个名录包括国家一、二、三级保护植物，共分濒危、渐危、稀有三个类型，共有354种；其中一级8种，二级143种，三级222种。国家一级保护植物是桫椤、银杉、水杉、秃杉、人参、望天树、珙桐、金花茶。

百山祖冷杉是常绿乔木，高达17米，叶子细小狭长，数量很多。它是雌雄同株的树木，果实直立于枝叶上，呈圆柱形，成熟时为淡褐色或淡褐黄色，长有很多螺旋状排列的球鳞与苞鳞，非常好看。

百山祖冷杉是我国特有的珍稀古残遗植物，由于它开花结果的周期长，天然的更新能力弱，再加上环境和人为的影响，现在已经濒临灭绝。它的存在，对研究古地质、古气候、古植被等具有重要的意义。如果不加以保护，在不久以后我们就可能再也见不到百山祖冷杉那雄伟的身姿了。

20. 为什么说珙桐是"植物界的活化石"?

◇ **名词解释** 孑遗植物：指绝大部分植物物种由于地质地理气候变迁等原因灭绝之后幸存下来的古老植物，如银杏、水松、珙桐都是中国特有的孑遗植物。

在漫长的地质演化年代中，许多植物不幸被环境淘汰，但是其中也有一些幸运地保存了下来。珙桐就是幸运保存下来的物种之一。

珙桐是我国8种一级重点保护植物中的珍品，是一千万年前新生代第三纪留下来的孑遗植物，成了名副其实植物界的活化石。珙桐在第四纪冰川时期由于环境的变化，几乎全部灭绝，仅在我国南方的一些地区存活了下来。它的材质沉重，可以用作家具和雕刻材料，是不可多得的上等建筑用材。近年来随着人工培植技术的发展，珙桐的分布区已经日渐扩大。

● 珙桐

珙桐是我国乃至全球有名的观赏植物，生长在海拔700米以上的深山林地中，为落叶乔木，最高可达20多米，枝繁叶茂，叶子有点像桑树的叶子。花色为紫红，花基部分由两片大而洁白的苞片，就像展翅欲飞的鸽子。每年四、五月份，珙桐花开的时候，就像一只只的白鸽振翅于枝头，非常美丽。因此珙桐又叫做"鸽子树"，寓意和平友好。

21.为什么说海檬树是"自杀树"?

◇ **名词解释** 毒素:生物体所生产出来的毒物,这些毒物通常是一些会干扰生物体中其他大分子作用的蛋白质,例如蓖麻毒蛋白。

在印度西南地区,生长着一种海檬树,它的果实——海檬果含有剧毒,常常被用来当做自杀的工具,因此又叫做"自杀树"。

海檬树高达15米,花朵白色,散发出淡淡的茉莉花香。生长着深绿色的叶子和果实,果实含有白色的乳液。海檬果是绿色的,看起来就像是还未成熟的小杧果。它含有一种叫海檬果毒素的物质,人们吃了海檬果的白色内核后,会在3~6个小时内因为毒性发作,心脏停止跳动而死亡,所表现出来的症状与心脏病发十分相似。

由于医学界尚未完全了解海檬果的毒性,海檬果被有心者利用,往往杀人于无形,而使调查人员无法查出真相。在印度,利用海檬果自杀的一般都为女性。她们苦恼于婚姻,于是海檬果便成了她们寻求解脱的途径。

目前,海檬树只在印度西南部喀拉拉邦地区生长。据统计,在1989年至1999年间,死于海檬果中毒的案例共有537例,每年死亡人数最少有11人,最多时曾达103人。法国分析毒物学研究室的一位负责人伊凡·盖亚尔德说:"在喀拉拉邦地区,50%的植物中毒事件均由海檬果造成,10%的中毒事件与海檬果存在着关系。"

看来,海檬树给当地群众带来的危害并不小。在因海檬果致死的案例中,其中不排除部分案例存在谋杀的可能,但因警察、医生乃至验收官并不了解海檬果的毒性,所以很多案例目前仍然只能是悬案。

22.为什么说胡杨是"不负责任的母亲"?

◇ **名词解释**　中生植物:形态结构和适应性均介于湿生植物和旱生植物之间的植物,这类植物不能忍受严重干旱或长期水涝,只能在水分条件适中的环境中生活。

在茫茫的戈壁沙漠中,有一道非常亮丽的风景线,那是胡杨。胡杨是沙漠的"强者",独自对抗着恶劣的自然环境。然而,就是这样的"强者",却被人们称之为"不负责任的母亲",这是为什么呢?

胡杨虽然生长在极旱的荒漠区,但却对水源的寻找有超乎其他树种的渴望。为了更好地适应干旱环境,它做了许多改变,例如叶革质化、枝上长毛,甚至幼叶形如柳叶,以减少水分的蒸发,所以也被称为"异叶杨"。然而,作为一棵大树,胡杨还是需要相应的水分维持生存。从生态型上来看,它属于中生植物,即介于水生和旱生的中间类

◉ 胡杨是沙漠中的"强者"

型。它是一类跟着水走的植物，沙漠河流流向哪里，它就跟随到哪里。沙漠河流频繁地发生改变，于是，胡杨几乎在沙漠的所有地方都留下了痕迹。

胡杨能从根部萌生幼苗，靠着发达根系的保障，只要地下水位不低于4米，它就可以很好地生存下去，同时"生下"后代；如果地下水位降到6~9米，它们的生长就将受到限制；地下水位继续下降的话，等待它们的结果就是死亡。在沙漠中只要看到成列的或生或死的胡杨，就可以判断这里曾经有水流过。正因为如此，有人将胡杨称为"不负责任的母亲"，它随处留下子孙，却不顾它们的死活。

23.为什么黄栌一到深秋会"一片火红"？

◇ **名词解释** 花青素：一种水溶性色素，可以随着细胞液的酸碱改变颜色。细胞液呈酸性则偏红，细胞液呈碱性则偏蓝。

早在唐代时期，我国的著名诗人杜牧就曾写过一首著名的《山行》诗：远上寒山石径斜，白云深处有人家。停车坐爱枫林晚，霜叶红于二月花。诗中描绘的正是一幅深秋中的红叶图景。不过，制造这幅美丽图景的是枫树，而不是黄栌。

其实黄栌与枫树是一样的，它们的叶子都能在深秋变得鲜红夺目。黄栌别名红叶，属于漆树科黄栌属植物，原产于我国西南、华北和浙江等地，在南欧、叙利亚、伊朗、巴基斯坦和印度的北部也有分布。

◎**植物关联：**

人们常说"一叶知秋"，意思就说，看到树叶的凋落就知道秋天到来了。树叶凋落是植物适应环境的重要手段。入秋后温度逐渐减低，根的呼吸作用减弱，再加上秋冬季节气候较为干燥，根吸收的水分大大减少，而植物的蒸腾作用却不见减弱，致使植物体内的水分供需不平衡。植物为了保存体内的养分，安然地度过冬季，便停止往叶子输送水分，致使树叶枯死掉落。

本来黄栌的树叶是绿色的,为什么到了深秋就变成红色了呢?这还得从黄栌树叶中的成分说起。黄栌的叶片中一般都含有叶绿素、叶黄素和花青素。当天气温暖的时候,叶绿素非常活跃,不断地活动,此时叶绿素的含量非常高,将叶黄素和花青素都掩盖下去,但是当秋天来临,气温迅速下降到一定程度,而且夜间的温度比白天低很多,树叶虽然还没有凋落,但叶绿素已经开始丧失活力,绝大部分遭到破坏,此时叶黄素和花青素开始渐渐显现出来,叶片逐渐退去原来的绿色。此时,如果叶黄素多于花青素则叶片呈现黄色,如果叶黄素少于花青素则叶片呈现红色。黄栌的叶片中则是花青素多于叶黄素,所以在落叶之前呈现红色。

24.为什么说银杏会"假死"与"假活"?

◇ **名词解释**　萌蘖性:指能够在植株被砍去后重新长出新芽的能力。

生命是非常神奇的,眼看着已经是死了的,不经意间它可能又再次"复活";眼看着活生生的,实际上它已经在不知不觉中死去了。银杏树就存在着这种"假死"、"假活"现象。

银杏是一种落叶大乔木,高达40米。幼树树皮近平滑,浅灰色,大树的皮灰褐色,不规则纵裂,有长枝与生长缓慢的矩状短枝。叶互生,在长枝上呈辐射状散生,在短枝上3~5枚呈簇生状,有细长的叶柄,扇形,两面淡绿色。一般都为雌雄异株,很少雌雄同株的情况。银杏对烟尘和二氧化硫有特殊的抵抗能力,为优良的抗污染树种,同时还具有良好的观赏价值。夏天一片葱绿,秋天满树金黄色,古今中外均把银杏作为庭院、行道、园林绿化的重要树种。在我国的名山大川、古刹寺庵都有高大挺拔的古银杏。

有些银杏即使死了,它的叶子还能展开,甚至第二年、第三年还能发芽,但是叶子很小,待自身体内的营养耗光了,才不发叶了。这就是银杏的"假活"现象。而有些银杏移植后第一年不发叶,甚至第二年也不发叶,如果揭开树皮,会发现皮是新鲜的,枝条也不干缩,这种树不一定是死的,可能第三年就会发出叶子来。这种现象又称为银杏的"假死"现象。确定银杏"假死"还是"假活",不能光看叶,重要的是看根。

银杏在生长初期生长较慢,萌蘖性强,寿命很长,结果却很迟,通常都被形容

⦿ 银杏树叶

为"公孙树",意思是说"公公种树,孙子得果",祖辈种树之后,到孙辈的后代才可以看到结实。银杏的雌株一般20年左右开始结实,即使是生长超过500年的大树仍能正常结实。

25.为什么古柯会"含毒"?

◇ **名词解释** 兴奋剂:广义指一切能使人兴奋的药物。现在一般指国际体育组织禁止的、能帮助运动员提高成绩但却违背公平竞赛原则的违禁药物。

有这么一种植物,人咀嚼它的叶片之后,情绪会变得高涨,甚至兴奋异常。这种植物就是古柯,它被认为是一种毒品。

古柯别名高根,属于古柯科古柯属植物,生长在南美洲安第斯山区,主要分布于秘鲁、玻利维亚、巴西、智利和哥伦比亚等国。我国台湾省、海南省和云南省西双版纳也有栽种。

古柯是一种常绿灌木,植株一般高2~4米,枝条非常细弱。叶片为互生的倒卵形单叶,全缘。一般花为1~5朵簇生于叶腋,黄绿色的花萼

5枚，花瓣5枚，呈星状。果实为椭圆形的浆果，未成熟时是青绿色，成熟以后变成枣红色。内有1粒卵圆形并且具有纵棱的种子。古柯的开花分两个时期，分别是2~3月和6~8月。果实的成熟也分两个时期，3~4月和7~9月。

古柯的叶片中含有可卡因。可卡因在医药上主要作为麻醉剂，对大脑皮层有兴奋作用，可产生快感而导致成瘾。南美洲的居民一般喜欢咀嚼古柯叶或将古柯叶放入烟斗中吸食，或与大麻混合后吸食。大剂量食用古柯叶以后，吸食者会出现情绪高涨、精力旺盛、判断力下降等一系列中毒症状，所以古柯算是一种毒品。慢性吸毒者在耐受性增强的基础上还会出现撤药综合征，主要表现为情绪障碍、疲乏、睡眠障碍、精神运动性兴奋，严重者导致自杀。

古柯的叶含有多种生物碱，可以作为治疗神经痛的止痛药、健胃剂、止咳药，还是治疗哮喘病的良药和做发汗剂，也是一种兴奋剂、强壮剂。

26.为什么雨树会"下雨"？

◇ **名词解释** 树冠：树的地上部分包括主干和树冠两部分。从根颈到第一主枝(或第一个分枝)的部分叫主干；主干以上的部分即为树冠。

只有天空才会下雨，你听过树木也会下雨吗？南美洲的一些地区就生长着一种会"下雨"的树，人们恰如其分地称它为"雨树"。

雨树高约20多米，树冠呈平顶状伞形。雨树之所以会下雨就在于它有一种奇特的叶子。雨树的叶子大约有半米长，呈碗状，中间凹，四周凸。傍晚时分叶子吸收水分，并随着夜晚的到来，气温降低，慢慢把叶子收拢起来，等到第二天白天气温升高之后，叶子又慢慢舒展开来，包在叶子里的水滴这时便随着叶子的张开而落下，就造成了雨树"下雨"的现象。

在我国浙江地区也曾发现过"会下雨"的树木,但后被证实了这些树木之所以会"下雨",是因为植物蒸腾作用在作祟。但不管原因是什么,植物会"下雨"这种现象确实可算得上是一种奇观。炎热的夏季人们只要往树下一站,就可以洗到冷水澡了,这不失为解暑的一个好办法!

27.椰子树为什么把"家"安在海边?

◇ **名词解释** 核果:通常由单雌蕊发展而成,内含一枚种子。三层果皮性质不一,外果皮极薄,中果皮是发达的肉质食用部分,内果皮的细胞经木质化后,成为坚硬的核,包在种子外面。

椰子树是一种热带特有的美丽树木,高大挺拔,碧绿青翠的叶子以及棕色的果实与周围的海景构成一道亮丽而独特的风景线。细心观察的人们会发现,通常自然界中野生的椰子树都生长在靠海的地方,而且还向水倾斜,其实这是由种子的传播需要形成的自然现象。

植物为了繁衍后代,总是想尽办法把它们的种子散播出去。有些利用昆虫来传播,有些利用鸟类来传播,有些利用风来传播,而椰子树则利用水来传播。

⊙ 把家安在海边的椰子树

椰子树的果实是一种核果,外果皮是粗松的木质,中间由坚实的棕色纤维构成,易漂浮。所以当椰子树生长在海边时,椰果成熟后就会掉到海水里,像皮球一样漂浮在水面上,且不会烂掉。这样椰果在水流的带动下,就能四处漂流，有时能漂流数千里。等到了一个有土壤、条件适宜的地方，椰果就会"定居"下来，生根发芽。重新定居的椰子树也是生长在海边的。这就是热带沿海和岛屿周围遍布椰子树的秘密。

椰子树的生长需要充足的水分，而且含有盐渍的土壤能让椰子树长得又快又好。而海边的环境正符合这样的条件，这也是椰子树把"家"安在海边的一个原因。

28.为什么说红树林是"海岸卫士"？

◇ **名词解释** 　支柱根：某些植物能从茎秆上或近地表的茎节上，长出一些不定根，它向下深入土中，能起到支持植物直立生长的作用，这类不定根称为支柱根。

红树因树皮或木材呈现红褐色，所以得名。红树是唯一能在海水浸渍下生长的树木，它不像陆地上的树木那样挺拔高大，但在护岸促淤、保护环境方面却丝毫不逊色于陆上植物，因而被誉为"海岸卫士"。

红树林促使游泥淤积效果十分明显，约为无林地段的两倍。这对减少泥沙流动，维护航道安全，有积极作用。红树林下的多种微生物，具有分解有机物、吸收重金属和释放营养物质的功能，可以起到净化海洋滩涂的良好作用。

红树林为什么能够在海水淤泥中挺立，经得起狂暴台风的袭击？是因为它有一整套适应环境的特殊本领。红树的繁殖方式非常特殊。它的果实长20~40厘米，手指粗细，呈纺锤形，上细下粗，末端尖锐。成熟后垂直脱落，坠下插入滩涂泥中，随即生根，几小时就能固定在泥土上。若遇涨潮飘落水中，可随波漂流，两三个月不死，即使遇浅滩，也能成长。红树的叶子有贮水组织分泌腺体，多余的盐分可随之排出，所以红树"喝"海水也能正常生活。为抗御暴风巨浪，红树生有十分发达的支柱根，树木间纵横交织，盘根错节，构成一个强有力的支撑体系，牢实地撑住庞大的树冠，任凭风浪潮汐吹打不会被吹翻拔起。偶有枝干折断，也会再度萌生，恢复生机。

29.为什么说旅人蕉"沙漠甘泉"

◇ **名词解释** 草本植物：一类植物的总称，与木本植物相对。人们通常将草本植物称做"草"，而将木本植物称做"树"，但并不绝对。

在沙漠中行走，缺水是很要命的事情。如果你失去了所有水源，你可能会有生命危险；不过如果你足够幸运，碰到几株旅人蕉，那么你的生命可以暂时无忧，因为"沙漠甘泉"旅人蕉可以为你提供生命之水。

旅人蕉为常绿乔木状的多年生草本植物。茎直立，不分枝。高大挺拔，娉婷而立，貌似树木，实为草本。叶片呈窄扇状长椭圆形，与芭蕉叶相似，都集中密集在树干的顶部，在干的两侧排列成非常紧凑的两行，中间的嫩叶笔直向上，下方的叶子渐次向两侧倾斜，最下端的叶片呈水平方向，与地面基本平行。整棵树的叶片排列整齐匀称，树冠就像是一把摊开的绿纸折扇。旅人蕉的花序呈蝎尾状，腋生，总苞船形，白色。这是一种喜光、喜高温多湿气候的热带植物。

在旅人蕉的原生环境——炎热干燥的非洲沙漠中，它们不仅可为人们遮挡烈日强光，而且还可以作为路人的天然饮水站。旅人蕉的每个叶柄基部都有一个酷似大汤匙的"贮水器"，可以积聚相当多的水，旅行者只要在这个位置上划开一个小口子，就像打开了水龙头，清凉甘甜的"泉水"便立刻涌出，可供人们开怀畅饮，消暑解渴。而且更加奇特的是，这个"水龙头"会自动关闭，一天之后这个被划破的伤口就可以完全愈合，再过一天又可为旅行者提供饮水。因此，人们又称旅人蕉为"旅行家树"、"水树"、"沙漠甘泉"、"救命之树"等。

30. "沙漠之王"仙人掌为什么浑身长满刺?

◇ **名词解释** 茎:植物体上生枝长叶开花的部分,有输送植物体内养料的作用,是植物的中轴。

沙漠中,一棵棵仙人掌像一个个刚强的卫兵,纹丝不动地挺立在炎炎烈日下。它们拥有惊人的耐旱能力和顽强的生命力,被人们称为"沙漠之王"。

"沙漠之王"仙人掌有叶子吗?有人认为有,因为那个绿色多汁的"掌"就是它的叶子;有人认为没有,那个"掌"只是它的茎。其实这两种回答都是不完全对的。仙人掌确实有叶子,但叶子不是"掌",而是"掌"上遍布的肉刺或茸毛,"掌"是它的茎,取代叶子执行光合作用。

仙人掌不是平白无故将绿油油的叶子变成扎人的刺或毛的。仙人掌的原产地——沙漠地区环境恶劣,干旱少雨,那里的植物要生存下去非常不容易,必须充分利用和保存短暂雨季所带来的水分。于是仙人掌的叶片就逐渐特化成针状的刺或茸毛,一方面可以减少蒸腾,减少体内水分的消耗,另一方面也可以避免被动物当成美食。

随着叶子的特化,叶的光合作用就没有了,仙人掌的营养供给受到威胁。不要着急,它那肥厚多汁的茎,不仅能够储存大量的水分,还含有叶绿体,可以代替叶子进行光合作用,化解了营养危机。

◎ **植物关联:**

在南美洲秘鲁的沙漠中,有一种步行仙人掌,它能将自己的根系当成脚,慢慢地在地面上移动,就像人走路一样。步行仙人掌的刺和一般仙人掌的刺不同。它的刺是软刺,能随风轻拂,软刺就是它的根,落在地面便随遇而安。由于步行仙人掌所需的养分大多是从空气中吸取的,因此它能在离开土壤后,短时间还能存活。

◎ 仙人掌的茎肉柔嫩多汁，可以用来抵御干旱。其茎上像针一样的刺则能够有效地防止食草动物的啃食。

此外，它的茎外是一层蜡质皮肤，可保持湿气，减少水分流失，而且它的根系分布范围广，能最大限度地吸收水。

仙人掌还有一项特殊本领，干旱季节时，它可以进入休眠状态，把养料和水分的消耗降到最低。而雨季到来时，它又会"醒"来，活跃地吸收和贮存水分。

31.为什么雨后春笋"节节高"？

◇ **名词解释** 地下茎：指在地下水平生长粗壮的茎，在其上能长出新的根和芽。

笋有冬笋和春笋之分。冬笋长在竹子的地下茎上，到了春天，温度上升，冬笋向上生长，就变成春笋。

为什春季下雨后，竹笋长得特别快呢？原来，竹子是多年生的常绿植物。它的地下茎俗称竹鞭，既能贮藏和输出养分，又有很强的繁植能力。地下茎是横着长的，和地上的竹子一样有节，节上长着许多须根

○ 下雨过后的的竹笋会生长得很快

和芽。这些茎节上的芽外面包着笋壳，在出土之前已贮足了各种生长必须的养分，到了春天天气转暖的时候，就会有向上伸出地面的趋势，被人们称为"春笋"。但这个时候，土壤比较干燥，水分不够，所以春笋长得还不快，有的芽还暂时停留在土里。要是下了一场透雨以后，土壤中水分一多，春笋就好像箭被射出去一样，纷纷窜出地面。所以，人们常常说"雨后春笋节节高"。

竹子的生长速度是很快的，竹笋出土5厘米后，一昼夜可以长1米多高，特别是春雨过后，24小时之内可以拔高2米多高。树木生长一二十米高可能需要几十年，可竹子一、两个月便可长到这个高度了。

春笋吃起来味道很鲜美，还可以制成笋干、玉米片和罐头食品等，很受人们的欢迎。

32.为什么甘蔗越"老"越受人欢迎？

◇ **名词解释** 蔗糖：是光合作用的主要产物，广泛分布于植物（不仅仅甘蔗）体内，特别是甜菜、甘蔗和水果中含量极高。以蔗糖为原料，可以制成冰糖、白砂糖等食糖。

凡是吃过甘蔗的人，都知道甘蔗的下部分要比上部分甜，特别是下部的老头部分，简直是甜如蜜糖。人们都说：甘蔗是越"老"越受人欢迎。

为什么同一株甘蔗，甜淡悬殊这么大，而越到下部，特别是甘蔗的老头部分，甜味越是浓厚呢？

当甘蔗还是幼苗的时候，生命活动的主要部分是根和叶，根吸收水和养分，输入叶子。叶子吸收了二氧化碳，连同根部送来的水和养分，在阳光下，制造成自身所需的养料。这种幼苗时期的甘蔗，如果取来尝尝，会发现梢头和老头都没有什么甜味。但随着甘蔗的成长，它们的内部活动不仅旺盛而且复杂起来了。叶子制造的有机物越来越多，开始往下输送，逐渐在下部积累，并被转化为淀粉，之后再被转化为我们尝到的有甜味的蔗糖。由于淀粉转变为蔗糖需要一定的时间，而下部的生长时间长，蔗糖含量因此比上部的高。而且甘蔗的下部没有叶子包被，可以直接接受阳光，这有利于有机物的制造和蔗糖的转化。

此外，由于甘蔗叶子在不停地蒸发水分，所以甘蔗上部特别是梢头总是保持着充分的水分，供叶子消耗。这些水分总是越近梢头越多，越近根部越少，而水分越多的地方，糖的浓度也就相对降低，甜味也就淡了。所以我们吃甘蔗的时候，总会发现甘蔗的老头比梢头甜。

> ◎ **植物关联：**
>
> 巴西是世界著名"甘蔗大国"，甘蔗乙醇是巴西根据本国特定条件推广的替代生物燃料。为满足国内及出口需求，长期以来，巴西甘蔗乙醇业在增加产量的挑战中进行了各种尝试，但仍不能满足需求。近年来，巴西的科研人员通过对乙醇提炼过程中使用的酵母进行基因修改，为提高甘蔗乙醇产量提供了可能性。前期实验已获得成功，下一步巴西将进行工业化规模生产。

33.杂交水稻为什么比纯种水稻更高产？

◇ **名词解释**　颖花：即颖花类植物（水稻、小麦等皆属此类）所开出的花朵。

中国以占世界不到10%的耕地养活了占世界20%多的人口，这是一个奇迹，而这奇迹的背后有一个响亮的名字，那就是杂交水稻。

什么是杂交水稻？

选用两个在遗传上具有一定的差异，同时它们的优良性状又能互补的水稻品种，进行杂交，生产具有杂种优势的第一代杂交种，用于生产，这就是杂交水稻。

杂交水稻为什么这么高产？

现代生物学告诉我们，杂种优势是生物界普遍存在的现象，而水稻的杂种优势尤其明显。杂交水稻正是科学利用这一现象的产物。与纯种水稻比较起来，水稻的杂种优势现象主要表现在生长旺盛、根系发达、穗大粒多、抗逆性强等方面。

长期以来，利用水稻的杂种优势以大幅度提高水稻产量一直是育种专家们梦寐以求的愿望。但是，水稻属自花授粉植物，雌雄蕊都生长在同一朵颖花里。由于颖花很小，而且每朵花只结一粒种子，因此很难用人工方法来生产大量的第一代杂变种子，所以长期以来水稻的杂种优势未能得到应用。从1964年开始，中国水稻专家袁隆平研究杂交水稻，1973年实现三系配套，1974年育成第一个杂交水稻强优组合"南优2号"，1975年研制成功杂交水稻种植技术，从而为大面积推广杂交水稻奠定了基础。

袁隆平的杂交水稻研究，在中国国内是具有开创性的，不过并非世界首创。杂交水稻的基本思想和技术，以及首次成功的实现是由美国人Henry Beachell在1963年于印度尼西亚完成的。不过，由于Henry Beachell的设想和方案存在着某些缺陷，所以无法进行大规模的推广。

34.燕麦为什么"长眼睛"?

◇ 稃:麦子等植物的花外面包着的硬壳。

燕麦也称为雀麦、野麦,属于禾本科燕麦属植物,集中于北半球的温带地区。燕麦一般分为带稃型和裸粒型两大类。世界各国栽培的燕麦以带稃型的为主,常称为皮燕麦。我国栽培的燕麦以裸粒型的为主,常称裸燕麦。裸燕麦的别名颇多,在我国华北地区称为莜麦;西北地区称为玉麦;西南地区称为燕麦,有时也称莜麦;东北地区称为铃铛麦。

燕麦的生长受温度和光照的影响很大,但是燕麦似乎长有"眼睛",它可以"看见"光,还能感受到光的波长、光照的强度和时间,燕麦这个"眼睛"其实就是构成燕麦组织细胞上的光感受器,这是一种带有染色体的蛋白质。这种染色体让植物的蛋白质呈现蓝色,所以"眼睛"具有吸收光的能力,对不同波长的光作出化学反应。

其实不光燕麦具有这种感受器,所有的植物都具有这对"眼睛"。如藻类对红光、橙光、黄光和绿光都可以产生反应。只有具有这"眼睛",植物才能在清晨太阳升起的时候开始活跃起来,当黄昏时分,太阳落下的时候,植物的"视觉"色素开始变得迟钝,开始闭上"眼睛"。只有具有这种"眼睛",植物才可以知道什么时候进行光合作用,什么时候天黑了要开始呼吸,什么时候需要开花、变换叶片和根的生长方向。

35.为什么姜还是老的辣?

◇ 名词解释 徒长:指作物及果树生长期间,因生长条件不协调而致使茎叶发育过旺的现象。徒长对作物及果树不利,往往会引起其产量降低。

姜是姜科姜属植物,原产于热带多雨的森林地区,目前在我国

◉ 新出土的姜

中部、东南部至西南部的广大地区都有种植。姜的生长要求有一个阴湿而温暖的环境，生育期间的适宜温度为22℃~28℃，不耐寒，地上部如遇霜冻会很快枯死。姜也不耐热，如温度过高，阳光直射，它的生长将会受阻。此外，姜对土壤湿度的要求也非常严格，抗旱力不强，如长期干旱则茎叶枯萎，姜块不能膨大；但若雨水过多，田间排水不良，同样会引起徒长和姜块腐烂。

老的姜确实比新的姜要辣。为什么这样说呢？原来姜根据生长期的长短分为新姜和老姜。姜之所以辣是因为它含有一种叫做"姜辣素"的物质。新姜皮薄肉嫩，纤维较少，所以不辣；而老姜的生长期更长，这时表皮已经变成深褐色，姜皮粗厚，肉里面的水分减少，辣味就变重了。所以，人们说的"姜还是老的辣"，是有科学道理的。

姜的根茎可以用作调味品，晒干可入药。用姜做出来的菜既鲜又美味，很受人们的欢迎。生姜味辛性寒，不仅能发散风寒、去咳止痰，还能温中止呕、解毒，被人称为"呕家圣药"。

36.为什么洋葱会让人泪流满面？

◇ **名词解释** 眼角膜：眼睛前端的一层透明薄膜。眼角膜完全透明，呈横椭圆形，上有十分敏感的神经末梢。

许多人都爱炒洋葱吃，可是在炒之前，他们却难免要吃一些苦头。原因很简直，在拿菜刀切洋葱的时候，洋葱会让他泪流满面。为什么会这样呢？

原来，洋葱切开时会释放一种酶，叫蒜氨酸酶。蒜氨酸酶与洋葱中的氨基酸发生反应后，在空气中生成一种能刺激眼角膜的化合物，人只要一接触到这种物质，刺激到角膜上的神经末梢，就会不由自主地流眼泪。洋葱这种独特的"个性"，还能使它免受一些昆虫的侵害。

◎植物关联：

洋葱会让人流眼泪是人所共知的常识，可是科技的手段却能够推翻这个常识。2008年，新西兰和日本的科学家采用基因技术，创造出一种不使人流眼泪的洋葱，人们在切它时不必忍受刺眼流泪之苦。据介绍，日本科学家用新技术锁定了产生蒜氨酸酶的基因，而后新西兰科学家便利用基因抑制技术，切断了洋葱中导致流泪的基因，这样人们切洋葱时就不会再流泪了。

目前不使人"泪流满面"的洋葱是没有的，但是在剥洋葱的时候可以把它放到水里再剥，能减少对眼睛的刺激。

洋葱是种营养价值很高的蔬菜，以肥大的肉质鳞茎为食用，含有丰富的水分、蛋白质、脂肪、碳水化合物、维生素和微量元素等，在国外素有"菜种皇后"之称。洋葱是目前唯一一种已知含有前列腺素A的蔬菜。它能促进肠胃消化，增强食欲、发散风寒、杀菌、提神、降低血糖等的作用，是高血压、高血脂等病人绝佳的食品。

37.为什么无花果"看似无花却有花"？

◇ **名词解释** 花序：大多数植物的花，它们或密集或稀疏地按一定排列顺序，着生在特殊的总花柄上。花在总花柄上这种有规律的排列方式称为花序。

无花果是桑科无花果属的落叶果树，高达12米，它原产于欧洲地中海沿岸和中亚地区，西汉的时候引进我国。

无花果为什么会有这么一个名字，难道它真的不开花？如果不开花，它的种子又是从哪里来的呢？

其实，植物不开花就结果是违背自然规律的，所以无花果实际上是有花的。无花果的花托为肉质囊状花托，很肥大，如果我们把肉质花托切开，用放大镜观察，就可以看到肉质花托内有无数的小球，小球的中央有孔，孔内生长着的无数绒毛状的东西就是无花果的花。我们之所以看不到它的花，就是因为这些小花都"躲藏"在这个大花托里，这个花托在植物学上被称为"隐头花序"。

所以，无花果是"看似无花却有花"，它的雄花和雌花是上下部分开的，每朵雌花结一个果实，果实也藏在肉球内。人们吃的无花果并不是果实，而是膨大成为肉球的花托。由于种子小而软，在生食时我们常感觉不出来。

无花果味道鲜美，酷似香蕉，营养丰富。鲜果中果糖和葡萄糖的含量高达15%~28%，香甜如酥，可加工成蜜饯、果干、果酱和罐头食品。果干入药，能开胃止泄，治疗咽喉痛，是治疗喘咳、吐血和痔疮的良药。

在植物王国中像无花果这样结果不见花的树，还有榕树、菩提树、橡皮树、薜荔等。

38.为什么桃树"山上花开山下谢"？

◇ **名词解释**　阔叶林：叶子相对阔大的树木组成的森林，与由叶子像针一样细小的树木组成的针叶林相对而言。

唐代诗人白居易在游历庐山时有这样一段经历：那天，他到达大林寺庙，庙前的桃树花开锦簇，满枝芬芳。他有点不相信眼前所见，因为几天前在山脚下游玩时，满山的桃花早已凋谢了。万万没有想到，来到山顶却看到了满眼的朵朵桃花开。白居易心有所感，于是吟诗一首：人间四月芳菲尽，山寺桃花始盛开。长恨春归无觅处，不知转入此中来。

为什么会这样呢？原来，桃树开花受气温的影响。达到一定的温度后，桃树才会开花。而山上的气温随着海拔的增加是不断降低的，每升高100米，温度就降低0.6℃。庐山大林寺海拔高度大约是1200米，山脚的海拔大约为200米，我们不难得出山上的温度比山下的温度低6℃左右。因此，桃花开放的时间要比山下晚几天。白居易游到山顶时，恰逢温度适合桃花盛开。

其实，这样的景致在高海拔地区并不罕见，而且会出现这种情况的植物也并不仅限于桃树。比如我国的黄山，黄山地势错综复杂，山峰高耸云际，气候同样具有垂直的特点，再加上雨水充沛。因此，植物的垂直分布比较明显，海拔600米以下，主要是人工植被和马尾松林，海拔600~900米，以落叶阔叶林为主，900~1100米的海拔主要由常绿、落叶阔叶混交林构成，在往上，就是一些喜寒的植物了。

39.为什么说神秘果是"果园里的魔术师"？

◇ **名词解释** 味蕾：在舌头表面，密集着许多小的突起。这些小突起形同乳头，医学上称为"舌乳头"。在每个舌乳头上面，有长着像花蕾一样的东西，这就是味蕾。

神秘果是一种高三四米的常绿灌木，花为白色，果为椭圆形，一年开花结果两次，朱红色的果皮里面有一粒较大的种子和略带甜味的果肉。这种植物的果实无论外观还是味道，都没有什么让人觉得神秘的地方，但人们为什么称它为"神秘果"呢？

原来，这种果实的果肉非常奇特，它能使酸面包、酸味的棕榈酒和啤酒变得甜而可口。如果你嚼上几口神秘果，然后再去吃酸、苦、咸的食物，那么你尝到的都会是甜的味道。这就是神秘果的神秘之处，也是神奇之处，当地居民常常利用这一神奇特性来调节食物的味道。

神秘果为什么能改变味觉呢？科学家经过研究，揭穿了神秘果的

◉ 神秘果的枝条

"魔法"。原来，神秘果内有一种能改变食物味道感觉的糖蛋白，这种物质本身并不甜，可是，它的溶液能对舌头上的味蕾感受器发生作用，暂时扰乱舌头上味蕾感受器的功能，对甜味敏感的味蕾感受器会兴奋、活跃起来，而对酸味、苦味等敏感的味蕾感受器则被麻痹、抑制。因此，人们只能感觉出甜味。这种糖蛋白质的作用并不是永久性的，少则半小时，多至两小时后就会失效。因此，糖蛋白的作用并不能改变食物本身的酸味，只能起到改变味觉的作用。

40.为什么说柑、橘"同宗不同种"？

◇ **名词解释** 植物分类学：一门主要研究整个植物界的不同类群的起源、亲缘关系、以及进化发展规律的基础学科。植物分类学的分类阶元主要有门、纲、目、科、属、种等。

柑橘类水果是我国人民最喜爱的水果之一，属芸香科，种类繁多，全球共27种，我国有21种。柑橘类植物是常绿灌木或小乔木，春末夏初开白花，果实扁圆形，红或橙黄色，酸甜各异。常见的柑橘类水果有沙田柚、广东椪柑、温州蜜橘、黄岩早橘、南丰蜜橘、福建红橘、新会甜橙、柠檬、香圆、佛手、代代、金弹、枳、金钱橘等。

日常生活中，我们总是将柑和橘连在一起使用，其实，柑和橘是有区别的，它们"同宗而不同种"。通常，把果实直径大于5厘米、果皮橙黄粗厚、顶端有嘴的称为"柑"；而果实直径小于5厘米、果皮细薄而呈朱红或橙黄、顶端无嘴的叫"橘"。一般而言，柑的果形正圆，多汁甘香；橘的果形扁圆，味微甘酸。这种形态结构上的区别，总结在植物分类学上就是：它们同属芸香科柑橘属，但却不是从一个种而来。

柑和橘虽然形态上有区别，但营养价值却相近，都含有蔗糖、葡萄糖、果糖、柠檬酸和苹果酸等营养物质，其中糖与酸的含量比值是8:1，因而具有独特的风味。柑和橘的果实中还含有15种维生素和钙、磷、铁、镁、钾等矿物质。柑和橘不仅可供鲜食，还可加工成果酱、果酒、果汁及糖水罐头。

◎ **植物关联：**

日本研究人员经过研究，发现柑橘含有的一种叫β－玉米黄质的物质有抗衰老作用。研究人员利用实验鼠进行实验，结果发现，β－玉米黄质可以防止体内的脱氧核糖核酸（DNA）因氧化而受损，而且能够遏制脑部脱氧核糖核酸的氧化。这充分证明了柑橘中的β－玉米黄质具有抗衰老作用。所以，常食用柑橘能延年益寿，增进健康。

41.为什么说刺梨是"维C大王"？

◇ **名词解释** 维生素：是人和动物为维持正常的生理功能而必须从食物中获得的一类微量有机物质，在机体生长、代谢、发育过程中发挥着重要的作用。

维生素C，简称维C，是我们人体必不可少的营养物质。你知道什么植物内含有维C最多吗？不是橙子，不是柠檬，也不是猕猴桃，而是刺梨！

刺梨是蔷薇科灌木植物缫丝花的果实，夏天开花，秋天结果，收获期不到一个月。果实多为扁平圆形或椭圆形，果皮上生着密密麻麻

⊙ 刺梨

的小刺，因此把它叫做"刺梨"。

刺梨是名副其实的维C果王，每100克刺梨就含有2000毫克的维C，营养价值很高。刺梨的维生素C含量为所有植物中最高，是排在第二位酸枣的近3倍，是水果大王猕猴桃的30倍，是柑橘的50倍！

刺梨是云贵高原以及攀西高原特有的野生植株，以贵州最多。秋季果实成熟后，把它采摘下来，去刺，洗净除去种子。既可以新鲜做菜肴，又可以晒干作药用，还能用来泡酒。刺梨性凉，味甘，微微带有酸涩，能健胃消脾、生津止渴、解暑镇静等。除了含有丰富的维C外，它还富含B族维生素、十多种氨基酸、微量元素、膳食纤维等。服用刺梨可以帮助降低血压、改善头晕目眩、助消化等症状，还能美容。用刺梨酿酒，可以使它的各项功效都大大增强，是非常好的保健食品。

42.为什么说樱桃是"百果第一枝"？

◇ **名词解释** 贫血：指全身循环血液中红细胞总量减少至正常值以下。缺铁性贫血是贫血症状中较常见的一种，得此病症者需要补铁。

樱桃是蔷薇科落叶乔木，树可高达8米。成熟的樱桃颜色鲜红，玲珑剔透，果实小巧，所以看上去像一颗颗红色的珍珠玛瑙，很是诱人。樱桃的种类有很多种，最常见的是"先锋"和"红灯"，也是樱桃中最优质的两个品种。成熟的樱桃甜中略带点微酸，营养价值很高。它既可新鲜食用，也可以制作罐头，有人还用它来酿酒，酿出的樱桃酒散发出淡淡的樱桃味，具有美容的效果。

樱桃中含有丰富的蛋白质、糖、维C、胡萝卜素等营养，尤其是铁的含量更高，居于水果之首。所以常吃樱桃可以促进血红蛋白再生，既可以预防缺铁性贫血，又可以强身健体。

樱桃的果实、根、枝、叶、果核都可以入药，主治补中益气、咽干口渴、风湿腰痛、消化不良、四肢不仁、体质虚弱等症状，具有很高的药用价值。但是樱桃性温，热性病及热咳者和肾病患者应忌食。因为樱桃果实的成熟期较早，有早春第一果的美誉，因此人们说它是"百果第一枝"。

43.为什么说苹果是"智慧果"？

◇ **名词解释** 微量元素：相对主量元素（宏量元素）划分人体内的化学元素。一般而言，凡是占人体总重量0.01%以上的元素为主量元素，如碳、氢等；0.01%以下的为微量元素，如铁、锌等。

苹果是蔷薇科落叶乔木，叶子椭圆，有锯齿，花朵白色中带轻微的粉红，果实圆形，是世界四大水果之一，随处可以见到。苹果原产于欧洲、中亚和我国新疆西部一带，后来逐渐在全世界广泛栽培。

俗话说：一天一苹果，医生远离我。苹果是营养价值很高的水果，味道酸酸甜甜，散发出浓郁的果香，老少皆宜。它含有丰富的糖类、脂肪、维生素C和

◎**植物关联：**

美国科学家的一项研究证明：闻苹果香味可以有效缓解偏头痛。在这项试验中，50名偏头痛患者分别接受了3次测试，结果发现，闻苹果香味后偏头痛症状会明显减轻甚至消失。苹果香味能减轻患者头痛时的焦虑情绪，并分散注意力，使颈部、头部肌肉由紧张收缩变得松弛，从而起到镇痛作用。专家建议，在头痛症状较轻的情况下，可适当采取闻苹果的方法来缓解疼痛。

钙、铁等微量元素，对人体极为有益。

科学家通过实验证明，半生熟的苹果具有防辐射的作用，现在，一些国家把苹果当成了防辐射的主要物品。多吃苹果还能降低得感冒的概率。苹果还能防癌、降低胆固醇、保持血糖稳定、润肠、止泻、缓解压力等。但是，患有白细胞减少症、冠心病、心肌梗塞等疾病的病人，则最好不要吃苹果，以免影响治疗效果。

苹果里含有锌，能增强人的记忆力，有研究认为吃苹果能使人变聪明，因此又把它叫做"智慧果"。

44. "花相"芍药为什么又被称为"女科之花"？

◇ **名词解释** 切花：通常指从植物体上剪切下来的花朵、花枝、叶片等的总称。它们为插花的素材，也被称为花材。

芍药是被子植物门双子叶植物纲虎耳草目芍药科芍药属芍药亚种，花朵颜色有白色、粉色、红色、紫色、黄色等，具有很高的观赏性，为中国六大名花之一。每年的四、五月份，芍药竞相开放，那硕大艳丽的花朵如冠，碗口大小，在绿叶的点缀下，高贵无比。难怪自古以来有"牡丹为花王，芍药为花相"之说。自古多有文人对其进行歌咏，男女交往更有以芍药相赠互表情意的，诗经云："维士与女，伊其相谑，赠之以芍药。"由此可见芍药之美好，使得人们对其爱怜不已。芍药又是重要的切花，或插瓶，或做花篮。如在花蕾待放时切下，放置冷窖内，可储存数月之久。做切花用的主要为重瓣品种；单瓣的插瓶，几天就瓣落花谢。

芍药除了具有极高的观赏价值外，还具有颇高的药用价值。白芍的根含有安息香酸和芍药甙，可以用来镇痛、通经等；赤芍的根则有散瘀、活血、泻肝火等，主治月经不调、关节肿痛等症状。故而芍药又被称为"女科之花"。

⊙ 芍药

芍药的种子可榨油供制肥皂和掺和油漆作涂料用。根和叶富有鞣质，可提制栲胶，也可用作土农药，可以杀大豆蚜虫和防治小麦秆锈病等。

45.为什么水仙"喝"清水就能成长？

◇ **名词解释** 养料：能供给有机体营养的物质，也即营养物质。

一般我们在花市看到的水仙都有大大的球根，就像是一个冒了芽的大葱头。将这个"大葱头"买回来以后，放在清水盆里，只要勤换水，调理得当，就会发芽长叶，不久叶子中间就会长出一个个花蕾，开出清香醉人、洁白如玉的水仙花来了。

水仙花为什么只靠"喝"清水就能生长得这么好呢？秘密就在"葱头"里，这个"葱头"有个学名——鳞茎。有人这样说：鳞茎就是个粮食仓库。这种说法是有道理的。鳞茎里确实存有大量的养料，只要给予足够的

○ 水仙花

水分，水仙就能利用鳞茎里的养料来长叶开花了。鳞茎饱满充实，水仙就长得茂盛壮实；鳞茎瘦小干枯，水仙恐怕连花都开不出来。花开过之后，鳞茎的任务完成了，"粮食"也没有了，它就萎缩下去了。

其实，水仙"喝"清水生长只是它生长周期的一个部分。一般来说，一株水仙要经过几年的种植时间才会开花。首先在9—10月间将水仙的种子播种在土壤中，培育成苗，这是水仙的营养生长期。第二年5月，水仙的叶子渐渐枯黄，6月时就以鳞茎形式进入休眠，休眠期间鳞茎继续进行生理、生化活动，为来年的开花做好必要的营养储备的准备工作，这是水仙的鳞茎膨大期。第三年，将鳞茎从土中挖出，放在清水里培养，只要温度、光照等适宜，就会长叶开花。有时候，水仙的鳞茎膨大期可能需要不止一年，那么，水仙的整个生长周期也会延长。

46. "花中君子"莲花为什么"出淤泥而不染"？

◇ **名词解释** 疏水性：指物体分子与水互相排斥的物理性质。如荷叶具有极难被水沾湿的表面，其表面的分子就具有疏水性。

夏天一到，莲花摇曳的风姿、沁人心脾的香气赢得人们无限的赞美。莲花一向有"花中君子"的称号，宋代周敦颐更作文赞美莲花"出淤泥而不染"。为什么莲花会有这种特性呢？

原来，莲叶的表面具有超疏水性和自洁的功能。科学家们经过研究发现，莲叶的表面有一层绒毛和一些微小的蜡质颗粒，这种结构使得莲叶与水滴的接触面大大减少了。由于莲叶不吸水，落在莲叶表面的水滴便会因为张力的作用形成水珠，只要叶面一倾斜，水珠就会滚落莲叶，所以即使是经过一场倾盆大雨，莲叶也还能时刻保持干燥。此外，滚落的水珠顺便带走莲叶上的尘土，因此能使莲花一直保持干净，这便是莲花"出淤泥而不染"的原因。而莲花的这种自洁功能，又被称为"莲花效应"。

莲花是一种实用价值很高的植物，全株皆可利用，每一个部位都有其特殊功能：根茎莲藕含有蛋白质、淀粉和维生素C，味甘，清脆而多汁，可以当水果生吃，也可以用来做汤、炒菜。莲叶和莲子都可以入药，其中，性平味苦，含丰富的维生素C及荷叶碱，有清暑、醒脾、化瘀、止血、除湿气之用；莲子含维生素C、蛋白质、铜、锰等矿物质及荷叶碱，极具营养价值，可强身补气、保健肠胃、止泻及祛湿热的效果。莲蓬可祛除体内湿气、活血散瘀。莲梗可清热解暑、去除体内多余水分，并能顺畅体内气血循环。

◎**植物关联：**

与莲叶相比，人厌槐叶萍是一种具有更强疏水性的植物。这种植物极不易被水沾湿，把它浸入水中，再取出，上面挂的水珠马上就会全部滴落。更准确地说，它在水下根本就没有被真正浸湿，因为在水下时其叶片表层会形成极薄的一层空气膜，从而避免叶片与水直接接触。科学家介绍说，如果给船体刷上具有像人厌槐叶萍这样强疏水性的仿生涂层，可大大降低船只行进过程中与水的摩擦，从而节省燃油。

47.报雨花为什么能"报雨"？

◇ **名词解释** 空气湿度：一定的温度下，一定体积的空气的水汽含量，它是表示大气干燥程度的一个物理量。空气湿度越小，表示大气越干燥；反之，则越潮湿。

报雨花生长在新西兰吐尔特岛上，是一种能够预报天气的植物。如果花开得很精神，就预示天不会下雨；如果花委靡不振，则预示天要下雨了。报雨花的预报准确率高达百分之百，因此当地居民出门前总要看看报雨花的开合，以便决定是否带雨具。

为什么会出现这种现象呢？原来报雨花的花瓣对空气湿度非常敏感，当空气湿度增大到一定值时，花瓣就会收拢起来；空气湿度降低到一定值时，花瓣又会慢慢舒展开来。而空气湿度的大小是晴雨的一个很好的指标。当湿度增大至饱和时，就会下雨。因此，只要找出报雨花花瓣的伸缩与空气湿度的关系，大致就可以预报晴雨了。

其实，自然界中，像报雨花一样能够预报天气的植物还有很多，气象树就是其中的一种。它的叶子色泽会随天气变化而变化。晴天，叶子为深绿色；叶色变红，预兆将会下雨，雨过天晴，叶子又恢复到原来的深绿色。之所以会这样，是因为气象树叶片中所含的叶绿素和花青素随着天气的变化而发生了变化：在正常情况下，叶片中叶绿素含量占优势，所以呈现深绿色。在长期干旱后，即将下雨前，常有一段时间的强光闷热天气。在这种环境下，对气候变化非常敏感的气象树的树叶中叶绿素的合成受到了抑制，而花青素的合成却加快了，并在叶片中占了优势，所以树叶由绿变红。根据经验，当树叶变红后一两天内会下大雨。雨过天晴，树叶又会呈现深绿色。

48.雪莲花为什么能"傲立"高寒？

◇ **名词解释** 风化：指由于长期的风吹日晒、雨水冲刷、生物的破坏等作用，地壳表面和各种岩石受到破坏或发生变化，一般是形成松散堆积物。

我国的青藏高原被称为是"世界屋脊"。这里林立着雄伟的大山，山上终年覆盖着白皑皑的雪，永远是个银白色的世界。这里的自然条件很不适宜植物生长：岩石风化，土壤质量恶劣，即使夏季也是狂风怒号，雨水在很短的时间内就会变成冰冷的雪。

一般来说，在海拔5000米以上，植物就越来越少，只能生长一些生命力极顽强的少数植物。然而事事总有例外，就在这个贫瘠的地方，有时你会意外地看到一朵怒放的紫红色雪莲花，它打破了这片雪地的单调，给这个银白色世界抹上了一丝亮彩。

> ◎ **植物关联：**
>
> 因不惧寒雪、花色洁白，而且具有多种药用价值，雪莲深受人们喜爱，特别是其花朵更被视为"药中极品"。然而最新的研究成果却显示，从有效药用成分来说，雪莲的"茎叶"胜过"鲜花"。研究人员通过观察分析证实，雪莲的有效成分黄酮和绿原酸在茎叶上的含量要比花序中高出0.991％和0.533％，这意味着雪莲的精华"茎叶"高于"鲜花"。

为什么雪莲花能在这样一个环境恶劣的地方上顽强生长，并开放出美丽的花朵呢？

首先，雪莲把自己的个子缩得矮矮的，紧贴在地面上，这样就可以躲过高山上特有狂风的摧残。它的根又长又柔韧，能深深地扎进石块缝间的土壤之中，尽可能多地吸收水分和养分。雪莲身上还穿着一身白色"棉衣"，那厚厚的绒毛从花茎到叶，从头到尾把雪莲包裹起来，这白色绒毛可以反射掉一些高山上的强烈日光，既防寒冷，又能保湿。可见，雪莲之所以能在"世界屋脊"上生长、开花，是它长期同恶劣环境做顽强抗争的结果。

49.巨花马兜铃为什么会发出死鼠臭味？

◇ **名词解释** 花药：花丝顶端膨大呈囊状的部分，是雄蕊的重要组成部分。花粉囊是产生花粉的地方，每一花药通常由4个或2个花粉囊组成。

植物世界很奇妙，一些植物依靠花香来吸引"媒人"传授花粉，而一些植物却恰恰相反——依靠花臭来吸引媒人，巨花马兜铃就是一种依靠花臭来吸引"媒人"的植物。

巨花马兜铃原产于巴西，主要生长在热带和亚热带地区，我国西双版纳热带植物园有一个种，每年的4月到6月盛开。

巨花马兜铃属兜铃科大型木质藤本常绿植物，花朵巨大，且主要部分只有一片，看起来就像是一个条理分明的兜状物。它不像其他花朵那样有对称的花瓣，花朵基部有一个囊，囊中有雄蕊和雌蕊，雌蕊先于雄蕊一天成熟，雄蕊成熟后花药破裂，散发出花粉，这时巨花马兜铃就会靠它散发出的如死老鼠臭味的气味，吸引昆虫进入囊中，为它传授花粉。由于花朵内壁长满了倒毛，一般进入巨花马兜铃囊中的昆虫短时间都难以钻出来，有时会被"囚禁"几天，等昆虫的身上沾满了花粉，倒毛萎缩了，昆虫才能重得自由身。可见，巨花马兜铃不仅能捕捉昆虫，还能养昆虫。

除了巨花马兜铃之外，在印度尼西亚的苏门答腊热带雨林中，还长着一种开花似尸体腐烂味道的"尸花"——巨魔芋，它也是一种靠花臭来吸引"媒人"的植物。

50.短命菊为什么最短命？

◇ **名词解释** 生命周期：生命从萌生到死亡所经历的时间。生命周期有长有短，不同的生物具有不同长短的生命周期。

短命菊又叫"齿子草"，长在沙哈拉大沙漠中。那里气候干旱，植物一般的叶子都会退化，在雨季来临之前以此来保存体内的水分与营养。但是短命菊却不一样，只要地里稍微有点湿润，就会迅速地发芽、生长、开花、死亡，整个过程不到一个月，因此是世界上最短命的植物。

短命菊的花也会闭合，空气干燥的时候就立刻闭合，空气稍微有点湿润就立刻开放，非常敏感。它和很多靠风力播种的植物一样，果实成熟了就缩成球形，随风飘到远方繁殖。

通常大多数草本植物都是在出苗后的当年或隔年开花，也有三四年的，像短命菊这样出苗后几个星期就开花结果的，实属少见。它来也匆匆，去也匆匆，当人们还未来得及细细品味它的风姿时，它就已经消逝了，短命菊的名字便因此而来。

51.日轮花为什么能"吃"人？

◇ **名词解释** 肥料：一般指提供给植物的养分，它或者施入土壤中，或者喷洒在植株上，能给植物的产量和品质带来提升。

日轮花生长在南美洲亚马孙河流域茂密的原始森林和沼泽地里，因其花朵形状酷似齿轮，故而得名。日轮花长得非常娇艳美丽，叶子一般有1米左右，花就开在一片片的叶子上面，散发出如兰花般的幽香。日轮花的叶子反应非常灵敏，而且力量巨大。要是有人不小心碰到或者想摘它，它的叶子立刻就会从四面八方像鹰爪一样伸卷过来，牢牢地把人给抓住，使人动弹不得。

日轮花不像莫柏等食肉植物，把猎物捉住后自己消化。真正"吃"人的其实不是它，而是躲在它花朵上的黑寡妇蜘蛛。日轮花把人抓住后，黑寡妇蜘蛛就会爬出来，疯狂地对人体进行吮吸和咀嚼。由于黑寡妇具有剧毒，被咬的人一般都会致命，人的尸体与黑寡妇消化后排出的粪便又成了日轮花特殊的肥料。因此，日轮花便尽心尽力地为黑寡妇捕捉猎物，凡是有日轮花的地方则必定有黑寡妇，它们相依相偎，狼狈为奸。

⊙ 与日轮花"狼狈为奸"的"黑寡妇"蜘蛛

52.向日葵为什么总是追随太阳？

◇ **名词解释** 植物生长素：调节植物生长的一类激素，其化学本质是吲哚乙酸，主要作用是使植物细胞壁松弛，从而使细胞增长；在许多植物中还能增加RNA和蛋白质的合成。

向日葵有一个其他植物都没有的本领，它的头状花序一旦长出后就开始朝向太阳，所以它又被称为"朝阳花"。

过去人们一直认为这是植物生长素在起作用，是生长素分布在花盘和茎部的背阳部分，促进那里的细胞分裂增长，而向阳面的生长相应地慢了，于是植株就弯曲起来，向日葵的花盘就这样朝着太阳打转了。

⊙ 向日葵的花茎可以随着太阳方向的变化而转动。

然而，近年来植物生理学家发现，在向日葵的花盘基部，向阳和背阳处的生长素分布基本相等。显而易见，向日葵向阳不是植物生长素的作用。

那么，是什么原因使向日葵向阳呢？有人做了实验，在温室里，用冷光(如日光灯)代替太阳光对向日葵花盘进行照射。尽管冷光早晨从东方照来，傍晚从西方照来，向日葵始终都没有转动。然而，用火盆代替太阳，并把火光遮挡起来，花盘就会一反常态，不分白天黑夜，也不管东西南北，一个劲儿朝着火盆转动。

由此可见，向日葵花盘的转动并不是由于光线的直接影响，而是由于阳光把向日葵花盘中的管状小花晒热了，基部的纤维会发生收缩，这一收缩就使花盘主动转换方向来接受阳光。

所以，向日葵还可以称做"向热葵"。

53.虎头兰为什么爱"喝"雨水？

◇ **名词解释** 球茎：一种垂直生长的肉质地下茎，是某些种子植物的无性繁殖器官，具有芽和膜质(或鳞片状)叶。

虎头兰又称为大花蕙兰、青蝉兰，属于兰科兰属植物，原产于我国西南地区，以西藏、云南、四川分布较多，世界各国多有引种栽培。

虎头兰的根系与一般植物根系不同，是直接从球茎上生出的同形的丛根或散根，粗大呈灰白色，有显著的根冠，没有主根、支根、细根之分，也没有根毛。如果其生长受到阻碍或受损则可以从中生出更多的支根，但形态仍和原根一样。虎头兰的根分为内外两层，内层细小如钢丝的称为中心柱，具有相当强韧的机械组织，不易折断，用来固定植株，也是运输水分和养分的通道。外层为细胞表皮，可以贮存水分和养分，充满水分时，有防旱和保护内层的作用。

虎头兰怕干不怕湿，对水质的要求比较严格，一般来说它们都喜微酸性水，对水中的钙、镁离子比较敏感。最好用积聚的雨水或雪水浇兰花，这种水最为洁净，一般偏酸性；河水次之；井水中含有矿物质，而且多为碱性，比较差；自来水中含有消毒剂，对虎头兰最不适宜。如果使用自来水，应先在水池中贮放24小时以上，经过太阳曝晒更好，待其中消毒剂沉淀或分解后，取其上面的清水。除了这种积存处理外，还有一种活化处理，就是在蓄积自来水的池中放养鱼类、水藻、小球藻、红浮藻和其他水生物,以改善水质。但要注意鱼类有无病害,防止引起水质污染。

54.叶子花为什么要"招蜂引蝶"?

◇ **名词解释** 盆栽:指将观赏植物栽培在花盆等固定器皿内,它是一种现代艺术,该艺术由中国传统的园林艺术演变而来。

叶子花为常绿攀缘灌木,枝条有刺,常呈拱形下垂,无毛或稍微有柔毛。单叶互生,卵形或卵状椭圆形,先端渐尖,基部圆形至广楔形,全缘,表面无毛,而长出来的幼叶背面则稀疏长有柔毛。花顶生,常三朵簇生于三枚较大的苞片内,有鲜红色、橙黄色、紫红色、乳白色等,形似艳丽的花瓣,故名叶子花、三角花。

叶子花观赏价值很高,在我国南方用作围墙的攀缘花卉栽培。每逢新春佳节,绿叶衬托着鲜红色的"花瓣",格外鲜艳夺目。北方多将其盆栽,置于门廊、庭院和厅堂入口处,十分醒目。在叶子花的故乡——巴西,妇女常将其插在头上做装饰,别具一格。欧美用叶子花做切花。在我国,叶子花还是一味中药,有散瘀消肿的效果。

⦿ 叶子花

每一种生物在自然界中的生存中都有它特长或精巧的一面。叶子花的花朵很小,而且没有香味,按照一般的自然规律,这种形式的花很难吸引蜜蜂或蝴蝶为它传花授粉,但为了结果繁衍后代,它进化形成了自己独特的"绝招"：将紧贴花瓣的苞片增大，并"染"上红、黄、白、橙红、红白相间等多种艳丽的色彩，使之酷似美丽的花瓣。这样，蜜蜂或蝴蝶经常会被这些鲜艳的假花瓣吸引而光顾它们，叶子花就轻松地解决了传宗接代的难题。

55.为什么说唐菖蒲是"环境监测员"？

◇ **名词解释** 氟污染：指氟及其化合物引起的环境污染。氟是积累性毒物，植物叶子、牧草能吸收氟，人畜摄入过量会给机体造成伤害。目前氟污染主要来源于铝的冶炼、磷肥生产、钢铁冶炼等过程的排放物。

在大自然中，有一些植物，因其具有特殊的形态构造和习性，往往能成为人类的良师益友。唐菖蒲就是人类的好朋友，它能充当人类的"环境监测员"。

唐菖蒲又称为菖兰、剑兰、什样锦，属于鸢尾科唐菖蒲属植物。原种来自南非好望角，广泛分布于地中海和南非，经多次种间杂交后形成多种栽培种，并逐渐散布到世界各地。

唐菖蒲可作为切花、花坛或盆栽。不过在环境生物学家的眼里，唐菖蒲的美并不在于它外形的美丽。20世纪60年代，美国等国的环境学者们发现，唐菖蒲对空气污染特别敏感，当空气中的氟化物达到一定浓度时，叶片就会因吸收氟表现出伤斑、坏死等现象，从而向人们发出污染"报警"信号。生物学家们进一步研究后发现，唐菖蒲的"报警"本领惊人，远远超过了人类本身的感觉能力。科学家们将唐菖蒲置于1~10ppb（1ppb等于10亿分之一）的氟化氢浓度下，几小时至几天后唐菖蒲叶片就出现受害反应，而人类对如此低的浓度根本没有任何感觉，所以唐菖蒲由于监测污染的特殊本领而受到科学家们的青睐，声名大振。

到了20世纪70年代，我国的环境学者利用唐菖蒲对氟化物污染的工厂或地区进行实地监测，取得了很好的效果。有人用唐菖蒲来监测

◉ "环境检测员"唐菖蒲

某磷肥厂的氟污染，不仅能进行"定性"，还能根据叶片的受害程度和其中的有害含量进行"定量"，结果都相当准确。20世纪七八十年代，唐菖蒲被广泛用于我国的环境生物学研究，人们称其为氟污染指示植物，是环境监测永不下岗的"哨兵"。

56.为什么罂粟会成为"有毒植物之王"？

◇ **名词解释**　成瘾：这里指药物成瘾，即患者对药物产生了某种生理上的依赖，已不能轻易摆脱此种药物。若是摆脱，便会出现各种不良身体反应，如焦虑、恶心、呕吐，甚至神志模糊等。

　　罂粟是一种艳丽、柔美的植物，同时也是鸦片、海洛因等毒品的来源植物。这些毒品成瘾性强，毒性大，使得罂粟成为了"有毒植物之王"。

　　罂粟未成熟果实的果皮内，含有一种与众不同的乳汁，乳汁中含有吗啡和其他生物碱。当它暴露在空气中后，很快就变黑、凝固，形成大名鼎鼎的鸦片。

　　鸦片本是一种效果十分明显的镇痛麻醉药，但由于金钱的诱惑，一些人开始利用鸦片服用时带来的暂时快感和较强的成瘾性，推销非医疗用途的鸦片制品，使服用者深受其害。随着鸦片的滥用，罂粟这种原本有益的植物也逐渐成了人类的"公敌"。

19世纪初，德国药剂师泽尔蒂纳首次从鸦片中分离出一种白色结晶。他认为这种物质是鸦片镇痛、催眠作用的主要成分，于是便以希腊神话中睡神摩耳甫斯的名字来命这种新药，中文译为"吗啡"。但泽尔蒂纳万万没想到，吗啡不仅镇痛、催眠效果大大超过鸦片，上瘾性也随之增强，服用量稍大会出现中毒反应。

◎植物关联：

毒品能让人上瘾，很大程度上是因为毒品能让吸食者获得快感。所以，为了戒掉毒瘾，对抗快感也就成了关键。美国科学家研制出了一种能对抗海洛因快感的特效疫苗，并在动物身上检验了疗效。该疫苗产生的专门抗体，能阻止海洛因及其代谢过程中形成的其他精神类化学物质到达脑部，从而阻止了快感的产生。这对戒毒者来说，无疑是个福音。

为了研制出一种非上瘾性的止痛特效药，1874年英国人莱特用吗啡与乙酸肝混合沸煮，得到二乙酰吗啡。但事与愿违，这种新化合物的毒性更大，于是他决定停止试验和使用。然而，19世纪末，德国人再次提出了二乙酰吗啡，将它作为非上瘾性麻醉剂向全世界推销，并用德文中代表女英雄的词汇"海洛因"作为商标。海洛因的毒性已经远远超越罂粟本身具有的毒性，它是目前世界上危害最大的毒品之一。

57."飞虫捕手"猪笼草为什么能捕食虫子？

◇ **名词解释**　藤蔓植物：也称为攀缘植物，这一植物的共同点为茎细长，不能直立，但均具有借自身的作用或特殊结构攀附他物向上伸展的攀缘习性。

猪笼草长于我国广东南部以及云南等地，为多年生藤蔓植物，一般有3米高，野生的猪笼草可高达20余米。猪笼草最引人注意的是它长在叶子上的一些小瓶子，那就是它捕捉猎物的"利器"。这些小瓶子色彩艳丽，形状精致奇特，呈圆筒形，瓶子的下半部分稍稍有点膨大。最

○ 猪笼草

大的瓶子长约50厘米，瓶口处会分泌出一些蜜液，常常吸引着一些虫子过去送死。

究竟猪笼草是怎么吃虫的呢？

原来，猪笼草瓶子开口的边缘会分泌出一种蜜汁，虫子以为发现什么好东西了便争相跑过去觅食，却并没想到这是条"不归路"！由于瓶子的瓶口是倾斜的，虫子掉下去后便直接滑到瓶底被瓶底的消化液所消化了。消化液含有多种成分，据有人观察，就算是蜈蚣掉入了猪笼草的瓶子，不出几分钟也会被消化得干干净净。猪笼草就是利用这种方式来获得自身生长所需要的养料的。

猪笼草在热带很常见，有人种植它做园林观赏的植物。在东南亚地区，还有人拿它的瓶子来蒸饭，据说做出来的饭很有一番风味。

58.舞草为什么会翩翩起舞？

◇ **名词解释**　复叶：二至多枚分离的小叶，共同着生在一个叶柄上，称为复叶。

舞草别名风流草、电信草、跳舞草，属于豆科山蚂蝗属植物，是一种落叶灌木。舞草的叶柄基部略微膨大成节，在阳光下叶片能够回旋运动，这种自行起舞现象十分罕见，因此得名"舞草"。舞草跳舞主要是复叶中间的大叶做摇摆运动，而位于两侧的小叶则进行回转运动，1~3分钟旋转一周，看上去就像是在跳舞。

其实舞草是为太阳而跳舞。科学家经过观察研究发现，舞草的舞蹈动作主要是由阳光的刺激所引起的一种周期性运动，如果将其放置在黑暗的地方，则舞蹈动作会慢慢减弱，一段时间之后，就停止跳舞了，再移到阳光下的话则又开始跳舞。科学家还发现，舞草的舞蹈运动还和温度有关系，当温度达到30℃时，舞草跳圆圈舞，而温度低于或高于30℃时，跳的舞为椭

◉ 跳舞草

圆舞。太阳落山后，舞草开始变得有气无力，舞蹈也越来越慢，最后就停止跳舞。

　　舞草在白天会跳舞的原因是什么呢？原来在阳光和温度的刺激下，舞草膨大的叶柄中的叶座细胞内的压力发生变化，细胞发生间断性的收缩和舒张，从而导致叶片发生运动。其实对舞草来说，这种运动也是一种自卫的方式。在烈日下，叶片运动改变角度，可以抵挡酷热的阳光照射，减少水分蒸腾，此外，这种运动还可以迷惑昆虫等动物，使它们不敢轻易靠近。

59.含羞草为什么会"害羞"？

◇ **名词解释**　生物电：生物的器官、组织和细胞在生命活动过程中发生的电位和极性变化，它是生命活动过程中的一类物理或物理-化学变化，是正常生理活动的表现。

　　含羞草是一种很有趣的观赏植物，当你用手轻轻碰一下它的叶

◎ **植物关联：**

因不惧寒雪、花色洁白，而且具有多种药用价值，雪莲深受人们喜爱，特别是其花朵更被视为"药中极品"。然而最新的研究成果却显示，从有效药用成分来说，雪莲的"茎叶"胜过"鲜花"。研究人员通过观察分析证实，雪莲的有效成分黄酮和绿原酸在茎叶上的含量要比花序中高出0.991%和0.533%，这意味着雪莲的精华"茎叶"高于"鲜花"。

子，它就会像害了羞一样，把叶子合拢来，垂下去。你触得轻，它动得慢，折叠的范围也小；你触得重，它也动得快，不到10秒钟，所有的叶子就能全折叠起来。

含羞草为什么会动呢？原来，在含羞草叶柄的基部，有一个充满水分的叶枕。当你用手触摸含羞草，叶子振动了，叶枕下部细胞里的水分立即向上部与两侧流去，于是，叶枕下部像泄了气的皮球似的瘪下去，上部像打足了气的皮球似的鼓起来，叶柄也就下垂、合拢了。含羞草的叶子在受到刺激做合拢运动的同时，还会产生一种生物电，将刺激信息很快扩散到其他叶子，所以其他叶子也会依次合拢来。不久，当刺激消失后，叶枕下部又逐渐充满水分，叶子就重新张开恢复原状。

含羞草的这个特点对它的生长很有利，是它对自然条件的一种适应。在草地或林间，当它受到触动时，迅速闭合的叶片和突然下垂的小枝会使动物有所畏忌，这就防止了它可能被食草动物吃掉的危险。而在天气突然变化，如暴风雨即将到来的时候，它会在碰到第一滴雨、第一阵疾风时把叶子收起来，以避免狂风暴雨对娇嫩叶片的摧残。

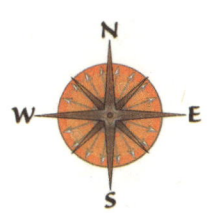

让孩子受益一生的

十万个为什么

③

陈星海 / 编

中国华侨出版社

目 录
CONTENTS

历史是条长河

1. 为什么中国人自称是"炎黄子孙"? ……………………… 002
2. 为什么说夏是中国第一个王朝? ………………………… 003
3. 商纣王为什么会亡国? …………………………………… 005
4. 姜太公为什么直钩钓鱼? ………………………………… 005
5. 春秋为什么会形成诸侯争霸格局? ……………………… 006
6. 为什么会有"战国七雄"的说法? ……………………… 007
7. 为什么秦始皇被称为"千古第一帝"? ………………… 008
8. 陈胜、吴广为什么要起义? ……………………………… 009
9. 楚霸王为什么设下鸿门宴? ……………………………… 010
10. 为什么要"罢黜百家,独尊儒术"? ………………… 011
11. 黄巾军为什么要起义? ………………………………… 012
12. 曹操为什么要"挟天子以令诸侯"? ………………… 013
13. 刘备为什么要"三顾茅庐"? ………………………… 014
14. 周瑜为什么要火烧赤壁? ……………………………… 015

15. 为什么会出现"八王之乱"？ …… 016
16. 淝水之战为什么能以少胜多？ …… 017
17. 宋文帝为什么要北伐？ …… 019
18. 北魏孝文帝为什么要迁都？ …… 019
19. 隋炀帝为什么要修大运河？ …… 020
20. 为什么会出现"贞观之治"？ …… 021
21. 武则天为什么能成为一代女皇？ …… 022
22. 为什么会爆发"安史之乱"？ …… 023
23. 为什么会形成"五代十国"局面？ …… 024
24. 宋太祖为什么要"杯酒释兵权"？ …… 025
25. 王安石变法为什么会失败？ …… 026
26. 辽国为什么能崛起北方？ …… 027
27. 阿骨打为什么要伐辽？ …… 028
28. 元昊为什么能建立西夏？ …… 029
29. 铁木真为什么被称为"成吉思汗"？ …… 030
30. 朱元璋为什么能建立明朝？ …… 031
31. 郑和为什么要下西洋？ …… 032
32. 闯王李自成为什么会功败垂成？ …… 033
33. 郑成功为什么能收复台湾？ …… 035
34. 努尔哈赤为什么要创立八旗制度？ …… 035
35. 为什么会爆发"鸦片战争"？ …… 037
36. 为什么会爆发太平天国起义？ …… 038
37. 为什么会出现"戊戌变法"？ …… 039
38. "辛亥革命"为什么会失败？ …… 040

39. 为什么说"两河文明"是人类最伟大的文明之一？ …… 041

40. 埃及国王为什么自称"法老"？ …… 043

41. 为什么克里特文明会消失？ …… 044

42. 为什么斯巴达的军队骁勇善战？ …… 045

43. 为什么说古罗马是近代欧洲文明的发祥地？ …… 046

44. 英法为什么会爆发一场持续百年的战争？ …… 047

45. 欧洲为什么会出现"文艺复兴"？ …… 048

46. 为什么西班牙的"无敌舰队"会覆灭？ …… 049

47. 彼得一世为什么要迁都圣彼得堡？ …… 050

48. 英国为什么会发生"羊吃人"的圈地运动？ …… 051

49. 美国为什么能够赢得独立战争的胜利？ …… 052

50. 法国为什么会爆发大革命？ …… 053

51. 日本为什么要进行"明治维新"？ …… 054

52. 拿破仑为什么兵败滑铁卢？ …… 055

53. 林肯为什么要废除奴隶制？ …… 056

54. 凯末尔为什么能够领导土耳其赢得独立？ …… 057

55. 为什么说第一次世界大战是非正义的？ …… 058

56. 为什么会爆发第二次世界大战？ …… 059

57. 为什么说雅尔塔会议在二战期间很重要？ …… 060

58. 为什么要建立联合国？ …… 061

59. 为什么会出现古巴导弹危机？ …… 061

60. 美国为什么出兵越南？ …… 063

61. 为什么会爆发"海湾战争"？ …… 064

62. 为什么会出现东欧剧变？ …… 064

63. 为什么会出现"9·11"恐怖袭击事件？ …………………… 066

64. 美国为什么要推翻伊拉克萨达姆政权？ …………………… 067

在文学殿堂里徜徉

1. 为什么说《诗经》是一部百科全书？ …………………… 069
2. 中国古代文人为什么又称为"骚客"？ …………………… 069
3. 为什么说《史记》是文学和历史的高度统一？ …………………… 070
4. 曹植为什么要作《七步诗》？ …………………… 072
5. 为什么说《桃花源记》是一篇浪漫主义的杰作？ …………………… 073
6. 为什么会出现"洛阳纸贵"现象？ …………………… 074
7. 为什么说《搜神记》是志怪小说的杰出代表？ …………………… 075
8. 《玉树后庭花》为什么被说成是亡国之音？ …………………… 076
9. 李白为什么被称为"诗仙"？ …………………… 077
10. 杜甫为什么被称为"诗圣"？ …………………… 078
11. 为什么会有"推敲"这一常用词？ …………………… 079
12. 白居易为什么有"诗魔"之称？ …………………… 080
13. 为什么称李商隐、杜牧为"小李杜"？ …………………… 081
14. 陆游为什么被称为"爱国诗人"？ …………………… 082
15. 李清照为什么会成为婉约派的代表？ …………………… 083
16. "八股文"为什么会退出历史舞台？ …………………… 084
17. 清末为什么会产生"谴责小说"？ …………………… 085
18. 蒲松龄为什么能写出《聊斋志异》？ …………………… 086
19. 为什么说《红楼梦》是中国古代小说的最高峰？ …………………… 087

20. 为什么孔乙己的形象这么深入人心？ …………… 088

21. 为什么《子夜》是中国第一部写实主义长篇小说？ …………… 089

22. 为什么老舍被称为"人民艺术家"？ …………… 090

23. 为什么说《激流三部曲》是一部旧时代的挽歌？ …………… 091

24. 为什么说《边城》是"爱"与"美"的文学？ …………… 092

25. 为什么《围城》被誉为现代的《儒林外史》？ …………… 093

26. 为什么说张爱玲是现代中国文坛的一个"异类"？ …………… 094

27. 为什么说冰心的作品是"爱的礼赞曲"？ …………… 095

28. 为什么说余光中是"乡愁诗人"？ …………… 096

29. 为什么说有华人的地方就有金庸的小说？ …………… 097

30. 为什么说琼瑶小说是荧幕的"香饽饽"？ …………… 098

31. 为什么说朦胧诗为传统诗歌注入了新的活力？ …………… 099

32. 为什么网络文学这么流行？ …………… 100

33. 为什么说《伊索寓言》是西方寓言文学的范本？ …………… 101

34. 为什么说《荷马史诗》是爱琴文明的史书？ …………… 103

35. 为什么会有《一千零一夜》？ …………… 104

36. 为什么说《神曲》是中世纪末期最伟大的文学作品？ …………… 105

37. 薄伽丘为什么把作品取名为《十日谈》？ …………… 106

38. 为什么说四大悲剧代表了莎士比亚的最高成就？ …………… 107

39. 为什么说《堂·吉诃德》沉重打击了欧洲骑士文学？ …………… 108

40. 为什么莫里哀会死在舞台上？ …………… 109

41. 为什么说《浮士德》是歌德一生思想和艺术探索的结晶？ …………… 110

42. 为什么说《红与黑》是法国近代社会的一面镜子？ …………… 111

43. 为什么说《人间喜剧》是一部社会百科全书？ …………… 112

44. 为什么说雨果是法国浪漫主义文学运动的领袖？ …………… 114

45. 为什么说安徒生是"现代童话之父"？ ………………… 115

46. 果戈理为什么将创作的原稿付之一炬？ ………………… 116

47. 为什么《茶花女》标志着法国现实主义戏剧的开启？ …… 117

48. 托尔斯泰为什么会遭到封建统治者的忌恨？ …………… 118

49. 普希金为什么会死于决斗？ ………………………………… 119

历史是条长河

1.为什么中国人自称是"炎黄子孙"?

◇ **名词解释** 部落:由若干血缘相近的宗族、氏族结合而成的集体,一般形成于原始社会晚期。部落有较明确的地域、名称、方言、宗教信仰和习俗。

中国人向来称自己为"炎黄子孙"。这"炎"是炎帝,"黄"是黄帝,"炎黄子孙"即是炎帝和黄帝的后代。你知道炎帝和黄帝的故事吗?

炎帝是传说中我国上古时代姜姓部落的首领,又称赤帝、烈山氏。据说炎帝少而聪颖,三天能说话,五天能走路,三年知稼穑之事。他一生为人民办了许多好事。他不望回报,不贪财物,以德义治天下,使得天下不赏而民勤、不罚而邪正、不忿争而财足、无制令而民从、威厉而不杀,百姓都很爱戴他。

黄帝是我国远古时期传说中的华夏部落联盟首领,姓公孙;因生于轩辕之丘,故又称轩辕氏;又因建国于有熊,故也称有熊氏。黄帝生性灵活,能说会道,道德情操高尚,被拥为西北方游牧部族的首领。黄

◉ **炎帝像**
炎帝神农氏带领中原地区人民脱离渔猎生活方式,创立了中国式的农耕生活方式。

◉ **黄帝像**
黄帝统一中原地区,建立了最初的部落联盟。很多神话般的发明就是在其统治期间完成的。

帝统治时间很久，在他统治期间，社会生产力得到一定发展。

在炎帝和黄帝各自统治所在部落的时期，中国黄河下游的东夷部落也出了一个著名的人物，他就是蚩尤。炎帝部落最初在今天的陕西省南部活动，后来他们沿黄河向东发展，与黄帝部落联合形成了华夏族。华夏族不断东进，击败了黄河下游很多部落。蚩尤的部族不愿臣服于华夏部落，便联合黄河下游的九个部族组成九黎族对抗华夏。最终，在逐鹿之战中，华夏战胜了九黎，蚩尤被杀死。

打败蚩尤部落后，华夏内部出现了炎帝部落和黄帝部落的斗争。最终，在阪泉之战中，黄帝战胜了炎帝，确立了华夏民族的统一。后来，黄帝和炎帝便被视为华夏民族的共同祖先，我们也自称为"炎黄子孙"。

2.为什么说夏是中国第一个王朝？

◇ **名词解释** 禅让制：原始社会部落联盟民主推选首领的制度。形式上，一般是前一任部落联盟首领推举下一任部落联盟首领，或者在部落联盟内部由众人选举产生下一任部落联盟首领。

舜在位时期，命禹治理黄河水患。舜死后，立了大功的禹被推举为新的首领。禹在位时期，部落联盟首领的权力已经很大了，既有号令天下诸部落首领的权力，也有对各部落首领的生杀大权。禹年老后，按照传统的禅让制，推选伯益为继承人，但同时却又将实权交给了自己的儿子启。禹死后，本该由伯益继位，但是启联合一部分

◎ **历史余味：**

在三皇五帝时期，中国有个著名的禅让故事，那就是尧舜禅让。尧晚年时，自知儿子丹朱不成器，难以接替部落联盟首领之位，于是便决定从民间选贤。众部落首领推荐了当时还是鳏夫的舜。尧对舜进行了多次考察和考验，最后终于放心地禅位于舜。舜继承尧的帝位，也继承了这种制度，推举禹摄行政事。舜死后，禹继位。

贵族奴隶主作乱，要求废除禅让制，实行父传子的王位继承方式。这个举动遭到了伯益的坚决反对，伯益率领东夷联盟讨伐启。然而，启早有防备，经过一场激烈的大战，伯益的军队被彻底打败，伯益也被杀。

为了庆祝这次胜利，启在钧台（今河南禹州）举行大规模宴会，邀请各部落首领，以期对他的地位予以确认，但是却遭到了部分部落首领的反对，尤其是有扈氏，对启破坏禅让制的做法十分不满，启于是起兵讨伐有扈氏。大战开始前，启向众将士发布了誓师词——《甘誓》。启说："我要告诉大家，这个有扈氏不敬天帝，不遵王命，上天要借我的手来消灭他！因此你们要服从我的命令，奋力出击，不可懈怠！"最后经过一场激烈的厮杀，有扈氏被打败。

经过这两次的胜利后，启继承了王位，并建立起夏朝。因为夏朝第一次实行王位继承制，使得"家天下"的局面最终形成，所以它是我国第一个王朝。

◉ 大禹治水图
禹三过家门而不入，最后他带领众人治好了洪水，禹也赢得了百姓的爱戴。

3.商纣王为什么会亡国？

◇ **名词解释** 离宫：指在国都之外为帝王修建的永久性居住的宫殿，帝王一般固定的时间都要去居住。

商纣王是帝乙之子，原名帝辛，"纣"是后人给他加上的恶名，意为"残又损善"。纣曾攻克东夷，把疆土一直开拓到东南一带，还建了一条通往东夷的大道，以便迅速调兵镇压东夷人的反抗。

纣把都城从安阳向南扩大到朝歌（今河南淇县），向北扩大到邯郸、沙丘（今河北平乡东北）一带，并在这里修建离宫别馆、苑囿台榭，置以飞禽走兽，供己享乐。纣宠幸美女妲己，为了博得妲己欢颜，纣造酒池肉林，令乐师作"靡靡之乐"，终日饮酒作乐，不思朝政。他还重用阿谀奉承的费仲和挑拨离间的恶来，将屡次进谏的叔叔比干剖心挖肺。此外，纣还大肆搜刮民脂民膏，滥施酷刑残害百姓，以供自己取乐。他发明了一种炮烙酷刑，即在铜柱表面涂上油脂，置于炭火之上，等到铜柱烧得通红，再令受刑者赤着双脚在上面行走，很多受刑者痛得惨叫不已，最后从铜柱上掉下来，落入火中被烧死。

纣的荒淫残暴使得民怨沸腾，各诸侯以及周边邦国也逐渐离心离德，再加上长期对东夷的征战，商朝早已国空力亏。与此同时，西边逐渐强大起来的周乘机伐商，纣王不敌，最后自焚而死，商朝由此灭亡。

4.姜太公为什么直钩钓鱼？

◇ **名词解释** 诸侯：古代（主要是奴隶社会和封建社会前期）中央政权所分封的各地方国；也代称各诸侯国君。

周是一个古老的氏族部落，是商朝的一个诸侯。周文王继位为部落首领后，克勤克俭，励精图治，使周的势力渐趋强大。眼见纣王昏庸残暴，丧失民心，周文王决定讨伐商朝，可是身边还缺少一个有军事才能的人来辅佐。

当时，贫民出身的姜子牙不满商朝的黑暗统治，隐居在渭水边上。虽然已经80岁了，但他依然很想实现自己的政治抱负，依然深信自己能成就一番事业。于是，他每天在渭水旁边假装钓鱼。他钓鱼的方法很奇特：鱼钩是直的，而且放在水面三尺以上的地方，钩上还不装鱼饵。其实，他并不是想垂钓，而是希望通过这种方式来引起周文王的注意。

有一天，周文王带着儿子到渭水北岸打猎。在渭水边，他看见了姜子牙不同寻常的钓鱼方法，觉得很奇怪，就下车和姜子牙谈了起来。两个人谈得很投机，周文王最后决定请姜子牙当丞相。姜子牙没有辜负文王的期望，在文王去世后的第四年，他辅佐文王的儿子武王推翻了商王朝，建立了周朝。

5.春秋为什么会形成诸侯争霸格局？

◇ **名词解释**　朝聘：此处指古代诸侯亲自或派使臣按期朝见天子。

春秋时期，随着周王室的衰落，周天子已经失去了号令天下诸侯的能力。有的诸侯公然和周天子进行战争，有的则打着"尊王"的旗号，实际上是要把周天子控制在自己的手中，以夺取号令诸侯的霸权。周天子实际上成为了诸侯的傀儡。

这个时候，各诸侯国之间的战争频繁发生，它们凭借实力，使用战争的手段来扩充领土，形成了诸侯争霸的局面。弱小的诸侯国逐渐被灭，成为强大的诸侯国的郡县，而强大的诸侯国则在局部地区实现了统一，更强大的诸侯国则可在一方称霸。

春秋时期，见于史书的诸侯国有一百二十八个，较为强大的有十几个，它们主要是位于今天山东的齐、鲁，位于今天河南的卫、宋、郑、陈、蔡，位于今天山西的晋，位于今天北京及其周边地区的燕，位于今天陕西的秦，位于今天河南、安徽南部及两湖的楚，位于今天江苏中南部的吴和位于今天浙江一带的越。各国之间的领土之争以及国家内部的王位之争、权力之争屡见不鲜，据史书记载，春秋

> ◎ **历史余味：**
>
> 史书上有一个"春秋五霸"的说法，但具体"春秋五霸"指的是哪五位，史学界并没有确切的定义。现今比较流行的说法有两种：第一种说法来源于《白虎通·号篇》，认为是齐桓公、宋襄公、晋文公、秦穆公和楚庄王。第二种说法来源于《四子讲德文》，认为是齐桓公、晋文公、楚庄王、吴王阖闾、越王勾践。

二百四十二年间，三十六位君主被杀，五十二个诸侯国被灭，大小战事四百八十多起，诸侯的朝聘和盟会四百五十余次。

春秋时期的争霸战争，一方面加重了人民的痛苦，另一方面，也推动了社会的进步。战争促进了华夏族和南方蛮族的融合，也破坏了旧制度，催生了新制度。

6.为什么会有"战国七雄"的说法？

◇ **名词解释** 合纵、连横：合纵指战国时期苏秦游说六国诸侯实行纵向联合，一起对抗强大的秦国的政策。与合纵针锋相对的则是张仪提出的连横，即强国拉拢一些弱国来进攻另外一些弱国的政策。

经过春秋时期连年的兼并战争，至战国时期，一百多个诸侯国只剩下了二十多个，其中以齐、楚、燕、韩、赵、魏、秦、越等八国势力最为强大，各自称霸一方。由于越国地处蛮夷之地，其势力极少进入中原，故而将其排除在外，余下七国被后人称为"战国七雄"。

韩、赵、魏三国的国君本是晋国的卿大夫。由于晋国发生内乱，卿大夫掌权，并相互争夺权力，最后形成的韩、赵、魏三国，瓜分了晋国，史称"三家分晋"。齐国也发生了内乱，卿大夫田氏杀了齐国国

君，自立为王，史称"田氏代齐"。

战国七雄的局面形成以后，诸侯国数目变少，胜者疆域变大，财富也集中在少数几个诸侯国手中，这使得战略缓冲空间越来越小，各个大国不得不面对直接残酷的竞争。为寻求富国强兵之路，一方面，它们招贤纳士，实施变法，改革图强，加强军备。另一方面，它们不断吞并小国，扩大自己的势力范围，同时与其他诸侯国或合纵或连横，以对抗强国或打击弱国，形成了"国无宁日，岁无宁日""邦无定交，土无定主"的混战局面。

◉ 战国时期三孔币

7.为什么秦始皇被称为"千古第一帝"？

◇ **名词解释** 度、量、衡：日常生活离不开物件的计量，其中，长度、体积和重量是最常用到的计量项目，中国古代分别称为度、量、衡。

秦王嬴政统一六国后，他觉得自己的功绩就是古代传说中的三皇五帝也比不上。于是，他决定用一个比"王"更尊贵的称号。后来，他决定采用"皇帝"的称号，因为是中国第一个皇帝，就自称是"始皇帝"。

全国统一后,秦始皇决定废除分封的办法,改用郡县制,把全国分为36个郡,郡下面再设县。在秦始皇统一中原之前,各国的文字是不一样的,秦始皇规定了统一的文字,有力地促进了各地的文化交流,这叫做"书同文"。后来,秦始皇又规定了全国统一的度、量、衡制度。

为了防御北方匈奴的入侵,秦始皇又将原来燕、赵、秦三国北方的城墙连在一起,这就连成了后来举世闻名的万里长城,成为我们中华民族古老文明的象征。

秦始皇为中华民族的统一和中华文明的传承作出了不可磨灭的贡献,因此被称为"千古第一帝"。不过这个"千古第一帝"也不是只作贡献,恶事也做了不少,其中最著名的就是"焚书坑儒"——为了统一思想,秦始皇把法家书籍以外的其他书籍统统搜集烧毁,把与秦朝统治者持不同政见的儒生们挖坑活埋。

8.陈胜、吴广为什么要起义?

◇ **名词解释** 公子扶苏:秦始皇长子,因反对秦始皇的一些政策而被秦始皇贬黜。秦始皇死后,奸臣赵高害怕他与自己扶持的秦二世争位,伪造诏书,逼其自杀。

公元前209年,秦朝第二任皇帝秦二世从阳城(今河南登封)征发900名百姓前往渔阳(今北京密云)驻守。戍卒队伍因风大雨急延误了期限,按秦律,一律要受腰斩酷刑。队伍中的两个屯长,一个叫陈胜,一个叫吴广,鼓动大家以公子扶苏和楚将项燕的名义发动起义。为了制造舆论声势,陈胜、吴广将写有"陈胜王"的帛书塞入鱼腹,戍卒烹鱼时见鱼腹中有帛书,都惊诧不已。到了半夜,吴广又偷偷跑到附近的一座破庙里,装作狐狸声叫道:"大楚兴,陈胜王。"之后,吴广故意扬言自己打算逃亡,竭力激怒随行的秦朝将尉,以激起民愤,两个将尉最后被怒不可遏的民众杀死。陈胜当即慷慨陈词:"壮士不死则已,死则

不应得名乎？王侯将相，宁有种乎！"我国历史上第一次农民起义的烈火就这样在大泽乡的雨夜中熊熊燃烧了起来。

起初，这支起义军不足千人，但是一路攻城略地，所向披靡。这时各地也纷纷响应，起义军的声势达到了顶峰。然而，陈胜、吴广逐渐被胜利冲昏了头脑，导致起义军内部发生了内讧，陈胜、吴广相继被部下倒戈杀害。不到半年，这场空前浩大的农民起义迅速走到了尽头。大泽乡起义虽然失败了，但作为我国历史上第一次全国性的农民战争，它充分反映了人民反抗残暴的勇气和能力。

9.楚霸王为什么设下鸿门宴？

◇ **名词解释** 关中：又称关中平原，指陕西省秦岭北麓渭河冲积平原。这里人口密集，经济富庶，战略位置重要，历来是兵家必争之地。

公元前206年，刘邦率兵攻入咸阳，秦朝灭亡。而此时楚霸王项羽由于受到秦军的牵制，还没能到达关中。刘邦深知自己的实力远不及项羽，于是撤兵至咸阳东郊，等待项羽的到来。项羽的谋士范增劝谏项羽杀掉刘邦，以绝后患。范增的话正好被项羽的叔父项伯听见，项伯与刘邦军中的张良是好友，他担心张良受连累，于是趁夜出营把消息告诉张良，叫他逃走。张良不愿逃走，反将消息告诉给刘邦。

第二天，刘邦带着张良、樊哙，亲自到项羽所驻扎的鸿门，向项羽谢罪，态度十分诚

◎ **历史余味：**

项羽在鸿门宴上的刚愎自用和优柔寡断为自己埋下了祸根。公元前203年，能够知人善用的刘邦完全扭转了对项羽的劣势，开始对项羽发起了全方位的反攻。公元前202年，项羽被困垓下，在四面楚歌中，楚军士气涣散。项羽的美妾虞姬在绝望中为不使项羽分心，在项羽面前拔剑自刎，留下"霸王别姬"的千古佳话。不久，项羽亦在乌江畔拔剑自刎。

◉ 鸿门宴遗址

恳。当天,项羽在军中设宴,留刘邦等喝酒。酒过三巡之后,范增多次举起玉珏示意项羽杀掉刘邦,可项羽一时心软,只当没看见。范增十分着急,中途借故离开席位,找来项羽的堂兄弟项庄,让他进军营假装舞剑,乘机杀了刘邦。项庄听从了范增的话,入营拔剑起舞,将剑锋直逼刘邦。这时,项伯也连忙拔剑与项庄对舞,用身体护住刘邦。张良见形势不妙,跑到帐外对樊哙说:"如今项庄拔剑起舞,其实是想杀掉刘邦啊!"樊哙听后,怒气冲冲地闯入营帐,对项羽说:"秦王有虎狼之心,因此天下人都背叛了他。将士们曾经约定:先破秦入咸阳者称王。如今刘邦先进了关,却没有称王,而是等着您来。像这样劳苦功高,您反而想杀害他,这不是在走秦王的老路吗?"项羽一时无言以对,只得请樊哙坐下。不久,刘邦起身如厕,留下一些礼物,交给张良,要张良向项羽告别,自己则带着樊哙从小道逃跑了。

10. 为什么要"罢黜百家,独尊儒术"?

◇ **名词解释** 黄老:黄指黄帝,老指老子。战国时期,一些思想家托黄帝的名义,引进法家学说,改造老子的道家思想,形成"清静无为"的黄老思想,西汉之初，君臣们反思秦亡的教训，以黄老"清静无为"的思想为宗旨，实行"轻徭薄赋""与民休息"的治国方略。到了汉武帝时期，社会政治、经济格局都已发生了重大变化，"清静无为"的治国思想已经变得不合时宜。

公元前134年，汉武帝召集各地贤良方正之士汇集长安，亲自询问治理天下的对策。其间，著名的儒学大师董仲舒指出：汉朝之所以未能"善治"，是因为未能"教化"，之所以不得"教化"，是因为社会上学派众多，百姓无所适从；要想维持政治上的统一，首先要推行思想上的一致。董仲舒的这种宣扬大一统的言论正好迎合了汉武帝的政治需要。因此，一场"罢黜百家，独尊儒术"的文化改革如火如荼地拉开了序幕。一时之间，全国上下大量起用儒术之士，褒扬儒学，于是"天下之士蔚然成风矣"。

其实，董仲舒等人推崇的儒家思想与孔子原来的思想不尽相同，它还融进了法家和阴阳家等其他学派的思想，是对传统儒家思想的进一步发展。汉武帝时期，儒家思想逐渐占据了主导地位，成为了之后封建社会两千多年的正统思想。

11.黄巾军为什么要起义？

◇ **名词解释** 符水：道教名词。旧时道教称，画符箓或烧符箓于水中，病人喝了后会解除疾病。这是一种迷信的做法。

汉灵帝时期，东汉朝廷的统治已到了崩溃的边沿。当时，巨鹿郡有兄弟三人：张角、张宝和张梁。大哥张角信奉黄老之术，号称能用念过咒语的符水治病，获得一些群众爱戴。后来，张角建立了"太平道"，收徒授法。一开始，朝廷认为"太平道"是劝人为善的，没有引起注意。在此形势下，张角继续扩大组织的范围，经过十几年时间，入道群众已达几十万人之众。公元184年，张角见时机成熟，联络各地徒众，约定于三月初五发动起义。谁知，张角的徒弟唐周贪图官位，向朝廷告了密。朝廷立即四处搜捕张角，张角只得立即举行起义。起义军头裹黄巾作为标记，因此被称为"黄巾军"。

起义爆发后，张角自称"天公将军"，率领起义军

⊙ 东汉马车石雕

攻打州郡，全国各地纷纷响应。起初，黄巾军取得了很大胜利，但是后来由于各自为战，又缺乏战斗经验，各地的黄巾军相继被朝廷逐个击破。在这个关键时候，黄巾军领袖张角不幸病逝，军中士气大挫。尽管如此，"人公将军"张梁依然统率广宗义军，坚持作战。到了十月间，由于起义军疏忽大意，朝廷派兵突袭了义军阵营，义军仓促应战，结果张梁阵亡，三万多名义军战死，还有五万多名义军宁死不屈，投河牺牲。之后，黄巾余部和各地的农民武装也被相继镇压。

12.曹操为什么要"挟天子以令诸侯"？

◇ **名词解释** 割据：指使用武力强行占据一方领土，成立政权。

东汉末年轰轰烈烈的黄巾起义使得朝廷政权名存实亡。在镇压黄巾起义的过程中，各地州郡官吏、地主豪强也纷纷形成了大大小小的割据势力。其中，以河北的袁绍、兖州豫州的曹操、江东的孙策、荆州的刘表实力最强。

曹操出生于显赫的官宦之家，自小聪敏，有谋略。黄巾起义时，曹操镇压了兖州的黄巾军，并从黄巾军的降兵中挑选出一部分精锐力量，组成"青州兵"，建立起第一个据点，逐渐发展壮大。公元195

年，长安城内诸侯发生火拼，汉献帝带着一批大臣逃回故都洛阳。当年，洛阳宫殿被董卓付之一炬，只剩下破砖碎瓦。汉献帝和一干文武大臣们只得搭草棚避风雨，挖野菜充饥。

当时，袁绍大军基本平定了冀州。袁绍的谋臣沮授得知汉献帝的处境后，建议袁绍把汉献帝接到邺城，挟天子以令诸

⊙ 曹操像

侯。但是袁绍怕自己的举动会受到限制，拒绝了这一建议。曹操得知这一消息后，认为千载难逢的时机到来了，他立刻派人把汉献帝接到许城（今河南许昌）。之后，曹操不断利用这一政治优势，以汉献帝的名义向各州发号施令，此时的袁绍后悔不已，但是为时已晚。

13.刘备为什么要"三顾茅庐"？

◇ **名词解释** 谋士：指古时候受聘于某权势人物（也就是所谓的"人主"），为其出谋划策的人。谋士相当一部分是"学而优"却不能"仕"的读书人，他们的身份通常是"门客""军师"或"幕僚"。

刘备是汉室宗亲，但是家境早已衰落，自幼靠编草鞋为生。东汉末年，天下大乱，刘备也趁机起事，想有一番作为。黄巾起义时，刘备与关羽、张飞桃园结义，三人成为异姓兄弟。后来诸侯割据，刘备由于势力弱小，经常寄人篱下，先后投靠过曹操、袁绍、刘表等人，几经波

折，却仍没有形成大气候。刘备经常感叹身边缺少能够出谋划策、指挥千军万马的人才。刘备身边的谋士徐庶向刘备推荐了隐居在隆中、才智非凡的诸葛亮。

刘备求贤若渴，不久就和关羽、张飞一起带着礼物到诸葛亮隐居的隆中，请诸葛亮出

◎ **历史余味：**

三国群英荟萃，有"龙"也有"凤"。诸葛亮人称"卧龙"，而与他相呼应的则是人称"凤雏"的庞统。庞统是与诸葛亮齐名的谋士，时人有"卧龙凤雏，得一可安天下！"的说法。在赤壁之战时，庞统避乱于江东，被鲁肃推荐给周瑜。周瑜去世后，诸葛亮借吊孝之际拉拢庞统。后庞统终为刘备所用，为刘备立下了不小战功。三十六岁时，庞统在落凤坡中乱箭而死。

山。恰巧，诸葛亮这天出去了，刘备三人只得失望而归。不久，刘备三人第二次去请贤，不料诸葛亮又外出了，刘备只得留下一封信，表达自己对诸葛亮的敬佩，以及请他出山辅佐自己匡复汉室的意愿。又过了一些时候，刘备准备再去请诸葛亮。关羽却说，诸葛亮也许是徒有虚名，不用去了；张飞则主张，由自己一个人去，用绳子把诸葛亮捆回来。刘备把他们责备了一顿，便带领二人第三次寻访诸葛亮。这次，诸葛亮正在睡觉，刘备不敢惊动他，一直站在旁边，等诸葛亮自己醒来，才坐下和他谈话。诸葛亮被刘备的诚意所感动，答应出山，从此一心一意追随刘备，为蜀汉的建立鞠躬尽瘁。

14.周瑜为什么要火烧赤壁？

◇ **名词解释** 江东：长江在安徽境内向东北方向斜流，以此段江为标准确定东西和左右，江东即江左，从小的范围上说，它指芜湖、南京一带，大的范围上说则指以芜湖为轴心的长江下游南岸地区。

公元208年七月，曹操挥师南下，企图一举消灭荆州的刘表和江东

的孙权，统一全国。八月，刘表病逝，刘表的儿子刘琮弃城投降。刘琮的举动大大出乎刘备的意料，刘备本来想与曹操大战一番，见此形势，只得向江陵撤退。曹操亲率轻骑五千，日夜兼程追赶，在当阳长坂（今湖北当阳东北）打败刘备，占领了江陵，刘备等退守夏口（今湖北武汉）。这时，江东的孙权派出鲁肃与刘备会晤，商议同心御曹，吴、蜀结成联盟。

曹操乘胜夺取江陵后，开始骄傲轻敌，不听谋士贾诩暂缓东下的劝告，于当年冬天就亲自统军顺长江水陆并进。吴将周瑜率领联军兵马驻守赤壁。由于曹军多为北方士兵，不习水战，因此战斗力大为削减。为了抵抗风浪颠簸，曹操下令将战船用铁索联结在一起。这时，周瑜的部将黄盖建议采用火攻，得到了周瑜的赞许。随后，黄盖遣人送伪降书给曹操，表示愿意带手下兵士投降曹操。之后，黄盖带上十艘大船，插上与曹操约定的旗号，驶往曹营，戒备松懈的曹军闻讯都争相来观看黄盖投降。谁知，黄盖带来的不是投降的兵士，而是满满十船浸油的干柴草。快到对岸时，黄盖下令点燃柴草，自己换乘小艇退走，十艘火船乘风闯入曹军船阵，横冲直撞，顿时燃起一片火海。周瑜大军乘势攻击，曹军伤亡惨重。赤壁一战后，曹操退回北方，再无力南下。

15.为什么会出现"八王之乱"？

◇ **名词解释** 禁军：原指保卫、扈从皇帝的亲兵，后来其职责范围扩大到护卫整个京都，是皇帝亲管的精锐部队。

公元290年，晋武帝司马炎病死，晋惠帝司马衷继位。惠帝天资愚笨，受人左右，首先皇后贾南风阴谋杀死了辅政大臣，之后惠帝的外祖父杨骏独揽朝中大权。公元295年，赵王司马伦奉诏入京，掌管禁军。不久，司马伦废杀贾皇后等人，次年又废掉惠帝，自立为王。司马伦的行为引起了齐王司马冏、成都王司马颖、河间王司马颙的不满，他们结

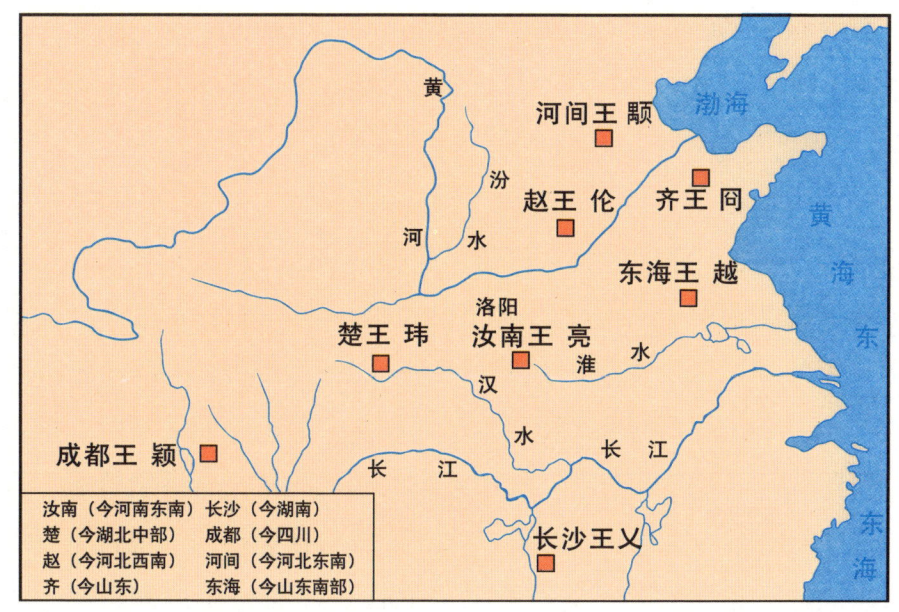

⊙ 八王之乱地形示意图

盟联兵，声讨司马伦。至此，宗室方阵多卷入火并，展开了一场恶斗。先是司马伦战败自杀，惠帝复位；紧接着司马冏入据洛阳，控制朝政；司马颙、司马乂联兵攻冏，司马冏被杀后，司马颙、司马乂又与司马越反复冲突。后来，司马越与部分禁军合谋，擒杀了司马乂。司马颖乘机入洛阳为丞相，以皇太弟身份把持朝政，政治中心一时移到邺城。司马越不满司马颖的专政，率领禁军挟持惠帝北上进攻邺城，旋即又毒死惠帝，另立惠帝之弟司马炽为帝，即晋怀帝。八王之乱至此结束。

八王之乱是西晋统治集团内部争夺最高统治权的斗争。这场大乱整整持续了16年，黄河流域人民蒙受了空前浩劫，经济文化遭到严重破坏。西晋各派政治力量也在内战中消耗殆尽，最终被流民起义及内部反晋斗争浪潮所湮灭。

16.淝水之战为什么能以少胜多？

◇ **名词解释** 前秦：五胡十六国之一，是中国历史上第一个统一北方的非汉民族政权，由氐族苻健所建，都城是长安（今陕西西安）。

公元383年八月，前秦苻坚率兵87万南下进攻东晋，苻坚自以为"投鞭于江，足断其流"，于是狂妄地宣称："以吾之众旅，灭晋易如反掌。"

东晋王朝在生死存亡的危急关头，任命谢玄率领8万训练有素的"北府兵"迎战。谢玄率精兵打退了前秦的部队，前秦军队士气大挫，慌忙撤退到淝水西岸。晚上，苻坚站在城头视察军情，竟将八公山上影影绰绰的草木错看成满山遍野的晋军（这就是成语"草木皆兵"的典故），十分惊恐。后来，苻坚派出原东晋大将朱序前去劝降，谁知朱序一到晋营，不但没有劝降，反而将前秦军队的情况告诉给晋军。晋军根据朱序的情报，准备转守为攻，派出使者与苻坚相约，说晋军愿到淝水西岸决战，建议前秦军队从西岸"小退"。苻坚企图乘晋军半渡之时袭击，全歼晋军于淝水之中，便下令士卒稍退。可这一退，士卒便以为前方被击败，慌作一团，再加上前秦军队内部民族成分复杂，士卒十有八九都是汉民，心向南方的，这些人乘势在军中高呼"秦兵败矣！秦兵败矣！"士卒于是奔逃溃散，晋军乘机猛攻，前秦大败，苻坚身中流矢，率残兵北逃。

◉ 淝水之战图

17.宋文帝为什么要北伐？

◇ **名词解释** 刘宋：中国历史上曾出现过两个国号为"宋"的政权，前一个由南朝宋武帝刘裕建立，后一个由两宋的宋太祖赵匡胤建立。为区别不同，一般称前者为"刘宋"，后者为"赵宋"。

东晋灭亡后，中国历史进入南北朝时期。在南北朝初期，北朝的北魏和南朝的刘宋对峙而立，双方互有攻守。

公元423年十一月，北魏太武帝拓跋焘即位，初出茅庐的拓跋焘亲自领兵去抗击柔然的入侵。两年之后，18岁的南朝宋文帝刘义隆即位。因看到北魏与大夏、柔然发生了连年的激烈战争，宋文帝认为这是个可乘之机，便遣使要求拓跋焘归还占去的河南、山东各地。拓跋焘当然不予理睬。盛怒之下的刘义隆派大将到彦之率5万大军由水路进军山东。当时魏军主力正在北方作战，中原地区将少兵稀，见宋军势威，纷纷撤兵而去。宋军收复了很多失地，一直推进到黄河南岸驻防。不料隆冬黄河冰封之后，魏军突然大举渡河南下。宋军因防线过长，各处都很薄弱，一下就被击溃，连失洛阳、虎牢数城。为挽救败局，宋文帝急命檀道济北援。檀道济善于用兵，用诈兵骗过了魏兵的追击，方得全军而归。

这次北伐终以刘宋的失败而告终，而北魏尚是两面作战，犹得取胜，可见南北方的力量差距。其后南北方保持了近20年的平静。公元450年七月，宋军再次大举北伐。可惜南朝最有名的将领檀道济此时已被冤杀，南军缺乏统军大将。北伐既败，魏军的南侵攻势却愈发锐利起来。

18.北魏孝文帝为什么要迁都？

◇ **名词解释** 鲜卑：中国古代的一个游牧民族，先世是商代东胡族的一支，兴起于大兴安岭山脉，后来南迁至西剌木伦河流域，魏晋南北朝时崛起。

公元386年，鲜卑族拓跋珪建国，初称代国，同年四月改国号为魏，史称北魏。公元471年，年仅5岁的拓跋宏继位，即孝文帝。孝文帝是一位胸怀宽广、见识卓越的君主，他积极地倡导汉化运动，采取了一系列的措施，如改革官制、禁止胡服胡语、改鲜卑姓氏为汉姓等等。公元493年，孝文帝决定迁都洛阳（今河南洛阳）。

原来，北魏自拓跋珪建国起，一直定都于平城（今山西大同），但是平阳地位偏北，很难控制整个北方，且常年发生自然灾害，致使疾病肆虐。然而，孝文帝迁都的决定立即遭到了王公大臣的反对，这些大臣多为鲜卑贵族，思想保守，安土重迁。于是孝文帝便宣称要进攻南齐，大臣们不敢再反对。在南征至洛阳途中，军队正好碰上连月的大雨，道路泥泞，行军困难。有大臣建议取消南征，孝文帝乘机说："如此兴师动众，若半途而废，岂不遭人笑话。既然不能南征，那就把国都迁到这里吧！"在南征与迁都之间，大臣们只得选择了迁都。这样，在公元494年，北魏正式将都城从平城迁到了洛阳。

北魏迁都洛阳之后，北方草原游牧民族文化与南方中原汉族文化的融合进一步加快。在这个过程中，孝文帝作为一位杰出的少数民族政治家和改革家，功不可没。

19.隋炀帝为什么要修大运河？

◇ **名词解释**　隋文帝：杨坚，隋朝开国皇帝，隋炀帝杨广的父亲。他成功地统一了严重分裂了数百年的中国，并开创先进的选官制度，发展文化经济。

公元604年，杨广登基，成为隋朝的第二位君主，即隋炀帝。隋炀帝在位期间，集贪婪、荒淫、暴虐于一身，对全国民众施以残酷的统治。为了享乐，隋炀帝苦役上百万民众，耗费大量财力，在京城洛阳郊区开辟了规模浩大、专供游猎的"西苑"，苑内有许多恢宏的宫殿楼阁，还有方圆十余里的海。公元605年，在前代"邗沟"以及隋文帝时期已挖通的"永济渠"的基础上,隋炀帝下令再次开挖江南运河,将钱塘江、长江、淮河、黄河、海河连接起来,以供其乘船南下,游览江南胜景。

运河挖好后,隋炀帝曾三次乘船沿运河巡游江南。据载,在巡幸江都(今扬州)的途中,隋炀帝曾携带妃侍、王公、百官、卫骑达一二十万人,乘坐大小船舶几千艘,组成的船阵长达二百多里,仅为其挽船的纤夫就多至八万人。另外,在洛阳至江都之间的运河两岸还修筑了众多的雄伟的行宫离苑,船队所过之处,五百里内的百姓都要"献食",极尽劳民伤财之能事。

隋炀帝的穷奢极欲把前代苦心经营几十年所留下的大量财富挥霍一空,为此,他横征暴敛,搜刮无度,给百姓带来了巨大的灾难。在他统治后期,各地农民起义此起彼伏,隋朝走到了灭亡的边缘。公元618年,隋炀帝被杀,隋朝灭亡,成为我国历史上继秦朝之后第二个暴政而亡的短命王朝。

20.为什么会出现"贞观之治"?

◇ **名词解释** 年号:指用于纪年的名号,一般由皇帝发起,被认为是帝王正统的标志,如"建业三年""贞观十六年"。新中国成立后,中国全面废止年号,改用公元纪年,如公元1960年。

唐太宗李世民登位以后,以隋亡为鉴,密切关注民生,先后实行了一系列比较开明的政策:减少苛捐杂税,不过分奴役和压迫农民;严惩贪官污吏,奖励功臣良将;重视科举取士,选拔统治人才;革除弊政,励精图治;善于倾听不同意见,不断改进统治方法等等。在短短的数年时间内,唐朝的经济、文化迅速恢复和发展,出现了"贞观之治"的盛世局面。

"贞观之治"的出现并不是历史的偶然,它与唐太宗个人的政治

◎ **历史余味：**

唐太宗创造贞观盛世，离不开一个人的辅助，这个人就是魏征。魏征是唐太宗身边最重要的谋臣之一，以直言敢谏著称。据载，魏征先后直谏唐太宗的过失200多次。魏征死后，唐太宗痛惜地说："用铜当镜子，可以照见穿戴是否端正；用历史当镜子，可以知道国家为何兴亡；用人当镜子，可以发现自己的得失。魏征一死，我就少了一面好镜子啊！"

品质密切相关。唐太宗广罗人才，知人善任，虚心纳谏，乐于规劝。唐太宗求谏时态度诚恳，方法多样。对的，加以褒奖；错的，也不委罪，因此身边涌现出魏征、长孙无忌、房玄龄等一批直言敢谏的贤臣。在民生方面，唐太宗曾多次强调"民，水也；君，舟也。水能载舟，亦能覆舟"。为了节省民力，唐太宗从不轻易征发徭役，一直在隋朝的旧宫殿里住了很久。作为一位君王，唐太宗能够做到如此，十分难得，他也为后来的统治者树立了好榜样。

21.武则天为什么能成为一代女皇？

◇ **名词解释** 均田制：我国从北魏到唐代中期实行的计口授田的制度。"计口授田"指政府根据所掌握的土地数量，授予每口人几十亩桑田和露田。桑田可继承，露田在年老或死亡后要收回。

公元660年，唐高宗李治身患疾病，不能处理国家大事，于是命令皇后武则天代理朝政。武后擅长谋略，颇有政治手腕。起初，高宗对武后理政很满意，但时间一长，武后霸道的行事作风暴露无遗，引起了高宗的不满。于是公元664年，高宗与宰相上官仪秘密商议废掉武后。但上官仪的废后诏书还没草拟好，武后即已接到了消息。她直接来到高宗面前，追问此事，高宗不得已，便把责任推到上官仪身上。结果上官仪被捕入狱，不久后满门抄斩。从此以后，高宗每次上朝，武后必在帘后操纵。所以，每当朝臣上表起奏时，均称二人为"二圣"。公元683年，高宗驾崩，中宗李显即位，武后被封为太后。这时的武后显然已经不满足于太后的地位了。公元690年九月，武后自立为圣神皇帝，改国号为周，史称"武周"。武则天终于成为了前无古人、后无来者的一代女皇。

◉ 女皇武则天

武则天十分重视农业，多次下诏劝课农桑，继续推行均田制，社会经济取得了长足发展，贞观以来的繁荣景象得以延续，为后继的开元盛世创造了条件。但是同时，武则天又任用酷吏，以严刑峻法等恐怖手段铲除异己。

22.为什么会爆发"安史之乱"？

◇ **名词解释**　节度使：唐代开始设立的地方军政长官，因受职之时，朝廷赐以旌节，故称。节度使拥有很大的权力，往往是叛乱造反的祸源。

唐玄宗统治前期，社会经济空前繁荣，出现了盛世的局面。但是到了天宝年间，统治阶级逐渐腐朽，朝廷中出现了以李林甫、杨国忠等为首的一批佞臣，使得内部斗争不断，尤其是文臣和武将之间的矛盾激化。身兼范阳、平卢、河东三镇节度使的安禄山拥兵边陲，其手下兵士骁勇善战，深得唐玄宗的宠信，因而引来了宰相杨国忠的忌恨。两人之间的争权夺利直接成为了安史之乱的导火线。

公元755年，安禄山趁唐朝内部空虚，联合同罗、奚、契丹、室韦、突厥等民族，组成共15万士兵，以奉密诏讨伐杨国忠为借口，在范阳起兵叛乱。安禄山率兵南下，一路攻占长安、洛阳等地。次年正月，安禄山自称大燕皇帝，率兵西攻潼关，留下部将史思明驻守河北。唐大将郭子仪、李光弼等人奋起平叛，相继收复长安、洛阳。公元757年，叛军内部因权利之争发生内讧，安禄山被儿子安庆绪所杀。公元759年，安庆绪被史思明所杀，后史思明又被儿子史朝义所杀。在唐军的反攻下，史朝义兵败自杀，安史之乱始告平息。

从公元755年至公元762年，安史之乱前后持续八年之久，使社会经济遭到了毁灭性的打击，昔日辉煌的唐朝盛世也一去不复返了。

23.为什么会形成"五代十国"局面？

◇ **名词解释** 五代：继承唐朝的五个王朝，后梁由朱温所建，后唐由李存勖所建，后晋由石敬瑭所建，后汉由刘知远所建，后周由郭威所建。

唐朝灭亡以后，北方地区先后出现了后梁、后唐、后晋、后汉和后周五个较为强大的王朝，以及北汉一个割据政权。与此同时，南方各地也先后出现了九个割据政权。

公元902年，杨行密建立吴国，定都于扬州，占据淮南28州；公元907年王建称帝，国号蜀，建都成都，史称前蜀，据有四川，后又取东川；楚国为马殷于907年所建，都城长沙，据有今湖南及益州、广西一部；钱镠在唐末占据杭州地区，后吞并浙东，占有两浙10余州之地，后于907年定都杭州，建吴越，该国比较富庶，立国亦久，为72年；闽国建于909年，都于福州，据有今福建一带；唐朝末年，刘隐据有今广东及广西一部，定都于广州，公元917年其弟刘岩称帝，国号越，不久改为汉，史称南汉；荆南，又称南平，都于江陵，据有今湖北南部；公元934年，孟知祥称帝重建蜀国，建元明德，史称后

⊙ 韩熙载夜宴图（局部）

蜀，仍都于成都，领土与前蜀大致相同；937年徐知诰废吴帝杨溥称帝，建南唐，定都于南京，据有吴之旧地，又并闽、楚二国，国势、文化均为十国之冠；公元951年刘崇在山西太原称帝，国号汉，史称北汉，据有今山西北部一带。

"五代十国"局面的形成是唐朝衰落、地方割据势力拥兵坐大而又相互吞并的结果，它是中国历史上又一个因缺乏强有力中央政权统治而导致国家四分五裂的黑暗时期，这一时期直到赵匡胤建立宋朝、统一全国时才结束。

24.宋太祖为什么要"杯酒释兵权"？

◇ **名词解释** 藩镇：亦称方镇，是唐朝中、后期设立的军事重镇。唐代设立藩镇本来是为了保卫自身安全，谁知后来藩镇逐渐坐大，不服中央管辖，遂成了叛乱的祸源。

宋太祖赵匡胤当了皇帝以后，鉴于唐代中叶以来藩镇割据、武将拔扈对皇权的威胁，决定削夺军队大将兵权。

公元961年七月初九晚，宋太祖请禁军高级将领石守信、高怀德等人到宫中参加酒宴。酒过三巡，宋太祖突然屏退侍从，用慨叹的口吻对石守信等人说道："若非众位出力，我也当不了皇帝。可是你们不知道，做皇帝太苦了，还不如做节度使快乐，我每个夜晚都睡不好觉啊！"石守信等人忙吃惊地问其缘故，宋太祖答道："皇位谁不想

◎ 历史余味：

公元976年十月二十日凌晨，正值盛年的宋太祖赵匡胤忽然在宫中驾崩，时年50岁。在驾崩前一夜，赵匡胤曾召其弟赵匡义入宫。当晚，在烛影摇曳中，有宫中侍卫远远看到赵匡义不时离席，好似有躲避赵匡胤之意；然后，侍卫们又听到了玉斧戳地的声音。不久，赵匡胤即驾崩，太宗赵匡义继位。赵匡胤死得蹊跷，为后人留下了"烛影斧声"的千古谜案。

得到呢！"石守信等人连忙说道："陛下现在天命已定，谁还敢有异心呢？"宋太祖答道："众位虽然无异心，但是你们的部下呢？他们要是想得到更大的富贵，有一天也把黄袍加在你们的身上，你们到时能做主吗？"一席话说得众人既惊且惧，马上都明白了宋太祖已经对他们产生了猜疑。宋太祖这时也不再掩饰，要求众将领交出手中兵权，到地方上去安享晚年。

第二天，石守信、高怀德、王审琦、张令铎、赵彦徽等上表称病，请求宋太祖解除他们的兵权。宋太祖欣然同意，罢去了他们的禁军职务，调到地方任节度使。宋太祖就这样以一种和平的方式解除了禁军高级将领的兵权，同时也解除了自己的后顾之忧。

25.王安石变法为什么会失败？

◇ **名词解释**　科举制度：中国古代封建统治者为选拔人才，而设置的一种考试制度。通过科举考试，优秀的读书人可以获得从政的机会。

神宗熙宁二年（1069年）二月，王安石出任参知政事（副相），次年又升任宰相。从担任参知政事起，王安石就在神宗皇帝的支持下开始了大刀阔斧的改革。历史上称这次改革为"熙宁变法"，也称"王安石变法"。

王安石从发展农业生产、限制商人、稳定封建秩序、改革教育制度等几大方面对北宋进行了改革。在发展农业生产方面，王安石制定了青苗法、募役法、方田均税法、农田水利法。在限制商人方面，王安石制定了均输法、市易法和免行法。在稳定封建秩序方面，王安石制定了将兵法、保甲法。此外，王安石还改革了科举制度，整顿了各级学校，为宋朝廷培养需要的人才。

王安石的变法遭到了保守派的百般阻挠。在新法实施期间，王安石迫于压力曾先后两次罢相。第一次罢相之后，王安石与宋神宗在变法的一些具体问题上产生分歧，同时改革派的内部也出现了分裂。王安石复相后得不到更多支持，变法面临夭折的危险。元丰八年（1085）三月，宋神宗去世，年仅10岁的赵煦即位，是为宋哲宗。宋哲宗年幼，由太皇太后高氏垂帘听政，北宋政局发生急剧变化。同年五月，在高氏的支持下，保守派首领司马光出任执政，改革派官员纷纷罢黜，变法宣告失败。

26.辽国为什么能崛起北方？

◇ **名词解释** 漠北：指瀚海沙漠群的北部，位置大概在今天的蒙古高原。历史上，漠北是匈奴、突厥、蒙古等少数民族的活动中心，同时也是北方游牧民族向中原汉族政权发动进攻的根据地。

契丹是我国北方地区的一个少数民族，原本是鲜卑族的一个分支。唐朝初年，契丹的八个部落组成了部落联盟，拥兵4万，接受唐朝统辖。从武则天统治时期开始，契丹族逐渐强盛，但后来被突厥和回纥所压制。唐朝后期，中原地区藩镇割据，战乱不休，回纥也日渐衰亡。契丹族乘机兴起，成为漠北的强大势力。

长期以来，契丹分为很多部落，各部落的酋长被叫做"大人"。他们又共同推举一位德高望重的大人作为部落联盟的最高首领，称为"可汗"或"大汗"。不过，可汗不是终身职位，时间一久，"大

◎ 历史余味：

辽太祖阿保机的皇后述律后以果断、狠辣著称。926年，阿保机去世。按照契丹习俗，许多人必须殉葬。利用这种习俗，述律后开始打击政敌。她要赵思温殉葬，而赵思温却反击说，皇后应该先去跟随先帝。述律后狡辩说，自己要辅佐年幼的皇子，现在还不能去跟随先帝，但自己的手可以先去。说完竟狠心地斩下自己的一只手腕。述律后就是依靠这种毒辣的手段铲除了许多政敌。

人"们便开会推选其他人担任可汗。

随着社会生产力的提高与物质财富的增加，契丹部落内部贫富差别逐渐显著。到了公元9世纪末期，终于出现了奴隶制，后来更出现了"决狱官"（掌管刑讼之事）。这说明在契丹族中，法律、法官和监狱等国家机器已经萌芽。契丹族不断向外扩张，掳掠外族人口，同时大大提高了农业、手工业的水平，使整个契丹族实力大增。公元916年，契丹迭剌部首领耶律阿保机凭借强大的军事力量，统一了契丹各部落和邻近的一些地区，并在龙化州（今内蒙古昭乌达盟八仙筒附近）称天皇帝，国号契丹。公元947年，契丹改国号为辽，并在上京（今内蒙古巴林左旗）建立皇都。

27.阿骨打为什么要伐辽？

◇ **名词解释** 酋长：即一个部落的首领，它来源于原始氏族社会。在生产力相对落后的地区，到封建社会，甚至到现代，酋长制度仍然广泛存在着。

女真族生活在我国东北部松花江和黑龙江流域的广大地区。11世纪左右，女真向辽国称臣，作为其藩属，此后每年都要向辽上缴大量的捕猎猛禽——海东青，还要进贡大量的金银珠宝。辽朝中后期，女真逐渐崛起，其中的完颜部最为强大，从三十多个部落中脱颖而出。

1112年，辽国天祚帝召集女真各部酋长来朝。宴席中，天祚帝酒醉，令女真酋长为他跳舞，只有阿骨打不肯。从此，阿骨打与辽国之间不和，从九月开始，阿骨打不再奉诏，并开始对其他女真部落用兵，逐渐统一女真各部。1114年春，阿骨打率领2500人起兵反辽。一开始，天祚帝并不把阿骨打起兵当做多大的威胁，但阿骨打很快攻克了宁江州（今吉林扶余东南），渡过了混同江（今松花江），大败辽军。1115

⊙ 黑龙江阿城金上京博物馆前的阿骨打塑像

年，天祚帝下令亲征，但辽军连连战败。与此同时，辽国都城上京发生了叛乱，朝廷四分五裂，此后位于原渤海国的东京也发生了叛乱，阿骨打借机占领了东京和沈州。1117年，辽军不战自败，同年，阿骨打在会宁（今黑龙江阿城南白城）称帝，建立金国。

28.元昊为什么能建立西夏？

◇ **名词解释** 吐蕃：中国历史上由藏族建立的政权，是一个位于青藏高原的古代王国，唐朝时期国力达到鼎盛。

元昊（1003—1048），小字嵬理（党项语意为"珍惜富贵"），其祖先曾被唐朝和宋朝的统治者赐予李姓和赵姓。他出生于将领之家，父亲李德明是北宋夏州（今陕西横山）定难军留后（一种官职）。在少年时，元昊就有大志。他精通汉、藏文字，善于思考、谋划，对事物的观察往往比别人有独到之处。由于不满北宋汉族与党项族之间不平等的地位，再加上自小就受古代帝王建功立业思想的影响，元昊有志于建国称帝。

宋明道元年（1032年）李德明去世，元昊以继任者的身份取得党项政权的最高统治权。自此，他开始积极为建国称帝作准备。为了巩固后方和惩罚吐蕃归附宋朝，元昊先后多次派兵进攻吐蕃，占领了吐蕃的大片辖地。同时，元昊还击败河西

◉ 西夏黑水城遗迹

回鹘，完全占领河西走廊，结束了甘州回鹘对河西的统治。到宋景祐五年（1038年），党项政权东起黄河，西至玉门关，南接萧关，北临大漠，方圆两万余里，与宋、辽已形成了三足鼎立之势，元昊建国称帝已是迟早的事情。

在正式建国称帝前，元昊还废除了唐、宋朝"赐"予的李、赵姓氏，改姓"嵬名氏"，自己更名曩霄，号"兀卒"（青天子）。宋景祐五年（1038年）十月十一日，元昊在野利仁荣、杨守素等亲信大臣的拥戴下，在兴庆府（今宁夏银川）南郊筑坛，正式登基，建国号大夏（史称西夏），改元"天授礼法延祚"。

29.铁木真为什么被称为"成吉思汗"？

◇ **名词解释** 汗国：源自突厥语，指由可汗（阿尔泰语系民族的首领）统治的政治实体，如突厥汗国、蒙古汗国等。

12世纪中后期，我国北方地区正处于金朝的统治之下。在大漠南

北草原上，金朝实行"分而治之"和屠杀掠夺的"减丁"政策，使得蒙古部落力量分散，蒙古族受尽磨难。因此，蒙古部落联盟曾经组织了多次反抗斗争，他们的几代先人也为此付出了鲜血与生命的代价。铁木真就出生在这样的社会环境中，他把消灭金国当做自己一生中最主要的奋斗目标。

成年之后的铁木真开始崭露头角，带领本部东征西讨，先后有100多个部落被铁木真消灭，蒙古高原的五大部落塔塔儿、克烈、蔑儿乞、乃蛮和蒙古也都归铁木真领导。1206年，铁木真在斡难河（今鄂嫩河）源头忽里台召开大会，建立了蒙古汗国。在大会上，铁木真被一致推举为"成吉思汗"，即"像大海一样伟大的皇帝"。随着力量的不断增强，成吉思汗组建起一支一万多人的大中军，大中军纪律严明，骁勇善战，蒙古汗国逐渐占领了东起兴安岭，西到阿尔泰山，南到大沙漠，北到贝加尔湖的广大地区。蒙古汗国的建立，结束了蒙古高原长期战乱不断的局面，蒙古高原的人民过上了相对安定的生活。

30.朱元璋为什么能建立明朝？

◇ **名词解释**　元朝：由成吉思汗孙子忽必烈建立的王朝，它是中国历史上第一个由少数民族（蒙古族）建立并统治全国的封建王朝。

与我国历史上其他出身光鲜的帝王相比，明太祖朱元璋的身世可谓"寒碜"。因为他在当上皇帝之前，是一个穷困潦倒、一度靠乞讨度日、甚至被迫出家当和尚的"苦哈哈"。

朱元璋虽然穷苦潦倒，但却很聪明，也有一定的理想抱负。当时正是元朝末年，社会大动乱已经开始。朱元璋在庙里耐不住寂寞，便出来参加了反抗元朝的起义部队。在作战中，朱元璋表现得十分勇敢，而且有胆识，深得军队将领的喜爱。不久，他就成为一支军队的首领。朱元璋带领这支军队四处征战，立了很多战功。

○ 明太祖朱元璋

朱元璋在元末起义军领袖郭子兴死后,继承了郭子兴的地位,领导南方义军继续反元。当时元朝大势已去,但是百足之虫死而不僵,无道的元朝在进行着最后的抵抗。此时,除了朱元璋的起义军外,中国大地上还存在着大大小小的数股反元势力,其中实力与朱元璋接近的是占据两湖、江西一带的陈友谅起义军,和占据东南的张士诚起义军。朱元璋在所率义军稳定并逐渐壮大后,即有图谋霸业之意,但是当时形势还不能让其较快实现这一目标。为此,他接受了儒士朱升"高筑墙,广积粮,缓称王"的建议,厉兵秣马,徐图大业。

在经过充分的养精蓄锐之后,不久,朱元璋便出兵消灭了陈友谅、张士诚等割据势力。1368年,朱元璋正式称帝,建立明朝。朱元璋是为明太祖。

31.郑和为什么要下西洋?

◇ **名词解释** 丝绸之路:指西汉时,由张骞出使西域开辟的以西安为起点,经甘肃、新疆,到中亚、西亚,并联结地中海各国的陆上通道。因由这条路西运的货物中以丝绸制品的影响最大,故得此名。

在航海业不发达的古代,中国的对外贸易只能依靠西部的陆上丝绸之路进行。贸易的内容主要是西方的金银与中国的丝绸和其他物品的交换。从中世纪开始,世界的黄金主要产自西非。这些黄金被阿拉伯商人用骆驼驮过撒哈拉沙漠，往北运到地中海沿岸，然后装上船，经过海上丝绸之路，最后换取到中国的丝绸、瓷器，这被称为"海上丝绸之路"。在明朝，和中国做生意的人多数为阿拉伯商人。他们带着金银，经印度洋和马六甲海峡来到中国，使明朝人认为阿拉伯世界有很多黄金。此外，明朝前期，中国经济得到恢复发展，国势强盛，矿冶业、纺织业，尤其是造船业以其高超的

○ 位于印尼三宝垄市的三保洞，为纪念郑和而建。

水平和突出的特色展现于世界。明成祖朱棣夺得帝位后，为争取海外地区对政权更替的了解和归附，显示中国的富强，开始着力加强明朝与海外各国在经济文化方面的联系，派遣郑和出使西洋便是其重要的手段。

从1405年开始，郑和先后七次出使西洋，最远曾到达非洲东海岸。这是中华民族走向世界的一个划时代的举动，它开拓了中国与东南亚、阿拉伯、东非等地区的海上交往，同时也为世界航海事业的发展和东西方各国间的友好往来作出了巨大贡献。

32.闯王李自成为什么会功败垂成？

◇ **名词解释** 吴三桂：明末著名将领，曾奉命镇守山海关。清军攻打明朝时，弃节投降了清军，致使明朝北大门洞开，清军大举南下，占据了明朝半壁江山。

明朝末年，各地农民起义此起彼伏，其中影响最大的是陕西李自成领导的农民起义。李自成原是明朝的一名驿卒，因杀人负罪离开家乡

◎ 历史余味：

　　明末的农民起义军领袖，在当时和后世有重要影响的，除了李自成，还有一个张献忠。张献忠曾在明朝担任过捕快、军吏，后因犯法被除名。1630年，张献忠响应王嘉胤的反明号召，率领陕西米脂十八寨农民起义。他的英勇善战很快让其成为起义军的首领。1644年，张献忠在成都登基为大西皇帝，不过没过多久，他就被清军剿杀。

投军，后跟随舅舅"闯王"高迎祥起兵。高迎祥战死后，李自成继为"闯王"，继续领导农民起义军起义。起义军的实力发展非常迅速，连连攻克明朝多座城池。1644年正月初一，起义军在西安建国，国号"大顺"，改元"永昌"，李自成自称"大顺皇帝"。

　　建立政权后的农民起义军乘胜追击，于这一年的正月初八向北京进发，在经过连续的征战后，于同年的三月十九日攻破北京。这一天，北京城就像过节一样，家家户户的门上都贴着黄纸，上面写着"永昌元年顺天王万万岁""新皇帝万万岁"等字样。在北京城百姓的热烈欢迎之下，李自成身穿毡笠缥衣，乘乌驳马，由大将刘宗敏、丞相牛金星、军师宋献策等一百余骑陪同，率领农民军浩浩荡荡进入德胜门。李自成从大明门进皇城，过承天门、端门、午门，进入皇极殿（今太和殿），正式开始统治北京城。

　　李自成继位之初，颁布了一些改善民生的政令，受到了百姓的拥戴。然而，由于农民阶级的局限性，大顺政权最终仍没能摆脱灭亡的命运。统治阶级内部开始贪婪、腐化，再加上外部有吴三桂勾引清兵，一个月之后，李自成大军战败，被迫退出北京，李自成最后殉难湖北九宫山。

33.郑成功为什么能收复台湾？

◇ **名词解释**　殖民：指强国将自己的势力范围扩张到不发达的国家或地区，在经济上和政治上掠夺和奴役当地的人民。

1624年，荷兰殖民主义者侵占中国的宝岛台湾。民族英雄郑成功下决心赶走侵略军，作为抗清的根据地。1661年三月，郑成功亲率2.5万名将士，乘几百艘战船，声势浩大地从金门出发，冒着风浪，直奔台湾。荷兰侵略军听说郑成功要进攻台湾，大惊失色。他们在赤嵌（今台南）等地集结军队，还在港口沉破船企图阻止郑成功船队登岸。郑军借一次海水涨潮，将船队驶进鹿耳门内海，在禾寮港登陆，从侧背进攻赤嵌城。战斗中，郑成功命令60多艘战船一齐发炮，把荷兰的"赫克托"号战船击沉。与此同时，又击溃了台湾城的援军。赤嵌的荷兰军在水源被切断，外无援军的情况下，只得向郑军投降。

盘踞台湾城的侵略军还在顽抗，郑成功便在台湾城附近修筑土台，将台湾城团团围住，围困8个月之后，然后向台湾城发起强攻。1662年农历二月一日，荷兰驻台湾长官揆一签字投降。至此，被荷兰殖民者侵占38年的宝岛台湾又回到了祖国的怀抱。

郑成功收复台湾，是中国人民反抗外来侵略的成功尝试。通过此次斗争，中国主权和领土完整得到了捍卫，中华民族的利益得到了维护。

34.努尔哈赤为什么要创立八旗制度？

◇ **名词解释**　贝勒：满语，全称"多罗贝勒"，是清代贵族的世袭封爵，相当于汉族的王或诸侯，地位次于亲王、郡王。

女真族在白山黑水崛起以后，其首领努尔哈赤在统一女真各部的基础上，根据当时的形势，对原本主要用于劳作的牛录组织进行了重大

◉ **八旗军服**

八旗军服以颜色作区别，但只为大阅礼时穿着，平时不用，起初各旗是地位平列的，入关之后才有皇帝自领上三旗的做法。所以正黄旗、镶黄旗、正白旗被称为上三旗，其余五旗为下五旗。

改造，创立了中国历史上有名的八旗制度。

八旗制度最初源于女真人的狩猎组织。女真人结伴而行的狩猎活动因人数增多而需要统一的指挥，其指挥者被称为牛录额真，这个多人集体即称为牛录。后来，女真人在对外防御与征伐过程中也采取了以牛录额真统领牛录的组织形式，从而牛录组织具有了军事职能。为便于统一指挥大规模的围猎或作战，势必需要将若干个牛录组成一个更大的单位，这个高于牛录的最大的单位即称为固山，汉语称"旗"。

1601年，为了加强对军队的管理，努尔哈赤开始在牛录制基础上着手创建八旗制。当时1牛录为300人，5牛录为1甲喇，5甲喇为1固山，每1固山旗帜的颜色都固定。在1615年之前，满洲军共有4个固山，旗帜分黄、白、红、蓝4种颜色。1615年后，满洲军又一次扩大建制，增设镶黄、镶白、镶红、镶蓝4个固山，所以总共有8个固山，6万人。八固山的建立就是"八旗制度"的开始。全体女真人都编入八旗之中，实行军政合一。每旗的首领都由诸王贝勒担任，称为"旗主"，"旗下"为一般的百姓。"旗下"平日农耕渔猎，国家有事则征召效力。在八旗制度下，旗主对旗下进行统治，努尔哈赤则高居为八旗的首领。

八旗制度的建立奠定了清王朝统治中国296年的基础，同时也埋下了它没落和衰亡的伏笔。可以说，八旗制度从兴建到覆灭，见证了清王朝由盛而衰、由衰而亡的整个历史过程。

35.为什么会爆发"鸦片战争"？

◇ **名词解释** "亚罗号"事件：1856年10月8日，清朝水政部门逮捕中国商船"亚罗号"上的12名嫌犯，因该船曾在香港注册，因此英国认为这是对英国的挑衅，遂指责清朝，并以此为借口发动第二次鸦片战争。

尽管自明朝开始，中国就实行闭关锁国的政策，但中国与外界的接触并非就完全停止，一定程度内的接触还是存在的，尤其是在经济领域。19世纪，英国商人为弥补中英贸易逆差，从印度向中国走私鸦片，结果遭到中国有识人士的抵制。中国的禁烟运动直接损害了英国的利益，为了改变这种状况，英国决意用武力打开中国的大门。

1840年6月，英国政府任命乔治·懿律和查理·义律为正、副全权代表，率领英国舰船40多艘、士兵4000人到达中国海面。6月28日英舰封

◉ 鸦片战争画

锁了广州珠江口岸，第一次鸦片战争正式爆发。第一次鸦片战争以清政府战败并签订丧权辱国的《南京条约》告终。

1856年10月，英国又以"亚罗号事件"为借口，闯入虎门海口，进攻珠江沿岸炮台，悍然挑起第二次鸦片战争。不久，法国也加入战团，与英国联合进攻清朝。清政府无力抵抗，一路败退，先后与英法两国签订《天津条约》和《北京条约》。至此，第二次鸦片战争结束。

两次鸦片战争使中国丧失了包括领土在内的大量权益，它标志着中国从此进入了半殖民地半封建社会。

36.为什么会爆发太平天国起义？

◇ **名词解释** 拜上帝会：洪秀全吸收基督教教义而成立的特殊基督教组织，它其实是为洪秀全的政治目的服务的。

1840年鸦片战争爆发后，中国被强行卷入资本主义的洪流中。鸦片战争的炮火惊醒了中国平民，统治阶级的腐朽激怒了中国平民。

1843年，平民洪秀全和冯云山、洪仁玕等人在广东花县创立了拜上帝教，1844年，他们到广西宣传。随后，洪秀全回广东从事宗教理论研究，冯云山则留在广西，他深入紫荆山地区，组织群众，准备发动革命，在此期间，吸收了杨秀清、萧朝贵等人，形成了起义领导核心。1849年前后，广西不断发生灾情。眼见起义时机成熟，1850年7月，洪秀全、冯云山藏在花洲山人村开始部署起义工作，他们下达团营令，要求各地拜上帝会员到金田村集合。接着偷偷打造武器，把前来集中的群众按照军制组织起来，男的和女的分开，抓紧军事训练，准备武装起义。

　　1851年1月11日，组织起来的群众云集在犀牛岭，誓师起义，建号太平天国，起义军称为太平军，封了五军主将。1月13日全体将士蓄发易服，头上裹着红巾，从金田东山大湟江口，开始了轰轰烈烈的革命运动。从此震惊中外的太平天国革命运动开始了。

37.为什么会出现"戊戌变法"？

◇ **名词解释**　维新：反对旧的，提倡新的，通常指变旧法，行新政。持维新观点、实施维新措施的人是维新派，而顽固保守、反对维新的人则是保守派。

　　当历史的车轮行进到1898年（中国农历戊戌年）的时候，曾经辉煌强盛的大清帝国已经是暮气沉沉，一派萧瑟景象。无奈继位的光绪皇帝不想做亡国之君，于这一年的6月，在维新派人士和帝党官员的支持下实施变法。6月11日，光绪皇帝颁布《明定国是诏》，正式宣布变法。

　　变法内容涉及多方面，概括起来主要有：在经济方面，设立农工商局、路矿总局，提倡兴办实业，修路、开矿，组织商会，改革财政。在政治方面，广开言路，允许官民上书言事，直达天听，裁汰冗员，编练新军。在文化方面，废除八股取士，兴办西学，设立了京师大学堂，向西方派遣留学生，奖励科学著述和发明创造。这些变法政令，目的在于学习西方先进的制度，在中国发展资本主义，使中国走上富强的道路。

◎ **历史余味：**

1895年4月，进京赶考的举人刚参加完乙未科进士会试，等待发榜。不久，中日《马关条约》签订的消息传到北京，举子们群情激愤。4月22日，康有为、梁启超写成18000字的"上今上皇帝书"，十八省举人纷纷响应，1200多人联署。5月2日，康有为、梁启超带领十八省举人和几千市民聚集在"都察院"门前请愿，要求"拒和""变法"。这就是著名的"公车上书"事件。

然而，这次变法却遭到了以慈禧太后为首的顽固派的强烈反对，1898年9月慈禧太后等发动戊戌政变，囚禁了光绪皇帝，杀害了谭嗣同等六君子，并追查康有为、梁启超。康、梁二人分别逃往法国和日本。戊戌变法运动宣告失败。

戊戌变法运动从1898年6月11日开始，到9月21日慈禧太后发动政变结束，持续了103天，故又称"百日维新"。

38. "辛亥革命"为什么会失败？

◇ **名词解释** 复辟：指失位的封建君主重新上位，或者被推翻的封建帝制重新恢复。

戊戌变法失败后，许多进步人士意识到：要救中国，光进行政治改良已经没有用，必须彻底推翻封建帝制，然后建立像西方国家一样的民主制度。辛亥革命正是在这一思潮的孕育下爆发的。

早在光绪二十年（1894年），资产阶级革命家孙中山就在美国檀香山成立了兴中会，提出了"驱除鞑虏，恢复中国，建立合众政府"的革命誓词。此后数年，孙中山往来于日本、越南、美国等国家，宣传革命，发展民主革命组织。

1911年（农历辛亥年）10月10日，革命党人在湖北武昌打响了武装起义的第一枪。经过一夜苦战，革命党人攻占了湖广总督衙门，翌日清晨，武昌黄鹤楼顶高高飘扬起一面深红底色的九角十八星旗，起义宣告成功。武昌起义敲响了清王朝的丧钟，极大地动摇了清王朝的统治根基。一年之后，也就是1912年的2月12日，清王朝最后一位皇帝溥仪宣告退位。统治中国两千多年的封建帝制从此结束。

然而，武昌起义的成功最终并没能转化为共和制的建立，它的胜利果实被表面上拥护共和、骨子里却贪恋帝制的袁世凯窃取了。原来，在武昌起义的后期，清廷对革命党发动了疯狂的反扑。指挥反扑的就是袁世凯。革命党过高地估计了袁世凯的力量和自身的困难，试图以大总统的位置动员他倒戈。袁世凯表面上答应只要拥护他做大总统，他就向清廷倒戈，其实内心里另有打算。1912年2月13日，为了共和大计考虑，刚当选中华民国临时大总统不久的孙中山向临时参议院辞职；15日，临时参议院选举袁世凯为临时大总统。当选大总统后，袁世凯拒绝南下，当时临时政府的首都南京就职，而是在自己势力范围的北方暗中活动。袁世凯指使亲信在北京、天津、保定制造兵变，同时引导帝国主义入京支持其复辟。在一切条件都成熟之后，袁世凯于1915年的12月12日宣布重新恢复帝制，自己当了皇帝。辛亥革命宣告失败。

39.为什么说"两河文明"是人类最伟大的文明之一？

◇ **名词解释** 两河流域：指位于中东腹地、今天伊拉克南部两条河流形成的流域，这两条河流一条叫幼发拉底河，一条叫底格里斯河。

在古希腊，人们将两河流域称之为"美索不达米亚"，所以两河文明又叫"美索不达米亚文明"，它是人类最伟大的文明之一。两河文明时代最早的居民是苏美尔人，他们在公元前4000年以前就来到了这里。苏美尔人的最大贡献是创造了世界上最早的文字——楔形文字。

公元前1792年，两河流域进入古巴比伦王国时期。古巴比伦国王汉谟拉比成为两河流域新的统治者。为了缓和阶级矛盾、加强王权和发展经济，汉谟拉比颁布了迄今发现的世界上最古老、最完整的法典——《汉谟拉比法典》。该法典被刻在一根高2.25米，上周长1.65米，底部周长1.90米的黑色玄武岩柱上，共3500行，分为序言、正文和结语三部分。

两河文明的成就是多方面的，文字和律典是一方面，数学和化学又是另一方面。

早在古巴比伦王国时期，两河流域已经出现了具有高度计算技巧的计算家，其计算程序是借助乘法表、倒数表、平方表、立方表等数表来实现的。这些计算家引入了以60为基底的位值制（60进制），希腊人、欧洲人直到16世纪亦将这系统运用于数学计算和天文学计算中，直至现在60进制仍被应用于角度、时间等记录上。

苏美尔人早在公元前4000年就已开始应用青铜铸件，是世界上最早铸造青铜器的民族。苏美尔早王朝时期的雕有狮子形象的大型铜刀，以及阿卡德王国时期萨尔贡一世的青铜像等，都是较早的著名青铜器实物。而到了巴比伦王国时期，尤其是新巴比伦王国时期，青铜器的铸造技艺得到进一步发展。

⊙《汉谟拉比法典》上的楔形文字

40.埃及国王为什么自称"法老"?

◇ **名词解释** 木乃伊:即"人工干尸",是古代用树胶等防腐材料制成的、可使躯体不腐烂的尸体。木乃伊世界各地均有,不过埃及数量最多,技术也最复杂。

古埃及是世界"四大文明古国"之一。早在公元前32世纪左右,美尼斯就在尼罗河中下游建立起了埃及第一王朝。后来,我们习惯上把古埃及的国王通称为"法老"。

"法老"一词是希腊文的音译,在埃及古王国时代,原本指的是"宫殿"。到了埃及第十八王朝的图特摩斯三世当政时,"法老"才正式成为埃及国王的尊称。

法老作为全国最高的统治者,也是最大的奴隶主,拥有至高无上的权力。法老自称是太阳神的儿

⊙ 太阳金字塔

子,他要求全体臣民像崇拜神一样的敬奉自己,包括宰相在内的各级大臣在朝见时,都必须向法老行匍匐礼,即匍匐在御座前,以胸贴地,亲吻法老脚前的尘土。法老手中拿着代表权力的王杖和代表暴力的鞭子,可以任意鞭笞朝臣。这种专制还突出反映在财产上,法老拥有全国所有的土地,他可以把土地随意赏赐给大臣,也可以在各地征调民众修建宫殿、寺庙。

由于古埃及人笃信人死后其灵魂不会消亡，仍会依附在尸体上。因此法老死后，根据传统，其尸身会被注入和浸泡防腐香料，制成木乃伊，即干尸，然后用细麻布绷带包裹起来，外部涂上树胶，放入人形木盒里，保存在金字塔墓室中。相传在古埃及第三王朝时，设计者创造了一种六级梯形金字塔，以后的法老们纷纷效仿，并把金字塔越建越高，越建越大。如今，这些金字塔都已成为了埃及的象征。

41.为什么克里特文明会消失？

◇ **名词解释** 化石：存留在岩石中的古动物或古植物的遗体或遗迹，最常见的是骸骨和贝壳等。研究化石可以了解生物的演化并能帮助确定地层的年代。

古希腊文明是人类最重要的文明之一，这一文明首先是从克里特岛开始的。约公元前1700年，克里特文明进入最繁荣的米诺斯王朝时期。米诺斯王朝被誉为是克里特文明的代表，它以精美的王宫建筑、壁画及陶器、工艺品等著称于世。尤其是宫殿建筑，它被认为是克里特这个独特社会系统的中心，若是没有那些宫殿，克里特文明根本无从谈起。

20世纪初，英国考古学家阿瑟·伊文思在克里特岛挖掘出了米诺斯王宫遗址，从此学界开始掀起一股探讨克里特文明消失之谜的热潮。目前，学界倾向于认为：克里特文明毁灭于一场突如其来的自然大灾难。

据科学家的观点：大约在3600多年前，在距离克里特岛大约100公里的桑托林岛上，一座火山突然猛烈喷发，其喷出的烟柱上升到高

⊙ 古希腊雅典卫城帕特农神庙遗址

空，火山灰甚至随风飘散到格陵兰岛、中国和北美洲。火山喷发还引发了大海啸，高达12米的巨浪席卷了整个克里特岛，摧毁了沿海的港口和渔村。而且，火山灰长期飘浮在空中，形成一种类似核大战之后的"核冬天"效应，以致此后几年农作物连续欠收。

科学家从遥远的格陵兰岛、黑海以及埃及都探测到这次火山喷发产生的灰尘。他们还从爱尔兰和加利福尼亚发掘出遭到这次火山爆发引起的霜冻破坏的橄榄树化石。经活性炭的检测，这棵橄榄树死于公元前1627～前1600年间，这正好与克里特文明毁灭的年代相吻合。

42.为什么斯巴达的军队骁勇善战？

◇ **名词解释** 城邦：古代一种特殊的政权形式，多出现在古希腊。城邦即城市国家，也就是一个城市即是一个国家，所有的城邦又组成一个大的区域实体。如古希腊就是由诸多的城邦组成的。

在古希腊历史上，有这么一个城邦：它的地位不如雅典高，经济文化也不如雅典繁荣，但是它的军队实力却高于雅典，甚至高于古希腊的所有其他城邦。这个城邦就是斯巴达。

斯巴达是希腊本土重要的地区，远在迈锡尼文明时，就已经相当发达了。约在公元前1200年，多利亚人南下征战于伯罗奔尼撒半岛，他们把征服地区的居民都变成奴隶，称之为"希洛人"，而多利亚人自己则被后人称为斯巴达人。在斯巴达地区，斯巴达人只占总人口的5%。公元前640年，美塞尼亚人发动规模浩大的起义，起义持续了近20年，最后被镇压下去了。这场起义给了斯巴达人深刻的教训，为了维护统治，防范奴隶再度起义，斯巴达人只好把整个民族变成一支军队。

斯巴达人几乎从婴儿时代起就开始了军营生涯。新生儿必须受到长老的严格检查，只有体格强壮、日后能适应军营生活的孩子才准许养育，否则就会被丢弃山野，冻饿而死。男孩从7岁起就离开家庭，到军营受训，进行各种艰苦的锻炼。军营生活为斯巴达人培养了一批又一批杰出的战士，他们擅长搏击，是希腊各城邦军队中最勇敢善战的。

43.为什么说古罗马是近代欧洲文明的发祥地？

◇ **名词解释** 王政：以国王为首的贵族国家体制，它和帝政、共和政一起构成人类历史上的三大国家政体形式。

古罗马先后经历了古罗马王国、古罗马共和国和古罗马帝国三个时期。古罗马王国时期始于公元前8世纪中叶，那时，古代罗马人在意大利半岛中部拉丁姆平原上的台伯河下游河畔建立了罗马城，之后便进入王政时期。古罗马共和国是古罗马在公元前509年到公元前27年之间的政体，其正式名称是元老院与罗马人民。公元前27年，罗马共和国贵族屋大维打败共和国另一个贵族安东尼，结束了"三头政治（安东尼、雷必达、屋大维三人共同统治罗马共和国）"，建立起了元首制，埋葬了共和国制，罗马从此进入帝国时期。

强大无比的罗马帝国到公元4世纪末的时候，开始逐渐走向衰落了。公元395年，在内忧外患打击之下，帝国终于分裂成东西两部分：西部仍以罗马城为首都，史称"西罗马帝国"；东部则以君士坦丁堡（旧称"拜占庭"，现土耳其伊斯坦布尔）为首都，史称"东罗马帝

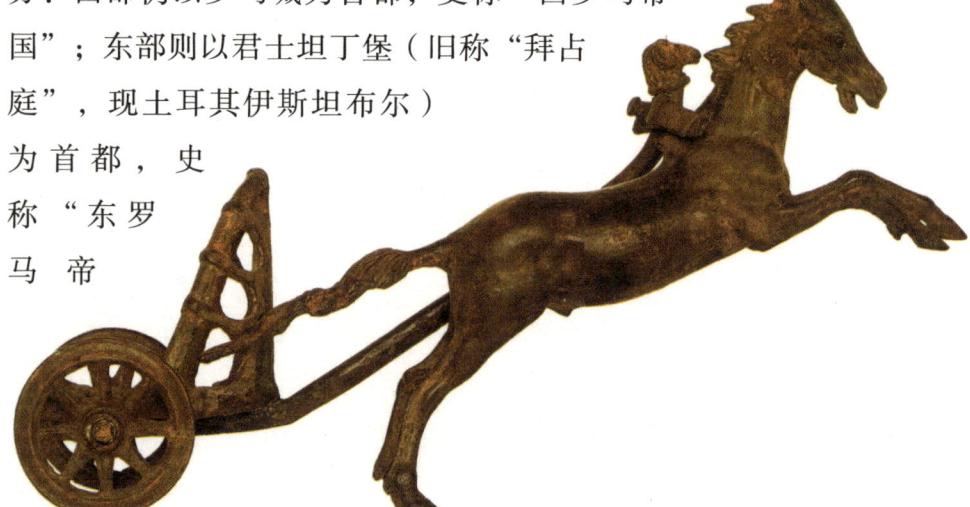

⊙2世纪，古罗马双轮赛车的青铜模型。

国",也称"拜占庭帝国"。

罗马帝国可以用来表示所有在罗马统治之下的土地。罗马的扩张使罗马超出了一个城邦的概念，成为一个强大的帝国。罗马疆域的全盛时期是图拉真统治时期，此时罗马帝国总共控制了大约590万平方公里的土地，横跨欧亚非三大洲，是世界古代史上最大的国家之一。

古罗马是近代欧洲文明的发祥地，无论在政治经济、文化艺术，还是在科学技术上，它都对后世产生了深远的影响。后世的欧洲就是在古罗马的基础上发展建设起来的。

44.英法为什么会爆发一场持续百年的战争？

◇ **名词解释** 公爵：古代欧洲的一种爵位。在英国，公爵是仅次于国王或亲王的最高级贵族，与作为一国之主的欧洲大陆的"大公爵"（即大公）有所不同。

自从1066年法国诺曼底公爵征服英国，成为英国国王以后，英法两国的封建主在王位继承和领地归属的问题上分歧不断，最终引起了一场持续100多年的战争，史称"百年战争"。

英国王室在法国占有大量的领土，法国国王在十二、十三世纪逐渐夺回一部分，但英国仍占据法国南部部分地区，成为阻碍法国政治统一的最大障碍。另外，富庶的佛兰德尔是当时欧洲商业和手工业最发达的地区，也是两国争夺的焦点。

1337年，法王腓力六世宣布收回英王在法国的领地，而英王爱德华三世也以法王腓力四世外孙的资格，争夺法国王位，战争由此爆发了。

1428年，英军再度入侵法国，席卷法国北部，包围了通往南方门户的奥尔良。就在这时，法国民众在女英雄贞德的率领下奋起抗战。在贞德率领的农民军的支持下，查理七世转败为胜，于1436年收复巴黎。1453年，英法两军在波尔多附近决战，法国大获全胜，英国在法国的领地除加来港外全部被法国收回，英法百年战争结束。

英法百年战争，不论对英国还是法国人民来说都是一场灾难。当时又是黑死病流行的时代，在战争和疫病的双重打击下，英法两国的经济遭受重创，民不聊生。曾有一位西方历史学家指出："英法百年战争是一场持续百年的屠杀游戏。当两国的皇室和贵族为了自己所夺得的利益而庆祝的时候，那些痛失家园及亲人的无辜百姓却只能在无声地痛哭。战争打了一百年，人民也哭了一百年！"这种说法可谓一针见血，一语道破了这场战争的残酷。

45.欧洲为什么会出现"文艺复兴"？

◇ **名词解释** 人文主义：兴起于文艺复兴时期的一种新思潮，它主张一切以人为本，反对神的权威，把人从中世纪的神学枷锁下解放出来。

所谓文艺复兴，其实质是以"复兴希腊、罗马古典文化"为名义的资产阶级的思想解放运动，它的核心是人文主义，发生地点首先在意大利。

13世纪末时，随着工场手工业和商品经济的发展，资本主义生产关系在欧洲封建制度内部逐渐萌发。新生产关系的出现总要有新思想与之相适应。当时，欧洲仍处于黑暗的中世纪，天主教神学思想仍然占据着统治地位。教会为更好地统治人民，建立起一套森严的等级制度，并规定种种违背人性的教规。在那样的一种环境下，人的思想几乎是没有自由的，只有听从教会的指挥。教会说，上帝是唯一的权威，《圣经》的教义是唯一的真理，那么所有的文学、艺术、哲学、科学都要围绕着宗教，文艺创作死气沉沉，科学技术更谈不上有什么进展。

为了改变这种状况，为资本主义营造新的环境，一些自觉的知识分子开始有意识地将民众的目光导向古希腊和古罗马。因为与中世纪相比，古希腊和古罗马的文学艺术的成就很高，而且更重要的，那时的人们是可以自由地发表各种学术思想的。14世纪末，由于信仰伊斯兰教的奥斯曼帝国的入侵，东罗马帝国的许多学者，带着大批古希腊和古罗马的艺术珍品和文学、历史、哲学等书籍，逃往西欧避难。这些东罗马帝国的学者与西欧一些志同道合的学者一道，在意大利的佛罗伦萨创办了一所"希腊学院"，为人们讲授古希腊和古罗马的文艺。人们很快就发现，原来那些曾经辉煌的古希腊和古罗马文艺跟他们内心追求的精神境界是一致的，于是纷纷要求恢复古希腊和古罗马的文艺。这种要求就像春风，慢慢吹遍整个西欧。文艺复兴运动由此兴起。

46.为什么西班牙的"无敌舰队"会覆灭？

◇ **名词解释** 无敌舰队：为了维护海上利益，西班牙建立了一支拥有100多艘战舰、3000余门大炮、数以万计士兵的强大海上舰队，这支舰队横行于地中海和大西洋，骄傲地自称为"无敌舰队"。

在英国崛起之前，西班牙凭借其强大的造船工业，一直是欧洲的海上霸主。16世纪后期，英国开始向外扩张，这严重威胁了在海外拥有众多殖民地的西班牙。为了维持西班牙"海上霸主"的地位，西班牙国王腓力二世派出他的"无敌舰队"向英国开战。

◉ 1588年侵入英国的西班牙"无敌舰队"，在英国舰队的炮火轰击下慌张撤退。

1588年7月，拥有130艘战舰的"无敌舰队"从西班牙出发了。舰队起航不久，就遇见了英国的舰队。双方进行了激烈的海战。体积小的英国战舰凭借凶猛的火力，使"无敌舰队"精疲力竭。第八天晚上，英国人使用了火攻的战术。火烧赤壁的一幕在多佛尔海峡重演，"无敌舰队"顿时乱作一片，舰队司令见大势已去，只好下令返航。返航的途中，"无敌舰队"不断受到英国人的袭击，又遇到了海上风暴。最后回到西班牙时，只剩下几艘战舰了。

　　这次海战，使不可一世的"无敌舰队"几乎全军覆没，西班牙从此一蹶不振。英国夺得了海上霸权，开始进入了"日不落"帝国的黄金时代。

47.彼得一世为什么要迁都圣彼得堡？

◇ **名词解释**　农奴制：封建社会中，封建领主在其领地上建立起来的剥削、奴役农奴的经济制度。由于被剥削的主要对象是农奴，故名。

　　彼得一世是俄国历史上一位非常著名的沙皇。在他之前，俄国只有一个位于白海的阿尔汉格尔斯克港，该港一年中有八个月处于封冻期，且远离俄国的经济中心。彼得一世亲政后，试图通过改革将俄国从一个内陆国家变成濒临海洋的大帝国，推动社会经济的发展。当时，瑞典长期称霸波罗的海，与俄国的领土争端日益激化。1699年，彼得一世与丹麦国王、波兰国王缔结了针对瑞典的"北方同盟"，并于第二年发动了旨在争夺波罗的海出海口的"北方战争"。"北方战争"历经九年，俄军终于在波尔塔瓦战役中取得了决定性的胜利。

　　战争结束后，彼得一世决定以彼得保罗要塞为基础，在涅瓦河口两岸兴建新城——圣彼得堡。根据彼得一世的命令，千千万万的农民以及全国最优秀的工匠都被调集前来筑城。为建造这座城市，俄国付出了巨大的代价：由于圣彼得堡原来是一片沼泽地，因此彼得大帝下令把

⊙18世纪的圣彼得堡，市区内水道纵横，素有"北方威尼斯"之称。

全国所有的石头都运到这里充当地基，其他地方禁止用石头盖房。1713年，俄国的首都正式从莫斯科迁到了圣彼得堡。圣彼得堡打开了俄国通向西方世界的交通要道，逐渐发展成俄国面向欧洲的一个窗口。彼得一世也因其卓越的成就而被后世称为"彼得大帝"。

48.英国为什么会发生"羊吃人"的圈地运动？

◇ **名词解释** 资本原始积累：通过暴力使直接生产者与生产资料相分离，由此使货币财富迅速集中于少数人手中的历史过程。西方资本主义国家在发展初期大都经历这样一个过程。

所谓的"羊吃人"，是指从15世纪末到19世纪中期，发生在英国的"圈地运动"，它构成了英国资本原始积累的基础。

当时，由于海外贸易的增长，呢绒业迅速发展，羊毛开始供不应求，羊毛的价格也不断上涨。贵族地主们算了一笔账：养羊所需要的劳力比耕种土地的要少，而且又不用付给牧羊人多少工资，所以经营牧场比耕田的收益要高出一倍，既然这样，那就大力经营养羊业吧。

于是，贵族地主们开始大量地圈地养羊。这样一来，农民们就遭了殃。成千上万户房舍被拆毁,大批大批的人被赶跑。他们流离失所,受冻挨饿,许多人因此而悲惨死去。

深重的灾难突如其来地压到了农民的身上。当时就有人在书中写道:"绵羊本来是那么驯服,吃一点点就满足,现在变得很贪婪、很凶狠,甚至连人都吃掉!"这种"羊吃人"的说法,的确是非常实在而形象的。农民实在无法忍受这种压迫。于是,反对"羊吃人"的圈地运动的起义,在英国各地纷纷爆发了起来。

49.美国为什么能够赢得独立战争的胜利?

◇ **名词解释** 印第安人:是对除爱斯基摩人外的所有美洲原住民的总称,他们分布于南北美洲各国,在欧洲殖民者到达美洲之前,一直统治着美洲大陆。

17世纪初期,英国人在北美大西洋沿岸建立了第一块殖民地。一百多年后,英属殖民地已经扩展到了13个。这些殖民地的人口除英国移民和土著居民印第安人之外,还有来自欧洲其他国家的移民以及掠夺自非洲的黑人奴隶,每一个殖民地都由英国派来的总督统治。由于英国殖民当局对殖民地居民的残酷剥削和压榨,殖民地人民的反英情绪高涨。

1775年4月18日晚,莱克星顿的战斗打响了武装反抗英国殖民统治的第一枪,揭开了美国独立战争的序幕。之后,武装反抗英国统治的浪潮在几星期内就遍及了13个殖民地,各地群众争先恐后地夺取武器,袭击英军。13个殖民地的代表组成的大陆会议于1776年7月4日发表了《独立宣言》,宣布脱离英国,组成"自由独立的合众国",这就

⊙ **乔治·华盛顿像**
乔治·华盛顿(1732—1799),美国历史上第一位总统。

是美利坚合众国，简称美国。

当时，北美殖民地十分落后，而英国是世界头号强国，号称"日不落"帝国，工业十分发达，双方力量相差悬殊。而由各地反英民兵整编成的大陆军，在总司令华盛顿的领导下，克服了许多困难，终于由弱变强。1777年，大陆军和民兵在萨拉托加一举歼灭英军5 000人，因此萨拉托加大捷成为整个战局的转折点。1781年，被围困在约克顿的英军统帅康华利走投无路，率7 000英军投降。1783年，英国承认了美利坚合众国。

50.法国为什么会爆发大革命？

◇ **名词解释** 热月政变：法国大革命中推翻雅各宾派罗伯斯比尔政权的政变。因发生在热月（法国共和历的第十一个月，转化为公历是1794年7月），故名。

18世纪晚期，还是一个封建国家的法国把全国居民分为三个等级：第一等级是教士，第二等级是贵族，他们是统治阶级。他们人数不多却霸占着大片的土地，拥有特权。第三等级包括广大的农民、手工业者和新兴的资产阶级，他们受到统治阶级的残酷压榨，政治上无权，因而十分痛恨封建专制制度。

1789年5月，为了榨取更多的钱财，路易十六在巴黎召集三个等级的代表开会，遭到第三等级代表的反对。7月9日，第三等级的代表宣布把会议改为制宪会议。路易十六气急败坏，调集大批军队，准备驱散制宪会议，血洗巴黎。消息传开后，巴黎全城敲响了警钟，7月13日，人们手执斧头、短刀、长矛涌上街头，举行武装起义，把法国大革命推向了高潮。

法国大革命从巴黎人民攻占巴士底狱到热月政变，经历了五年的历程，它摧毁了法国的封建专制制度，震撼了整个欧洲大陆的封建秩序，建立起资产阶级的政治统治，促进了资本主义经济的发展，传播了资本主义自由民主的进步思想。

51.日本为什么要进行"明治维新"？

◇ **名词解释** 幕府：日本明治维新以前执掌全国政权的军阀实体。幕府的权力凌驾于天皇之上，常以"挟天子以令诸侯"的方式来对国家进行统治。

19世纪中叶，日本遭到西方列强的侵略，面临着严重的民族危机。日本人民仇视外国侵略者，更痛恨与侵略者相勾结的幕府政权，因此，中下层武士、商人、资本家和新兴地主中的改革势力兴起了"倒幕"运动。1868年1月3日，日本天皇睦仁召开御前会议，发布了废除幕府的号令，确定天皇为国家首脑，改年号为"明治"。1月底，"倒幕"运动发展成了政变，天皇组织的讨幕军在广大农民和城市贫民的积极配合下，击败了幕府军队，在日本维持了近7个世纪的封建幕府制度宣告终结。

随后，明治天皇建立起日本新政府。为了挽救民族危机，巩固统治，明治政府提出了"富国强兵，殖产兴业，文明开化"的口号，开始推行一系列改革措施。这些措施大大巩固了资产阶级的统治，加速了日本资本主义的发展。由于这场运动是从公元1868年的明治元年开始的，所以历史上称之为"明治维新"。日本经过"明治维新"，经济、军事等方面都有了迅速发展，开始大踏步地追赶西方发达国家。可以说，"明治维新"是日本近代历史上的一个重要的转折点。

◎**历史余味：**

在历史上，日本曾先后出现过三个幕府：镰仓幕府、室町幕府和德川幕府，其中德川幕府存在时间最长。德川幕府由征夷大将军德川家康于1603年在江户（今东京）所建，至1867年德川庆喜被迫宣布还政天皇为止，历时265年。德川幕府的统治形式是幕藩体制，将军之下，设大老（不常设）、老中（常设）掌握全国政务。德川幕府最终在全国规模的倒幕运动中走向末路。

52.拿破仑为什么兵败滑铁卢？

◇ **名词解释** 波旁王朝：一个在欧洲历史上曾断断续续统治法国、西班牙、卢森堡等国的跨国王朝。因波旁王室起缘于法国中部的波旁地区，故名。

比利时的滑铁卢镇古朴而宁静，并无多少特色，但它的名字却响彻世界。这是因为一提起滑铁卢，人们不约而同地会想起一个人和一场战役。

1815年3月，拿破仑从监禁地厄尔巴岛返回巴黎，轻而易举地推翻了波旁王朝的统治，重新登上皇位。当时，正在维也纳举行国际会议的欧洲各国君主和政府首脑们大惊失色，英、俄、普、奥等国立即组成第七次反法同盟，纠集了80万人的大军，分六路向法国扑来。拿破仑在仓促之间也募集了近70万人的军队，但是由于武器、马匹奇缺，真正能上战场的不足12万人。

◉ 拿破仑坐像

不久，法军和反法的英普联军在布鲁塞尔附近的滑铁卢展开了大规模的会战。战斗开始后，法军遭到普英联军的顽强抵抗。法军虽然发起多次进攻，但都失败了，军队伤亡惨重，拿破仑的作战计划无法实现。拿破仑转而命令法军全力投入进攻，仍未取得胜利。随后，普军摆脱了法军的追击部队赶来参战。形势急转直下，英军也发动反攻，法军两面受敌，全线溃败。联军随后占领了巴黎，并在武装干涉下，迫使拿破仑第二次退位。就这样，"滑铁卢"后来被人们用来形容由成功到失败的转折点，成为了失败的代名词。

53.林肯为什么要废除奴隶制？

◇ **名词解释** 联邦：是由各成员单位（州、邦等）组成的、具有统一主权的国家，各成员单位不享有独立主权，但保留一些管理内部事务的权利，包括由成员内部选举（而不是联邦政府任命）产生自身政府等。

19世纪中后期，美国资本主义经济有了较长足的发展，原有的奴隶制已不适应美国资本主义经济的发展，为此，美国第十六任总统林肯决定废除奴隶制。

林肯出生于一个清贫的农民家庭，幼年时生活十分艰苦。成年后，林肯凭着自身不懈的努力，逐渐走上了从政的道路。1860年11月，林肯成功当选为美国第十六任总统。然而，由于林肯主张废除奴隶制，在他上台3个月后，南方诸州的奴隶主们开始分裂联邦，公开叛乱，南北形势十分危急。

1861年4月，内战爆发。战争之初，北方连连败退。为了扭转败局，林肯于1862年9月颁布了《解放黑奴宣言》，宣布废除了奴隶制，规定叛乱各州的奴隶是自由人，号召全国民众为维护联邦统一而战。这一举动赢得了南方奴隶和北方资产阶级左派的一致支持，战局很快朝着有利北方的方向发展。1865年4月，南北内战终以北方的胜利而

◎**历史余味：**

1865年4月14日晚，林肯邀请格兰特将军及夫人去福特剧院观看歌剧《我们美国的表兄弟》。在去陆军部的路途中，林肯忽然有一种不祥的预感，他停下车犹豫起来，觉得自己是不是应该取消去剧院的计划，但很快便打消了这个念头。正是这一念之差，最终导致了林肯的遇刺身亡。林肯是在自己的包厢内中弹身亡的，凶手很快也被击毙。

告终。战后,林肯忙于重建工作。然而,就在南方军队投降后第5天,即1865年4月14日,一个意外发生了。林肯邀请格兰特将军及夫人去福特剧院观看歌剧《我们美国的表兄弟》,结果在剧院里遭到暗杀,林肯中弹,不治身亡。

总统的身亡使美国民众陷入了深深的哀思。直到今天,人们还在怀念这位曾在美国历史上扬帆掌舵的杰出领袖。

54.凯末尔为什么能够领导土耳其赢得独立?

◇ **名词解释** 同盟国:两次世界大战均有同盟国,此处指第一次世界大战的同盟国组织,它的成员主要有德国、奥匈帝国、意大利等国家,而二战时的同盟国是美、英、法等反法西斯同盟。

土耳其共和国的前身是奥斯曼土耳其帝国。奥斯曼土耳其帝国自1299年建立后,先后东征西伐,扩张成一个地跨欧、亚、非三洲的大帝国。到18世纪末,这个帝国日趋没落。第一次世界大战爆发后,它加入德奥一方作战。由于战败,土耳其不但丧失了原有的属国,而且还面临被获胜的协约国集团瓜分的危险。在这民族存亡的危急时刻,土耳其各地的爱国者纷纷建立起"护权协会",凯末尔将这些分散于各地的协会联合起来,组成了全国性的统一组织,并于1920年4月建立国民政府。

凯末尔出身于职业军人。第一次世界大战时由于战功卓著被晋升为将

⊙ 穆斯塔法·凯末尔像

军。之后，凯末尔改编各地的游击武装，建立起一支强大的正规军。经过两年多时间的艰苦奋战，终于击败了得到英国支持的希腊侵略军，迫使协约国于1923年7月与土耳其重新签订了《洛桑条约》，恢复了土耳其的民族独立和国家主权。

55.为什么说第一次世界大战是非正义的？

◇ **名词解释** 协约国：第一次世界大战中以英国、法国、沙皇俄国为主的国家联盟，它与以德国、奥匈帝国为中心的同盟国集团形成了第一次世界大战的对立双方。

1914年6月28日，奥匈帝国皇储斐迪南为了对塞尔维亚炫耀武力，到波斯尼亚检阅部队，结果在萨拉热窝遇刺。萨拉热窝事件成为了第一次世界大战的导火索。7月28日，奥匈帝国率先对塞尔维亚宣战，第一次世界大战由此爆发。

◎历史余味：

第一次世界大战后，战胜的协约国在法国巴黎召开和会，会议签订的《凡尔赛和约》以及对奥地利、保加利亚、土耳其、匈牙利的和约统称为《巴黎和约》，该和约构成战后帝国主义在欧洲、中东和非洲的统治新秩序，称为"凡尔赛体系"。"凡尔赛体系"由英法主导，德国等战败国和其他一些弱小民族是受宰割的。

战争期间，很多亚洲、欧洲和美洲的国家都加入了协约国。值得注意的是，意大利虽是同盟国，但是后来英国、法国及俄国与意大利签订秘密条约，承诺给予意大利一些土地，结果，意大利加入了协约国对抗同盟国。

战线主要分为东线（俄国对德奥作战）、西线（英国、法国对德国作战）和南线（又称巴尔干战线，是塞尔维亚对奥匈帝国作战）。其中西线最为惨烈，发生了像马恩河战役、凡尔登战役和索姆河战役这样著名的战役。

第一次世界大战虽然以协约国的胜利而告终，但作战双方都付出了惨重的代价。据统计，作战双方大约有650万人参战，其中100万左右的人失去了生命，200万左右的人受伤。

第一次世界大战是一场非正义的、帝国主义争霸性质的掠夺战争，除塞尔维亚等少数国家具有民族解放和自卫的正义性质外，其他都是非正义的。塞尔维亚等少数国家的正义不能从根本上改变整个战争非正义的性质。

56.为什么会爆发第二次世界大战？

◇ **名词解释**　轴心国：第二次世界大战中结成的法西斯国家联盟，领导者是纳粹德国、意大利和日本，与它相对的是由英国和美国领导的反法西斯同盟国。

20世纪三四十年代，资本主义政治、经济发展不平衡，产生了难以调和的矛盾，不久即爆发了大范围的经济危机。在这次资本主义世界的经济危机中，欧洲的工业国家纷纷受到打击，而德国尤其严重。为了缓解危机，转移国内矛盾，新上台的德国法西斯头子希特勒提出对外扩张的主张，得到了德国垄断资产阶级的拥护和支持。不久，第二次世界大战爆发。

大战爆发前夕，德国、意大利、日本通过一系列条约，结成了"法西斯轴心国"。1938年，在英国、法国等国的纵容下，德国法西斯轻而易举地吞并了奥地利，强占了捷克斯洛伐克的苏台德地区，推翻了西班牙共和政府。1939年，希特勒运用"闪电战"突袭波兰，英、法等国"祸水东移"的幻想破灭，被迫相继对德宣战，第二次世界大战全面爆发。

1941年，英国首相丘吉尔与美国总统罗斯福共同发表《大西洋宪章》，之后各正义国开始共同对抗法西斯。1941年，英军在非洲阿拉曼战役中胜出；不久在欧洲战场上，德军在"斯大林格勒战役"中惨败；在亚洲，中国的抗日战争也给日军以沉重的打击；1945年，美国在日本广岛、长崎投下两颗原子弹，日本随即投降。至此，第二次世界大战结束。

57.为什么说雅尔塔会议在二战期间很重要？

◇ **名词解释** 　纳粹主义：二战时期希特勒等人提出的政治主张，宣扬种族优秀论，宣称"领袖"是国家整体意志的代表，力主以战争手段建立世界霸权等。

　　雅尔塔会议于1945年2月4～12日在苏联克里米亚半岛上的雅尔塔举行。英、美、苏三国政府首脑丘吉尔、罗斯福和斯大林参加了会议。

　　三国达成分割德国的协议，决定战后由盟国分区占领德国、德国必须交付战争赔偿以及彻底消灭德国军国主义和纳粹主义。会议期间，美苏之间达成了远东问题的雅尔塔秘密协定。罗斯福迫切希望苏联出兵对日作战，企图以牺牲中国的权益作为苏联出兵的条件。美苏达成妥协：欧洲战争结束后，两三个月内苏联对日作战；维持外蒙古的现状，库页岛南部及邻近岛屿交还苏联；大连港国际化；苏联租用旅顺为海军基地；中东和南满铁路由苏中共同经营；库页岛南部及千岛群岛归属苏联。这一协定严重损害了中国的利益。会议决定美、英、法、苏、中五国为安理会常任理事国，规定实质性问题常任理事国一致同意的原则等。

　　雅尔塔会议对制裁德国、打败日本及战后建立国际秩序等起了积极作用，但也形成了战后世界分裂为两大集团及苏美之间冷战的雅尔塔体制。

58.为什么要建立联合国？

◇ **名词解释** 安全理事会：简称安理会，是联合国的六大主要机构之一，负责维持国际和平与安全，是唯一有权采取强制行动的联合国机构。

第二次世界大战结束后，人们渴望能够有一个维护国际和平的机构，于是，联合国这个为维护国际和平与安全而建立的国际组织应运而生了。

早在世界反法西斯联盟形成初期，美国就起草了《联合国家宣言》。1942年初，中国、苏联、美国、英国等26个国家在《宣言》上签了字。这是第一次正式采用"联合国家"（也译为"联合国"）这个名称。

1945年4月25日，中、苏、美、英等国的国家代表在美国旧金山正式讨论联合国的成立问题。6月26日，与会国代表终于签署了《联合国宪章》，提出"维持国际和平与安全，促进国际合作与发展"的联合国宗旨。10月24日，联合国正式成立，51个宪章签字国为创始会员国。中国是联合国创始会员国之一，但直到1971年10月，中华人民共和国才取代台湾，被联合国恢复在联合国的合法权利。

联合国大会、安全理事会、经济及社会理事会、托管理事会、国际法院和秘书处为联合国6个主要机构。现在安理会由中、法、俄、英、美5个常任理事国及10个非常任理事国组成。联合国总部设在纽约。

联合国在维护世界和平、缓和国际紧张局势、解决地区冲突方面，在协调国际经济关系，促进世界各国经济、科学、文化的合作与交流方面，都发挥着积极的作用。

59.为什么会出现古巴导弹危机？

◇ **名词解释** 巴蒂斯塔政府：由古巴独裁者巴蒂斯塔建立的亲美政府，这是一个反动的政府，曾多次镇压和杀害古巴的进步民众。

1959年1月，古巴革命领袖卡斯特罗领导古巴人民推翻了美国长期扶植的巴蒂斯塔政府，建立属于自己的社会主义新政权。从那之后，卡斯特罗便成为了美国的头号眼中钉。而在另一方面，社会主义阵营的老大哥苏联却加紧改善同古巴的关系，在政治、外交和经济上给予古巴必要的帮助。

　　1962年10月，美国先进的高空侦察机U-2侦察到苏联在古巴领土安装防空导弹。军方将这一情报上报给美国白宫，立刻引起白宫官员的震惊和恐慌。10月16日，美国时任总统肯尼迪紧急召开国家安全委员会会议，研究对策。

　　众所周知，古巴位于美国南端，向来就是美国的后院。如果苏联在古巴部署导弹，那意味着苏联人已经将自己的手伸到了美国人的家门口，苏联人随时可用这只手按下射向美国本土的核导弹的按钮，那对美国人来说，简直是可怕的噩梦，是绝对不能够接受的。

　　紧急国家安全会议持续了4天，最终，肯尼迪总统作出决定：全面封锁加勒比海，以切断苏联开往古巴的武器装载船的航路；同时紧急照会苏联，要求其立刻从古巴撤出导弹。

　　一开始，苏联并不理会，继续强硬地在古巴部署导弹。然而，随着美国方面的不断施压，特别是随着美国"坚决而强硬"信息的不断释放——美国警告苏联，如果苏联不撤走导弹，美国将不惜与苏联一战，哪怕进行核大战——苏联政府不得不重新考虑自己的决策。在经过多方面权衡之后，10月28日，苏联政府作出决定：撤出在古巴的导弹，但条件是，美国也必须撤出部署在土耳其、一直威胁着苏联的导弹，同时保证此后不再入侵古巴。美国同意了这一条件，也作出了让步。最终，古巴导弹危机得以平安化解。

60. 美国为什么出兵越南？

◇ **名词解释** 冷战：指二战结束以后，以美国为首的西方资本主义国家和以苏联为首的社会主义国家两个阵营，在除直接交战以外的其他各个方面（包括经济、政治、外交、文化、意识形态等）的对抗。

美国自二战结束以后，经济实力和军事实力都位居世界头号的位置。雄厚的国力使得美国有能力在世界范围内充当"警察"的角色。20世纪60年代，"世界警察"美国出现在了越南。

越南在第二次世界大战爆发前是法国的殖民地，二战爆发后，越南被日本占领。二战结束后，胡志明领导的越南独立联盟（越南共产党）在越南北方城市河内市建立越南民主共和国（北越），而越南南方则仍由法国扶持的越南末代皇帝保大皇帝统治。1955年，吴庭艳在西贡市发动政变，推翻保大皇帝，建立越南共和国（南越）。他在越南共和国实行美国式民主，全面投靠了美国。吴庭艳极端仇视共产党，他视北方的越南民主共和国（北越）为眼中钉、肉中刺，极力要铲除这一威胁。而走社会主义道路的越南民主共和国也极力要推翻的吴庭艳的统治，为此，双方进行了长期的战斗。

事实上，除了越南民主共和国（北越）和越南共和国（南越）以外，当时在越南境内还有第三股有较大影响力的势力，它就是南越反政府武装越南南方民族解放阵线。越南南方民族解放阵线实际上接受越南民主共和国（北越）的领导。

当时正处在冷战时期，美国将东南亚看成是冷战中潜在的关键战场，美国政府害怕共产党执政的北越取代亲美的南越政权，因此全面支持南越政权。一开始，美国只是幕后扶持吴庭艳的政权，后来，美国直接派兵进驻越南，这标志着越南战争的全面爆发。越南战争历时12年，它以美国的失败告终。

61. 为什么会爆发"海湾战争"?

◇ **名词解释**　海湾：天然的海湾是海洋在两个陆角或海岬之间向陆凹进、有广大范围被海岸部分环绕的水域。此处的海湾是个特定的区域概念，它指波斯湾沿岸的地区。

1990年8月2日，海湾国家伊拉克突然出兵侵占了邻国科威特。之后，伊拉克总统萨达姆宣布取消科威特这个国家，把科威特并入伊拉克的版图。

伊拉克的强盗行径引起全世界的愤怒，许多国家发表声明要求伊拉克立即无条件地从科威特撤军。然而萨达姆对此并不理会。1991年1月16日，在联合国安理会授权下，以美国为首的多国部队开始对伊拉克发动军事进攻，海湾战争爆发。

战争分为三个阶段，第一阶段实际在军事进攻之前已经展开，那就是多国部队对伊拉克实行海陆空全面禁运，从经济上制裁伊拉克；第二阶段以空袭为主，多国部队出动战机和发射导弹，对伊拉克及其所占领的科威特进行空中打击；第三阶段以地面进攻为主。由于伊拉克和科威特都是沙漠国家，所以多国部队就把这三个阶段的行动的代号定为"沙漠盾牌""沙漠风暴"和"沙漠闪电"。

三次行动最终都取得了良好的效果，伊拉克在多国部队的打击之下，基本丧失了战力。1991年2月26日，伊拉克总统萨达姆宣布接受停火。28日晨8时，多国部队宣布停止进攻，海湾战争结束。

62. 为什么会出现东欧剧变?

◇ **名词解释**　辛纳屈主义：名称来源于20世纪著名流行音乐家法兰克·辛纳屈的歌My Way，指苏联戈尔巴乔夫政府允许华约成员国自己决定自己的内政，走自己的发展道路。

1949年，以美国为主导的北大西洋公约组织（简称北约）在西欧及大西洋两岸成立，成立后便大力扶植反苏联政权（不论民主的还是独裁的）。另一方面，苏联加强了其对东欧各国的军事占领，推行共产主义并扶植亲苏的共产党政权。为了对抗北约，1955年5月，苏联联合东欧各社会主义国家在波兰首都华沙成立华沙公约组织（简称华约），除了南斯拉夫外，所有东欧国家均加入。华约的成立，宣告以苏联为首的社会主义阵营和以美国为首的资本主义阵营全面进入对峙状态，历史进入"冷战时期"。

　　在冷战后期，东欧各国在各方面的矛盾日益突出。内因上：在经济方面，东欧沿用苏联高度集中的经济体制，片面发展重工业，人民生活水平十分低下；在政治方面，东欧各国的执政党和政府因为缺乏监督和选举，贪污腐败、践踏法律和人权的行为层出不穷。外因上：苏联在戈尔巴乔夫上台后推行的建设"民主社会主义"纲领推动了东欧各党的改组，同时戈尔巴乔夫采取"辛纳屈主义"减少了对东欧国家的控制；再加上以美国为首的西方国家施行"和平演变"，导致东欧各国出现政治势力的分化。所有这些矛盾汇总在一起，并经过长期积累，最后终于导致了剧变的爆发。

　　东欧剧变的结果是：苏联解体；保加利亚、匈牙利、捷克斯洛伐克、阿尔巴尼亚、南斯拉夫等国家发生政权更迭；南斯拉夫一分为五，分为了波斯尼亚和黑塞哥维那、南斯拉夫联盟（2003年2月4日，南斯拉夫联盟更名为塞尔维亚和黑山；2006年6月3日，黑山宣布独立）、斯洛文尼亚、克罗地亚、马其顿五个国家；捷克斯洛伐克一分为二；民主德国和联邦德国实现了统一。

63.为什么会出现"9·11"恐怖袭击事件？

◇ **名词解释**　恐怖袭击：极端分子人为制造的针对但不仅限于平民及民用设施的不符合国际道义的攻击方式，它是20世纪90年代以来人类面临的一种新的严峻挑战。

美国东部时间2001年9月11日上午（北京时间9月11日晚上），19名恐怖分子劫持了4架美国民航客机。这4架民航客机分别从波士顿、纽瓦克和华盛顿特区飞往旧金山和洛杉矶，被劫持后，被迫改道飞往纽约和华盛顿。从上午8时46分（美国东部时间）开始，4架飞机中的其中3架分别撞向纽约世界贸易中心的北楼、南楼和华盛顿的五角大楼（美国国防部所在地），剩余1架在试图飞向美国国会山的过程中，因机舱内发生打斗而失控坠毁在宾西法尼亚州。

这就是震惊世界的"9·11"恐怖袭击事件，它是人类历史上迄今发生的最为严重的恐怖袭击事件。这次事件造成了包括纽约地标性建筑世界贸易中心在内的6座建筑完全被摧毁，其他23座高层建筑也遭到破坏；而在人员伤亡方面，共有2998人遇难，其中2974人被官方证实死亡，另外还有24人下落不明。此外，它还在社会经济、民众心理等方面造成难以估量的负面影响。

"9·11"恐怖袭击事件是美国长期推行霸权主义政策的结果。美国一直以"世界领导者"的角色自居，不遗余力地向世界上其他国家或民族兜售其民主和价值观，同时不断干涉别国的内政，为此与许多国家或民族结下了深怨。一些国家或民族的极端组织为了报复美国，在没有能力与美国进行正面对抗的情况下，只能采取恐怖袭击这样的极端手段。所以，"9·11"事件的发生也就不难理解了。

64.美国为什么要推翻伊拉克萨达姆政权？

◇ **名词解释** 大规模杀伤性武器：指用来大规模屠杀的武器，一般针对的是平民，但是也可以针对军人。它包括三类武器：核武器、化学武器和生物武器。

苏联解体后，美国成为世界上唯一的超级大国。为了维持并巩固自己的霸权，美国这个超级大国在全球范围内打击威胁自身利益的国家。美国曾将一些反美的国家列入所谓的"邪恶轴心国"或"流氓国家"名单，伊拉克就是这些所谓"邪恶轴心国"或"流氓国家"中的一员。

20世纪90年代初，美国发动海湾战争，打败了伊拉克，但出于国际舆论及自身利益的考虑，并没有推翻当时的萨达姆政权。但是，这并不意味着，美国能够接受萨达姆政权的存在，在美国看来，萨达姆这个"反美斗士"始终是个威胁，只要时机成熟，终归是要铲除的，用和平演变也好，用武力也罢。

"9·11"事件以后，美国终于迎来了时机。美国以伊拉克支持恐怖主义、并且研发大规模杀伤性武器为理由，对伊拉克发动了进攻。战争是在2003年3月20日上午打响的，美国联合英国等国家向伊拉克本土进行了大规模的袭击。4月9日，美英联军进入伊拉克首都巴格达，萨达姆政权垮台。在此后1年多的搜寻时间里，美国并没有找到伊拉克支持恐怖主义的证据，所谓的大规模杀伤性武器更是子虚乌有。

事实上，美国之所以要推翻萨达姆，根本就不是为了所谓的大规模杀伤性武器和反恐，而是为了维护自己的霸权。这次的对伊作战，只是美国推行全球扩张战略的又一重要步骤。在美国看来，通过这场战争，不仅可以拔掉萨达姆这个眼中钉，而且还可以控制欧亚大陆的核心地带；更为重要的是，控制了伊拉克就意味着控制了丰富的石油，因为众所周知，伊拉克是仅次于沙特的世界第二大石油生产国，其石油储存量约占世界已探明总储量的10%！

在文学殿堂里徜徉

1.为什么说《诗经》是一部百科全书?

◇ **名词解释** 六经:指经过孔子整理而传授的六部先秦古籍,分别是:《诗经》《尚书》《仪礼》《乐经》《周易》《春秋》。它们都是儒家经典。

《诗经》是国人皆知的经典,这部先秦诗歌总集给中国诗歌以及中国文化提供了丰富的养料。《诗经》原为乐歌,可配乐歌唱。按照不同乐曲分为风、雅、颂。"风"即国风,为周朝各诸侯国和地方的乐曲,大部分是民歌。"雅"者,正也。周人认为的"正声",就是周王朝直接管辖区的雅乐。雅分大、小雅。二雅小部分为民歌,大部分为贵族士大夫的作品。"颂"为庙堂颂歌,是贵族祭神祭祖、歌功颂德的乐曲。颂分为周颂、鲁颂、商颂三部分。

《诗经》共收入自西周初期至春秋中叶约五百年间的诗歌305篇,所以又称《诗三百》,与《尚书》《礼记》《周易》《春秋》合称为五经。相传为孔子编定。最初称《诗》,因被汉代儒者奉为经典,乃称《诗经》。《诗经》是我国现实主义诗歌传统的源头及代表之作,它开创了我国古代诗歌创作的现实主义的优秀传统。《诗经》里的内容,就其原来性质而言,是歌曲的歌词。

《诗经》不仅是最早的诗歌总集,而且也是一部反映当时社会的百科全书。从《诗经》中,我们可以大致了解到奴隶社会时期中国的社会现状,包括政治、经济、文化、民俗等方面的状况。所以,研究夏商周三代的人,手里往往都是有一部《诗经》。

2.中国古代文人为什么又称为"骚客"?

◇ **名词解释** 辞赋:古代一种文体,起源于战国时代。汉朝人集屈原等所作的赋称为楚辞,后人泛称赋体文学为辞赋。

◎ **文学英华：**

《楚辞》中有一个"阳春白雪""下里巴人"的典故。所谓"阳春白雪"，原是战国时楚国的一种高雅歌曲，后来则引申为高深的、不通俗的文化艺术。而"下里巴人"则原指楚国的民间通俗歌曲，后引申为通俗的文化艺术。"阳春白雪"与"下里巴人"，雅与俗，这在文学艺术的创造中，永远是对立统一的，并没有高下之分。

一般而言，《诗经》《离骚》作为中国古代文章之源，分别统领现实主义和浪漫主义。后人将《诗经》中的"风"与《离骚》中的"骚"合称"风骚"，统指文章。于是，"骚客"便是称呼写文章的人，即文人，后来成为诗人的代称。《楚辞·九辩》说："窃慕诗人之遗风兮，愿托志乎素餐。"《正字通》注释说："屈原作离骚，言遭忧也，今谓诗人为骚人。"这便是将诗人称为骚人最早的提法。从那时起，诗人便成为两汉人习惯用的名词。辞赋兴起之后，又产生了辞人一词。但汉代扬子云《法言·吾子篇》说："诗人之辞丽以则，辞人之赋丽以淫。"用"则"和"淫"来划分诗人与辞人的区别，足见汉代是把诗人看得很高贵，把辞人看得比较低贱。

到了唐宋，骚人又泛指忧愁失意的文士。如李白的《古风》云："正声何微茫，哀怨起骚人。"又如范仲淹《岳阳楼记》："迁客骚人，多会于此。"再者，大凡文人骚客，都喜欢舞文弄墨，游历山川湖海，回归自然，且都能够由感而发，往往能留下经世之作。他们对于人生则是抱着一种洒脱旷达的态度。

3.为什么说《史记》是文学和历史的高度统一？

◇ **名词解释** 纪传体：一种史书编纂体例，该体例以人物传记为中心叙述史实。除了纪传体以外，史书编纂体例还有编年体和国别体等。

司马迁子承父志,写下了千古流传的《史记》,开了中国纪传体正史之端。《史记》以它极高的文学及史学价值而被鲁迅称为"史家之绝唱,无韵之离骚"。

《史记》是文学的历史,也是历史的文学,是文学与史学的高度统一。

"史家之绝唱"是说其历史学成就。司马迁参酌古今,创造出史书撰写的新体例。自此例一出,历代史书,尤其是二十五史,遂不能出其范围。十二本纪,三十世家,七十列传,十表八书,举凡治乱兴衰、典章制度,均分门别类,条分缕析。通史、纪传、通典、通考,纪事本末,大都导源于此。《史记》是集先秦及汉初之大成的私家著作。分量之大,卷帙之多,内容之富,结构之严,体制之备,均可谓空前。班固说《史记》"其文直,其事核,不虚美,不隐善,故谓之实录"。"实录"精神,又堪称绝后。

◉ 司马迁

"无韵之《离骚》"是说其于文学上的成就。司马迁著史绝非局限于文献的收集、整理、考证,并不是以一种冷漠的态度从外部客观地观察历史,他是带着深切的痛苦去理解笔下人物的奋斗和成败,所以笔端常饱含着悲愤。司马迁在叙事中敢写事实,以至于"显暴君过",本来已经与屈原相似;其"肆于心而为文",也和《离骚》一致。有所不同的是,《离骚》是直抒胸臆,《史记》则寄于笔下的人物。从《史记》近于《离骚》的那种悲愤,我们似乎又可以联想到,司马迁同屈原在颇为相似的政治境遇下那种相一致的感愤色彩。

4.曹植为什么要作《七步诗》?

◇ **名词解释**　《世说新语》:南朝刘宋宗室临川王刘义庆(403—444)组织一批文人编写的一部笔记小说,主要记述魏晋人物的言谈轶事。

三国时的曹操、曹丕、曹植父子三人是著名的文学家,合称三曹,他们为中国文学史上留下了许多不朽的篇章。这其中,曹植的"七步诗"更是被后世传为一段佳话。

据《世说新语·文学》记载,曹丕做了皇帝以后,对才华横溢的胞弟曹植一直心怀忌恨。有一次,他命曹植在七步之内作诗一首,如做不到就将以欺君之罪处死。曹植知道哥哥存心要置他于死地,又伤心又愤怒。他强忍着心中的悲痛,凭借着胸中所学,最终在七步之内吟出《七步诗》:煮豆持作羹,漉豉以为汁。萁在釜下燃,豆在釜中泣。本是同根生,相煎何太急?

据说曹丕听了以后"深有惭色",不仅因为曹植在咏诗中体现了非凡的才华,具有出口成章的本领,使得文帝自愧不如,而且由于诗中以浅显生动的比喻说明兄弟本为手足,不应互相猜忌与怨恨,晓之以大义,自然令曹植羞愧万分,无地自容。

◎ **文学英华:**

建安(汉献帝年号)时期,以曹操三父子为代表的创作反映了社会的动乱和民生的疾苦的同时,又表现了统一天下的理想和壮志,有着鲜明的时代特色,具有"慷慨悲凉"的独特风格。这种独特的风格被后人称之为"建安风骨",也叫"魏晋风骨"。作为一种遒劲有力的文学风格,建安风骨直到今天仍然被许多中国文人所称道。

这首诗以比兴的手法借用同根而生的萁和豆来比喻同父共母的兄弟,用萁煎其豆来比喻同胞骨肉的哥哥残害弟弟,实有违天理,为常情所不容。诗人取譬之妙,用语之巧,而且在刹那间脱口而出,实在令人叹为观止。其中不仅包含了深邃的政治内涵，生动形象、深入浅出地反映了封建统治集团内部的残酷斗争，且语言浅显，寓意明畅，千百年来，赢得了无数读者的称赏。诗作同时也成为中国历史长河中为了争夺地位、权力、财产兄弟反目手足相残的一种写照。

5.为什么说《桃花源记》是一篇浪漫主义的杰作？

◇ **名词解释** 浪漫主义：一种与现实主义相对的文艺思潮。浪漫主义在反映客观现实上侧重从主观内心世界出发，常用热情奔放的语言、瑰丽的想象和夸张的手法来塑造形象。

东晋诗人陶渊明的代表作《桃花源记》是一篇记叙性质的散文，作者于文中向世人展示出一个同黑暗现实相对立的理想社会——桃花源。许多世纪以来，它早已成为人们心中传颂不衰的千古名篇。

在《桃花源记》中，陶渊明写道：武陵有一个渔人，有一次，沿着小溪划船打鱼，来到了一座繁花如锦、芳草鲜嫩的桃树林。渔人被眼前的景色吸引住了，划着船再往前走，到了树林尽头，发现了一个小洞。他丢了船，顺着洞口摸进去，开始很狭窄，走了一段，豁然开朗，原来洞里有一个很大的村子，那里土地肥沃，桑木成行，男女老幼，来来往往，勤恳劳动，过着无忧无虑的和平生活。大家看到渔夫是个陌生客人，都热情地邀请

◉ 陶渊明像

他喝酒吃饭。渔夫跟大家谈起,才知道那村子里的人的祖先还是秦朝末年避难到这儿来的。他们根本不知道秦以后还有汉朝,更不用说有什么魏、晋了。渔人在那里住了几天,告别回家。他在回家路上,做了好多标记,准备下一次再去访问。回到武陵,他报告了太守。太守也很感兴趣,便派人跟着渔人去找桃花林,但是怎么也找不到那个洞口了。

《桃花源记》是一篇浪漫主义杰作,文中塑造了一个与污浊黑暗社会相对立的美好境界,寄托了自己的政治理想与美好情趣。在那里,"春蚕收长丝,秋熟靡王税",没有压迫,没有剥削,没有赋税,没有战乱;那里"土地平旷,屋舍俨然,有良田美池桑竹之属";人人劳动,家家富足,生活安定愉快,风气淳厚朴实。这幅图景,更加真切反映了身处当时黑暗动荡时代的黎民百姓十分渴望过上一种安定富足生活的强烈心愿。

6.为什么会出现"洛阳纸贵"现象?

◇ **名词解释** 书香门第:指古代一些有诗书传家传统、具有文化和地位的人家。

晋代作家左思出身书香门第,其貌不扬却才华出众。年少时,他拜师学习书法、鼓琴,但都没有学成。为此父亲很失望,对友人说:"左思学东西,不及我少年时。"左思不甘心受到这种鄙视,开始发愤学习。当他读过东汉班固写的《两都赋》和张衡写的《两京赋》时,虽然很佩服文中的宏大气魄,华丽的文辞,但却也批评其中存在虚而不实、大而无当的弊病。从此,他决心依据事实和历史的发展,写一篇《三都赋》,把三国时魏都邺城、蜀都成都、吴都南京写入赋中。为了使文章中的词句都有着落和根据,左思开始收集大量的历史、地理、物产、风俗人情的资料。经过十年的刻苦努力,《三都赋》终于写成了。

可当左思拿文章给别人看时,却遭到了讥讽。当时一位著名文学家陆机也曾起过写《三都赋》的念头,见到此文便挖苦道:"不知天高地厚的小子，竟想超过班固、张衡，太自不量力了！"他还给弟弟陆云写信说："京城里有位狂妄的家伙写《三都赋》，我看他写成的东西只配给我用来盖酒坛子！"其他一些文人对左思和《三都赋》也都是嗤之以鼻，不予理睬。左思不甘心自己的心血遭到埋没，于是找到了著名文学家张华。张华读过之后被文中质朴的句子所深深地打动了，随即推荐给当时文坛极有声誉的皇甫谧。皇甫谧观后欣然为之作序，自此名声大噪。由于都城洛阳权贵之家，皆争相传抄《三都赋》，遂使纸价上扬，为此而贵。后来竟引得京城纸张奇缺，不少人为了抄袭这篇名赋，只好到外地买纸。这便是"洛阳纸贵"典故的由来。

7.为什么说《搜神记》是志怪小说的杰出代表？

◇ **名词解释** 志怪小说：是我国魏晋南北朝时期小说的一个分支，它专指那些描写奇闻逸事的文学作品。荒诞离奇的情节中常常包含一些美丽的幻想，表达人民的爱憎与愿望。

东晋干宝编撰的《搜神记》是一部专门记录古代民间传说中神奇怪异故事的小说集，其中的故事大多篇幅短小，情节简单，设想奇幻，极富于浪漫主义色彩。

《搜神记》中有一个名篇《干将莫邪》，它描写这样一个故事：干将和莫邪夫妇为楚王铸剑，锻造了三年才把剑铸成。楚王嫌剑不够锋利，一怒之下将干将杀了。干将的儿子长大后，发誓要为父亲报仇。他不惜自杀，将自己的头和父亲遗留下的一把宝剑送给一个叫山中客的壮士，请山中客带着头和剑去刺杀楚王。山中客把他的头献给楚王，楚王命令架起大锅，然后将头掷进沸水中。头煮了三天三夜也不烂，而且头还时不时从锅里跳起来怒目圆睁，直视着楚王。楚王这时非常好奇，就凑到锅前低头细看，山中客乘势将楚王的头砍落在锅里，这时卫士一拥而上，山中客一挥宝剑，自己的头也落在沸水中。于是三个头煮得稀

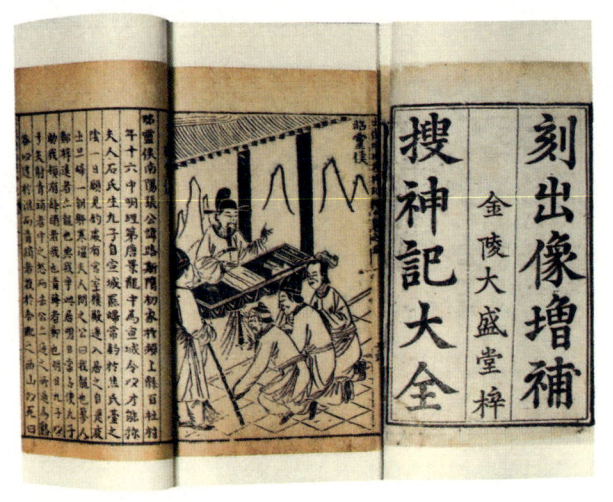

◉《搜神记》书影

烂，大臣们分不清哪些是楚王的骨肉，情急之下，就将这一锅汤肉分成三份埋葬，他们的坟冢被称为"三王墓"。这个离奇的故事生动地讲述了劳动人民对封建暴君的仇恨和对英雄的歌颂。

除《干将莫邪》外，《搜神记》还有许多像这样引人无限遐想的故事：有关于古时蛮族始祖起源的猜测的"盘瓠神话"；讲吴王小女的生死爱情的"紫玉传说"；讲孝妇周青蒙冤的"东海孝妇"；讲仙女下嫁董永的"天仙配"等等。这些故事是《搜神记》的精华所在，历代长传而不衰。

总之，《搜神记》无论在思想内容上还是艺术水准上，都是同时代同类作品中的佼佼者，历来被人们看做是志怪小说的代表。

8.《玉树后庭花》为什么被说成是亡国之音？

◇ **名词解释** 陈朝：中国南北朝时期南朝的最后一个王朝，由陈霸先所建，后来为隋朝所灭。陈叔宝是陈国的末代国君。

唐代诗人杜牧在一首《泊秦淮》的绝句中这样写道："商女不知亡国恨，隔江犹唱后庭花。"这是中国文学史上最早将文学作品与朝代的政治兴亡直接联系起来的诗歌。

"后庭花"本是一种花的名，这种花生长在江南，因多是在庭院中栽培，盛开之时白色的花朵满树缤纷，使得树冠如玉一样美丽，故有"玉树后庭花"之称。

《玉树后庭花》是陈朝后主陈叔宝的作品。陈叔宝即位之初，也曾有过励精图治的志向，而且做过一些稳定江山的实事。但后来逐渐安于现状，沉湎于声色，成为一个不折不扣的昏君。当时，北方强大的隋朝时时准备渡江南下，陈这个江南小王朝随时可能遭遇灭顶之灾，可是这个陈后主，却整天与宠妾张贵妃、孔贵人饮酒嬉戏，作诗唱和。陈叔宝作诗水平不高，且所作多是浮泛艳丽之词，从这首陈叔宝在一次夜宴之后所作的《玉树后庭花》便可以看得出来："丽宇芳林对高阁，新妆艳质本倾城。映户凝娇乍不进，出帷含态笑相迎。妖姬脸似花含露，玉树流光照后庭。"诗作的意境不深，只是对妃子的淫词赞美，并无技巧可言。

　　《玉树后庭花》虽然品位低下，但却得到一群奸臣的肉麻吹捧，他自己也自鸣得意起来。隋朝的大军已经兵临城下了，亡国之君陈叔宝仍然和宠妾、墨客们唱着《玉树后庭花》，直到敌军冲入宫殿，他才和两个妃子躲进一口井里。所以，后来人们便将《玉树后庭花》当做亡国之音。

9.李白为什么被称为"诗仙"？

◇ **名词解释**　绝句：一种诗歌形式，起源于两汉，成形于魏晋南北朝，兴盛于唐朝。绝句每首四句，通常有五言、七言两种，简称五绝、七绝。

　　在唐代众多的诗人当中，盛唐大诗人李白、杜甫最为出名，人称"李杜"。尤其是李白，开创了盛唐诗歌领域的"诗酒文化"，被后世人尊称为"诗仙"。

　　李白，字太白，号青莲居士。他的先人曾流寓碎叶（今吉尔吉斯斯坦共和国托克马克附近），李白即出生在此地。李白生于武后大足元年（701年），至唐中宗时，随父亲内迁锦州昌隆（今四川江油）。代宗宝应元年（762年），李白去世，享年62岁。

　　李白一生的大部分时间，正当玄宗开元、天宝年间，是唐朝社会经济和文化高度发展和繁荣，同时又是在政治上由盛而衰的转折时期。

◎ **文学英华：**

> 唐朝宰相杨国忠，嫉恨李白之才，总想设法奚落李白一番。有一日，杨国忠约李白对三步诗。李白刚一进门，杨国忠便道："两猿截木山中，问猴儿如何对锯？"（"锯"谐"句"，"猴儿"暗指李白）李白微微一笑，指着杨国忠的脚念道："一马隐身泥里，看畜生怎样出蹄？"（"蹄"谐"题"，"畜生"暗指杨国忠），与上联对得很正。

由于他的家庭儒家思想气息不浓，因此他从小接受了多方面的思想影响，而受道家思想的影响特别大，这对于李白豪放不羁的气质和其诗歌的纵恣奔放风格的形成，是有密切关系的。

李白和杜甫是好朋友，因而杜甫最了解李白。杜甫在《春日忆李白诗》中写道："白也诗无敌，飘然思不群。清新庾开府，俊逸鲍参军。渭北春天树，江东日暮云。何时一樽酒，重与细论文。"杜甫称李白诗作清新、俊逸、飘纵不同一般，诗坛中无人可与匹敌。这在当时，应是定评。飘然不群，也即是豪放不羁，与众不同。

李白的诗歌，在文学史上享有崇高的地位。他对各体诗都擅长，而在五言、七言绝句和七言古诗方面，贡献尤其大。李白的许多名篇，1000多年来被广大人民群众广为传诵，略有文化的老幼妇孺，均能朗朗上口。

10.杜甫为什么被称为"诗圣"？

◇ **名词解释** 现实主义：一种文艺创作思潮。与浪漫主义丰富的想象和肆意的夸张不同，现实主义的作品更强调忠于现实、自然，以一种真实的笔触再现客观世界。

杜甫自幼聪敏好学，知识渊博，有政治抱负，开元后期，举进士不第，遂漫游各地。他曾游历过今江苏、浙江、河北、山东一带，一路上饱览名胜，凭吊遗迹，观赏壮丽的江山，增长了实际知识，为以后文学创作奠定了坚实的思想基础和生活基础。

杜甫生活在唐朝由盛转衰的历史时期，其一生坎坷，亲自经历了安史之乱这场大的变乱，饱经沧桑，经受了丰富的跌宕起伏的人生磨炼。他有"致君尧舜上，再使风俗淳"的宏伟抱负。他想通过科举考试，得到一个官职，一直未能如愿。他出入权贵门下，希望得到引荐，结果也处处碰壁，生活逐渐陷入困境，过着"卖药都市，寄食朋友"的生活。政治上的失意，生活上的困苦，使杜甫更有机会解缙下层劳动人民，听到他们的呼声，从而了解人民的疾苦。他疾恶如仇，对朝廷的腐败、社会生活中的黑暗现象都给予揭露和批评；他同情人民，甚至情愿为解救人民的苦难甘愿做自我牺牲。所以他的诗歌创作，始终贯穿着忧国忧民这条主线，以最普通的老百姓为主角。

杜甫是唐代最伟大的现实主义诗人，他的诗具有丰富的社会内容、强烈的时代色彩和鲜明的政治倾向，真实深刻地反映了安史之乱前后的社会生活画面，因而被称为一代"诗史"，而他自己也被称为"诗圣"。

11.为什么会有"推敲"这一常用词？

◇ **名词解释** 苦吟派：中国古代文学史中一个很特殊的诗歌流派，该诗歌流派十分注重遣词造句，为了写好一首诗，往往不惜耗费心血，在遣词造句上花费大量工夫，代表人物就是唐代的贾岛。

"推敲"是指作家在组织文字过程中反复选择、调动词句，以求准确、妥帖地把所要表达的事物表达出来。其实"推敲"是有来历的，它出自唐代的一个文学典故。

贾岛是唐代著名苦吟派诗人。曾为作一首诗花费几年时间。

有一年，贾岛到京城里去参加科举考试。一次，竟骑驴闯了官道。当时他正琢磨着一句诗，名叫《题李凝幽居》，其中有一句："鸟宿池边树，僧推月下门"，他本想用"推"字，可又觉得用"敲"字更

◎ 贾岛图

为妥帖，反复思考没有定下来，便在驴背上反复吟诵，不停做着推和敲的动作。

当时的高官韩愈（唐宋八大家之一）正临时代理京城的地方长官，他此时正带车马出巡，贾岛不知不觉地就骑着毛驴闯进了韩愈的仪仗队里，手上还在不停地做"推敲"的手势，围观的人对此感到惊讶，于是一下子就被韩愈左右的侍从推搡到韩愈的面前。贾岛就把自己作的那首诗念给韩愈听。韩愈听后对贾岛说："我看还是用'敲'好，拜访友人，即使是在夜深人静，敲门代表你是一个有礼貌的人！况一个'敲'字，使夜静更深之时，多了几分声响。再说，读起来也响亮些！" 贾岛听了连连点头称赞。他这回不但没受处罚，还和韩愈交上了朋友。

于是，推敲从此也就成为了脍炙人口的常用词，用来比喻做文章或做事时，反复琢磨，反复斟酌。

12.白居易为什么有"诗魔"之称？

◇ **名词解释** 儒、释、道：即儒家、佛家、道家，它们是中国古代主要思想教派，儒家强调"有为"、积极入世，佛家主张"虚""空"，道家主张清静无为。

继李白、杜甫之后，唐朝诗坛出现了另一个伟大的人民诗人，他就是白居易。他吸收了前人的成果，在创作上达到了另一个高峰。

白居易，字乐天，号香山居士；自幼聪颖，读书十分刻苦。29岁时，中进士及第，从此登上仕途。元和时曾任翰林学士、左赞善大夫，因得罪权贵，贬为江州司马。

在长安为官期间，他和元稹共同发起了新乐府运动，主张"文章合为时而著，歌诗合为事而作"，写下了不少感叹时世、反映人民疾苦的著名诗篇，对后世影响极为深远。白居易的思想，综合儒、释、道三家。他的诗作，具有较强烈的现实意义和鲜明的倾向性，不仅通过个别现象揭露封建统治者的荒淫无耻生活，还能抓住当时社会的主要矛盾，从根本上揭穿唐朝中后期阻碍历史发展的重要症结，进行有力地控诉和批判。在展现思想高度的同时，又能溶艺术性为一炉。他继承了《诗经》以来的比兴美刺传统，重视诗歌的现实内容和社会作用。强调诗歌揭露、批评政治弊端的功能，因此他在诗歌表现方法上提出一系列原则。正是因为此，白居易被人称为"诗魔"和"诗王"。

白居易的诗在当时流传广泛，上自宫廷，下至民间，处处皆是，其声名甚至远播新疆和朝鲜、日本。代表作《琵琶行》《长恨歌》《卖炭翁》等，至今被人们所传诵。武宗会昌六年（846）八月，白居易于洛阳去世，享年75岁。

13.为什么称李商隐、杜牧为"小李杜"？

◇ **名词解释**　律诗：中国近体诗的一种，发源于南朝，讲究声律、对偶，格律要求非常严格。律诗通常以8句完篇，每句字数相同，可为五言、六言、七言，简称五律、六律、七律，其中六律较少见。

李白、杜甫是唐代最具代表的诗人，被人称为"李杜"。李白、杜甫之后还有另外一个"李杜"，他们就是晚唐的李商隐和杜牧。为与区别开，后人将李商隐和杜牧称之为"小李杜"。

李商隐（813—858）字义山，号玉溪生，怀州河内（今河南沁阳）人。李商隐与温庭筠、段成式以骈文著名，三人皆行十六，故称"三十六体"。他对藩镇割据、宦官擅权深恶痛绝，所以"咏史"诗

◉ 李商隐像

多托古以讽时政。"无题"诗尤为著名，寓意深沉，多有寄托。七言律诗师承杜甫，精练谨严，又融合齐、梁诗的浓艳色彩，形成了构思精密、情致婉曲的独特风格。

杜牧（803—约852）字牧之，京兆万年（今陕西西安）人，出身于官宦世家。杜牧一生正值唐王朝的多事之秋，面对着国家的内忧外患，他常以天下为己任，读书时特别关心"治乱兴亡之迹，财赋甲兵之事"，其诗文多指陈及讽谕时政之作。其古诗豪健跌宕，近体诗清俊生动，尤以写景抒情的七言绝句最为情韵丰富，意境深远，达到很高的艺术水平。如《江南春》《泊秦淮》等都是脍炙人口的名篇。

李商隐与杜牧在晚唐的诗坛上各自绽放着自己独特的诗歌风格，虽然在艺术成就上，总体上不如李白、杜甫，但因他们的诗使晚唐诗风摆脱一种没落的风气，给唐代诗歌史的最后一页添上了瑰丽的色彩，所以后人还是将他们提到与李白、杜甫相同的高度，合称为"小李杜"。

14.陆游为什么被称为"爱国诗人"？

◇ **名词解释** 爱国主义：指个人或集体对祖国的一种积极和支持的态度。爱国主义情感是一种积极、正面，且高尚的情感。

陆游（1125—1210），字务观，中年自号放翁，越州山阴（今浙江绍兴）人。陆游出生在国势衰微、外敌入侵、民族矛盾异常尖锐的北宋末年，年轻时就立志"上马击狂胡，下马草军书"（《观大散关图有感》）。反对卖国投降、主张抗击外族侵略是陆游毕生的政治思想。他的诗词，大部分是充满着强烈的爱国主义思想感情的，这些爱国诗词不仅给南宋的文坛，甚至给腐败的南宋封建朝廷也带来了激奋昂扬的战斗气息。

诗人晚年的诗作《书愤》这样写道："早岁哪知世事艰，中原北望气如山。楼船夜雪瓜州渡，铁马秋风大散关。塞外长城空自许，镜中衰鬓已先斑。出师一表真名世，千载谁堪伯仲间。"诗中陆游从对早岁威武雄壮的战斗生活的向往和追忆，到哀叹自己的壮志未遂，由此抒发出无比深沉、愤慨的爱国主义情感。陆游为被分裂的祖国而忧虑，为受煎熬的人民而悲愤，他的爱国思想，对整个中华民族都具有深远的影响。

陆游的诗词中也有不少感时伤怀、咏物绘景的作品，这些作品或气势恢弘或感情细腻。但总的来说，那种炽热的、永不衰竭的爱国主义之情才是陆游诗词作品的主旋律。因此，他也被后人称为"爱国诗人"。

15.李清照为什么会成为婉约派的代表？

◇ **名词解释**　婉约派：是中国古代与豪放派相对的一种诗词流派，其特点主要是内容侧重儿女风情，结构深细缜密，音律婉转和谐，语言圆润清丽，有一种柔婉之美。

古往今来，人们常以"巾帼不让须眉"来颂扬胜过男儿的女子。宋代女词人李清照能诗善文，她创作的诗词艺术价值很高，丝毫不逊色于男性文人，所以她就是中国古代文坛中不让须眉的"巾帼"。

李清照擅长写词，早年曾写过一篇《词论》，提出词"别是一家"的说法，是宋代重要的词论。她写的词，前期以抒发对爱情的要求和对自然的热爱为主，写得曲折、含蓄，韵味深长，形象鲜明。如《如梦令》两首，活泼秀丽，语句清新别致。《一剪梅》《醉花阴》等词通过对相思之情的描绘，表达了对丈夫的深厚感情。后期的词和前期迥然不同,国破家亡使她精神很痛苦,所以词风也充满凄凉低沉之音,主要是抒发伤感怀旧、悼亡之情。如《菩萨蛮》《蝶恋花》,流露了她对失陷了的北方大地的无限眷恋。而《声声慢》则通过"寻寻觅觅,冷冷清清,凄凄惨惨戚戚"的意境,表达了作者在孤独生活中的深深哀愁。她的词具有女性独有的细腻、真挚的特点,所以成为婉约派的代表。

⊙ 李清照像

李清照是南、北宋之交的词作大家,其词的内容虽然没有摆脱爱情与离愁别恨的传统范围,但在南渡后,她的词更多地表现出对国家、人民和个人的深沉伤感。她的词对女性内心世界的严肃而深刻的描绘,于委婉细腻中一洗以往词作的妩媚不实的气氛,给词坛带来清高的意趣,淡远的情怀,空灵的意境,使她最终成为宋代词坛的杰出女作家。

16. "八股文"为什么会退出历史舞台?

◇ **名词解释**　布政使司:官署名。明朝时期直属中央政府管理的一级行政区,全称是"承宣布政使司",民间简称"行省"或"省"。

科举考试是中国古代选拔官吏的办法。朝代不同,考试的形式和内容也不同,比如唐朝注重诗赋,考试时诗做得好就容易做官。到明朝,考试又有了新办法,就是以四书(包括《大学》《中庸》《论语》《孟子》)、五经(包括《诗经》《尚书》《礼》《易》《春秋》)中的文句命题,解释要以朱熹的注释为依据。文章的格式必须包括规定的破题、承题、起讲、入手、起股、中股、后股和束股八个部分。历史上，把这种文章叫做"八股文"。

科举考试到明朝时期分为乡试、会试、殿试三级考试。乡试是由南北直隶和各布政使司举行的考试，又称"乡围"，每三年一次，于子、卯、午、酉年举行。会试是由礼部主持的全国性考试，又称"礼围"，在乡试的第二年，也就是丑、辰、未、戌在京师举行。乡试中试的举人才有资格参加会试。殿试是明代最高一级的考试，因考场在紫禁城内奉天殿或文华殿而得名。会试考中的人都可以参加，考试内容仅试时务策一道，试题由皇帝圈定，主考也是皇帝本人。

八股文考试严重束缚了人的创造性，考生只能按照固定的模式，在极狭窄的范围内表达自己的情感，阐述自己的见解，所以是一种落后的考试形式。清朝灭亡后，它就退出历史舞台了。

17.清末为什么会产生"谴责小说"？

◇ **名词解释** 甲午战争：发生于1894年（中国农历甲午年）的日本侵略中国和朝鲜的战争，中国在这场战争中战败，社会危机进一步加剧。

文学很大程度上是为社会服务的，当社会出现严重且持久的危机时，文学也会作出相应的"反应"。谴责小说就是清末社会出现严重且持久危机的产物。

清朝末年，清政府腐败无能，国势衰微，民族危机严重。具有改良思想的小说家通过小说来抨击时弊，在小说中寄予挽救国家的主张，这一时期出现的小说就被称为"谴责小说"。《官场现形记》《二十年目睹之怪现状》《老残游记》《孽海花》四部作品被誉为清末四大"谴责小说"。

《官场现形记》是李宝嘉的作品。书中通过对一群封建官僚贪污昏庸、媚外卖国、丑态百出的描写，讽刺了晚清官场的腐败。

《二十年目睹之怪现状》的作者是吴趼人。小说采用第一人称，记录了许多社会上的怪现象。

刘鹗的《老残游记》暴露了当时官吏的残暴昏庸。

《孽海花》的作者曾朴，以状元金雯青和名妓傅彩云（赛金花）的故事为线索，在作品中穿插了大量官僚、文人的秽闻轶事，从侧面反映了同治初年到甲午战争失败约30年间的社会状况，揭露了清末黑暗的政治局面。

18.蒲松龄为什么能写出《聊斋志异》？

◇ **名词解释**　小说集：即小说的集合，无论是古代还是现代，作家文人都常用集结的方式编撰出版自己的作品。

清朝时，有一个教书先生叫蒲松龄。他经常带着茶水和旱烟来到村口的路旁坐下来，免费招待过往的行人，并与他们聊天。那些行人大多是小商贩，游荡四方的读书人，他们走南闯北，见多识广，所以跟蒲松龄聊的都是一些稀奇古怪的事情，很多都是有关"鬼"的故事。蒲松龄一边听，一边用笔记下来。这样，日积月累，他搜集了很多有趣的故事。后来，他干脆在自家门口开了一个茶馆，请喝茶的人给他讲故事，讲过后可不付茶钱。蒲松龄把这些故事整理成一部短篇小说集，名叫《聊斋志异》。"聊斋"是他的书屋名称，"志"是记述的意思，"异"指奇异的故事。全书共有

⊙《聊斋志异图》

短篇小说491篇。题材非常广泛，内容极其丰富。多数作品通过谈狐说鬼的手法，对当时社会的腐败、黑暗进行了有力批判，在一定程度上揭露了社会矛盾，表达了人民的愿望。但其中也夹杂着一些封建伦理观念和因果报应的宿命论思想。

《聊斋志异》的艺术成就很高。它成功地塑造了众多的艺术典型，人物形象鲜明生动，故事情节曲折离奇，结构布局严谨巧妙，文笔简练，描写细腻，堪称中国古典短篇小说之巅峰。书中写的是一个花妖鬼狐的世界，写得最美最动人的是那些人与狐妖、人与鬼神以及人与人之间的纯真爱情的篇章。

19.为什么说《红楼梦》是中国古代小说的最高峰？

◇ **名词解释** 四大名著：指《红楼梦》《西游记》《三国演义》《水浒传》四部古典小说，它们代表了中国古代小说的最高成就，其中《红楼梦》又是最高中的最高。

《红楼梦》描写了官宦世家青年贾宝玉、林黛玉、薛宝钗之间的恋爱和婚姻悲剧。它一反中国古典小说"洞房花烛、金榜题名"的才子佳人爱情故事常规，通过宝黛之恋批判消解了几千年来统治中国的封建社会意识形态和伦理道德体系。小说主人公反对科举功名，反对礼教纲常，反对封建统治者给他们规定的生活道路，要求婚姻自由、男女平等、尊重个性，表现出当时新生的民主主义思想的萌芽以及这种萌芽与封建主义传统不可调和的矛盾。

《红楼梦》的巨大社会意义还在于它不是孤立地描写这个爱情悲剧，而是以这个恋爱婚姻悲剧为中心，写出了当时具有代表性的贾、史、王、薛四大家族的兴衰，其中又以贾府为中心揭露了封建社会的种种黑暗和罪恶，以及它本身所具有的不可克服的内在矛盾：揭示了它必然走向覆灭的历史命运。

◎ 文学英华：

《红楼梦》问世以后，人们争相阅读、谈论，有些青年读者，为书中的男女主人公的爱情感动的流泪。但是《红楼梦》也引起封建官僚和封建统治者的猛烈攻击，把它列为禁书。但是不管怎么禁止，人们对《红楼梦》的热爱至今经久不衰。同时《红楼梦》还引起很多人的研究兴趣，后来被称之为"红学"。

在我国文学史上还没有一部作品能把爱情悲剧写得像《红楼梦》那样富有激动人心的力量，还没有一部作品能像它那样把爱情悲剧的社会根源揭示得如此全面、深刻。所以，说《红楼梦》是中国古代小说的最高峰并不为过。甚至有评论家评论：几千年中国文学史，假如我们只有一部《红楼梦》，它的光辉也足以照亮古今中外。

20.为什么孔乙己的形象这么深入人心？

◇ **名词解释**　《呐喊》：鲁迅最重要的小说集，里面收录了作者从1918年至1922年所作小说十四篇，其中包括《狂人日记》《孔乙己》《阿Q正传》等名篇。

鲁迅是我国伟大的文学家、思想家和革命家。他的一生写过很多文章，其中代表作品有短篇小说集《呐喊》《彷徨》，杂文集《二心集》《而已集》《坟》《且介亭杂文》《且介亭杂文末编》《华盖集》等，散文集《朝花夕拾》等。

《孔乙己》是编入《呐喊》中的一篇著名小说。小说成功塑造了一个穷困潦倒、迂腐无能的旧中国读书人形象。在小说中，鲁迅以他一贯辛辣却不失诙谐的笔触，将中国封建文人虚伪丑陋的嘴脸勾勒出来，同时强烈鞭挞了那个势利、冷酷、虚伪、"人吃人"的社会。在作者看来，孔乙己的悲惨命运既由自身懦弱无能的个性所致，更是整个黑暗大环境残忍逼迫的结果。

孔乙己的很多举止是非常可笑而又可怜的：他是"咸亨酒店"中

唯一站着喝酒的长衫客；他执拗迷恋于自己头脑中虚幻的"高人一等"的读书人身份，寒酸得甚至都不如短衣帮，却仍然不肯脱下那件又脏又破的"似乎十多年没有补，也没有洗"的长衫；他"满口之乎者也"，可笑地辩称"窃书不能算偷"；他爱卖弄自己的学识，试图教小孩没有多大用处的"茴"字的其他写法；他没有钱却穷装阔气，在众人面前"排出九文大钱"……总之，孔乙己的形象太丰满了，他已经深深刻入到我们的心里。凭借着这个形象，我们对他所生活的那个时代有了更为深刻的了解。

21. 为什么《子夜》是中国第一部写实主义长篇小说？

◇ **名词解释**　茅盾（1896—1981）：原名沈德鸿，字雁冰，浙江桐乡县乌镇人。我国现代进步文化的先驱者、伟大的革命文学家。主要作品有《幻灭》《动摇》《追求》《子夜》《林家铺子》。

《子夜》出版于1933年，是茅盾最著名的长篇小说，也是中国现代文学史上一部杰出的现实主义宏篇巨著。瞿秋白说："这是中国第一部写实主义的成功的长篇小说。"

《子夜》通过描写吴荪甫为振兴民族工业挣扎、奋斗终于失败的历程，真实地再现了20世纪30年代，中国民族资产阶级的暗淡前景。作品中，茅盾紧紧抓住当时历史条件下民族资产阶级的命运和前途这个中心问题，反映20世纪30年代初期错综复杂的阶级矛盾和阶级斗争，从一个侧面揭示出中国社会发展的趋势。

小说以20世纪30年代初半殖民地的上海为背景，故事发生在1930年的5月到7月，作品的中心人物是民族工业资本家吴荪甫。小说以吴老太爷由乡下来上海，发病而死，吴府发丧为开端，由此引出了吴荪甫、赵伯韬、杜竹斋等这些工业、金融界的巨头及其他人物。

茅盾擅长在尖锐的矛盾冲突中描绘人物，在《子夜》中通过各种不同的场景和生活侧面刻画了栩栩如生的人物，塑造了吴荪甫等有血有肉的中国民族资本家的典型形象。同时，茅盾巧妙地使用蛛网状的复式结构，使工人斗争、农民斗争、公债斗争三条线索始终围绕着主人公吴荪甫与赵伯韬之间的矛盾冲突这条主线，同时又主次得当地穿插了副线，多重矛盾交错展示，节奏快速多变，充分显示出作者驾驭纷繁宏大题材的能力。

1933年因《子夜》的出版，而被文学史称之为"《子夜》年"。

22.为什么老舍被称为"人民艺术家"？

◇ **名词解释**　《宇宙风》：继《论语》《人世间》之后出现的资产阶级的文艺刊物，它创刊于1935年9月，由林语堂等主编。1947年停刊。

老舍出身于城市贫民家庭，自幼家境寒苦。其主要作品有《赵子曰》《二马》《猫城记》《离婚》《骆驼祥子》《四世同堂》等长篇小说，《月牙儿》《我这一辈子》等中篇小说，《微神》等短篇小说，《龙须沟》《茶馆》等话剧。老舍以善于写中下层社会的市民生活著称，他的小说具有地道的北京市井风味和浓郁的地方色彩，以独特的幽默讽刺艺术享誉文坛，被称做"人民艺术家"。

《骆驼祥子》1936年9月起在《宇宙风》杂志上连载，是老舍足以传世的最优秀的长篇小说之一。作品以祥子买洋车三起三落为线索，成功地塑造了一个城市个体劳动者——人力车夫祥子的典型形象。通过祥子希望破灭和被逼沉沦的悲惨命运，揭示了旧社会腐朽制度对劳动人民的压迫和摧残，尖锐地提出了城市劳动人民争取解放的重大问题，否定了幻想以个人奋斗改变自己命运的道路。围绕祥子的悲剧命运，老舍还展示了一幅北京下层人民的凄惨生活图画。《骆驼祥子》具有很高的艺术成就，成功地通过细腻的心理描写来刻画人物，人物语言新鲜活泼，许多都是北京口语，富有浓郁的生活气息和北京地方特色。《骆驼祥子》在中国现代文学史上具有重要位置。

23.为什么说《激流三部曲》是一部旧时代的挽歌？

◇ **名词解释** 三部曲：源于古希腊，原指情节连贯的三部悲剧，发展到后来则指三部内容各自独立又互相联系的作品，著名的三部曲有茅盾的《蚀》三部曲、巴金的《激流》三部曲等。

巴金是"五四"新文化运动以来，中国最具有影响力的作家之一。他勤奋多产，代表作主要有中长篇小说《激流》三部曲《家》《春》《秋》，《爱情》三部曲《雾》《雨》《电》，《火》《憩园》《寒夜》，短篇集《光明》《电椅》《沉落》，散文《随想录》等。他的作品被译成多种文字，为中国文学赢得了广泛的国际声誉。

《激流》三部曲由《家》《春》《秋》三部长篇组成，是巴金最成功的一部巨著。作品以20世纪20年代四川成都一个封建大家庭为背景，从这个封建大家庭的没落，反映了整个封建社会不可避免的崩溃之势。《家》写了大家庭内部新与旧两种势力的抗争。《春》写大家庭的日益没落，宣扬了青年追求光明的反叛精神。《秋》写封建的大家庭最后走向末路的结局，整个家庭呈现了无法挽回的颓败之势。

《激流》三部曲是一部旧时代的挽歌，也是新青年、新时代的赞歌，表现了作者强烈的反封建意识和对光明未来的憧憬。它不仅揭露和痛斥了封建家庭内部的罪恶和腐败，还着力表现了青年一代在新思潮影响下的觉醒和对封建势力的顽强斗争。

《激流》三部曲是20世纪20年代初中国社会变动的一份珍贵的艺术记录。

24.为什么说《边城》是"爱"与"美"的文学?

◇ **名词解释**　乡土小说:指描写故乡农村的生活,带有浓厚乡土气息和地方色彩的小说,它是中国现代小说创作的一个重要流派。

《边城》是沈从文的代表作品。

沈从文自幼生长在湘西这个风光秀丽、民情淳朴的地方,骨子里对故乡有着深深的依恋。1918年,沈从文小学毕业后随本乡土著部队到沅水流域各地,浪迹湘川黔边境地区,开始接触中外文学作品。1923年到北京大学旁听自学并学习写作,1924年开始发表作品。

《边城》是我国文学史上一部优秀的乡土小说,写于1933年,1934年问世,以20世纪20年代湘川边境上的小山城茶峒及其附近的乡村为背景,描写了撑渡船的老人和他的孙女翠翠的生活,以及翠翠与当地掌水码头船总的两个儿子之间,曲折的爱情悲剧故事。它以独特的艺术魅力,生动的乡土风情,吸引了众多海内外读者,也奠定了《边城》在中国现代文学史上的特殊地位。

《边城》寄托着沈从文"美"与"爱"的美学理想,描绘的是湘西一个边远小城的社会人生风貌。那里远离了都市的喧嚣扰攘,自然风景如诗如画,如梦如幻。作者想要通过翠翠、傩送的爱情悲剧,去淡化现实的黑暗与痛苦,凸显出了人性的善

◎ **文学英华:**

沈从文的作品中充满着真诚的美,而在现实生活中,沈从文也是很真诚的。他26岁的时候曾受聘于胡适在中国公学任教,在第一次讲课的时候,面对满堂的学子,沈从文紧张得说不出话。终于,要讲课了,原本要讲一课时的内容,他10分钟就讲完了。眼看离下课还早,沈从文没有天南海北地瞎扯硬撑面子,而是老实地拿起粉笔在黑板上写道:"今天是我第一次上课,人很多,我害怕了。"全场发出一阵善意的笑声。

良美好与心灵的澄澈纯净；也表达了作者对于现代工商业文明的反省，对于"人与环境"问题的深思以及"回归自然"的人生理想。

25.为什么《围城》被誉为现代的《儒林外史》？

◇ **名词解释** 《儒林外史》：清代吴敬梓创作的长篇小说，小说成功塑造了生活在封建末世和科举制度下的封建文人群像，狠狠鞭挞了那个"吃人"的社会。

一部《儒林外史》将中国古代知识分子的丑陋嘴脸刻画得入木三分。而到了现代，同样有一部作品写中国知识分子，且同样写得入木三分，它就是钱锺书的《围城》。

钱锺书（1910—1998），字默存，号槐聚，江苏无锡人，现代著名学者、作家。早年就读于教会办的苏州桃坞中学和无锡辅仁中学，19岁被清华大学破格录取。1933年于清华大学外国语文系毕业后，在上海光华大学任教。1935年，与杨绛完婚，同赴英国留学。毕业后随杨绛赴法国巴黎大学从事研究。1938年秋归国。其

⊙ 钱锺书像

作品集《人兽鬼》、小说《围城》、诗论《谈艺录》等在学术界引起巨大反响。

《围城》是钱锺书的代表作，是现代文学史上最著名的长篇小说之一。国外汉学界极力推崇《围城》，称之为"中国现代文学中最有趣和最用心经营的小说，可能亦是最伟大的一部"。《围城》描写了抗战时期，从上海到西南后方的一群受到洋化教育的上层知识分子在情感

上与名利场上互相倾轧的灰色生活，揭示了当时社会的腐败和西方教育的丑恶。主要人物方鸿渐是个归国留学生，他善良软弱，聪明而虚浮，胸无大志，爱情上也不果敢，为个人辗转奔波，浑浑噩噩。《围城》以心理描写见长，语言幽默、机智、犀利，具有强烈的讽刺性，因此，被很多人誉为现代的《儒林外史》。钱锺书在这部小说中淋漓尽致地讽刺了中国旧知识分子的猥琐。

26.为什么说张爱玲是现代中国文坛的一个"异类"？

◇ **名词解释** 租界：指帝国主义国家强迫半殖民地国家在通商都市内"租借"给他们做进一步侵略的据点的地区。

在中国文坛，曾出现这么一位女作家：她极富才华，同时个性又极度张扬；在旧中国那样一个将新未新、半中半洋的环境中，她就像一个异类一样存在于中规中矩的中国文坛。

张爱玲出生在上海公共租界的一幢仿西式豪宅中，她的家世显赫，祖父张佩纶是清末名臣，祖母李菊耦是朝廷重臣李鸿章的长女。张爱玲一早就表现出过人的才华，在还在读经背经的年代，她就开始尝试文学创作。不仅如此，她还跟留过洋的母亲黄逸梵学画画、钢琴和英文，表现出文艺上的天赋。

旧时的上海是个洋人集中的繁华之地，国外时髦的事物在传入中国时，往往先在上海滩"登陆"。那时的张爱玲不仅是沪中的有名才女，而且更是沪中的"时尚达人"。她穿的衣服都由自己亲手设计，或由好友炎樱设计，这些服装在当时无论是样式还是颜色都显得很大胆，这也成为了当时上海报纸和圈内人士津津乐道的话题。

张爱玲的性格中聚集了一大堆矛盾：她是一个享乐主义者，同时却又是一个对生活充满悲剧感的人；她是名门之后，却又常常宣称自己是一个自食其力的小市民；她在文章里同读者拉家常，人情练达，但在现实生活中却又始终与人保持着一定的距离,不让外人窥测她的内心。

这种矛盾的性格体现在文学创作上就是:才与情打成一片,感性和理智交织。她既写纯文艺作品,也写言情小说,《金锁记》《秧歌》等令行家击掌称赏,《十八春》则能让读者大众如醉如痴;她受的是西洋学堂的教育,但她却钟情于中国小说艺术,在创作中自觉师承《红楼梦》《金瓶梅》的传统。

张爱玲一生创作大量文学作品,类型包括小说、散文、电影剧本以及文学论著,她的书信也被人们作为著作的一部分加以研究。1995年9月8日,张爱玲病逝于美国加州韦斯特伍德市的一座公寓,终年75岁。

27.为什么说冰心的作品是"爱的礼赞曲"?

◇ **名词解释**　"五四"运动:1919年5月4日在北京爆发的中国人民彻底的反帝、反封建的爱国运动,它不仅是一场政治运动,同时还是一场新文化运动。

在现代中国文坛,还没有哪个作家像冰心这样,对母爱和童真充满如此执著的信仰。她的散文,她的诗歌,处处闪耀着"爱"的光辉,被誉为是"爱的礼赞曲"。

冰心的文学作品有散文集《归来以后》《我们把春天吵醒了》《樱花赞》《拾穗小札》《晚晴集》,诗集《繁星》《春水》等。其中诗集大多为无标题的自由体小诗,以"自然""童真"和"母爱"为主题,以对母爱与童真的歌颂、对自然的赞

◉ 冰心雕像

颂以及对人生的思考和感悟为主要内容，充满炽热的情感。

冰心崇尚"爱的哲学"，"母爱、童真、自然"是其作品的主旋律。她非常爱孩子，把孩子看做"最神圣的人"，认为他们是祖国的花朵，应该好好呵护。

冰心将自己的爱倾注在一代又一代的孩子身上。从"五四"运动时期步入文坛，到晚年，在近一个世纪的漫长岁月里，伴随世纪的风云变幻，她一直坚持写作近八十载，笔耕不辍，硕果累累。期间，她为孩子们写作，长达七十多年，她的作品，影响了一代又一代的少年儿童。像我们耳熟能详的《寄小读者》《再寄小读者》《三寄小读者》，就是她留给我们的珍贵文学遗产。

冰心一生视孩子为民族的希望，祖国的未来。她为孩子们辛勤浇灌，甚至把自己的稿费也捐给了孩子，捐给了希望工程。可以说，冰心是人世间的"爱的天使"，是每一个孩子的"心灵哺育母亲"。

28.为什么说余光中是"乡愁诗人"？

◇ **名词解释** 西化：即西方化，指在风俗、习惯、语言等各方面模仿并转变为西方人（欧美人）的样子。

"小时候，乡愁是一枚小小的邮票，我在这头，母亲在那头……"这是台湾诗人余光中的《乡愁》，它曾经打动了无数身处海峡两岸的人们。诗人余光中也为此获得了"乡愁诗人"的称谓。

余光中是个复杂而多变的诗人，他的诗并非一开始就充满浓郁的中国乡土气息，其写作风格也经历过一个与三十多年来的中国诗坛具有相同变化轨迹的变化过程，即先西化后回归。在台湾早期的诗歌论战和70年代中期的乡土文学论战中，余光中的诗论和作品都相当强烈地显示了主张西化、无视读者和脱离现实的倾向。正如他自己所述，"少年时代，笔尖所染，不是希顿克灵的余波，便是泰晤士的河水。所酿业无非1842年的葡萄酒"。到了80年代后，他开始认识到自己民族居住的地方对自己的重要性，无论是在文学创作方面，还是在心理依恋方面，便把诗笔"伸回那块大陆"，写了许多动情的乡愁诗。

余光中抒发乡土情感的诗中，最著名的无疑是那首《乡愁》诗："小时候，乡愁是一枚小小的邮票，我在这头，母亲在那头。长大后，乡愁是一张窄窄的船票，我在这头，新娘在那头。后来啊，乡愁是一方矮矮的坟墓，我在外头，母亲在里头。而现在，乡愁是一湾浅浅的海峡，我在这头，大陆在那头。"该诗情深意切，既渴望了祖国的统一，又将乡愁描写得淋漓尽致。诗人虽然身居海岛，但是，作为一个挚爱祖国及其文化传统的中国诗人，他的乡愁诗从内在情感上继承了中国古典诗歌中的民族感情传统，具有深厚的历史感与民族感。

29.为什么说有华人的地方就有金庸的小说？

◇ **名词解释** 武侠小说：中国通俗旧小说的一种重要类型，多以侠客和义士为主人公，描写他们身怀绝技、见义勇为和叛逆造反的行为。武侠小说被誉为"成人的童话"。

若问在华人世界，哪位作家拥有最多的读者？那答案无疑是金庸。金庸写就的武侠小说在华语圈可谓是妇孺皆知。有一种说法是：有华人的地方就有金庸的小说！

金庸出生于1924年，在一个书香世家成长。家庭的熏陶让他自小就喜欢上了读书，这为他后来的成功打下了坚实的基础。金庸的才华是多方面的，他既善于写作，还善于经营实业，所以，他的身份除了是作家外，还是著名的企业家。

金庸一生最大的成就无疑是在武侠小说创作方面。他从1955年开始写作第一部武侠小说《书剑恩仇录》起，到1972年宣布封笔，一共写了15部武侠小说。除了一部是短篇（《越女剑》）外，其余十四部

◎ **文学英华：**

武侠小说作为"写梦的文学"本不以写实见长，其人物创造主要来自作者想象。金庸依靠其丰富的想象力，为我们塑造了一个又一个鲜活的人物。看过金庸武侠小说的人都无法不记住这些栩栩如生的人物：英雄豪迈的萧峰、木讷坚韧的郭靖、超凡脱俗的小龙女、古灵精怪的黄蓉……可以说，正是一个个鲜活的人物形象让我们体验到了武侠作为"成人童话"的魅力。

都是中长篇，分别是《飞狐外传》《雪山飞狐》《连城诀》《天龙八部》《射雕英雄传》《白马啸西风》《鹿鼎记》《笑傲江湖》《书剑恩仇录》《神雕侠侣》《侠客行》《倚天屠龙记》《碧血剑》《鸳鸯刀》。为了便于记忆，金庸将14部中长篇小说编为一个类似于对联的顺口溜：飞雪连天射白鹿，笑书神侠倚碧鸳。

金庸的武侠小说是成人的童话，全世界范围内的中国人都喜欢看。这些人中既有学生、工人、农民、公司职员，也有大学教授、政治家甚至科学家，总之范围囊括了各阶层、各领域的中国人。金庸小说作品除了以书籍形式流传外，更有许多被改编成电视连续剧、电影、广播剧、舞台剧、漫画、动画、电脑游戏等，许多作品还被多次改编。此外，还有许多专家学者研究金庸小说，形成一种"金学"。

30.为什么说琼瑶小说是荧幕的"香饽饽"？

◇ **名词解释**　言情小说：中国旧体小说的一种，又称才子佳人小说，专门讲述男女爱恋故事的一种文学体裁。

琼瑶是入选世界纪录协会的中国言情小说第一人，她的很多作品都被改编为电视剧剧本，搬上荧幕，成为荧幕的"香饽饽"。

琼瑶，原名陈喆，中国当代著名作家，1938年生于四川成都，1949年后随父亲陈致平迁居到台湾。琼瑶高中毕业后不久即结婚生子，做主妇的同时开始尝试写作，其后步入职业作家行列。

从1963年到2008年，琼瑶创作了大量的言情小说，其中包括长篇小说《幸运草》《烟蒙蒙》《几度夕阳红》《彩云飞》《心有千千结》《在水一方》《月朦胧鸟朦胧》《雁儿在林梢》《碧云天》《冰儿》等。

琼瑶的小说很受青年男女的欢迎，在中国台湾、香港和大陆地区，很多青少年甚至痴迷到废寝忘食的程度。精明的影视剧制作商看到琼瑶小说所蕴涵的巨大商机，因此纷纷对其改编并最终搬到荧幕。20世纪70年代末，琼瑶自己也与别人合作成立影视公司，专门将自己的小说翻拍成电影，不过每年只固定拍两部。到了80年代以后，更多的琼瑶小说被改编成电视剧。其中比较有名的有《庭院深深》、《六个梦》系列、《梅花三弄》系列，以及《还珠格格》系列。当中《还珠格格》第一、二部更在东亚享誉盛名，不仅仅在大陆、香港、台湾等地赢得收视率榜首，在日本、韩国、泰国也很受观众欢迎。2010年，中国湖南电视台和琼瑶再次联手翻拍新版《还珠格格》，如今，它已经在中国各大电视台上映。

31.为什么说朦胧诗为传统诗歌注入了新的活力？

◇ **名词解释** 通感：一种修辞手法，就是在描述客观事物时，用形象的语言使感觉转移，将本来表示甲感觉的词语移用来表示乙感觉，使意象更为活泼、新奇。

朦胧诗是兴起于20世纪70年代末到80年代初，伴随着文学全面复苏而出现的一个新的诗歌艺术形式。它的出现，为传统的诗坛带来了一股新的活力。

朦胧诗又称新诗潮诗歌，是新诗潮诗歌运动的产物，因其在艺术形式上多用总体象征的手法，具有不透明性和多义性，所以被称为朦胧诗。

朦胧诗以"叛逆"的精神，打破了当时现实主义创作原则一统诗坛的局面，为诗歌注入了新的生命力，同时也给新时期文学带来了一次意义深远的变革。北岛、江河、顾城、舒婷、食指、梁小斌、杨炼是朦胧诗的代表诗人。

朦胧诗并没有形成统一的组织形式，也未曾发表宣言，然而却以各自独立而又呈现共性的艺术主张和创作实绩，构成一个"崛起的诗群"。诗人们在诗作中以现实意识思考人的本质，肯定人的自我价值和尊严，注重创作主体内心情感的抒发，在艺术上大量运用隐喻、暗示、通感等手法，丰富了诗的内涵，增强了诗歌的想象空间。

朦胧诗有三个层面的精神内涵：一是揭露和批判黑暗的社会；二是在黑暗中寻找光明；三是在人道主义基础上建立起来的对"人"的特别关注。朦胧诗改变了以往诗歌单纯描摹"现实"与图解政策的传统模式，把诗歌作为探求人生的重要方式，在哲学意义上达到了前所未有的高度。从某种意义上讲，朦胧诗的崛起，也是中国文学生命之树的崛起。

32.为什么网络文学这么流行？

◇ **名词解释** 版权：作者或出版者对其作品享有包括财产权、人身权在内的法定权利，非经同意，他人不得出版或作更改。这就是版权，也称著作权，它是知识产权的一种。

随着互联网的发展，一种以互联网为载体、依托、手段，以网民为接受对象，具有不同于传统文学特点的文学悄然勃兴，这种文学就是网络文学。

网络文学的发展经历一个较为快速的过程：1987年9月14日，北京计算机应用技术研究所发出了中国第一封电子邮件，中国人完成了对互联网的第一次具有里程碑意义的触碰。1990年11月28日，中国正式在SRI—NIC（斯坦福研究所网络信息中心）注册登记了中国的顶级域名

CN，迈出了中国互联网的第一步。1991年，王笑飞在海外创办了中文诗歌网。中国留美网络作家少君，1991年4月在网络上发表《奋斗与平等》，它是目前所知的最早的一篇中文网络小说。1994年2月，方舟子等人创办了第一份中文网络文学刊物《新语丝》。1998年，电子公告栏（BBS）上出现了蔡智恒所著的第一部最有代表性和影响力的中文网络小说《第一次的亲密接触》。发展到21世纪，越来越多的人开始在网上阅读和写作，由此爆发了第一股网络文学风潮。这一时期的著名网络作品有2000年安妮宝贝的《告别薇安》、2001年今何在的《悟空传》、2002年慕容雪村的《成都，今夜请将我遗忘》和林长治的《沙僧日记》等。

网络文学是随着互联网的普及而产生的，如今互联网已经成为人们日常工作和生活不能缺少的工具，它为我们提供海量并迅捷的资讯，这些资讯当然也包括文学作品。人们可以不出家门、不去图书馆，就能阅读到最新的书籍，所以它自然就流行。但是这同时也引出另外一个问题：与传统纸上文学相比，网络文学更随意，文学性更差，且其还涉及到一些版权问题。

> ◎ **文学英华：**
>
> 当前的中国网络文学存在着大量的言情、军事、玄幻等大众题材的作品，但是对于文学本身——人对自身和社会的思考——却很少涉及。其直接结果是，网络文学沦为了和用来快速饱食果腹的便当一样的东西——学术上称之为"快餐文学"。这种"快餐文学"是很难能经得起时间考验的。所以，网络文学仍然有很长的路要走。

33.为什么说《伊索寓言》是西方寓言文学的范本？

◇ **名词解释** 寓言：文学作品的一种体裁。用假托的故事或自然物的拟人手法来说明某个道理，常带有劝戒、教育的性质。

◉《伊索语言》插图

　　《伊索寓言》是一部世界上最早的寓言故事集。在漫漫的历史长河中，无数的作家、诗人、哲学家以及平常百姓都从中得到过启发和乐趣。几千年后的今天，伊索寓言已成为西方寓言文学的范本。

　　希腊是西方文明的发祥地。公元前8—前6世纪时，氏族社会解体，奴隶主城邦逐渐形成，个人意识增强，个体情感要求多方面的表达。于是，在这一古风时代，文学、诗歌繁荣起来。在这一异彩纷呈的时代，希腊民间流传着许多以动物生活为题材的小寓言，相传为伊索所作，因而称为"伊索寓言"。

　　据说，伊索是生活在公元前6世纪的一个奴隶，天资聪明，常常编一些小故事，发人深省。主人特别喜爱他，见他才智过人，不忍让他与普通奴隶在一起受折磨，于是释放了他。从此，伊索成了自由人。他到处去讲一些小寓言、小故事，揭露统治者的残暴。故事生动形象，深受劳动人民喜爱。于是，这些小寓言故事便流传下来。

　　今天我们见到的《伊索寓言》，是后人收集改写的，其中掺杂了一些后代其他民族的故事，也都归于伊索名下。

　　《伊索寓言》共包括300多个小故事。这些小故事以动物象征人，表达的是人类社会的现实，以及日常生活中那些不为我们察觉的真理。这些小故事言简意赅，平易近人，富有哲理。不但读者众多，在文学史上也具有重大影响。

《伊索寓言》以生动的言语向一代又一代的人们传播着生存斗争的经验，对现代文明有着巨大的影响力。《伊索寓言》不愧为民间文学中的珍宝，几千年来，它在人类文明的长廊中闪烁着独特的光芒。

34.为什么说《荷马史诗》是爱琴文明的史书？

◇ **名词解释**　小亚细亚：土耳其的亚洲部分被称为安纳托利亚，也称小亚细亚，它位于黑海与地中海之间。

爱琴文明又称克里特—迈锡尼文明。它是指公元前20—前12世纪存在于地中海东部的爱琴海各岛、希腊半岛及小亚细亚西部的欧洲青铜时代的文明，是西方文明的源泉。爱琴文明最早起源于克里特岛，然后传播到希腊大陆和小亚细亚。公元前1700—前1400年，克里特文明发展到它的全盛时期，不久突然衰落，爱琴文明的中心转移到希腊半岛的迈锡尼。

《荷马史诗》是由出生于公元前9—前8世纪时的希腊盲诗人荷马创作的，由《伊利亚特》和《奥德赛》两大史诗组成。《伊利亚特》共24卷15 693行，主要叙述特洛伊战争最后一年的故事。希腊英雄阿喀琉斯与统帅阿伽门农为夺女俘发生争吵，愤然拒绝出战，希腊军队因而受到挫折。后来因为好友被杀，阿喀琉斯翻然醒悟，重新又披挂上阵去复

◉ 荷马史诗中的英雄阿喀琉斯

仇，终于击杀了特洛伊王子赫克托尔。《奥德赛》共24卷12 105行，描述了伊萨卡国王奥德赛自特洛伊战场返国途中，屡经磨难，漂泊海外10年，终于重归故土，再掌国柄的曲折经历。《荷马史诗》语言精妙，结构严谨，故事情节跌宕起伏，人物形象鲜明生动，被誉为古代史诗的典范。

对希腊人来说，《荷马史诗》不仅是一部文学作品，同时也是希腊民族的象征，是他们早期历史权威的记载，一部爱琴文明的史记。

35.为什么会有《一千零一夜》？

◇ **名词解释** 阿拉伯：一个古老的民族，如今分布在西亚和北非各个阿拉伯国家。阿拉伯国家居民以信奉伊斯兰教为主，不过也有部分居民信奉基督教及其他宗教。

《一千零一夜》被人们誉为世界文学史上"最壮丽的一座纪念碑"，又名《天方夜谭》，是阿拉伯中古时期规模宏大的民间故事集。

《一千零一夜》的书名出自这部作品中的第一个故事。相传古时候有个酷爱打猎的叫山鲁亚尔的国王，他每次外出打猎时，王后就带着宫女与奴仆们到花园里厮混。有一次王后和一个奴隶私通，被山鲁亚尔发现了，他一怒之下，便将他们全部杀了。这以后，他每天娶一个少女，第二天早晨就将新娘杀掉，因此这个国家有女孩的人家四处避逃。山鲁佐德是宰相的女儿，为了百姓免受灾难，她自愿嫁给国王。从结婚第一夜起，她就向国王讲述有趣的故事，并总能在刚好天亮的时候讲到故事最动人的地方。为了能把好听的故事听完，国王只得打破规矩，将杀山鲁佐德的事日复一日地拖延下来。山鲁佐德一连讲了一千零一夜，国王终于被这些故事感动，取消了原来残酷而荒唐的规定。

《一千零一夜》流传甚广，在世界各地都有它的翻译版本。中国很早就翻译了《一千零一夜》，像我们小时候就已经耳熟能详的《阿里巴巴和四十大盗》的故事，它就出自《一千零一夜》。

36.为什么说《神曲》是中世纪末期最伟大的文学作品？

◇ **名词解释**　炼狱：在基督教的概念中，炼狱是指人死后的精炼的过程，是将人身上的罪污加以净化。

中世纪是一个压抑文学创作的时代。然而就是在这么一个压抑的时代，也会有勇敢的斗士站出来，为我们带来震撼的作品。比如说但丁。

但丁（1265—1321）是意大利从中世纪向文艺复兴运动过渡时期最伟大的作家、诗人、人文主义先驱，他的代表作品是《神曲》。《神曲》采用中世纪文学特有的幻游形式，根据基督教的三界观念，以作者自己为主人公，假想了他游历三界的故事。

《神曲》分为三部：《地狱》《炼狱》《天堂》，每部33篇，加上序曲共100篇，14233行。序曲中诗人自叙，自己在35岁的"人生旅程的中途"，迷失于一座黑暗的森林（隐喻整个人类的迷途）。正当他努力向山峰攀登时，唯一的出口被豹（象征淫欲）、狮（象征强暴）、狼（象征贪婪）拦住去路。诗人惊慌不已，这时，古罗马诗人维吉尔的灵魂（象征帝国与理性）出现，他受已成为天使的但丁精神上的恋人贝阿特丽齐（象征神学、教会以及天上的恩赐）之托，救但丁走出迷途，并引导他游历地狱和炼狱。但丁一层层游历，最后来到顶层的地上乐园，维吉尔隐退，贝阿特丽齐出现。她责备诗人不该迷误于象征罪恶的森林。在她指点下，但丁饮用忘川水，以遗忘过去的过失，获

◎ **文学英华：**

大诗人但丁非常珍视自己的作品，不许别人对自己的作品随意歪曲和篡改。有一次，他途经一家铁匠作坊门口，听到里面的铁匠在一边打铁，一边唱着他的被篡改过的诗歌。但丁走进作坊，二话没说，拿起铁匠的打铁工具就扔。铁匠生气地咒骂但丁："你这疯子损坏了我的工具！"但丁回答说："我不毁坏你的工具，那你也不要毁坏我的诗歌！"

取新生。诗人忘却了往昔的痛苦,随后贝阿特丽齐带他进入天堂。在天堂的第八重天,但丁接受了三位圣人关于"信、望、爱"神学三美德的询问,顿感神魂超拔。在九重天之上的天府,诗人得见上帝之面,但只见金光一闪,迅即消失,幻想和全诗在极乐的气氛中戛然而止。

《神曲》是一部想象力极其丰富的作品,是欧洲中世纪末期最伟大的作品。地狱、炼狱、天堂三个境界在诗人笔下丰富多彩,梦幻与现实相交融,同时又与天文、地理、神学、哲学等结合得天衣无缝。象征、寓意与梦幻的手法穿插其中,增添了作品的审美意蕴。

37.薄伽丘为什么把作品取名为《十日谈》?

◇ **名词解释**　中世纪:指自西罗马帝国灭亡(公元476年)后,在欧洲范围内,封建制度占统治地位的时期。中世纪终止时间没定论,一般认为终止于文艺复兴开始、资本主义抬头。

薄伽丘被誉为意大利中世纪最伟大的小说家。在他的众多作品中,最有影响力的是短篇小说集《十日谈》。那么,薄伽丘为什么要把这部作品称为《十日谈》呢?

原来,在薄伽丘生活的年代,意大利的佛罗伦萨曾经发生过一场大瘟疫。在大瘟疫期间的一个黄昏,有7个青年妇女到礼拜堂去祈祷。她们见面后,因为忧心疫情,于是决心一起带着仆人,离开这个被死神笼罩着的可怕城市。但她们觉得没有男人的帮助是不行的。正在这时,恰好来了3个青年男子。于是,这3男7女带了几个仆人,结伴到郊外躲避瘟疫。

◉ 薄伽丘《十日谈》的17世纪抄本

他们决定在郊外生活一段时间。于是他们开始在10人中推举一人做领袖。他们商定，领袖任期只有一天，第二天就得换人。这样，他们10人轮流地领导其他9个人。第一天，大家选举了一位28岁的女青年当"领袖"，中午天气热，大家就集中在一个凉快的地方，作为消遣，每人讲一个故事。这样，10个人轮着当领袖，一共当了10天，也一共讲了10天的故事，总共就有100个故事。这100个故事合起来，就叫《十日谈》。

《十日谈》里的故事来源广泛，薄伽丘广撷博采，从历史事件、中世纪传说和东方民间故事中汲取素材，将其情节移植于意大利，以人文主义思想加以改造和再创造。作品中描写和歌颂了现世生活，赞美爱情是才智的高尚源泉，歌颂自由爱情的可贵，肯定人们的聪明才智。《十日谈》还抨击了封建特权和男女不平等，薄伽丘讴歌人世间的幸福生活，讴歌爱情的高贵，讥讽建立在经济关系上的婚姻。

38.为什么说四大悲剧代表了莎士比亚的最高成就？

◇ **名词解释**　悲剧：戏剧主要体裁之一，主要是以剧中主人公与现实之间不可调和的冲突及其悲惨的结局，构成基本内容的作品。悲剧渊源于古希腊。

莎士比亚是文艺复兴时期英国最伟大的戏剧家和诗人，他塑造的那些不朽的人物形象，如哈姆雷特、奥赛罗、李尔王、罗密欧与朱丽叶等，都为世界各国人民所熟悉。

在莎士比亚的所有作品中，四大悲剧代表了其最高的艺术成就。

《哈姆雷特》这部悲剧作品，通过对丹麦王子哈姆雷特为父复仇而遭毁灭故事的描写，揭示了人文主义理想与英

⦿ **莎士比亚像**
莎士比亚（1564—1616），英国戏剧家和诗人。

国黑暗现实之间的不可调和的矛盾,是一曲悲壮的资产阶级人文主义的颂歌。《奥赛罗》是莎士比亚抨击新兴资产阶级极端利己主义的一部作品。

《李尔王》的主人公李尔王是一个专制独裁的昏君,因刚愎自用遭受了一场悲剧。作者通过对李尔王的针砭,揭露了资产阶级在资本原始积累时的利己主义和对权势、财富的贪欲。《麦克白》则揭示了个人野心的腐蚀作用,心理描写是这一作品的突出特色。

除了四大悲剧,莎士比亚还写了为人熟知的悲喜剧《罗密欧与朱丽叶》,这部浪漫的作品讲的是一对青年恋人为了追求自由的爱情,不顾世仇,违抗父命而以死殉情,莎士比亚在剧中寄寓了自己的反封建思想。

39.为什么说《堂·吉诃德》沉重打击了欧洲骑士文学?

◇ **名词解释** 骑士:原指欧洲中世纪时受过正式军事训练的骑兵,后来演变为一种荣誉称号,用于表示一个社会阶层——骑士属于贵族的最底层。

13世纪,骑士小说在欧洲颇为流行。当时宫廷和教会利用这种文学,鼓吹骑士的荣誉与骄傲,鼓励人们发扬骑士精神,维护封建统治,去建立世界霸权,而许多人也沉湎在这种小说中不能自拔。

16世纪后期,一直在欧洲大行其道的骑士文学渐渐没有了市场,但是在西班牙,这类作品仍然在大批兜售。一直在社会底层挣扎的塞万提斯亲身体会了中世纪的封建制度给西班牙带来的痛苦与灾难,决定要扫除骑士小说在社会上、在群众中的声望和影响,为此他创作了堂·吉诃德这一具有讽刺意味的经典文学形象。

《堂·吉诃德》是一部讽刺骑士小说的作品。主人公堂·吉诃德因沉迷于骑士小说,决定外出历险,做一名行侠仗义的骑士。他找来同村的农民桑丘·潘沙做他的侍从,把邻村的一位农家女儿杜尔希尼亚作为他的意中人。他三次外出历险，做了许多可笑之事。最后他被化装成白月骑士的朋友打败，放弃行侠游历，回家不久后病倒。临死前，他醒悟到自己迷信骑士小说之过。塞万提斯通过堂·吉诃德的故事嘲讽了流行一时的骑士小说，指出它们既违背现实的真实又缺乏艺术的真实。从此以后，骑士小说在西班牙和欧洲一蹶不振。

《堂·吉诃德》的意义在于作者塞万提斯以喜剧的手法深刻地揭示了人们自身存在的理想与现实的矛盾。堂·吉诃德和桑丘是一组既互相关联又相互衬托的人物，前者体现了人对理想的追求，后者体现了人对实际生活的关注。二者相互影响，到后来，堂·吉诃德渐渐看到理想的梦幻性质，桑丘则看到他的主人的精神世界的美好。二人一路上风趣幽默的对话，以及小说对西班牙现实生活的生动描写，使得读者从他们身上看见自身存在的对立矛盾，从堂·吉诃德的喜剧性形象中看到悲剧的色彩。

40.为什么莫里哀会死在舞台上？

◇ **名词解释** 芭蕾舞：欧洲古典舞蹈，由法语ballet音译而来。芭蕾舞最重要的一个特征是演员表演时以脚尖点地，故又称脚尖舞。其代表作品有《天鹅湖》《仙女》等。

莫里哀（1622—1673）是法国著名喜剧作家、演员、戏剧活动家，法国芭蕾舞喜剧的创始人。他一生创作了许多优秀的戏剧作品，像《可笑的女才子》《丈夫学堂》《太太学

◎ **文学英华：**

《伪君子》是莫里哀的另一部代表性作品。该作品描写伪装圣洁的教会骗子答尔丢夫混进商人奥尔恭家，图谋勾引其妻子并夺取其家财，最后真相败露，锒铛入狱。剧作深刻揭露了教会的虚伪和丑恶，具有较高的思想性。同时，剧作在创作手法上，突破古典主义的许多陈规旧套，具有很高的艺术价值。

堂》《伪君子》《吝啬鬼》等。

莫里哀不仅是位杰出的剧作家、出色的导演，还是一位造诣极高的演员，他以整个生命推动了戏剧的前进，以滑稽的形式揭露了社会的黑暗，是法国古典主义文学，以及欧洲文艺复兴运动的杰出代表。

1673年的2月17日，巴黎的天空阴沉沉的，一场大雪即将来临，而皇家大剧院外却热闹万分，人头攒动。原来今天晚上，大师莫里哀的新作《心病者》将在这里首演，而主角阿尔贡的扮演者正是大师自己。

可几天前莫里哀受了风寒，加上连日排演的辛劳，他的肺病越来越严重了。可是，莫里哀不肯休息，坚持演出照常进行。这部戏剧中的主角是一个没病装病的人，莫里哀勉强带病演出，在台上眉头总是皱着，抚摸着剧痛的心胸，不停地剧烈咳嗽，观众认为他的演出惟妙惟肖，热烈的掌声不断响起。当演出到戏剧高潮的时候，只见这位主角痛苦得浑身打战。忽然，他仰面大笑一声，便倒在台上，口吐鲜血，四肢冰凉，再也起不来了。剧团里的人赶紧将他送回家里，4小时后，这位戏剧大师停止了呼吸，终年51岁。

41.为什么说《浮士德》是歌德一生思想和艺术探索的结晶？

◇ **名词解释** 复活节：纪念耶稣基督在十字架受刑死后复活的节日，在每年春分月圆之后第一个星期日，西方信基督教的国家都过这个节。

歌德是德国近代最伟大的诗人、作家和思想家。恩格斯称之为"天才的诗人"，海涅称他是"世界的一面镜子"。歌德一生创作颇丰，而最能反映他思想和艺术成就的作品是诗体哲理悲剧《浮士德》。

《浮士德》是歌德一生思想和艺术探索的结晶。全剧没有首尾紧密连贯的故事情节，在象征性的描写中，主要以主人公浮士德不断的追求和探索贯穿始终。

诗剧第一部分写了主人公的知识悲剧和爱情悲剧。诗剧开头时浮士德是一个年过半百的学者，他在阴暗的书斋里度过了大半辈子，探索了各种学术领域，却无所作为，因此想自杀了事。复活节的钟声使他断绝了此念。魔鬼梅菲斯特乘虚而入，答应做他的仆人，带他去经历人生，条件是一旦满足了浮士德的愿望，灵魂将归魔鬼所有。双方订立了契约，浮士德结束了他的学者生活。他乘着魔鬼外套变成的云朵去环游世界。他在"魔女之厨"喝了魔汤，变成了翩翩贵族青年，与市民姑娘马加蕾特相爱，不幸却酿成了马加蕾特落狱判刑而死的悲剧。浮士德在悔恨中结束了自己的爱情生活。

诗剧的第二部分写了政治悲剧、美的悲剧和事业悲剧。浮士德在阿尔卑斯山麓一个百花烂漫、风景优美的地方醒来，忘却了前事。他同魔鬼到京城去谒见皇帝，看到了封建王朝的腐朽没落，民穷财尽。浮士德替皇帝发行了大量纸币，解除了财政危机，在那儿他又迷恋上了幻影中的古希腊美女海伦。浮士德对政治生活失望之后，便转向古代，追求古典美，成为中世纪一城堡的主人，并与海伦结婚，生了儿子欧福里翁。后来欧福里翁堕空而死，海伦也痛苦地离去。浮士德对古典美的追求以幻灭而告终。他在空中看到汹涌的大海，产生了征服海洋的雄心。这时浮士德已年逾百岁，双目失明，但他仍然雄心勃勃。在他快要倒下长逝时，他认识到"智慧的最后结论是：要每天每日去开拓生活和自由，然后才能够做自由与生活的享受者"。最终，在对自己事业的美好憧憬中，浮士德按照契约死去。

42. 为什么说《红与黑》是法国近代社会的一面镜子？

◇ **名词解释** 批判现实主义：19世纪在欧洲形成的一种文艺思潮和创作方法。批判现实主义文学是在继承以往文学中的现实主义传统的基础上形成的，代表作品有司汤达的《红与黑》等。

司汤达（1783—1842）是法国19世纪杰出的批判现实主义作家，他的长篇批判小说《红与黑》为我们展示了法国波旁王朝复辟时期广阔的社会图景，是法国近代社会的一面镜子。

《红与黑》原名《于连》，副标题"1830年纪事"，是司汤达的长篇小说代表作，也是法国批判现实主义第一部成熟的作品。"红"指拿破仑时期士兵的红军装，代表资产阶级的力量；"黑"指教职人员的黑教袍，代表封建社会反动力量。书名象征了法国波旁王朝复辟时期两大对立阵营，两种不同思想的斗争，突出了小说的政治意义。《红与黑》在主人公于连悲剧命运的背景上，真实地反映出法国波旁王朝复辟时期广阔的社会生活和错杂的阶级矛盾，深刻地揭露和批判了封建贵族、教会的黑暗和罪恶，辛辣地嘲讽了资产阶级唯利是图的本质，表现了强烈的政治倾向。

小说情节紧凑、结构严谨，情节引人入胜。全著以于连及其周围人物的政治活动为"经"，以于连和德·瑞那夫人、玛特儿小姐的爱情波折为"纬"，经纬交织，条理分明。三个典型环境的转换衔接自然顺畅，出场的人物都与主人公有关。人物、情节和环境都显得严整清晰，井井有条，形成一个有机的艺术整体。作者特别善于把握和分析人物心理。精确细致的心理描写，使作者笔下的人物形象丰满，具有真实感。因此，有人评论，《红与黑》进行了"心理学的深刻研究"。司汤达既是描写社会的巨匠，也是刻画心理的大师。

43.为什么说《人间喜剧》是一部社会百科全书？

◇ **名词解释** 七月王朝：又称奥尔良王朝，始于1830年法国七月革命，1848年法国革命后被第二共和国取代。

19世纪法国批判现实主义的伟大作家巴尔扎克一生留下了许多作品。他的《人间喜剧》因为展示了19世纪前期整个法国的社会生活而被誉为"社会百科全书"。

1799年5月20日，巴尔扎克生于法国小城图尔。他出生后不久就被送到附近的乡村去寄养。7岁时又被送到教会学校去住读。巴尔扎克在学校里成绩不是很好，但他如饥似渴地咀嚼着各种书籍。这些书籍帮助他了解了人类社会的过去和现在，认识了社会的各个方面，也为他日后的文学创作准备了必要的知识。1820年，巴尔扎克决定从事文学创作。1841年，巴尔扎克开始创作《人间喜剧》。

◉《高老头》插图

◉ 巴尔扎克像

巴尔扎克（1799—1850），法国文学家、著名的批判现实主义作家。

《人间喜剧》全书由91部小说组成，共包含2400多个人物，其丰富的内容创作源于巴尔扎克对现实生活的充分认识和广泛积累。在《人间喜剧》中，巴尔扎克描绘了从拿破仑帝国、复辟王朝到七月王朝这一历史时期的法国社会全景，它涉及到了不同职业、不同阶级、不同阶层、不同的活动场所等各种不同社会元素，展示出广阔的社会画面。

恩格斯称赞巴尔扎克的《人间喜剧》写出了贵族阶级的没落衰败和资产阶级的上升发展，提供了社会各个领域无比丰富的生动细节和形象化的历史材料。"甚至在经济的细节方面，我学到的东西也要比从当时所有职业历史学家、经济学家和统计学家那里学到的全部东西还要多"。

作为一部生动、形象的法国社会概括史，《人间喜剧》在深刻揭露贵族没落和资产阶级残酷剥削的同时，也感情真挚地描写了劳动人民的贫困生活，赞扬了他们的优秀品质。

44.为什么说雨果是法国浪漫主义文学运动的领袖？

◇ **名词解释** 禁欲主义：是要求人们严酷节制肉体欲望的一种道德理论。该理论认为，人的肉体欲望是低贱的、自私的、有害的，是罪恶之源，因而要求摒弃肉体欲望和享乐。

从17世纪到19世纪，欧洲文坛涌现各种文艺创作思潮，既有现实主义，也有浪漫主义。其中浪漫主义的代表人物是法国作家雨果。

雨果（1802—1885）生于法国东部的贝桑松；15岁时在法兰西学院写的《读书乐》受到法兰西学士院的奖励；17岁在"百花诗赛"得第一名；1827年，雨果发表剧本《克伦威尔》及其序言。1830年，剧本《欧那尼》在法兰西大剧院上演，产生了巨大的影响，确立了浪漫主义在法国文坛上的主导地位，同时也确立了雨果法国浪漫主义文学运动领袖的地位。1831年，雨果发表了最富有浪漫主义色彩的小说——《巴黎圣母院》。1841年，雨果被选入法兰西学士院。

《巴黎圣母院》创作于1831年。小说将法王路易十一统治时期的历史真实艺术地再现于读者眼前。宫廷与教会如何狼狈为奸压迫人民群众，人民群众如何同恶势力英勇搏斗，这些都通过可歌可泣的故事和生动活泼的戏剧性场面连缀起来，铺排开来。小说中，雨果将善恶美丑作了鲜明的对照：外表美好的，心灵未必善良；外表丑陋的，心灵未必不美。小说以离奇和对比手法写了一个发生在15世纪法国的故

◎ **文学英华：**

《悲惨世界》是另一部奠定雨果在法国文学史地位的小说，该小说一经发表就引起轰动。小说的故事主线围绕主人公获释罪犯冉阿让试图赎罪的历程，融汇了法国的历史、建筑、政治、哲学、法律、宗教信仰等内容。就内容上的丰富性和深广度而言，《悲惨世界》无疑在雨果数量众多的文学作品中居于首位，在19世纪，只有巴尔扎克的《人间喜剧》可与之媲美。

事：巴黎圣母院副主教克罗德道貌岸然、虚伪阴险，垂涎美貌的吉卜赛女郎爱斯米拉达未能得逞便设计陷害。面目丑陋但心地善良的敲钟人卡西莫多舍身相救。小说揭露了宫廷与教会如何狼狈为奸压迫人民群众，宣告禁欲主义的破产，歌颂了下层劳动人民的正直和善良，反映了雨果的人道主义思想。

45.为什么说安徒生是"现代童话之父"？

◇ **名词解释** 童话：一种主要面向儿童的文学体裁，其语言通俗生动，故事情节往往离奇曲折，引人入胜。一般童话中有很多超自然人物，如会说话的动物、精灵、仙子、巨人、巫婆等。

安徒生是丹麦19世纪著名的童话作家，被誉为"现代童话之父"。

安徒生1805年4月2日出生于丹麦费恩岛奥登塞小镇，父亲是一个穷苦的鞋匠，而且早逝，母亲是一个濒于讨饭境地的、靠为人洗衣过活的寡妇。安徒生小时不仅经常和饥饿打交道，同时还处处遭到人们的鄙视。但他有一个在外人看来几乎是"异想天开"的"志愿"：他想当一个创造"美"的艺术家。14岁时，安徒生只身来到首都哥本哈根，由于才华出众，被皇家艺术剧院送进斯拉格尔塞文法学校和赫尔辛欧学校免费就读。

"为了争取未来的一

⊙哥本哈根海港入口处的美人鱼铜像，已成为丹麦国家的象征，是为纪念童话天才安徒生而建的。

代"，安徒生决定给孩子写童话，出版了《讲给孩子们听的故事》。此后数年，每年圣诞节都出版一本这样的童话集。安徒生的创作可分早、中、晚三个时期。早期童话多充满绮丽的幻想、乐观的精神；中期童话，幻想成分减弱，现实成分相对增强；晚期童话则着力描写底层民众的悲苦命运，揭露社会生活的阴冷、黑暗和人间的不平。

这位童话大师一生坚持不懈地进行创作，把他的天才和生命献给"未来的一代"，直到去世前三年，共写了168篇童话和故事。他的作品被译成80多种语言。他以诗意而又幽默的笔调，改变了现代童话的面貌，并开启了创作童话的先河。最可贵的是，安徒生的作品中闪耀着普遍的人性的光辉，超越了不同国家、种族与文化，因此历久弥新，被世界各地的人们反复传诵。安徒生童话所取得的巨大艺术成就和思想成就，至今仍无人能够企及。

46.果戈理为什么将创作的原稿付之一炬？

◇ **名词解释**　农奴：封建社会中隶属于农奴主或封建主的农业生产劳动者，在经济上受剥削，没有人身自由和任何政治权利。

果戈理是俄国19世纪现实主义文学大师，他的作品《死魂灵》《外套》《钦差大臣》等，对俄国文学的发展产生了巨大影响。而他对于作品严谨的创作态度更是受人称道。

有一次，果戈理刚刚写好一个新剧本，请著名诗人切科夫斯基提意见。年老体弱的切科夫斯基有午休的习惯，听着听着便睡着了。见此情景，果戈理立即停止朗诵，对着睡着的诗人说道："我是来听取你的意见的，而你的瞌睡就是最好的批评。"说完，他就把原稿扔入火中。

小说《死魂灵》第一部刚出版，整个俄国为之轰动，人们开始期待第二部的问世。但是，由于在第二部的创作过程中果戈理改变了原来的写作意图，他对写完的章节感到很不满意，于是就将原稿全部烧掉重写。就这样，经过反复修改，用了10年时间，《死魂灵》第二部才完成。可是，果戈理写完最后一页后，仍然觉得这是一部失败的作品，于是又毅然将它付之一炬。所以，后人无缘读到他的《死魂灵》第二部，只留下对他谨严的创作态度的感慨。

《死魂灵》描写一个投机钻营的骗子——乞乞科夫买卖死魂灵（俄国的地主们将他们的农奴叫做"魂灵"）的故事。乞乞科夫来到某市先用一个多星期的时间打通了上至省长下至建筑技师的大小官员的关系，而后去市郊向地主们收买已经死去但尚未注销户口的农奴，准备把他们当做活的农奴抵押给监管委员会，骗取大笔押金。他走访了一个又一个地主，经过激烈的讨价还价，买到一大批死魂灵，当他高高兴兴地凭着早已打通的关系迅速办好了法定的买卖手续后，其罪恶勾当被人揭穿，乞乞科夫只好匆忙逃走。

47.为什么《茶花女》标志着法国现实主义戏剧的开启？

◇ **名词解释**　话剧：指以对话为主的戏剧形式。话剧虽然可以使用少量音乐、歌唱等，但主要叙述手段为演员在台上无伴奏的对白或独白。

小仲马（1824—1895），法国作家、戏剧家，是著有长篇小说《三个火枪手》《基度山伯爵》的作者亚历山大·仲马（大仲马）的私生子，7岁那年才在法律上获得父亲的承认。身为私生子的小仲马在幼少年时代受尽歧视和讥讽，心灵上留下难以愈合的创伤。后在父亲文学才能的熏陶下，开始了文学创作。1848年，小仲马的长篇小说《茶花女》问世，从此名声大振。1852年，小仲马改编话剧《茶花女》也获得极大成功。

小仲马对资产阶级的道德沦丧深有所感，其作品比较真实地反映了资产阶级生活的一个侧面，《茶花女》就是其中的代表作。

◎ **文学英华:**

一天，朋友约小仲马去看他写的一出戏。演出期间，小仲马嘴里不停地念着："一个，两个，三个……"朋友问小仲马这是在干什么，小仲马回答说在数打瞌睡的观众人数。到了《茶花女》公演时，小仲马也约那一个朋友去观看。演出的时候，那朋友也在数打瞌睡的观众人数，结果却只发现一个，而这一个观众只是个不懂戏的懒汉。由此也可看出《茶花女》在当时的受欢迎程度。

《茶花女》的小说和话剧都是根据本人早年的一段恋爱经历写成的，情节也大致相同。妓女玛格丽特偶然结识了涉世未深的税务官之子阿芒。阿芒赤诚的爱激发起她对真正爱情的向往，但阿芒的父亲却以他们的结合会毁掉阿芒的"前程"为由，迫使她离开阿芒。阿芒误以为她背信弃义，愤然羞辱她。她终于在悲伤和疾病的双重折磨下死去。通过这出恋爱悲剧，作家愤懑地控诉了资产阶级道德的虚伪和罪恶。剧本比小说的主题更鲜明，锋芒更锐利，也更具感人的艺术力量。它已被视为法国现实主义戏剧开端的标志。

48.托尔斯泰为什么会遭到封建统治者的忌恨？

◇ **名词解释** 沙皇：俄罗斯帝国皇帝1546年到1917年的称呼。第一位沙皇是伊凡四世，最后一位沙皇是尼古拉二世。

托尔斯泰是举世闻名的大作家。他于1828年生于俄罗斯一个古老的贵族家庭，排行老四。母亲是俄国著名诗人普希金的远亲，文化修养极高。虽然在托尔斯泰牙牙学语时母亲就去世了，但是她营造了浓厚的家庭文化氛围。在三位哥哥的影响和启蒙下，托尔斯泰早早便展露出文学才华。1852年他创作了自己的处女作《童年》，在当时文坛引起不小震动。

1873年托尔斯泰开始创作他的另一部文学巨著——《安娜·卡

列尼娜》。在这部使他获得"艺术之神"称号的作品中,作者已经将批判的笔锋指向了整个封建社会。1887年6月,托尔斯泰的一位检查官朋友向其讲述了一宗离奇的案件,托尔斯泰便以此为背景,创作了现实主义长篇小说《复活》。在《复活》一书中,托尔斯泰对教会也进行了无情地揭露。他认定教会是沙皇统治的有力工具,神职人员也不过是一些披着宗教外衣的官僚而已。

● 托尔斯泰

托尔斯泰的作品引起了沙皇政府和教会的惊恐、仇恨。1901年2月,教会开除了托尔斯泰的教籍,并且下令,在所有教堂做弥撒的时候,人们都必须诅咒"叛教者"托尔斯泰的名字,企图利用信教者的宗教感情,让人们痛恨作家,孤立作家。

1910年10月,在前往南方的火车上,托尔斯泰患上严重的肺炎,于11月20日清晨溘然长逝。临终时,他说的最后一句话是:"我爱真理,非常爱真理!"

49.普希金为什么会死于决斗?

◇ **名词解释** 决斗:欧洲旧时的一种习俗。两人争执各不退让时,约定时间、地点,请证人到场,然后用武器决定最后胜负。

普希金是俄国著名文学家,曾留下许多脍炙人口的诗文。普希金的结局很令人意外——他不是老死、病死或因什么意外事故而死,而是与人决斗而死。

作为俄国最杰出的诗人和作家，普希金为什么会与人决斗呢？

1831年2月，普希金同比他小13岁的娜塔丽亚结婚。娜塔丽亚是个少有的美人。她喜爱玩乐、跳舞，处处要出风头。有一个法国人，名叫丹特士，他受沙皇政府的暗中指使，公开去引诱娜塔丽亚。丹特士天天围着娜塔丽亚转，流言飞语很快就传遍了普希金所在的圣彼得堡。

1836年底，普希金先后收到了3封侮辱他的匿名信，甚至连普希金的朋友也收到了语言污秽的匿名信。普希金不知道这是沙皇政府的阴谋，在忍无可忍之下，决定与丹特士进行决斗。

◉ **普希金像**

普希金（1799－1837），被誉为"俄国文学之父"。

娜塔丽亚被普希金的决定吓坏了。她流着眼泪走到普希金面前，双膝下跪，声泪俱下地说："亲爱的亚历山大·谢尔盖耶维奇，千万不要去！我求求你。这样你会死的……我永远爱你……" 说着，她伸出双手，把普希金的身体紧紧抱住。

可普希金用右手缓缓地推开了痛哭的娜塔丽亚，毅然去参加了决斗，最终不幸受伤身亡。

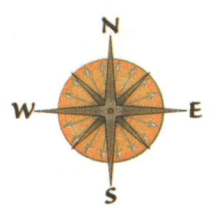

让孩子受益一生的
十万个为什么

④

陈星海 / 编

中国华侨出版社

目 录
CONTENTS

日常生活中的数理化

1. 为什么茶壶的盖上都有一个小孔？ ……………………… 002
2. 为什么磨刀时要往刀上加点水？ ………………………… 002
3. 筷子插在水中为什么会变弯？ …………………………… 003
4. 放大镜为什么能放大物体图像？ ………………………… 004
5. 尖尖的针为什么容易刺进物体？ ………………………… 005
6. 为什么应在空调房里使用空气加湿器？ ………………… 006
7. 洗衣机为什么能洗干净衣服？ …………………………… 007
8. 电冰箱为什么不能倾斜着放？ …………………………… 008
9. 暖气的散热片为什么安装在窗户下面比较好？ ………… 009
10. 吸尘器为什么能吸干净灰尘？ …………………………… 010
11. 空气清净器为什么能改善空气质量？ …………………… 012
12. 干手器为什么能感应人手而自动开关？ ………………… 013
13. 为什么饮水机需要定期消毒？ …………………………… 013
14. 为什么磁化杯对人体健康有帮助？ ……………………… 015

15. 消毒柜为什么能消毒？ …… 016

16. 抽油烟机为什么能将厨房油烟抽走？ …… 017

17. 微波炉为什么能将食物烹熟？ …… 018

18. 为什么最好不要用电饭锅来烧水？ …… 019

19. 为什么高压锅做饭比普通锅快？ …… 020

20. 为什么电影的音画效果要好于电视？ …… 021

21. 同样瓦数的荧光灯为什么比白炽灯亮？ …… 022

22. 为什么不能用湿布去擦电器？ …… 023

23. 为什么灯丝断后再搭在一起灯泡会更亮？ …… 023

24. 为什么不能用铜丝、铁丝等代替保险丝？ …… 024

25. 为什么鸟停在高压线上不会触电？ …… 025

26. 霓虹灯为什么会有那么多种颜色？ …… 026

27. 荧光棒为什么能发光？ …… 027

28. 为什么安全检查仪能隔着箱子查出违禁物品？ …… 028

29. 商品为什么要使用条形码？ …… 030

30. 电车上为什么要拖着两根"小辫子"？ …… 031

31. 火车的钢轨为什么隔一段距离就留一点空隙？ …… 032

32. 为什么夏天自行车轮胎不宜打得太足？ …… 033

33. 为什么汽车的前窗玻璃要向后倾斜一定角度？ …… 034

34. 汽车的雾灯为什么要选用黄颜色？ …… 035

35. 为什么汽车的前灯灯罩带有条纹？ …… 036

36. 交通信号灯为什么是红、黄、绿三色？ …… 037

37. 为什么会发生一氧化碳中毒？ …… 038

38. 油着火了为什么不能用水去灭？ …… 039

39.干粉灭火器为什么能灭火？……………………………… 040

40.茶壶、茶杯为什么会长茶锈？…………………………… 041

41.为什么不锈钢不易生锈？………………………………… 042

42.洗衣粉为什么有去污能力？……………………………… 043

43.为什么漂白粉不能漂白所有的颜色？…………………… 044

44.干洗为什么也能洗净衣服？……………………………… 045

45.为什么沾有血渍的衣服不宜用热水洗？………………… 046

46.为什么肥皂水能吹出泡泡来？…………………………… 047

47.衣柜里的樟脑球为什么会越来越小？…………………… 048

48.为什么胶鞋放在太阳下晒会很容易坏？………………… 049

49.为什么蚊香能驱赶蚊子？………………………………… 050

50.玻璃刀为什么可以切割玻璃？…………………………… 051

51.毛玻璃淋湿后为什么会变透明？………………………… 052

52.夏夜郊外为什么常有"鬼火"闪烁？…………………… 053

53.煤矿里为什么会发生"瓦斯"爆炸？…………………… 054

54.刚铺好的水泥地面为什么要洒水？……………………… 055

55.为什么新装修的房子不能马上入住？…………………… 056

56.为什么防晒霜能防止皮肤被晒伤？……………………… 057

57.为什么含氟牙膏对预防龋齿很有效？…………………… 058

58.冷烫精为什么能使头发弯曲？…………………………… 059

59.为什么不能用纯酒精消毒？……………………………… 060

技术之光闪耀世界

1. 为什么说CPU是计算机的大脑？ …………………………… 062
2. 为什么即使断电了电脑上的时间也准确无误？ ………… 063
3. 为什么计算机一定要有软件才能工作？ ………………… 063
4. 为什么会有因特网？ …………………………………………… 064
5. 为什么互联网上要设立防火墙？ …………………………… 065
6. 为什么电脑也会"生病"？ ………………………………… 066
7. 为什么会出现"千年虫"？ ………………………………… 068
8. 宽带为什么能使网速更快？ ………………………………… 069
9. 为什么有时收到的电子邮件是一堆乱码？ ……………… 070
10. 为什么会有"闪客"？ ……………………………………… 071
11. 为什么会出现"黑客"？ …………………………………… 073
12. 为什么激光通信的优点更明显？ …………………………… 074
13. 为什么光纤通信更高效？ …………………………………… 075
14. 为什么要利用卫星进行通信？ ……………………………… 076
15. 为什么说铱星系统开创了个人卫星通信的新时代？ … 077
16. 为什么无绳电话可以远离电话机通话？ ………………… 078
17. 移动电话为什么可以"移动"？ …………………………… 079
18. 为什么蓝牙技术能让我们的生活变得"无线"？ ……… 080
19. 为什么传真机可以传送信息？ ……………………………… 081
20. 可视电话为什么可以看到图像？ …………………………… 082
21. 数码相机为什么会取代传统相机？ ………………………… 083

22. 全息照片为什么会有三维立体感？ …… 084

23. 为什么3D电影具有如此震撼的效果？ …… 086

24. 为什么激光唱片比传统唱片更先进？ …… 087

25. 触摸屏为什么用手触摸就能反应？ …… 088

26. 液晶为什么能够显像？ …… 089

27. 为什么说纳米的世界超乎你的想象？ …… 090

28. 为什么说我们的世界正在走向黏合？ …… 091

29. 为什么说智能陶瓷是未来世界的主材料？ …… 092

30. 为什么记忆合金能"记忆"？ …… 093

31. 为什么超级塑料这么受追捧？ …… 094

32. 为什么说海水也是我们的电能来源？ …… 095

33. 为什么等离子体可以发电？ …… 096

34. 为什么可以用激光来鉴别古董？ …… 097

35. 为什么机器人能够在太空工作？ …… 098

36. 磁悬浮列车为什么能悬浮？ …… 099

37. 为什么太阳能汽车不耗燃油也能行驶？ …… 100

38. 无声手枪为什么可以没有声音？ …… 101

39. 防弹背心为什么能防弹？ …… 102

40. 坦克为什么被誉为"陆战之王"？ …… 103

41. 为什么说预警飞机是空中指挥所？ …… 105

42. 隐形飞机为什么能隐形？ …… 106

43. 为什么飞机在空中也能够加油？ …… 107

44. 无人驾驶飞机为什么能在空中自由飞行？ …… 108

45. 为什么说核潜艇是潜艇家族中的"老大"？ …… 108

46.为什么说驱逐舰是海战中的"多面手"？………… 110
47.航空母舰特混编队的规模为什么特别大？………… 111
48.为什么说未来的导弹是智能导弹？………… 113
49.核武器为什么具有这么大的杀伤力？………… 113
50.为什么人造血液还不能真正代替血液？………… 115
51.为什么心脏也能人工制造？………… 116
52.骨髓移植为什么可以治疗白血病？………… 117
53.为什么可用基因疗法治疗疾病？………… 118
54.为什么核磁共振能应用于医学？………… 119

日常生活中的数理化

1.为什么茶壶的盖上都有一个小孔？

◇ **名词解释** 压强：表示压力作用效果（形变效果）的物理量，即物体单位面积内所受的压力，其单位是帕斯卡，简称帕。

很多人都有这样的疑问：不管多么精美别致也无论多么昂贵的茶壶，在它的盖上都有一个小孔。为什么要这么设计呢？

我们来做一个实验。拿来家里的茶壶，里面装上半壶水，然后盖上盖子，用你的手指堵住盖子上的小孔，按住茶壶盖向杯子里倒水。你会发现开始没什么变化，但后来水流断断续续，最后干脆倒不出来了。其原因并不是壶里的水倒空了，也不是壶嘴堵住了，而是小孔被堵住了，松开你的手，水马上就会通畅地流出来。

原来，这包含一个物理学的原理。当你用手堵住小孔，茶壶倾倒，起初水在重力的作用下能够流出茶壶，渐渐地，由于水流出后不能进入新的空气，还是壶中那些空气，体积变大，空气变得稀薄，气压必定下降。本来茶壶内外是相通的，内外的大气压也就相等，所以水可以自由流出；现在壶内的气压变小了，壶内外出现了压强差。由于壶外的大气压强大于壶内的压强，壶口的水就被壶外的气压"托"住了，不能继续往外流。当你松开按住小孔的手指，壶外的空气进入壶里，补充那块空间，使壶内外的大气压强相等，这时壶外的大气压就不再有"托"住水的力，水也就顺畅地流出来了。

2.为什么磨刀时要往刀上加点水？

◇ **名词解释** 刀刃：刀具上用来切削的锋面，也称刀锋。相对于刀具其他部位，刀刃较薄，因此也较脆弱。

在炎热的夏天，我们总是喜欢去游泳或是冲凉，当身上湿漉漉的时候，我们就会感到凉快了很多，这是因为凉水带走了我们身上的高温。其实，磨菜刀时加点水也是为了降温的。刀在磨刀石上来回地磨会产生很多的热量，这就是摩擦生热的道理，如果不加处理，温度就会越来越高，直至对刀造成损害。

温度高对刀有什么不好呢？这要从刀的制造说起。菜刀在打造成形之后都要经过一道叫做"蘸火"的热处理工艺，即把菜刀加热到一定的温度，随即在水、油或空气中急速冷却，经过这种处理能够提高刀的强度和硬度。然而在磨刀时，若刀的温度过高就会出现"退火"现象，也就是刀刃失去"蘸火"的效用，不再那样坚硬和锋利了。刀刃一旦出现"退火"现象会严重地影响刀的使用，很快你就会发现刀变得不锋利了。可见刀刃"退火"会使刀失去使用价值，应该特别注意。究其根源，"退火"就是由于磨刀时刀刃的温度过高引起的，只要我们注意控制温度是完全可以避免的，而加凉水就是控制温度最好的方法。

3.筷子插在水中为什么会变弯？

◇ **名词解释** 虚像：物体发出的光经反射或折射后，有时反射光或折射光的反方向上会形成一个能被人体视觉感受，但并不存在的像，这个像就叫虚像。

拿一只碗，往碗里倒满清水，然后把一根筷子斜着插入碗里，这时我们会看到一个奇怪的现象：原本笔直的筷子变得弯了。这是什么道理呢？难道是筷子被水折弯了吗？

其实这是由光的折射现象造成的。光从一种介质射入另一种介质时，传播方向一般会发生改变，这种现象叫做光的折射。在这个例子中，由于空气和水是两种不同介质，水的密度大于空气的密度，当光从空气中向水中传播时，原来直射的光不再直射，而是向直射线下方偏折（入射角大于折射角），从而在实际物体（筷子）的上方形成视象。从人的视角来看，由于光是可逆的，把我们的眼睛看成发光体，我们看到的物体是入射线直线延伸形成的虚像，由于这条延伸线在折射线的上方，因此我们看到的水中的筷子就位于实际位置的上方，由此一来，筷子好像就发生了偏折。

筷子偏折现象只有在斜插入水中时才会出现，当筷子垂直插入水中时，偏折现象并不会发生。这是因为，当光从空气中垂直射向水中时，光线并不发生偏折（入射角等于折射角，均为零）。

除了"插入水中的筷子变弯折了"，我们在平时生活中常见的"水池底变浅"、"早晨和傍晚看到的红太阳"、"海市蜃楼"等现象，都是由光的折射造成的。

4.放大镜为什么能放大物体图像？

◇ **名词解释** 明视：在明亮的地方，眼睛的视细胞中只有视锥细胞起作用，用这种状态看物体时成为明视。

放大镜一般是用透明度较好的物质（如玻璃）磨制成的。它边缘薄，中间厚，属于凸透镜。它的两个表面可以都是球面，也可以一面是球面而另一面是平面。

如果有一个物体放置在放大镜的焦距之内，因为凸透镜具有聚光的性能，所以观察者就可以在大于物距的地方看到一个放大了的虚像。这样一来，原来眼睛看不清楚的细小部分，利用放大镜的放大作用，就可以看得很清楚了。

用放大镜看物像，

◎ **数理化学堂：**

除了凸镜放大镜，还有一种放大效果更神奇的仪器，它就是显微镜。显微镜可以将微小物体高倍放大。放大到什么程度？一般说来，用光学显微镜可以把物体放大2500倍左右，放大倍数再高便看不清细节了，图像会比较模糊。电子显微镜则可以把物体放大几百万倍，用扫描隧道显微镜甚至连微小的原子世界也可以观察到。

物像应放在焦距之内。放大镜的焦距应在1.0~10厘米之间。明视距离为25厘米，因此，放大镜的放大率在2.5~25倍之间。

老年人使用的老花镜也属于凸透镜。众所周知，物体发出的光只有先经过眼球中的晶状体折射，然后会聚到眼球后壁的视网膜上才能够被看清楚。如果看很远的物体，眼睛可以处于松弛状态，在视网膜上形成清晰的像。但是如果看近处的物体，就需要依靠肌肉的力量来增大晶状体的曲率。老年人眼睛的调节能力已经衰退，以至于光线只能会聚到视网膜的后面。在眼前再加一块凸透镜，让光线多会聚一次，这样就能使像落到视网膜上，看清楚物体。

5.尖尖的针为什么容易刺进物体？

◇ **名词解释**　针灸：是中医中针法和灸法的合称。其中，针法是把毫针按一定穴位刺入患者体内，运用捻转与提插等针刺手法来治疗疾病的方法。

中医针灸时，拿细细的针，只轻轻一刺，针便进到人的皮肉中了；而用很大力气打人，拳头怎么不会刺入别人的皮肉中，这是为什么呢？

原来，尖尖的东西更容易刺进物体中。

举个例子来说。用一把菜刀切一块肉，用刀锋会很容易地把肉切成片。要是将菜刀反过来，用平平的刀背去切，费尽力气也是切不开的。这是由于压力的作用效果不但和压力大小有关，同时也和受力面积有关。我们定义了压强来表示单位面积上所受压力的大小，压强的大小决定了作用效果。

当我们分别用菜刀的刀锋和用它的刀背去切肉的时候，虽然用的力相同，但是肉的受力面积不同，从而所受的压强大小也不一样。用刀锋切肉的时候，所用的力都集中在薄薄的刀刃上；而用刀背切的时候，所用的力却分散在面积宽得多的刀背上。这样，肉受到刀刃所加的压强，要比受到刀背的压强大。因此，越是尖的东西便越容易刺进别的物体。

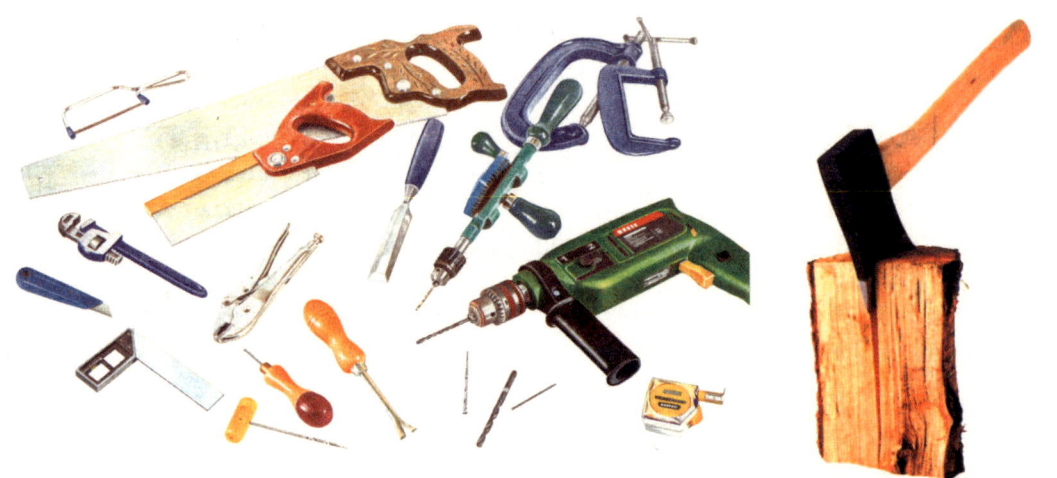

⊙许多日常工具都是通过减少受力面积来增加压强的。　　⊙由于压强的作用,斧刃劈进了木头里。

其实,日常生活中有许多与之相似的增大压强的例子。比如,用针缝衣、用注射器打针、用钻头打孔等,都是将力集中在较小的面积上,来达到增加压强的目的。

6.为什么应在空调房里使用空气加湿器?

◇ **名词解释**　负离子:带负电荷的离子称为"负离子"。负离子对人体中枢神经系统、血液循环、呼吸系统都有好处,另外它还可以清新室内空气,消除烟雾和异味。

在炎热的夏天里,如果没有空调,人们会感到酷热难耐。但是,长时间待在有空调的房间里,也会感到不舒服,第一个原因是空气中的含氧量不断下降,使人感到气闷;第二个原因是空气中负离子减少;第三个原因就是有空调的房间里空气会变得很干燥。

人体对空气的干湿度有一个适应区,相对湿度在70%左右最为舒适,过干、过湿都会引起不适,甚至引发疾病。为什么空调会使房间的空气变得很干燥呢?这是因为,当空调制冷时,室内空气反复经过蒸发器表面的低温区,在那里成为过饱和状态,从而不断有部分水汽液化,沿蒸发器翅片流入集水器后再排出空调机外。由于室内温度比蒸发器表面温度高，在蒸发器表面附近达到饱和的空气再回到室内时，其相对湿度就大为降低了。同样，当用空调器供暖时，室内空气中所含水分总量可能不变，但由于温度升高，相对湿度也就减小了。

◎ **数理化学堂：**

空调的全名叫空气调节器，它分为单冷空调和冷暖两用空调两种。两种空调的工作原理是一样的：空调器里有制冷剂，它一般是氟利昂。氟利昂的特性是，由气态变为液态时，释放大量的热量；而由液态转变为气态时，会吸收大量的热量。空调就是据此原理而设计的。

在有空调的房间里，可以采用加湿器保持空气湿润。加湿器将水雾化为1～5微米的超微粒子和负氧离子，通过风动装置，将水雾扩散到空气中，使空气湿润并伴生丰富的负氧离子，起到均匀加湿、清新空气的作用，这样就可以使人感到比较舒适。当然，为了保持身体健康，人们不应当使有空调的房间长时间密闭，而应当经常通风。

7.洗衣机为什么能洗干净衣服？

◇ **名词解释**　旋涡：指水流旋转成螺旋形。另外，除水流外，其他流体急速转动时，也形成螺旋形。

洗衣机是我们的好帮手，不用费事，只要把衣服放在洗衣缸中，加上足量的水和洗衣粉，打开开关，过一段时间，衣服自动被洗得干干净净。洗衣机是如何做到这点的呢？

其实洗衣机的洗衣原理很简单，它利用电带动洗衣机的内部装置，模仿人手洗衣服时的动作，搓洗或捶打，来回运作，加上洗衣粉的去污能力，衣服自然能洗干净。

洗衣机有很多种，我们来逐个看看它们的本领。

现在市场上有高波轮式洗衣机、凹波轮新水流洗衣机、滚筒式洗衣机以及无波轮洗衣机等。高波轮式洗衣机，洗衣缸底有一圆盘波轮，圆盘上有4条凸出的筋，在定时器控制下，电力带动波轮时正、时反地旋转，水流带动衣服跟着左右、上下翻转，水流的冲刷，衣物与波轮筋及桶壁之间的相互撞击、摩擦，就像手工搓洗、捶打一样地清洗衣服。凹波轮新水流洗衣

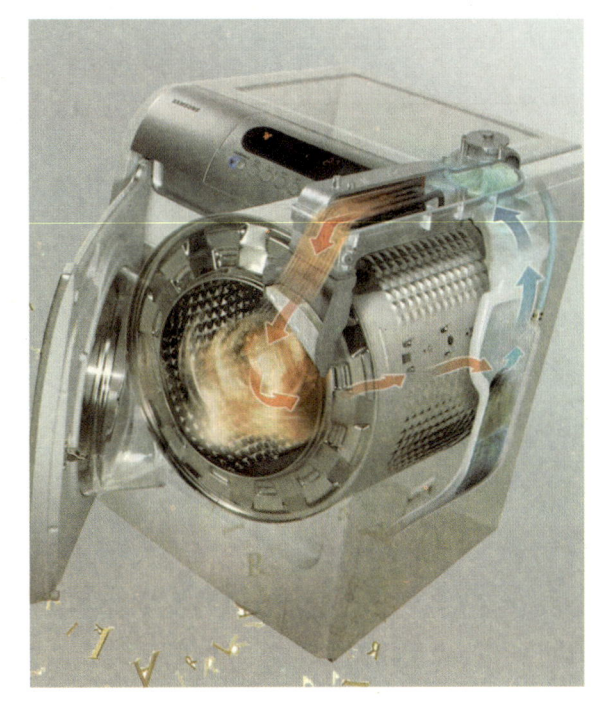

◉ 洗衣机排水释义图

机，洗衣缸底的圆盘波轮是凹形的，接通电源旋转时会形成柔和而又有力的"心"形水流，衣物随着水流自由起伏，受到了均匀有效的洗涤。滚筒式洗衣机，有一个盛水的外筒和一个旋转的内筒，内筒转动带着一部分衣物上升，另一部分下降，就像用手搓衣一样，将筒中衣服搓洗干净。无波轮洗衣机，它的洗衣桶下半部分像波轮一样，可以整个地旋转，旋转桶大小相当于普通波轮的10倍，转动时，水流向中心聚拢，形成旋涡，作用于洗涤物上，通过桶与衣物之间相互冲击、摩擦，均匀地将衣服洗净。

8.电冰箱为什么不能倾斜着放？

◇ **名词解释** 冷凝器：空调、电冰箱等机器中把气体或蒸气转变成液体，从而制造低温的装置。

搬家时，搬动电冰箱是一件麻烦的事情。因为我们不能倒着或者斜着搬动，只能几个人相互帮忙，立着移出门去。你知道这是为什么吗？

原来电冰箱是一种比较娇贵的电器，它内部的各种器件，比如说铜、铝接头，外部的元件，比如说背部的冷凝器，若是受到剧烈震动，会很容易就受到损坏。因此在搬运时最好有两三个人轮流用双手抓住箱底，从底部抬起，平稳地移动，千万要轻搬轻放。门把手和冷凝器处于冰箱外部，但不能抓住它们作为着力点，否则会弄坏这些部件，搬运时还要防止不要撞坏箱体。

在冰箱背壁内的底部，有一台压缩机，因为电冰箱的压缩机是悬吊式的，如果卸开封闭的钢制圆筒外壳，可以见到压缩机被几根弹簧悬吊在圆筒中央，这是为了减震。如果倾斜着放电冰箱，各根弹簧就受力不匀，压缩机就会强烈振动，甚至弹簧脱钩，使冰箱无法正常运行。另外，压缩机的底部以及电动机的罩壳内有一些润滑油。如果搬运时将电冰箱倒着抬或过度倾斜（如超过45度），润滑油会流入压缩机和电动机上方的制冷系统，使得制冷系统内氟利昂的循环受到阻碍，影响制冷系统的正常工作。因此我们在搬运电冰箱时一定不能将冰箱倒置或者过度倾斜。

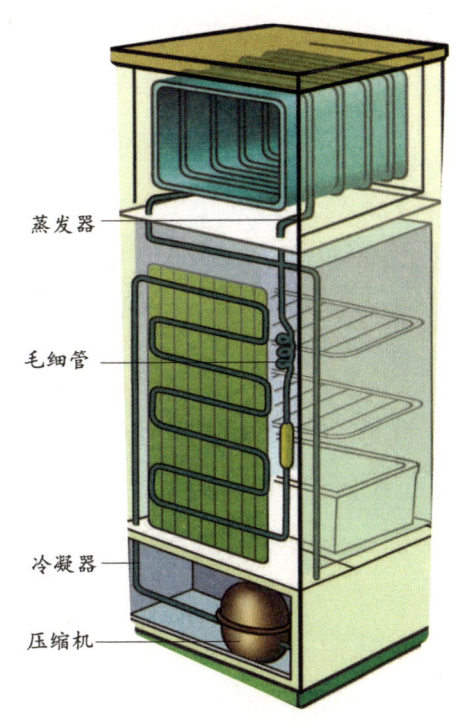

◉ 电冰箱结构示意图

9.暖气的散热片为什么安装在窗户下面比较好？

◇ **名词解释**　热交换：也称换热，指热能从热流体间接或直接传向冷流体的过程。它包括热传导、热对流、热辐射三种方式。

严冬，在我国北方户外到处是天寒地冻，而在有暖气的房间里却始终温暖如春。在暖气房待过的人都知道，暖气的散热片一般都是安装在窗户下面的。你知道这是为什么吗？

供暖系统实际上是一个热交换系统。供热站有若干个大型采暖锅炉，把水烧到80℃左右，为了防止大量水垢形成，在水中还加入了水的软化剂。供热站依靠压力泵使热水在暖气管道中循环，一直送到用户的暖气散热片中。但暖气中的热水如何把热量传给室内呢？物理学的研究指出，热量传递方式有3种：热传导、热对流和热辐射。

热对流是我们最常见到的传热方式。比如我们烧开水时，下边的水受热膨胀，密度变小，在浮力的作用下上升；而冷水密度较大，在重力作用下下沉，于是就发生了冷热水的对流，使热能在水中均匀传递。人们把暖气散热器安装在窗户下面也正是这个道理。由于空气是热的不良导体，因此依靠热传导不可能使房间迅速升温；同时，暖气散热片不是一个炽热的热源，因此也不可能通过热辐射使房间迅速暖和；只有使房间内的空气迅速对流起来才可以实现这一目标。把暖气散热片装在窗户下面，当热空气由于密度小上升时，由于窗户附近的空气流动性最强，这样冷空气迅速下降，造成冷热空气对流速度最快。因此取暖时在热传导、热辐射相同的条件下，通过快速对流使空气迅速升温，效果最好。这就是把暖气散热片安装在窗户下边的道理。

10.吸尘器为什么能吸干净灰尘？

◇ **名词解释** 真空：一种不存在任何物质的空间状态。在地球上，严格意义上的真空是不存在的。工业上常将气压比一标准大气压小的气体空间称之为真空，它分为高真空、中真空和低真空三种。

如今，吸尘器已经在很多家庭中被使用。它就像一个能干的清洁工，在很短的时间内，就能将我们的房间打扫得干干净净。你知道它是如何做到这一点的吗?

吸尘器也叫真空吸尘器,它有一个大大的"身体",有一条长长的"鼻子"(吸管)连在"身体"上,"身体"下长着"脚"(轮子),可以四处滚动,"身体"后部还有一个"尾巴"(一个收集灰尘的口袋,叫集尘袋)。

吸尘器通上电后,它大大的"身体"中藏着的电动抽风机就开始高速运转,把吸尘器

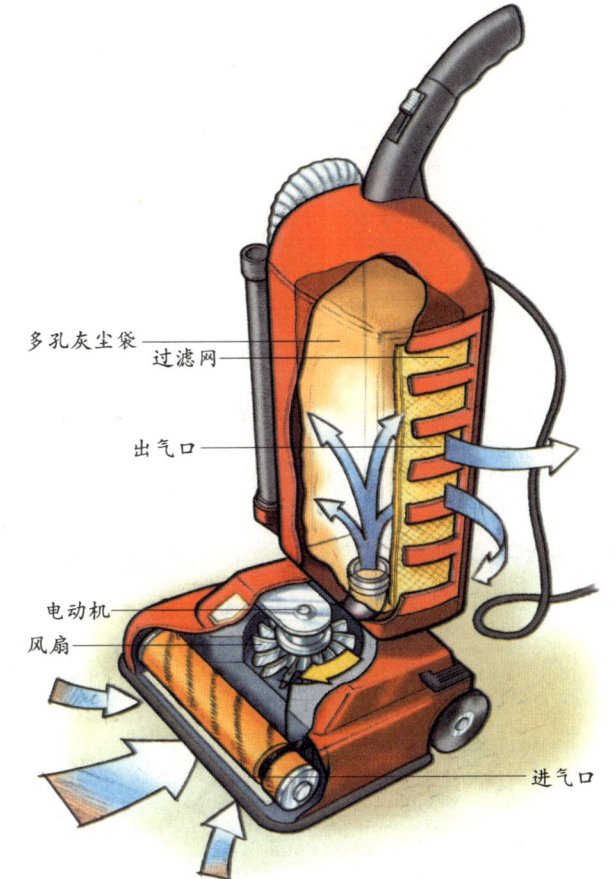

"身体"中的空气都抽光,形成瞬间的高真空,吸尘器内的气压大大低于外界的气压,在这个压强差作用下,被吸尘器的吸嘴搅打起来的尘埃和脏物就随着气流被吸入吸尘器桶体内,在桶体中经过集尘袋的过滤,尘垢就留在了袋内,净化完的空气又经过电动机重新逸入室内。

吸尘器的"嘴"连在"鼻子"上,不同的"嘴"有不同的用处。装上地板刷,可以清扫地面;装上扁毛刷,可清扫沙发面、床单,清洁门、窗;换上圆毛刷,可清扫墙面;配上缝咬嘴,可清洁家具接缝不平处的积灰。

使用吸尘器不必用一次清扫一次,当灰尘积聚在过滤袋中时,吸力自行减小,这时可轻轻摇动装在过滤袋上的摇灰架,将过滤袋中的灰尘抖落到集尘袋内,使吸力恢复。若摇动摇灰架仍不能使吸力恢复,说明集尘袋内灰尘已积满,应及时清除。

11.空气清净器为什么能改善空气质量？

◇ **名词解释** 活性碳：一种黑色粉末状或颗粒状的无定形碳，主要成分包括碳、氧、氢等元素，主要用途是脱色和过滤。

空气清净器的工作原理是这样的：通过清净器中的电动机驱动风叶，使室内空气产生循环流动，由空气清净器过滤后达到空气清净的目的。另外，空气清净器在结构上从粗到细清洁净化空气，即空气首先通过过滤网滤去较大的粉尘，然后经过活性炭过滤网滤出空气中的香烟、烟尘及空气中的异味等，也有通过高压静电等复合除尘方式吸附微粒尘埃，最后通过负离子发生器产生负离子而使空气变得清新宜人，达到清洁、净化空气的目的。

◎ **数理化学堂：**

除了空气清净器，市场上还有一种简单的空气清洁产品，那就是空气清新剂。它是一种化工产品，主要由乙醇、香精、去离子水等成分组成，通过散发香味来掩盖异味，减轻人们对异味不舒服的感觉。所以，空气清新剂的效果其实并没有清除空气中的有害气体，而只是靠混淆人的嗅觉来"淡化"异味，所以远远不如空气清净器。

空气清净器按功能又可分为空气净化器、空气负离子发生器等种类。在选择时，要根据室内空间的大小和空气清净器的风量循环量大小来考虑。这可以按照1小时循环风量3倍于室内空间来进行选择。如20平方米的房间高2.6米，则空气清净器的循环风量应约为150立方米／小时。

在使用了空气清净器之后，还要坚持保持室内空气流通，确保室内具有一定的新风量，或者在室外空气好的时候打开窗户通风，让室内的有害气体散发；还可以在室内养些花草，以降低室内有害物质的浓度。

12.干手器为什么能感应人手而自动开关？

◇ **名词解释** 电路：指由金属导线和电子、电气部件组成的导电回路，其规模可小到硅片上的集成电路，大到高低压输电网。

我们知道，干手器一般挂在公共卫生间的门边，当洗完手的人将手伸到它底下时，一股热气就会喷出，不到30秒钟，就能将人的手烘干。而当人手一旦离开，干手器内的热流便不再喷出，非常神奇。

那么，干手器为什么能感应人手而自动开关呢？

原来，干手器主要由箱体、电机、叶轮、风道、加热和感应控制电路等几个部分组成，它之所以能自动开关，是因为在它的内部安装了变容式自动感应电路，由它控制着一套电桥平衡电路。电桥平衡电路由四部分组成，技术上称为四个桥臂。变容式自动感应电路，组成了其中的一个桥臂。它的感应部分，安装在干手器的出风口处。

当手接近干手器的热风窗口时，由于人体也是导电体，手与窗口处感应板之间的电容就会发生变化，使原来的电位平衡的电路产生翻转，输出一个高位信号，经放大后，驱动吸铁继电器工作，使之接通电机与电热丝，吹出热风。此时双手在热风窗口附近不停地搓动，感应板不断发生信号，使热风持续吹出20～30秒就可以烘干双手。当手离开热风窗口时，感应板的电容再次发生变化，又从不平衡状态恢复到平衡状态，输出电位再次下降，吸铁继电器释放而切断电机与电热丝电源，干手器就自动停止工作。

13.为什么饮水机需要定期消毒？

◇ **名词解释** 细菌：广义的细菌指所有原核生物，狭义的细菌是一类形状细短、结构简单、多以二分裂方式（细胞核一分为二）进行繁殖的原核生物。

随着人们生活水平的提高,对饮用水的质量也提出了更高的要求。桶装纯净水的使用越来越普遍。从办公室到家庭,可见到各种形式的饮水机。

不少人认为使用饮水机可喝上绝对安全卫生的水,因而饮用桶装水一用一两年,始终不对饮水机进行消毒。其实,这种认识和做法是错误的。

饮水机是利用空气压力原理进行工作的,每放出一升水,就有相应的一升体积的空气进入机内。同时夹带的灰尘和各种细菌也随之附着在饮水机内部,时间一长就会危害人体健康。

研究表明,在每立方米空气中有大量的细菌,包括大肠杆菌、葡萄球菌以及霉菌等。这些细菌在你放水时随空气进入饮水机。细菌靠分裂繁殖,1个细菌分裂成2个,2个分成4个……100个细菌经过一昼夜的繁殖就多得数也数不清了。再者,饮水机里的水、空气、合适的温度又给细菌的繁殖提供了最合适的条件,所以一段时间不清洗消毒的饮水机,一打开就会看到一层淡土黄色的东西,用手摸一下有黏滑感,这就是细菌生长繁殖时产生的污垢,有这样黏滑的污垢存在,就表明有细菌存在。这些黏滑的污垢又能为细菌提供营养,所以细菌越来越多。

⊙ 饮水机

一般饮水机经过15～30天时间的使用,内部就会有大量的细菌繁殖。因此,半个月,最多1个月就应该对饮水机消毒1次。

14.为什么磁化杯对人体健康有帮助？

◇ **名词解释** 磁力线：在磁场中画一些曲线，使曲线上任何一点的切线方向都跟这一点的磁场方向相同，这就是磁力线，也叫磁感线。磁力线是假想的曲线，并不真实存在。

磁化杯是水磁化器的一种，将自然水放入磁化杯磁化后，便成为了磁化水。磁化水就是经过磁场处理的水，它的物理、化学等性质都会发生一系列的变化：如水分子氢链被破坏，长链水分子变为短链水分子和单个水分子，水的表面张力提高，溶解钙、镁盐类的能力增强，渗透压增高等，从而使磁化水具有溶石、消炎、止痛、抑菌、杀菌，提高人体免疫功能的作用，所以磁化水对人体健康有很大的帮助。

用磁化杯磁化水是使水达到磁化目的的最简易的方法。但是，要使水达到磁化的目的，磁化杯的设计必须合理。磁的物理特性是同性相斥，异性相吸，如果在运动过程中两组磁力线相遇，磁力线就会互相排斥或者沿着相邻磁体转移，不能形成中心磁场。所以磁化杯的设计是很有讲究的。

水的磁化过程，就是分子在磁场中被磁力线切割的过程。水分子的运动在磁力的作用下发生改变，由此引起水的性质的变化，达到磁化的目的。然而并不是随便在杯中放一块磁体就是合格的磁化杯了。它的设计具体要求如下：磁体安放的最佳位置应是杯子的两侧，磁体之间的距离最好保持在6厘米以内，使中心磁场强度达到一定水平，才会有理想的磁化效果。

使用磁化杯还应注意的是，喝水时要一口一口地慢慢喝，细细品味，这样磁化水才会被身体组织的细胞所吸收，达到身体保健的作用。

15.消毒柜为什么能消毒？

◇ **名词解释** 红外线：是太阳光众多不可见光线中的一种，在光谱中，它的波长范围是0.76至400微米。

随着人们生活水平的提高，消毒柜逐渐进入了普通居民的家庭。消毒柜能有效地洁净我们的碗碟，为我们的饮食健康保驾护航。

家用消毒柜一般有两种，一种是上下两层分开工作，这种消毒柜包含臭氧紫外线和高温两种消毒方式。另一种是只有一种臭氧紫外线消毒方式。

消毒柜工作的基本原理是利用红外线高温消毒的特点，将洗净的碗、筷、杯、盘放入其中加热、烘干，达到预定的时间之后便自动断电。由于它仿冰箱式的柜门较普通的碗柜密封性强，所以可以有效地阻止蚂蚁、蟑螂和其他昆虫的进入，从而避免了消毒之后的第二次污染。消毒柜内部一般有一至数个金属支架，用来将碗、碟等物分隔存放。然而，为缩短烘干时间和减少水垢沉积，消毒柜中的器皿不能摞起来，一般都是竖

◉ 消毒柜

直摆放，以使器皿中的积水尽快流到消毒柜下部的水槽里。

研究数据表明：消毒柜内部的温度必须达到125℃，而且持续保持10分钟，才能把对人体有害的芽孢菌及肝炎病菌杀死。消毒柜消毒过的器皿也不能马上取出来，以免高温伤手。

有些消毒柜还具有臭氧杀菌功能，用上层的低温消毒室专门对那些不耐高温的餐具进行消毒。其原理是利用高压无声放电装置产生臭氧分子，通过臭氧分子还原成氧分子所产生的强氧化作用来实现杀菌目的。

16.抽油烟机为什么能将厨房油烟抽走？

◇ **名词解释** 微电机：全称"微型电动机"，是指直径小于160mm或额定功率小于750W的电机。

人们烧菜做饭喜欢用油炒，这样厨房里总是油烟充斥，空气污染极其严重。为了解决这个问题，机械专家们发明了抽油烟机。

那么，抽油烟机是如何将厨房的油烟抽走的呢？

抽油烟机按油烟排出的方式，可分为直排式和内循环式两种。直排式抽油烟机又可分为单风轮抽油烟机和双风轮抽油烟机以及全自动抽油烟机等。

以单风轮抽油烟机为例，它主要由离心扇、壳体和控制装置组成。控制部分安在黑黑的像个小屋顶的塑料壳体的前挡板上，它包括2～3挡的速度调节键，0.5～2小时的定时器调节键，以及照明键和开关等。壳体上半部分是一个可以拆卸下来清洗的油烟罩，壳体内装有离心扇、微电机。壳体下半部分有一个油烟吸口，两个角上还安有小照明灯。壳体上部连接了一个长长粗粗的管状烟道，烟道出口安在厨房高处的小窗子上，伸出户外。

这样，当抽油烟机接通电源，打开开关，壳体内的微电机就发动起来，带动离心扇高速旋转，形成较强的向上的气流旋涡，瞬时将大量油烟由壳体下方的吸口卷入,到达油烟罩后,罩内有一种活性碳,会吸附很多微尘、油粒。油烟被过滤后,剩下的有害气体从烟道被排出室外。

这就是抽油烟机"吃"油烟的全部过程。

17.微波炉为什么能将食物烹熟?

◇ **名词解释** 微波:波长为1mm到1m波段的无线电波,对于玻璃、塑料和瓷器,微波几乎是穿越而不被吸收。

微波炉是利用微波产生的能量来烹饪食物的。微波炉工作起来又快又方便,是家庭主妇的得力助手,有人曾经诙谐地称之为"妇女的解放者"。

那么,微波炉是如何工作的呢?

在微波炉里有一个磁控管,接通电源,启动炉子后,它就会辐射出频率为2450兆赫的微波。这时,在炉腔内就会形成一个微波能量场。由于微波的频率是2450兆赫,所以这个微波场的正负极每秒会变换2450兆次即24.5亿次。食品里有大量的水分子,水分子是有极性的,一头是正极,另一头是负极,就像磁铁一样,"同性相斥,异性相吸",水分子也会受微波场正负极影响做相应的运动;负极跑向场的正极,正极跑向场的负极,同时正极远离场的正极,负极远离场的负极。随着场的方向不断变化,水分子就会随着场向的变化一会儿向这边运动,一会儿向那边运动……试想1秒来回运动几十亿次的水分子相互间的摩擦该产生多少热量啊!这些巨大的热量当然足以把食物在几分钟内做熟了。由于微波炉是靠引起食品内部分子振荡而产生热量的,并没有外加热源来产生热量,所以称它是"内部热源"的加热方式。

微波炉产生的热量大,能够快速完成烹饪过程;内部热源的加热方式,既保护环境,又节约能源;加热时间短,受热均匀又使食物中的营养成分不易损失;而且由于盘子、盒子(不能使用金属制品,否则会损坏微波炉)等容器含极性分子少,加热后还不烫手呢!

18.为什么最好不要用电饭锅来烧水？

◇ **名词解释**　软磁铁：指含碳量极低，经长时间使用，能保证均质及稳定的磁铁，它被广泛用于微型可调继电器、电话交换、电饭锅温控器等方面。

电饭锅是一种能进行蒸、煮、炖、煨、焖等多种加工的现代化炊具，它由外壳、锅盖、内胆、开关、发热板和温度控制装置等组成。而电饭锅的自控装置主要是一个磁性限温器。

当我们将米洗净放入电饭锅，加水，插上电源，按下按键开关时，磁性限温器就接通，电热元件就升温。当温度达到103℃左右时，锅内米饭已经熟了。此时磁性限温器中的软磁性铁便失磁，于是软磁铁脱离接触，电路断开，电热元件就停止升温。在发热盘下面还装有自动保温装置——热敏开关，可使米饭保持在一定的温度范围内。当锅内温度下降到70℃以下时，热敏开关中的双金属片恢复原状，触点闭合，保温电热元件接通电源保温。锅内的米饭温度就会保持在70℃左右。

> ◎ **数理化学堂：**
>
> 微波除被用在微波炉等民用上外，还作为武器用在军事上。微波武器的工作机理是基于微波与被照射物之间的分子相互作用，将电磁能转变为热能。其特点是不需要传热过程，一下子就可让被照射材料中的很多分子运动起来，使之内外同时受热，产生高温烧毁物体。低功率的微波武器，主要作为电子对抗手段；而高能微波武器则是一种大规模杀伤性武器。

我们为了方便，偶尔也用电饭锅来烧开水或煮粥。因为水的沸点是100℃，电饭锅的温度最高也只能达到100℃，达不到103℃。磁性限温器中软磁铁，就不会自动脱离接触。电饭锅内的水就不停地沸腾，米汤或水就会溢出来，渗入内胆，造成电器零件受潮。受潮的电器零件就会生锈、腐蚀，甚至电路短路、漏电。所以，电饭锅不宜用来煮粥或烧水。

19.为什么高压锅做饭比普通锅快?

◇ **名词解释**　沸点：液体沸腾时的温度。水的沸点是100摄氏度，酒精的沸点是78摄氏度，食用油的沸点约为250摄氏度。

高压锅是20世纪80年代后期才开始在中国家庭中普遍使用，它用厚实沉重的铝合金材料制成，锅盖口一圈用特别的胶圈密封。在我们看来，它是危险而不可亲近的，实际上，用它做饭比普通锅要快很多，既省时又省燃料，是人们做饭的好帮手。

那么，为什么用高压锅做饭比普通锅快呢？

我们知道，用普通锅做饭，要加水加米，把水烧到100℃左右，水开了，然后还得关小火焖一段时间，饭才能煮熟。水烧开时，它会剧烈地沸腾。水沸腾后再加热，只能加快水的汽化，不能再升高水的温度。因此如果想使锅里的温度继续升高，高于100℃，缩短做饭时间，就必须提高水的沸点。

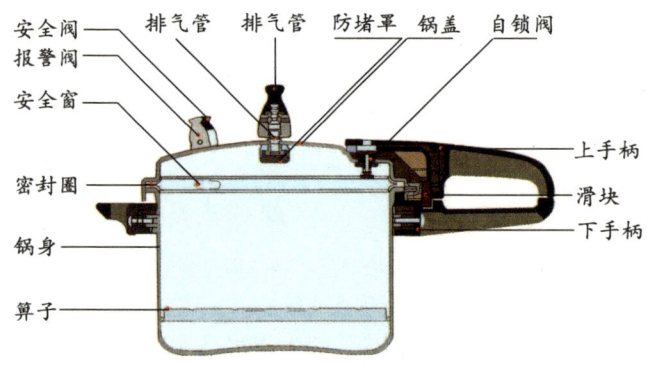

● 高压锅结构图
⊙ 在高山顶上，大气压强逐渐减少，水的沸点也随之降低，普通的锅难以煮熟米饭，用高压锅就可以解决这个问题。

那么，怎样提高水的沸点呢？

科学研究证明，水的沸点会随压强的增大而升高。高压锅就是根据这个原理制造的。它盖上锅盖后，形成一个密封的容器，在加热时，锅内的蒸汽跑不掉，蒸汽的压强随温度升高不断增大，提高了水的沸点。一般常用的高压锅内蒸汽压强可达到1.3×10^5帕，锅内水的沸点可达108℃左右。

而普通锅的锅盖盖不严,锅里外通着气,水烧到100℃,温度就不再上升了。因此,用高压锅做饭比用普通锅省时省力。

20.为什么电影的音画效果要好于电视?

◇ **名词解释** 像素:我们若把影像放大数倍,会发现这些连续色调其实是由许多色彩相近的小方点所组成,这些小方点就是构成影像的最小单位"像素"。

现在,多数家庭都有电视,有的还配备了DVD或家庭影院等播放设备。虽然在家里观看影片比去电影院要方便很多,但许多人还是愿意去电影院。这是为什么呢?

人们之所以喜欢到电影院去看电影,除了因为到电影院是一种重要的休闲方式以外,最主要的原因就是电影的画面比电视要清楚,而且电影的声音效果也要好于电视。

电影的画面比电视清楚,主要是由电影和电视的成像原理不同造成的。电影的像素比电视的像素要高得多,一幅画面,像素越高,反映的细节越丰富,因而也就越清晰逼真。电影是摄制在胶片上的,电影图像的质量好,清晰度高,主要取决于胶片的微粒结构,其水平清晰度和垂直清晰度相同,整幅图像的像素一般有150万个以上。而电视的垂直清晰度则取决于发射机发射天线和接收机接收到的频带,因此,电视机的水平清晰度一般都比垂直清晰度差,电视图像像素也没有电影多,只有52万个。所以,电影的画面效果要好于电视。

其次,现在电影的音响往往具有6声道、8声道甚至12声道,立体声效果十分明显,给人以身临其境的感觉,而电视及家庭影院往往只有左右两个声道,因而电视的声音效果不及电影。

21.同样瓦数的荧光灯为什么比白炽灯亮？

◇ **名词解释** 弧光放电：一种气体放电现象，该放电现象一般呈现弧状白光并产生高温。

荧光灯是一种比白炽灯更优良的室内照明光源，同样瓦数的荧光灯比白炽灯亮得多。这是为什么呢？

原来，荧光灯和白炽灯的发光原理不同。白炽灯用久了会很烫，因为它是靠电流通过灯丝产生的热效应来发光。任何物体被加热到525℃以上时，都会发光，随温度的升高物质发光效率也升高。但是，用来做灯丝的钨丝熔点高达3410℃，所以白炽灯把电能转换成光能的部分很少，绝大部分电能都变成热能，这就消耗了过多的电能。

荧光灯也叫日光灯，它的发光原理就不同了，它主要是利用荧光粉把低气压汞蒸气弧光放电过程中产生的紫外线转变成可见光。这种发光方式使荧光灯在发光过程中，产生很少热量，发出的是一种冷光。这样，电能大部分转化成光能，荧光灯的发光效率就远高于白炽灯。

从白炽灯到荧光灯，由于采用新的方式，便节省了资源。相信经过科学家的不断努力，今后会有更省电且比荧光灯还亮的灯出现！

◎ **数理化学堂：**

荧光灯是科学家根据萤火虫的生理特点创造出来的。萤火虫是一种会发光的动物，它的发光器位于腹部，那里含有荧光素和荧光酶两种物质。在荧光酶的作用下，荧光素与氧发生化学反应发出荧光，它能100%地将化学能转化成光能，而不产生热量。萤光灯就是根据从萤火虫的发光器中分离出的荧光素和荧光酶掺和其他化学物质制成的冷光灯。

22.为什么不能用湿布去擦电器？

◇ **名词解释** 纯净水：指不含杂质的H_2O。我们日常生活饮用的纯净水实际上并不百分百纯净，它多少含有一些杂质，只不过这些杂质很微量，可以忽略不计。

在各种家用电器的使用说明中，都会告诫用户不要用湿布去擦拭，不要用湿手去拨动电源开关。这是为什么呢？

让我们先从导体说起。根据物体的导电性能，可以将物质大致分成两类：一类是电流能通得过的物质，我们称之为导体，铜、铝、银等金属就是最好的导体。导体可以用来做电线，传输电流。另一类是电流不能通过的物质，我们称之为绝缘体，如木头、塑料、橡胶、陶瓷等。绝缘体可以用做电线的外包皮，电器的外壳，可以避免漏电及发生触电事故。

人体应该划分到导体还是绝缘体范畴呢？这要区分不同的情况来讲。当皮肤很干燥时，虽然不能像橡胶和陶瓷等物质那样成为最好的绝缘体，但在电压不高的情况下，电流是不太易通过人的身体。当皮肤湿润时，人体则成为了良好导体。

而水呢？在很纯净的情况下，水其实也是一种绝缘体。但我们日常接触的水并非纯净水，大都含有具有导电性的杂质，因此，一般来说，水是一种导体。

既然水是一种导体，那么当我们的皮肤沾上这些水时，电流就可能通过人的身体了。所以，用湿布去擦试电器或用湿手去拨动开关和用电器的插头，是非常危险的。

23.为什么灯丝断后再搭在一起灯泡会更亮？

◇ **名词解释** 电功率：指电流在单位时间内做的功，它的数学表达式是$P=UI$，其中P表示电功率，U表示电压，I表示电流。

有时候，白炽灯不亮了，取下来检查灯泡，会发现灯丝断开了。假如我们摇动灯泡，小心地将灯丝搭在一起，灯泡会重新亮起来，而且会比未断前更亮，这是为什么呢？

白炽灯是利用电流流过灯丝，使灯丝发热到白炽状态而发光的。电流通过灯丝时产生热量，螺旋状的灯丝不断将热量聚集，使得灯丝的温度达2000摄氏度以上，灯丝在处于白炽状态时，就像烧红了的铁能发光一样而发出光来。

当我们把熔断后的灯丝打在一起时，灯丝不但会继续发光，而且会更亮。这是由于导体的电阻跟它的长度成正比，灯丝烧断后再搭上，灯丝的长度变短了，相应地，灯丝的电阻变小了，而通过电灯的电压是一定的。这样，通过灯丝的电流强度增大。从而灯泡的功率增大，所以看上去灯泡就会比以前更亮些。

然而，这样的灯泡用不了多久就会坏掉。这是因为，灯丝的材料耐热能力是有一定限度的，灯丝断后再搭起来，由于电功率变大，单位时间内放出的热量增加，所以灯丝很容易烧断，灯泡的寿命也不会持续太久。

同时，也因电流过大而不安全。所以，在灯泡损坏后，我们应及时更换新灯泡，而不要图方便进行这样的"废物再利用"。

24.为什么不能用铜丝、铁丝等代替保险丝？

◇ **名词解释** 短路：电流不通过电器直接接通叫做短路。发生短路时，因电流过大往往引起机器损坏或火灾。

家里的电灯突然熄了，电视机等家用电器也不能使用了。人们总是先去检查电表处的保险丝有没有烧断，如果不是电厂事故或线路故障，多数情况下，人们会发现，停电的原因就是保险丝被烧断了。有些人想，既然保险丝这么容易被烧断，为什么不用不易烧断的铜丝、铁丝来代替它呢？

之所以不用铜丝、铁丝来代替保险丝，是因为这样做很危险！

专家告诉我们，保险丝是一种熔点很低的合金丝，是镉、锡、铋、铅等金属合成的，将保险丝安装在家用电表处，就能将电路中电流的大小限制在一个安全的范围内。用电过度，或者电路中发生短路，都会导致电路中的电流过大，非常危险。它不仅会损坏电器，而且可能发生短路、漏电，甚至造成火灾。

> ◎ 数理化学堂：
>
> 一般保险丝由三个部分组成：一是熔体部分，它是保险丝的核心，熔断时起到切断电流的作用；二是电极部分，通常有两个，它是熔体与电路连接的重要部件，它必须有良好的导电性；三是支架部分，它作用是将熔体固定并使三个部分成为刚性的整体，便于安装、使用，它必须有良好的机械强度、绝缘性、耐热性和阻燃性。

在装有保险丝的电路中，当有强电流通过时，发出的高热能使合金保险丝熔化。保险丝一熔化，电路就会被切断，这股强电流就不能进入用电线路，可以避免各类事故的发生。而使用铜丝、铁丝等熔点很高的金属丝来代替保险丝，即使有强电流进入，也不会使金属丝熔断，就不能达到自动切断电流的目的，极易发生危险。因此，不同负荷量的电源线路，必须使用相应规格的保险丝，切忌用铜丝、铁丝代替保险丝。

25.为什么鸟停在高压线上不会触电？

◇ **名词解释** 电离：指物体原子受外界作用，其外层带负电的电子摆脱带正电的原子核的束缚，飘逸出去，从而使原本中性的原子带电。

众所周知，接触带电的高压线，会发生触电事故，造成人员伤亡。但是我们却惊奇地发现，鸟儿可以停在几十万伏裸露的高压线上，却不会发生触电事故。这是为什么呢？

原来，发生触电事故是因为人和动物在接触电时，同时接触火线和零线，或者是人体站在地面上，肢体部接触到了火线，在这样的情况下，电流经过身体和大地形成了回路，从而导致触电。

　　鸟儿在高压线上不会触电，并不是鸟儿具有特殊的本领，而是因为鸟儿身体一般很小，它们的身体只接触到一根电线，因鸟儿本身和高压线具有相同的电压，因此不会构成回路，也就没有电流从它们的身上流过，因而不会触电。如果鸟的两只脚分别落在两根高压线上，或者它的两只脚虽然落在同一根高压线上，但它却用嘴去啄另一根高压线上的非绝缘体，那它的小命也就难保了！

　　但人在高压线附近，却是危险的。这是因为人走近高压线时，站在地面上的人体受高压感应，如果距离太近，人体和高压线之间的空气层就有可能被击电离。空气原本是很好的绝缘体，被击穿后就变成了导体，于是巨大的电流就会流过人体，造成触电。另外，如果攀爬高压电塔，不慎触到了电线，形成回路，也会触电；雷雨时，高大的高压输电塔也可能被雷电击中。

26.霓虹灯为什么会有那么多种颜色？

◇ **名词解释**　荧光粉：一种能发光的物质，通常分为光致储能荧光粉和带有放射性的荧光粉两类。前者需储存太阳光、灯光等光能，然后才能发光。后者可自发光。

　　现代都市，到处是霓虹灯。白天，霓虹灯看上去是无色透明的，然而到晚上一通电，这些霓虹灯便射出五颜六色、鲜艳夺目的光芒来。霓虹灯为什么会有那么多种颜色呢？

　　原来，在霓虹灯里装着一些五色透明的稀有气体。稀有气体是氦、氖、氩、氪、氙、氡等气体的总称。过去，人们认为这些气体不跟其他物质发生作用，把它们叫做惰性气体。但随着科学技术的发展，现在人们已经知道，在一定的条件下，"惰性气体"也会变得活泼，它们能跟某些物质发生物理化学反应。

稀有气体有一共同特性，那就是在通电时会发出有色的光。霓虹灯就是利用稀有气体的这一特性制成的。

灯管里冲入氖，就会射出红

⊙流光溢彩的霓虹灯把城市的夜景装点得更加迷人。

光，在空气中透射力很强，可以穿透浓雾，所以氖灯常用做航空、航海的指示灯。灯管里充入氩气，通电时会发出蓝紫色光；充入氦气，通电时会发出粉红色光。氦很不稳定，每个氦原子的平均寿命只有几天，所以霓虹灯一般不充氦气。至于氪和氙，在空气中含量极少，不易大量制取，因此很少用。在霓虹灯中除了充有稀有气体外，平常还充有水银蒸气，它受激发后能发出绿紫色的光。

有的霓虹灯是单独充着氖气、氦气、氩气和水银蒸气，但更多的是充着几种的混合气。由于所用气体的比例不同，便能得到各种颜色的光，例如，氖和氩相混合，激发后便能射出鲜艳的蓝光。如果在灯管内壁涂上不同颜色的荧光粉，还能配制出各种不同鲜艳色彩的霓虹灯。

27.荧光棒为什么能发光？

◇ **名词解释**　放射性：某些物质的原子核能发生衰变，放出我们肉眼看不见也感觉不到的射线，物质具有的这种性质就叫放射性。放射性物质对人体有损害作用。

近几年来，儿童和年轻人把荧光棒当成一种时髦的玩意儿。它们轻巧、便宜，能发出美丽的光，因此在狂欢场合极受欢迎。那么，荧光棒是如何发光的呢?

荧光棒中的化学物质主要由三种物质组成:过氧化物、酯类化合物和荧光染料。荧光棒发光的原理就是过氧化物和酯类化合物发生反应,在化学反应中放出的能量传递给荧光染料分子,荧光染料以可见光的形式释放能量,从而把化学能转换为光能。目前市场上常见的荧光棒中通常放置了一个玻璃管夹层,夹层内外隔离了过氧化物和酯类化合物,经过揉搓,两种化合物反应使得荧光染料发光。

由于荧光棒中的液体化学物质被聚乙烯(塑料)包装,所以不会对人体造成太大伤害。另外,荧光棒所发出的光是靠化学反应激发染料发出的非放射性光,而不是由放射性激发染料发出的光,所以不会伤害人体。

但有专家指出,时下有些人为追赶时髦,将荧光棒弄破,把里面的液体涂抹在身上,这种做法是有害身体健康的。因为荧光棒中的化学物质直接接触皮肤会对人体造成一定的损害。尤其注意不要让儿童误食。

28.为什么安全检查仪能隔着箱子查出违禁物品?

◇ **名词解释** 违禁物品:指可危及人身安全、禁止携带入交通工具内的物品,一般包括雷管、火药、汽油等易燃易爆物品及武器、管制刀具等伤害性物品。

出过远门的人对于安全检查是非常熟悉的。每次在进火车站、飞机场入口时,工作人员都要求你将包裹行李放到检查仪上,这就是安全检查。

安全检查仪很神奇,它隔着箱子也能检查出里面是否有违禁物品。那么,你知道它是如何做到这点的吗?

秘密就在于X射线。X射线是一种电磁波,它的波长短于紫外线的波长,一般不超过1纳米。这就使得X射线的性质不同于可见光,普通的可见光只能把水、玻璃等透明的物体穿透,而X射线却能把纸板、木材、布等不透明的物体穿透。而且,X射线穿透各种物体的本领不太

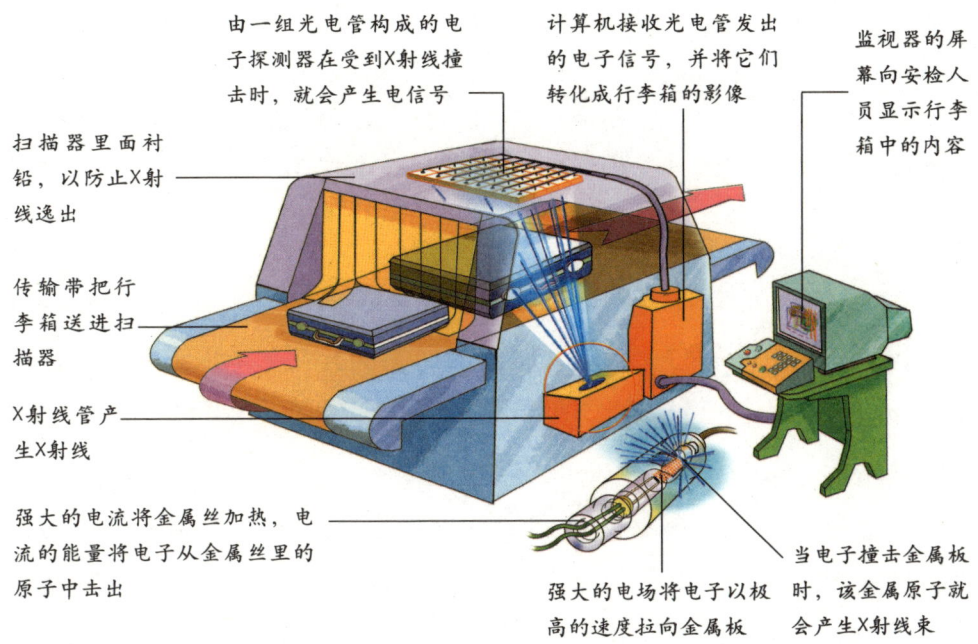

- 登机时的安全检查
- 旅客从探测门通过，随身行李物品则须经X光检查。

相同，对于较轻原子组成的物体，X射线毫不费力就能穿透，被吸收掉的很少。而随着组成物质的原子量的加重，它们吸收的X射线也越来越多。旅客所携带行李中的各种物品由于具有各不相同的原子密度，所以它们吸收X射线的程度也就有所差别。在安全检查仪里，当X射线扫过这些物品时，由于它们有的吸收X射线多一些，有的吸收X射线少一些，就有深浅程度不同的影像在荧屏上显现出来。根据各种物品在荧光屏上所呈现的影像的不同，安全检查人员就能进行对照分析，从而作出里面是否藏有违禁物品的判断，及时将违禁物品检查出来。

◎ **数理化学堂：**

X线在医学上有广泛的应用，临床上常用X线来透视和摄片，是重要的临床辅助诊断方法之一。X射线在工业上也有广泛应用，如用来探查材料缝隙。此外，晶体的点阵结构对X射线可产生显著的衍射作用，因此X射线衍射法已成为研究晶体结构、形貌和各种缺陷的重要手段。

29.商品为什么要使用条形码？

◇ **名词解释**　超市：全称为超级市场，是诞生于20世纪30年代的一种现代商业场所。它是一种大型综合性零售商场，最大的特点就是顾客自选，所以又叫自选商场。

我们在超市购物时，会发现每件商品上都有一个条形码，这就是商品条形码。商品条形码广泛应用于超市、百货公司、书店等场所，它是现代商品最常见的一种标签。

商品条形码是一种特殊的图形，里面包含了和商品有关的一些信息，如生产国代码、生产厂商代码、商品名称代码等，这些图形只有计算机才能"看"得懂。

商品条形码是实现商业现代化的基础，是商品进入超市、POS（Point Of Sale，终端阅读器）扫描商店的入场券。在POS扫描商店，当顾客采购商品完毕在收银台前付款时，收银员只要拿着带有条码的商品在装有激光扫描器的台上轻轻掠过，就把条码下方的数字快速输入电子计算机，通过查询和数据处理，机器可立即识别出商品制造厂商、名称、价格等商品信息并打印出购物清单。这样不仅可以实现售货、仓储和订货的自动化管理，而且通过产、供、销信息系统，使销售信息及时为生产厂商所掌握。目前世界上有数以万计POS扫描商店，我国也建成了千余家POS扫描商店。这类POS店正以惊人的速度发展。

事实上，商品条形码已成为商品进入超市的必备条件，商品条码化是企业提高市场竞争力、扩大外贸出口的必由之路，是实现生产流通环节自动化的前提条件，同时也是制造商适时调整产品结构的技术保障。近年来，我国许多城市已有明文规定，凡是无条形码的商品不得进入超市。

如果在飞机上使用手机，不仅在拨打或接听过程中会发射电磁波信号，在待机状态下也在不停地和地面基站联系。在它的搜索过程中，虽然每次发射信号的时间很短，但具有很强的连续性。所以手机发出的电磁波就会干扰飞机上的导航设备和操纵系统，使飞机自动操纵设备接收到错误的信息，进行错误的操作，引发险情，甚至使飞机坠毁。所以，在飞机上不能打手机。

不过，据专家介绍，飞机上不能打手机不久将成为历史。因为科学家已经开发出一些支持在飞机上使用手机的新技术。

30.电车上为什么要拖着两根"小辫子"？

◇ **名词解释** 回路：电流通过器件或其他介质后流回电源的通路，通常指闭合电路。它相对断路（开路）而言。

在一些大城市里，我们能看到一种汽车，它的外形与普通公共汽车差不多，但却在"头顶"多"长出"两根"小辫子"，这种汽车就是电车。

我国于1914年在上海开始运行无轨电车，1950年以后，相继有20多个城市兴建了无轨电车系统。在城市交通中，电车有许多优点：不排放有害气体，行驶时噪声低，牵引性能好，驾驶操作十分简便。尤其是在崇尚绿色环保的今天，电车的发展更加受到重视。

但是，乘坐电车也会遇到麻烦，那就是电车上的"小辫子"在一定程度上限制了电车的行驶速度，并且在道路行驶上有一定的范围限制。行驶中稍有不慎，就容易"翘辫子"，导致电车抛锚。

这两根"小辫子"是什么呢？电车为什么要这两根"小辫子"呢？

原来，这两根"小辫子"是两根集电杆，它们是电车的动力来源。一般公共汽车是靠燃油发动机来发动的，而电车则是靠电能来驱动的。不过，电车上的电能并不是由车上自身携带的发电机提供的，而是依靠特别的集电装置来获得动力。电车顶上装有两根带有触轮的集电杆，它和专门架设的两根架空电线相接触。电流由一根电线通过集电杆，经控制设备到达电车上的牵引电动机，然后经另一根集电杆到另一根驾空电线，形成回路，从而使电车获得行驶时所需的动力。一旦任何一根电杆脱落（"翘辫子"），就好比断开了电路开关，电流就一下子中断，电车也就失去了动力来源，当然无法继续前行了。所以"小辫子"对于电车来说，虽然不太方便，却是必不可少的。

31.火车的钢轨为什么隔一段距离就留一点空隙？

◇ **名词解释** 线膨胀：在温度升高时，固体的各种线度（如长度、宽度、厚度、直径等）都要增长，这种现象就叫做固体的线膨胀。

乘坐火车时，每隔一段时间我们就会听到"咯噔"一声响，同时还感觉到车体有一些轻微的颠簸。这是怎么一回事呢？

原来，这是火车钢轨上的空隙"搞的鬼"。

靠近钢轨仔细观察，我们就会发现：每隔10余米，两截钢轨之间就会留有一点空隙。为什么要这么设计呢？

在通常情况下，各种物体在外界温度变化时会发生热胀冷缩的现象，即温度升高，体积增大，温度降低，体积缩小。钢轨之这样设计，也是为解决热胀冷缩问题。因为在一定温度下，钢轨的长度是一定的，但当温度发生变化时，它的长、宽、高都会随之变化。如果安装时钢轨之间严丝合缝，确实能减少列车通过时令人讨厌的"咯噔"声和颠簸，但是，由于热胀冷缩现象的存在，夏天天气炎热时，钢轨长度增大，没有预留缝隙的钢轨只能向上隆起，显然这样对行车安全不利。

◎ **数理化学堂：**

火车常常要运输大量的旅客和货物，因此火车的载重量很大。要承受火车巨大的压力，钢轨端面的设计就很重要。工程师将铁路的钢轨断面设计成"工"字形，因为根据材料力学的理论，这种"工"字形的钢轨的强度最高，它可以充分合理地利用钢材。"工"字形钢轨的历史悠久，除了部分细节的设计改变外，它的形状到现在几乎也没什么变化。

为避免这种现象的发生，必须在钢轨之间预留缝隙。

钢轨间的缝隙到底应当留多大合适呢？为了行车安全，轨缝一般不能超过11毫米。由实验测定：钢轨温度每变化1℃，每一米钢轨就会伸缩0.000011米。根据固体线膨胀关系计算，每一段钢轨的长度以12.5米为宜。

当然，为了提高行车速度，保证行车安全，也为了消除"咯噔"声和颠簸，如果钢轨之间没有缝隙当然更好了。在炼钢时，设法改变钢材的性质，减少钢材的热膨胀系数，就可以大大消除钢轨的热胀冷缩现象，这样钢轨的长度就可以造得比较长，减少预留的缝隙。现在高速铁路的钢轨每一段较长，铁路上预留的缝隙也少，在这样的铁路上旅行，旅客会感到更加舒适。

32.为什么夏天自行车轮胎不宜打得太足？

◇ **名词解释** 摩擦：相互接触的两个物体有相对运动或相对运动的趋势时，在接触界面上出现阻碍相对运动的现象，这是最普遍的自然现象之一。

人们为了骑自行车省劲，要向自行车胎里打气，有经验的人会说：把气打足一点，这样可以避免损坏内胎。但如果是在夏天，他又会说，别把气打得太足。为什么同一件事情他会告诉你两种做法呢？

平时，我们把气打足一些，车的内胎跟外胎紧紧相贴，可以避免内外胎间相互移动、摩擦，减少内胎的磨损。但是在炎热的夏天，把气打得太足就不行了。这是由空气热胀冷缩的特性造成的。

我们来做一个实验，将一个气球吹上气，但不要充得太足，系住充气口，然后，把气球放在一盆沸水的上方，我们会发现，气球慢慢地胀大。这是由于空气受热会膨胀，气球就胀大了。

车轮在滚动过程中，与地面摩擦，产生热量通过车胎传递给车胎内的空气，造成车胎内空气温度的上升。如果天气不太热的时候，这些

⊙自行车是我们日常生活中一种普通的交通工具。它结构简单，方便实用，涉及很多物理知识，如杠杆、摩擦、压强、能量转化等力学、热力学及光学知识。其中夏天容易爆胎涉及的就是热力学知识。

热量不足以产生太大的影响。但如果是在夏天，太阳照射下的地面温度较高，地面热量通过车胎传递给车胎内的空气，就会造成车胎内空气体积大大膨胀，如果将车胎里的气打得太足，膨胀的空气不能挤过狭小的气嘴散掉，就会挤破相对比较薄弱的内胎，"嘭"的一声爆炸了。

所以，夏天的时候，千万别把自行车胎里的气打得太足。

33.为什么汽车的前窗玻璃要向后倾斜一定角度？

◇ **名词解释** 流线型：指前圆后尖，表面光滑，略像水滴的形状。具有流线型的物体在运动时所受到的阻力最小，所以汽车、火车、飞机、潜水艇等外形常做成流线型。

现代汽车的发展速度非常快，无论是整车外形，还是内部构件，往往在很短时间内就会有变化。可是，无论怎么变化，汽车的前窗玻璃总是向后倾斜的。你知道这是为什么吗？

汽车玻璃如此安装有不少好处。首先，这是从汽车的外观上考虑，这样设计汽车没有棱角，使汽车看上去更美观。其次，是从汽车改良的角度来考虑，倾斜安装前窗玻璃符合减小空气阻力的道理，是汽车向流线型发展的一个组成部分。汽车在向前行进的过程中会遇到较强的空气阻力，前窗玻璃向后倾斜，便可以使迎面而来的空气"轻易"地从玻璃上方流过。不过，汽车前窗玻璃倾斜安装的更重要原因，却是为了保证行车的安全。如果汽车的前窗玻璃也是竖直安装的，车内景物的虚像就会反映到前窗玻璃上，它和车外景物的影像重叠混杂在一起，就会给司机造成视觉上的干扰，使司机观察不清道路和车流、行人情况，极容易导致交通事故的发生。

把前窗玻璃倾斜一定角度后，就能避免视觉干扰的原因很简单。汽车前方的景物是通过光线透过玻璃而进入司机的眼睛里的，而车内景物的虚像则是由于玻璃反射光线的原因被司机看到。汽车的前窗玻璃倾斜后，它的透射光线性能几乎未变，而却将车内景物的虚像反射到了司机视野的下方，不会给司机造成视觉干扰，因而保证了行车安全。

34.汽车的雾灯为什么要选用黄颜色？

◇ **名词解释**　散射：光束通过不均匀介质时，部分光束将偏离原来方向而分散传播，从侧向也可以看到光，这种现象就叫做光的散射。

对汽车来说，在大雾天中行车在所难免，所以雾灯是必需的。那么选用哪种颜色的雾灯呢？是鲜艳醒目的红色？还是温暖明亮的黄色？科学家们最终选择了黄色。

原因是，雾灯的光必须具有散射的作用，让光束尽可能向前方散布成面积较大的光簇，使迎面来车的驾驶员既能看清目标，又不觉得刺眼。而黄色光的散射强度是红色光散射强度的5倍。显而易见，采用黄色光作为汽车雾灯的光色比用红色光效率高得多。

但是，光谱中，绿色光、蓝色光和紫色光不是比黄色光的散射作用更强吗？为什么偏要挑上黄色光做雾灯的光呢？原来，绿色光早就被

◎ **数理化学堂：**

我们生活的世界是一个色彩缤纷的世界，可是你知道吗？其实那些色彩只是由三种基本颜色组成的，这三种基本颜色就叫光的三原色，它们是红色、绿色和蓝色。三种原色可以混合成任何颜色，如把红色和绿色混合就可以得到黄色，绿色和蓝色混合就可以得到青色，把红色和蓝色混合就得到紫色，而红、绿、蓝三种色光混在一起就是白色。

作为"安全"和"可以通过"等的标志光；至于蓝色光和紫色光，虽然它们的波长都很短，散射作用较强，但它们有一个先天不足的弱点，就是光色较暗，而且它们的颜色与傍晚、黎明或阴天时的天空颜色十分接近，而大雾恰恰最容易在这样的时候弥漫大地。在这种大环境背景衬托下，再使用蓝色或紫色光，显然不符合信号标志的要求。

黄色光还不仅用在汽车雾灯上。在城市道路的十字路口，到了深更半夜，行人车辆稀少，交通灯上只有一盏黄灯一闪一闪地发出间断光芒，使深夜行驶的车辆驾驶员在很远的地方就能发现，以便及时降低车速，安全驶过十字路口。

35.为什么汽车的前灯灯罩带有条纹？

◇ **名词解释** 毛玻璃：用金刚砂等磨过或以化学方法处理过，表面粗糙的半透明玻璃。

我们知道，手电筒灯泡前面的玻璃是一块平整的玻璃。你注意过汽车的前灯吗？汽车前灯的灯前玻璃是有横竖条纹的玻璃。这是为什么呢？

在漆黑的夜里，如果你观察打开的手电筒，会发现它的光束是狭窄而笔直的。这种照明方式对夜间行走的人是很有用的，然而对一辆急速行驶的汽车来说却隐藏着莫大的危险！

原来，狭窄而界限分明的光束，虽然能照清前方的景物，但却几乎照不到路边的一切，这给驾驶车辆的司机观察道路情况带来了极大的困难。再者，光线照到的地方和照不到的地方一明一暗，对比强烈，也会使驾驶员目眩，产生视觉疲劳。因此，车辆前灯不能采取如手电筒一样的照明方式。

车辆前灯最初是采用同毛玻璃相仿的磨砂灯泡，通过增加散光程度来削弱灯光的炫目作用，使驾驶员能很好地辨清周围环境，如向左或向右的支路、林荫路、路缘等。后来，又有人用散光程度相仿的磨砂灯前玻璃来替代磨砂灯泡。但是，磨砂灯泡和磨砂玻璃会浪费掉许多光束，因为它们的散光作用不仅发生在车子的侧面和前方，也发生在上方。最后人们选定了有横竖条纹的散光玻璃，它能克服磨砂灯泡和磨砂玻璃的缺点。

这种散光玻璃具有将光线折射而分散到所需方向的作用，实质上是透镜和棱镜的组合体。所以，现代汽车装有这种灯前玻璃后，汽车前灯就能均匀柔和地照亮它前进的道路和路边的景物。另外，这种散光玻璃还能使其中一部分光折射得略偏向上和两侧，以便照明道路标志和里程碑等。

36.交通信号灯为什么是红、黄、绿三色？

◇ **名词解释** 光敏感度：衡量视觉对某种光线感应能力的标量，光敏感度的值越大，说明视觉对某种光线的感应能力越强。

小朋友们在上幼儿园时就会唱儿歌："过马路，要小心，红灯停，黄灯等，绿灯行……"那么为什么全世界的交通信号灯都采用红、黄、绿三种颜色呢？

这有两个原因：第一是大气分子对光的散射；第二是人的眼睛对不同颜色的光敏感度不同。

◎ 数理化学堂：

科学研究发现，人眼感光细胞对橙黄色的波长最为敏感。所以，雾天汽车会打开黄色的雾灯，以警告、提醒对面车辆；小学生们上下学头上要戴着小黄帽，用来提醒来往车辆注意孩子们的安全。救生衣、救生圈上，通常会特意加上黄色条纹或点块，同样是为了引起救援人员的注意。所以说橙黄色是生命的"保护色"。

当光通过大气时，空气中的分子对光会发生散射现象。英国物理学家瑞利研究了光的散射规律，发现空气分子对不同频率的光散射程度不同，频率越高的光散射越强烈。由于紫光、蓝光频率高，因此散射强烈，所以当阳光通过稠密的大气时这两种颜色的光散射最为强烈，使天空变为蓝色。红光的频率在可见光中最低，因此散射较弱，易于通过大气传播到很远的地方，这样即使是下雾的天气在很远的地方也能看到红灯发出的信号。所以一切警示信号比如禁止通过的红灯、施工的危险信号等以及沙漠中石油工人、登山运动员、极地科考队员的外衣都用红色，其目的就是易于发现。

那么为什么通过信号用绿灯呢？这是因为人的眼睛对不同颜色的光敏感度不同。经科学家研究，在所有色光中，人们对绿光最为敏感，因此用绿灯指示通过标志十分合适。

另外，黄色是一种暖颜色，很柔和，能给人们一种减缓、放慢的缓冲效果。因此，黄灯具有示意人们请等候的作用。

红色代表禁止，黄色代表警告，绿色代表通行，红黄绿这三种颜色不论是在白天，还是夜晚，相对其他颜色来说都比较容易识别和区分。

37.为什么会发生一氧化碳中毒？

◇ **名词解释**　人工呼吸：指用人为方法，运用肺内压与大气压之间压力差的原理，使呼吸骤停者重新获得呼吸的急救方法。最常用的人工呼吸是口对口吹气法。

在通常状况下，一氧化碳是无色、无臭、无味、有毒的气体，由于它和空气的密度相差很小，所以很容易发生中毒。那么，一氧化碳中毒具体是如何实现的呢？

一氧化碳被吸进肺里，跟血液里的血红蛋白结合成稳定的碳氧血红蛋白，随血液流遍全身。一氧化碳与血红蛋白的结合力要比氧与血红蛋白的结合力大200～300倍，而碳氧血红蛋白的解离却比氧合血红蛋白缓慢约3600倍。因此，一氧化碳一经吸入，即与氧争夺血红蛋白。同时，由于碳氧血红蛋白的存在，妨碍氧合血红蛋白的合成和正常解离，使血液的带氧功能发生障碍，造成机体急性缺氧。

在一氧化碳浓度较高时，还可与细胞色素氧化酶中的铁结合，从而抑制组织细胞的呼吸过程，阻碍其对氧的利用。由于中枢神经系统对缺氧最敏感，中毒时先觉疲倦乏力，继之发生一系列的全身症状。

一氧化碳的中毒程度，主要与空气中一氧化碳的体积分数及接触时间有关。轻微中毒者，应吸收大量新鲜空气或进行人工呼吸。医疗上常用静脉注射亚甲基蓝进行解毒，这是因为一氧化碳与亚甲基蓝的结合比碳氧血红蛋白更牢固，从而有利于一氧化碳转向亚甲基蓝而释出血红蛋白，恢复正常呼吸功能。

38.油着火了为什么不能用水去灭？

◇ **名词解释** 燃烧点：也叫燃点，指物质燃烧所需要达到的最低温度。

我们都知道水能灭火，一块木头烧着了，往木头上泼上一瓢水，火就灭了。但如果着火的是油，你仍然用浇水这种方法，那你就犯了大错了。

我们知道，燃烧需要氧气，还要一定的温度。向燃烧着的木头上泼水，能把木头和空气隔开，也就是使木头脱离氧气；泼水同时还会使木头的温度降低，使其低于燃烧点。这两个条件一一满足，木头上的火自然也就被扑灭了。

然而，这只是对一般情况来说的。如果着火的是油，上述的方法就不能再用了。因为水不仅起不到灭火的作用，反而会助长火势，使火越烧越旺。这是为什么呢？

⊙厨师做菜时，常常会把锅烧得很热，这样油就会烧着。

原来，油比水轻。当油着火时，如果向油中倒水，水就会沉到油层下面，起不到隔绝空气的作用。相反，水的流动又会带着着火的油四处乱窜，增大了油与空气的接触面积，使火越烧越旺。

那么油着火了，用什么方法来对付呢？

如果炒菜时，油锅里不小心着了火，要迅速用锅盖盖上锅，把油与空气隔绝开来，火很快就被扑灭了。千万不能用水去浇，因为用水浇着火的油，温差太大会产生"油爆"容易烫伤人。如果汽油桶着火了，就要用泡沫灭火器来灭火了。

39.干粉灭火器为什么能灭火？

◇ **名词解释** 泡沫灭火器：灭火器内充装的是泡沫灭火剂，可分为化学泡沫灭火器和空气泡沫灭火器。主要适用于扑救各种油类火灾、木材、纤维、橡胶等固体可燃物火灾。

以前，我们在扑灭火的时候使用的都是泡沫灭火器，但在使用时，泡沫灭火器会将能够导电的水溶液随二氧化碳一同喷出，所以在存在电路的火灾现场不能使用。

随后发明的干粉灭火器就没有这个缺点了。干粉灭火器由两部分组成，一个较小的钢瓶和一个较大的机桶。人们给二氧化碳气体加压，将其转化为液体，注入小钢瓶中，再将粉状的小苏打填入机桶内。使用时，打开小钢瓶的开关，具有很强压力的液态二氧化碳在迅速减压时转化为气态，并带动干粉从喷嘴急速喷出。大量的二氧化碳气体围绕在可燃物周围，将其与空气隔离，使可燃物失去了支持其燃烧的氧气，同时小苏打粉也覆盖在可燃物上，像一层厚厚的铠甲将可燃物罩住。另外小苏打本身对热不稳定，遇热急易分解产生出二氧化碳，可不断补充可燃物周围的二氧化碳气体，将大火扑灭。

干粉灭火器适用于扑救各种易燃、可燃液体和易燃、可燃气体火灾，以及电器设备火灾。不过，对于能够在二氧化碳气体中燃烧的金属所引起的火灾，干粉灭火器就无能为力了。

◎ **数理化学堂：**

消防上还常用酸碱灭火器来灭火。酸碱灭火器由筒体、筒盖、硫酸瓶胆、喷嘴等组成。筒体内装有碳酸氢钠水溶液，硫酸瓶胆内装有浓硫酸。瓶胆口有铅塞，用来封住瓶口，以防瓶胆内的浓硫酸吸水稀释或同瓶胆外的药液混合。酸碱灭火器的作用原理是利用两种药剂混合后发生化学反应，产生压力使药剂喷出，从而扑灭大火。

40.茶壶、茶杯为什么会长茶锈？

◇ **名词解释** 茶碱：一种甲基嘌呤类物质，具有强心、利尿、扩张冠状动脉、松弛支气管平滑肌和兴奋中枢经系统等作用。

大家可能都有这样的经验，茶壶和茶杯用了一段时间以后，里面常常会"长"出一层棕红色的不太容易洗掉的茶锈。茶锈是什么？它是从哪里来的呢？

茶水中的化学成分有多种：使茶发出特殊芳香味的是挥发油；喝了茶会有兴奋和利尿作用的咖啡碱和茶碱；绿茶呈现绿色是因为含有叶绿素的缘故；红茶显出红色，那是茶黄素和其他色素引起的。另外，茶中含有好几种维生素、糖类，还有多种无机盐。而使茶壶、茶杯出现茶锈的则是茶叶中的鞣质。

鞣质是一种复杂的酚类有机物，能溶于水，特别是沸水。当你吃不太熟的柿子时，舌头常会涩得发麻，这就是鞣质在捉弄你。不成熟的水果、菱、藕以及许多中草药里，都含有鞣质。不过不同来源的鞣质，它们的味道各不相同。茶叶鞣质的味道是先涩后甜，许多人都特别喜欢这种味道呢！

鞣质是一个"性格"不太安定的家伙，当它和空气中的氧"会面"时，它就会热情地和氧交上朋友，把氧原子拉进自己的身体里来，使自己氧化而变成暗色，所以茶水放置后颜色总是慢慢变深。另外，鞣质分子之间也会发生缩合、脱水等化学反应，使自己的"个子"变得更大，生成一种叫鞣酐的化合物。鞣酐是一种难溶于水的红色或棕色物质，当它慢慢从茶叶中沉淀出来的时候，总喜欢依附在茶壶和茶杯的内壁上，日子一久，就看到茶壶和茶杯里"长"了一层棕红色的茶锈。

41.为什么不锈钢不易生锈？

◇ **名词解释** 锈蚀：指通过外物作用，物质产生了物理体积与化学性质的缺失与变化。最常见的锈蚀就是钢铁生锈。

普通钢铁很容易生锈，为什么不锈钢就不易生锈呢？这是因为不锈钢中含有的铬和镍在起作用。在生铁的冶炼过程中加入铬和镍可以改变金属的内部结构，并能够在金属表面形成一层致密的、性能稳定的薄膜，这层薄膜不仅难以与空气中的物质作用，还充当着内部金属的保护

◉ 各式各样的不粘锅

神,将一切能够消耗铁的物质挡在外面,从而避免了钢铁被锈蚀。但是不锈钢也不是绝对不生锈的。因为它的主要成分是铁,当其受到强烈的腐蚀剂侵蚀时,也会生锈,只是不像一般金属锈蚀得那样厉害。

说起来,不锈钢的发现是很偶然的。1913年英国的科学家亨利·布雷尔在研制一种用于制造枪膛的合金钢时,制得了一种铬铁合金,因其性能不符合要求而将其抛在一边。过了很长一段时间,废品堆里的不少金属都已被腐蚀得面目全非,唯有这块合金还亮光闪闪。布雷尔将它拣回做进一步的研究,终于制成了最早的不锈钢。

由于不锈钢有耐腐蚀的优秀品质,使得它在各个领域都充当着重要角色。在国防工业、化工工业、航空工业、汽车工业、医疗行业均可以找到它的"身影"。不锈钢制品也已进入百姓家庭,成为深受人们喜爱的生活用品。

42.洗衣粉为什么有去污能力?

◇ **名词解释** 表面活性剂:指具有固定的亲水亲油基团的一种物质。溶解于水中以后,表面活性剂能降低水的表面张力,并提高有机化合物的可溶性。

洗衣粉是人们日常生活中的必需品。每个人都知道洗衣粉有去污能力,但却不是每个人都知道洗衣粉是如何去污的。

洗衣粉洗衣的过程,实际上是一场"化学战争"!

一般洗衣粉里都含有硬脂酸钠、碳酸钙粉和滑石粉,另外再添加一种或几种辅料,制成各种品名不同、用途相同的洗衣粉。它们的特点是溶于水后,分解出氢氧化钠与硬脂酸。氢氧化钠能够与衣服上的油脂等脏东西起化学反应,大大减弱脏东西与衣服纤维之间的吸附力。硬脂酸能使水起泡沫,当人们用手搓洗衣服时,白花花的泡沫很快就浮满水面。泡沫个儿很小,表面面积却很大,吸附本领非常强,它能把那些已经被氢氧化钠动摇了的脏东西从衣服上"拉"下来。因为泡沫中是气体,比水轻,所以不论怎样搓,它总浮出水面,顺便把那些脏东西也"拉"到水面上,这样反复几次以后,衣服就被洗干净了。

为了实现更强的去污效果,现在市场上的很多洗衣粉中又添加了一些新的成分,使其具有了更多更强的洗涤功能。它们有的是为了增加去污能力,有的是为了使衣服变白,也有的是为了使洗衣粉具有芳香气味,但它们的去污原理是一样的。这些新成分主要包括:表面活性剂、助洗剂、稳定剂、分散剂、增白剂、香精和酶等。有了这么些辅料的加入,洗衣粉的功效就更强大了。

43.为什么漂白粉不能漂白所有的颜色?

◇ **名词解释**　漂白:除去纤维材料、纺织品等物中所含的色质,使之变白的过程。

漂白粉是一种具有漂白能力的化学物质,但是它不能将所有的颜色都漂成白色。

漂白粉的主要成分是氯化钙和次氯酸钙,其中只有次氯酸钙才是漂白粉的有效成分。次氯酸钙在水里能够生成一种叫做次氯酸的物质,它具有一种特殊的能力,就是从别人那里抢回电子。化学上把这种从别人那里抢电子的性质称为氧化性，而被氧化性物质夺走电子的性质就叫还原性。前面说的把漂白粉撒到游泳池和自来水里，就是利用生成的次氯酸的氧化性来杀菌的。

次氯酸的氧化性除了可以用来杀菌，还能用来把有颜色物质的颜色"漂"成白色，所以，氯化钙和次氯酸钙的混合物叫漂白粉。漂白粉漂白颜色实际上是次氯酸夺走有色物质的电子，生成白色物质的过程。但是，把漂白粉撒入用于消毒的浅粉色稀高锰酸钾中，无论如何搅动，粉色也不退去。这是因为高锰酸钾具有比次氯酸更强的氧化性，次氯酸无法氧化高锰酸钾。

总之，漂白粉是利用次氯酸的氧化性漂白物质的，它只能漂白具有还原性的物质的颜色，而对于同样具有氧化性的物质的颜色就无能为力了。

> ◎ 数理化学堂：
>
> 墨的主要原料是烟炱，这是比较纯的炭，化学性质十分稳定，在常温下，不受空气和阳光的影响，也不与其他物质发生化学反应，始终保持着黑色。我们可以用漂白粉溶液或退色灵除去铅笔或自来水笔写的字，可是还没有一种漂白剂或其他化学试剂能将墨迹除去。这就是我们祖先书画保存千百年而始终不会退色的原因。

44. 干洗为什么也能洗净衣服？

◇ **名词解释**　溶剂：一种可以溶化固体、液体或气体溶质的液体。水是应用最广泛的无机溶剂，酒精、汽油、氯仿及丙酮等是常用的有机溶剂。

干洗就是不用水洗涤衣物，只用溶剂来去除油污或污渍，由于溶剂中几乎不含水份，所以称之为干洗。干洗要用到专门的干洗机器。

有些贵重的衣料如毛料西服、羊绒衫等，用水洗后，会失去原有的光泽，少了笔挺的气派。因此，越来越多的人选择干洗。因为干洗后的衣服不缩水、不退色、不起泡、不变形。

干洗法是用化学溶剂把衣物上的污垢溶解除去的方法，现在通常使用的溶剂叫四氯乙烯。用四氯乙烯洗涤过的衣物，不但干净无异味，而且柔软舒适，能保持呢绒的光泽，不变形，不退色，不损伤衣物，是国内外公认的标准干洗剂。

干洗是在干洗机内进行的。比较大众化的干洗机的操作原理是：把衣物放入一个密封的圆筒内，利用圆筒转动把衣物反复提升再落入洗涤剂中，借助冲击力进行洗涤，最终除去衣物上的污垢。干洗剂把污垢溶解后，洗衣机会自动运转甩脱已经含有污垢的洗涤剂，另换上干净的干洗剂做第二次干洗，这样反复进行30分钟左右，衣物就干净了。

再将干洗后的衣物除去干洗剂，然后用热空气烘干，经熨烫后，衣物就恢复原来的状态了，如同刚从商场里买回来一般。

但值得注意的是，并不是所以衣物都适合干洗法，如丙纶类衣物（含防雨绸等）、人造革，带有金属饰物的衣服以及用胶水粘接的绒制品等就不宜干洗。

45.为什么沾有血渍的衣服不宜用热水洗？

◇ **名词解释** 蛋白质：生物体中广泛存在的一类生物大分子，它不仅参与机体的各种组织，而且还直接构成生命的物质基础，没有蛋白质就没有生命。

在户外运动时，我们有时难免会因不注意而碰伤自己。当衣服与伤口接触时，衣服上就会留下血渍。如果你及时用冷水冲洗，血渍很容易去掉。而如果用热水去洗，那么不论你怎样揉搓，血渍就像沾在衣服上一样，总也洗不掉。

为什么用冷水能容易去掉血渍而热水却不行呢？

我们首先来做个试验：取一个鸡蛋，将蛋清分成两份，一份倒在冷水里，全都溶解了，另一部分倒在开水里，蛋清却发生了凝固，凝固了的蛋清，不论加多少冷水都不能使它溶解。

我们知道，鸡蛋清的主要成分是蛋白质。蛋白质有一个特性，叫做"变性"。在冷水中，蛋白质能以胶体形态溶解在水里，温度升高蛋白质变热发生凝聚，就变成固体了。这时，即使温度降低，它也不再会溶解。

血液中除水和盐外，主要的成分也是蛋白质。用热水洗血渍，会使蛋白质变性凝固，变成不溶于水的物质，牢牢地附着在衣服的纤维上而变得不易除去。

蛋白质受热会发生变性，受到日光照射或跟空气中的氧气接触也会发生变性。所以，衣服上沾了血渍，要及时洗掉，时间长了，洗起来可就不那么容易了。

46.为什么肥皂水能吹出泡泡来？

◇ **名词解释** 有机分子：含碳元素的化合物（除碳的氧化物、金属碳化物、碳酸等化合物以外）称为有机物，组成有机物的分子即为有机分子。

五彩缤纷的肥皂泡泡飘在空中，十分美丽。你知道为什么肥皂水能吹出泡泡，而普通的自来水就不行吗？

首先，我们要明确液体是由无数液体分子组成的。在液体表面有一种张力，虽然叫"张"力，它却是让液体分子靠得更紧的一种力。我们吹泡泡的时候，肥皂水的张力就会使得泡泡那层薄薄的液体膜不破碎，而是紧紧地裹住里面的空气。但是由于受到表面张力的作用使得泡泡内部的空气压比外面的大气压大。所以肥皂泡吹好以后，它会自动缓慢向外扩张，直至破碎消失。溶液表面张力越大，吹入的空气量越多，泡泡的体积就越大。

肥皂的成分是硬脂酸盐，它是一种很大的有机分子，比水分子大得多。有了肥皂的成分，液体分子间的引力就会大得多。因为硬脂酸盐分子"身大力不亏"，所以肥皂水的表面张力要比水分子的表面张力大得多。当我们把空气吹进肥皂水时，空气虽然挤占了很大的空间，

◎ **数理化学堂：**

现代物理学告诉我们：由于白光在透明薄膜上反射并相互干涉就会产生像彩虹一样的彩色条纹。当两束频率相同、振动方向也相同，相位差固定不变的光在空间相遇时，由于振动叠加的结果会使空间某些区域光的强度始终加强，从而形成光的干涉现象。光的干涉现象的最典型例子就是肥皂泡上出现流动的彩色斑纹。

但是硬脂酸盐分子长长的"胳膊"还是紧紧地挽在一起。只要张力还能抵抗内部空气压力，肥皂泡就不会破碎。反之，对于表面张力很小的水，根本不能抵抗大气压力，无法形成泡泡。

如果我们向肥皂水里加些糖，由于糖也是有机大分子，且比硬脂酸盐分子的结合力还大，所以加过糖的肥皂水有更大的表面张力，能够吹出很大的泡泡。如果我们向肥皂水里加些醋，醋里所含的醋酸会与硬脂酸盐分子反应，使肥皂水表面张力变小，只能吹出较小的泡泡。

47.衣柜里的樟脑球为什么会越来越小？

◇ **名词解释** 樟脑：从天然樟木得到的白色晶体，无毒，其香味是由晶体升华出来，能够用于医药及预防昆虫蛀蚀等方面，它对人体、衣服没有任何坏影响。

人们常常在衣柜里，放进白色的樟脑球，以防止羊毛衣物被虫蛀。可是这些樟脑球放久了，最后会消失得无影无踪。这是怎么回事呢？

樟脑球是一种强效的驱虫剂，它一般是白色且有浓郁气味的，形状比乒乓球小一点儿。樟脑球之所以被放置在衣柜里，是因为衣柜里常常暗藏着一些小虫子，这些虫子爱吃棉被、衣服。如一件完好的羊毛衫，如果收藏不妥就会被虫子咬上许多小洞，不能穿了。放上几粒樟脑球后，能散发出一种怪味，这些小虫子闻了以后就受不了，赶快逃走，所以衣物就不会被它们蛀坏了。

樟脑球是用樟脑油经过提纯加工制成的，它同水和酒精一样，很

◉ 樟树果实

◉ 樟脑结晶体

容易挥发，变成蒸气跑掉。所不同的是樟脑球不是经过变成液体再变气体，而是直接变为一种樟脑蒸气，慢慢地散发出来，围绕在衣服周围。正是这种易挥发的特性，樟脑球就越来越小了，也正是这慢慢散发出来的气味，把衣柜里的小虫子赶跑了。

一些书籍放久了，也会出现一些破洞。这时，小心翻开书本就能看到一些像毛毛虫一样的小虫子，这就是咬坏你心爱书籍的家伙。所以在你放书的地方，也要放上几粒樟脑球，以防书籍被蛀虫咬坏。

需要注意的是，有许多人造织物不宜放樟脑丸。因此在收藏衣物时，要分类存放。

48.为什么胶鞋放在太阳下晒会很容易坏？

◇ **名词解释**　氯仿：即三氯甲烷，一种无色、透明、易挥发的液体。纯品对光敏感，遇光照会与空气中的氧作用，逐渐分解而生成剧毒的碳酰氯和氯化氢。

胶鞋是用橡胶制成的。在南美洲的橡胶树林中，用小刀刮开橡胶树皮，橡胶树就会"流泪"，流出白色的胶乳，这就是制作橡胶最重要的原料。在白色胶乳中加入醋酸、硫黄就能使其凝结，并提高橡胶的强度。可橡胶要为民所用、为工业所用，只有这些工序还是不够的，它还需经过添加着色剂（如炭黑可把橡胶着染成黑色）、软化剂、填充剂等，才能把它们最终送入制鞋厂、轮胎厂里去塑形、黏合，成为我们最终看到的橡胶制品。

橡胶的最大缺点是容易老化。一双胶鞋使用几年以后，会出现许多裂口，鞋帮发硬变脆，缺乏弹性。这是受热空气中的氧和阳光中的紫外线作用造成的。

太阳光中的紫外线具有较强的杀伤力。紫外线的照射不但会破坏橡胶分子间的作用力，使橡胶变软，也会侵入到橡胶分子内部破坏它本身的分子结构。这样一来，橡胶就失去原有的弹性和结合力，出现开裂现象。所以，类似胶鞋这样的橡胶制品一定要避免在太阳下暴晒。

擦完汽车的脏手，沾满油污的自行车链子可用煤油清洗。但千万注意，胶鞋脏了不能用煤油清洗。橡胶不溶于水，但它易溶解于煤油、汽油、氯仿等有机溶剂之中。所以，弄脏了的胶鞋应该用蘸水的刷子刷洗后放在阴凉处晾干，或用毛巾擦干后妥善保存才能增加胶鞋的使用寿命。

49.为什么蚊香能驱赶蚊子？

◇ **名词解释**　挥发：严格来说，是专指液体在常温下变为气体向四周散布，但通常人们把固体在常温下变为气体也说成是挥发。

夏秋之交蚊子最多，一阵阵的嗡嗡声令人心烦意乱。为了驱蚊，人们采用了很多方法，其中，使用蚊香是最常用的办法之一。

蚊香的主要成分是杀虫剂，通常是除虫菊酯，其毒性相对较小。蚊香中除杀虫剂外，还含有黏合剂、防腐剂、助燃剂等。蚊香燃烧时，助燃剂使蚊香燃烧得更旺，蚊香中约92%的成分在较高的温度下挥发，燃烧生成的蒸气便散发到空气中，除虫菊酯对蚊子有致命的杀伤力，可以破坏蚊子的神经系统和呼吸系统。另外，有些蚊香为了增加驱蚊效果，往往还要添加一定量的农药，这些农药主要是有机氯农药、有机磷农药或氨基甲酸酯类农药。这些农药在燃烧时会产生蒸气，蒸气中含有苯酚、苯、二甲苯及少量的铅、镉等物质，它们也可以驱蚊、杀蚊。

应该说，在蚊虫肆虐的季节，使用蚊香驱赶那些讨厌的蚊子不失为较好的办法，但是，由于蚊香中含有的一些化学成分在杀蚊的同时也会使人受到相当的毒害，因此使用蚊香时一定要慎重。选用蚊香时，一定要注意选用未变质的。另外，一间15平方米的房间内只点一盘蚊香为好，千万不要为了驱蚊效果好而同时燃几盘蚊香。晚上如果大量点蚊香，往往使人休息不好，感到头痛和浑身不适，严重的甚至会中毒，因此那些对蚊香过敏的人不宜使用蚊香。

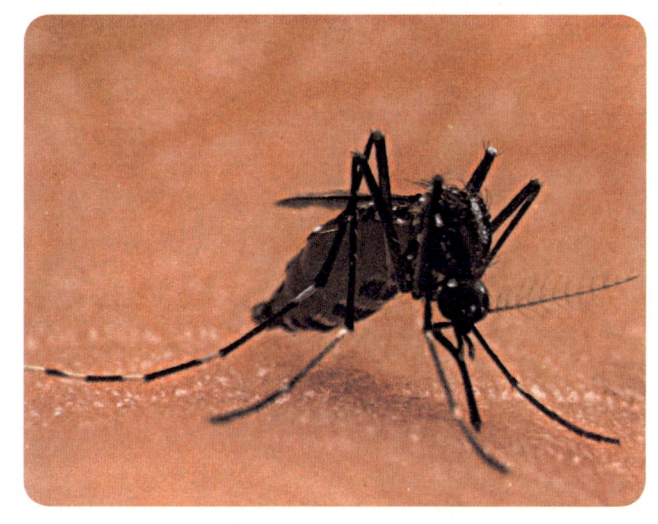
◉ 蚊虫叮咬后会造成皮肤瘙痒和红肿

50.玻璃刀为什么可以切割玻璃？

◇ **名词解释** 硬度：固体材料对外界物体压陷、刻划等作用的局部抵抗能力，是衡量材料软硬程度的一个指标。

玻璃是一种硅酸盐类非金属材料，硬度很大。我们可以轻易地把玻璃打碎，可要想用刀把它切割开来却不是任何刀具都能做到的。玻璃又硬又滑，一般的刀具很难在它身上"下手"。不过，有了玻璃刀，切割玻璃就变得相对简单了。这是为什么呢？

原来，玻璃刀尖上镶着一个非常坚硬的矿物——金刚石。就是这个金刚石，一碰到玻璃，就立刻把它划出一道伤痕似的小沟，我们顺着这道小沟很容易就能把玻璃掰开了。

◎ 数理化学堂：

人类制造玻璃已有5000多年的历史，但它作为大众化材料被大批量生产则是从20世纪开始的。1910年，比利时人发明了有槽垂直上拉法，使平板玻璃的生产摆脱了手工的吹制法而迅速发展。1959年，英国的皮尔金格兄弟研制出浮法玻璃生产工艺，大大提高了生产率并且降低了生产成本。1971年，日本人研制出对辊法，又使玻璃生产工艺大大前进了一步。

金刚石是一种天然矿物，质地非常坚硬，在所有矿物中被称为"硬度冠军"。玻璃也是用矿物造出来的，自然抵挡不住"硬度冠军"的攻击了。

金刚石还可以制成钻头用于钻探开矿、切削金属等，用途可多啦！可是天然金刚石产量很少，大多又隐居在地球深处，而现在需要金刚石的地方很多，满足不了人类社会的需要，所以人们就用高温高压法来制造"人造金刚石"。现在某些人造的金刚石硬度甚至超过了天然金刚石。

51.毛玻璃淋湿后为什么会变透明？

◇ **名词解释** 晶状体：眼球中的重要组织部分，呈双凸透镜状，富有弹性。晶状体就像照相机里的镜头一样，对光线有屈光作用，同时也能滤去一部分紫外线，保护视网膜。

毛玻璃又称磨砂玻璃，是用金刚砂等磨过或以化学方法处理过，表面粗糙的半透明玻璃。毛玻璃干燥时，看不清玻璃背后的东西，如果毛玻璃淋了水，就会变得透明。你知道这是什么原因吗？

我们先了解一下视觉成像的原理：光线在物体上反射，通过晶状体折射成像于视网膜上。眼睛之所以能看到东西，是因为光线照在物体上，发射回来，在视网膜上成了一个清晰的像。

隔着毛玻璃看不清东西，主要是因为光线经过毛玻璃凹凸不平的一面时不能有规则地折射，而是向四面八方散开，折射到视网膜上已经是不完整的像，于是就看不见玻璃背后的东西了。这样毛玻璃就不透明了。毛玻璃粗糙的一面沾上水后，水填进了低凹的部分，形成一层水膜，变得和普通玻璃差不多平滑，光线经过毛玻璃时变成有规律的折射，所以，在视网膜上又呈现出完整的像，我们隔着毛玻璃就能看清东西了。当然，如果只是平滑的一面沾上水，那么毛玻璃仍然不会透明。另外，如果在毛玻璃上贴了透明胶布，那么毛玻璃的表面又变得平整了，所以同样会变得透明。

52.夏夜郊外为什么常有"鬼火"闪烁？

◇ **名词解释** 自燃：指可燃物在空气中没有外来火源的作用，靠自热或外热而发生燃烧的现象。自燃现象比较普遍，像干草堆、油纸油布甚至汽车，有时都会自燃。

炎热的夏夜，有时人们会在野外发现一股忽隐忽现的蓝色火焰。迷信的人称之为"鬼火"，其实它只是一种普通的自然现象。

"鬼火"实际上是磷火，由磷元素引起的。人与动物身体中含有较多的磷，这些磷既不是白磷，也不是红磷，而是以磷的化合物的形式存在的。当人、动物死后被埋在地里，尸体腐烂，磷化合物长期被烈日灼晒、雨露淋洗后逐渐渗入土中，发生分解形成磷化氢。磷化氢气体有好多种，其中有一种叫做"联磷"，它和白磷一样，在空气中会自燃。这种气体从地里泄漏出来，与空气中氧气接触。由于夏天的温度高，它易达到磷化氢气体着火点而自燃，产生蓝绿色的微弱火焰，出现所谓的"鬼火"。其实，不管白天还是黑夜，都有磷化氢冒出，只不过白天日光很强，看不见"鬼火"罢了。这就是为什么夏夜在墓地里常看到"鬼火"的原因。

"鬼火"有时候很诡异，它会跟着人走。这又是为什么呢？原来，在夜间，特别是没有风的时候，空气一般是静止不动的。由于磷火很轻，所以如果有风或人经过时带动空气流动，磷火就会跟着空气一起飘动，甚至伴随人的步子，你慢它也慢，你快它也快；当你停下来时，由于没有任何力量来带动空气，所以空气也就停止不动了，"鬼火"自然也就停下来了。

53.煤矿里为什么会发生"瓦斯"爆炸？

◇ **名词解释** 厌氧：又称绝氧，指一个生物体或细胞能在分子氧缺乏或不存在的情况下生长，拥有这种习性的细菌即为厌氧细菌。

矿井瓦斯，又称为煤层气或矿井沼气，它是在煤层形成过程中形成的。在煤层形成过程中，一些含有纤维素的物质在厌氧型细菌的作用下被分解成为一种可燃性气体，该气体吸附在煤体微孔隙表面，这就是瓦斯。瓦斯的主要成分是甲烷，它和天然气的主要成分是同一种物质。

甲烷是一种极易燃烧的气体，在矿井中采煤时，原来储存在煤体孔隙中的气体便被释放出来，当空气中瓦斯的含量达到一定限度（含甲烷5%～15%）时，在电火花或机械明火下易被引燃，发生剧烈反应，生成二氧化碳气体和水蒸气，使空气在矿井中急剧膨胀，发生爆炸。了解了煤矿发生爆炸的原因，你就明白为什么矿井必须要加强通风和严禁烟火了。

矿井沼气是矿井安全的最大敌人之一。可是，如果你利用好的话，它还是一种很好的洁净能源呢。

◎ **数理化学堂：**

沼气在矿井内威胁人的生命，但在矿井外它却可用来造福人类，如沼气燃烧发电。沼气燃烧发电是随着大型沼气池建设和沼气综合利用的不断发展而出现的一项沼气利用技术，它将厌氧发酵处理产生的沼气用于发动机上，并装有综合发电装置，以产生电能和热能。沼气发电具有创效、节能、安全和环保等特点，是一种分布广泛且价廉的分布式能源。

我国矿井沼气资源很丰富，埋深小于2000米的就有35万亿立方米，相当于450亿吨标准煤，与我国常规天然气资源量相当。你可以设想一下，如果将这些矿井沼气应用于城市用气、发电和制造化工产品方面，会有多大的收益！目前我国在这方面刚刚起步，而美国、俄罗斯、澳大利亚等国家则已经获得了巨大的收益。

54.刚铺好的水泥地面为什么要洒水？

◇ **名词解释**　黏土：指含沙粒很少、有黏性的土壤，水分不容易从中通过。黏土一般由硅酸盐矿物在地球表面风化后形成。

在建筑工地上，我们经常能看到，建筑工人在浇筑好一块水泥地面后，会拿出一些草铺在上面，并不时地将水洒在水泥地面上。建筑工人为什么要这样做呢？

这要从水泥的性质说起。

水泥是用石灰石、黏土等配制成生料，经过高温煅烧成熟料，然后掺入一定量的石膏等物质，再经过研磨而成的一种很细的胶结材料。当人们把水泥与水混合时，两者发生化学反应变成水化物，这个反应一开始只是在水与水泥颗粒的表面进行，水分需要渐渐地深入到水泥颗粒内部，然后水泥颗粒水化后，体积变大，颗粒间的空隙减小，最后连成一块，结成大块大块的"人造石头"。水分进入水泥颗粒内部需要一定的时间，水泥标号不同，需要的时间也有区别，在这段时间内，水泥要不停地吸收水分，仅凭混合时的一点水分是不够的，而且水分还不断蒸发，所以在这段时间内要定时不断地给它补充水分，这个补充水分过程就是水泥制品的养护过程，也就是水泥地面抹完后要洒水的道理。

也就是说，刚铺好的水泥地面，如果在太阳暴晒的情况下，外表的水泥已经干了，内部的水泥还没干，没有凝聚力，容易使得水泥表层开裂。所以要铺草遮阳和洒水保湿、降温。

另外，水泥一般是与钢筋、沙、石子混合使用的，水泥在里面起胶合作用，钢筋、沙、石子都不怕水，因此向水泥钢筋混凝土洒水只有好处，没有坏处。如果水泥与其他怕水的材料混合使用，效果就差了。

55.为什么新装修的房子不能马上入住？

◇ **名词解释** 缩聚：一种化学反应。在该反应中，一种或几种含有两个或以上官能团的单体有机物化合成为聚合物，同时析出低分子副产物，如水、卤化氢等。

近年来，随着人们生活水平的提高，越来越多的人住上了商品房。商品房需要装修，而装修会带来一个现实问题，那就是装修材料污染问题。

据调查，60％以上的装饰材料会释放污染物，这些污染物包括许一些有毒的有机和无机化合物，如甲醛、苯、氨、硫化氢等。

以人造板为例。人造板使用的黏合剂是脲醛树脂胶，它是由尿素和甲醛在高温下经加压、缩聚等反应过程制成的，其生产过程中甲醛的投料是过量的，所以反应结束后脲醛树脂胶中仍含有大量游离的甲醛，而甲醛是一种无色、有毒的、有刺激性气味的气体，它会慢慢从人造板材中挥

⊙油漆胶、涂料等会释放苯等有害的有机毒气。

发出来，造成室内环境污染。另外，建筑施工中大量使用的混凝土外加剂、涂料添加剂等会释放出氨气，它是室内臭气的主要制造者，对人体的呼吸道、皮肤有刺激和腐蚀作用，还会减弱人体对疾病的抵抗力。此外，油漆胶、涂料等会释放苯等有害的有机毒气。

据统计，新装修或新完工的建筑物，其室内的有害物质含量比室外空

气中的含量要高10倍至100倍，正是这些气体使许多人患上"建筑物综合征"，即眼鼻不适、头痛、疲劳、恶心和其他一些不适症状，甚至癌症。

那么如何避免"建筑物综合征"呢？一是选择装饰材料时，一定要选择合格的产品；二是新房子或新装修的房子不要马上入住，要多开窗户，加强通风，这样过一段时间后，空气中有害气体的含量就减少了，人们自然也就感觉不到不适了。

56.为什么防晒霜能防止皮肤被晒伤？

◇ **名词解释** 皮肤癌：发生在皮肤的癌症，该病与过度的日光曝晒、放射线、砷剂、焦油衍化物等长期刺激有关。

夏日户外活动时，在日光的照射下，皮肤很容易被晒黑，尤其在海滨游泳更是如此。

皮肤被晒黑的原因是受到日光中紫外线的作用。紫外线是一种比紫色可见光的波长还短的、人眼看不见的光，它的波长范围为40～390纳米。人的皮肤长时间被日光中强紫外线照射，会使皮肤受到损害，皮肤刺痛，有灼伤的感觉，产生红斑，甚至脱皮起泡，严重时还会引起皮肤癌。为了防止皮肤被紫外线灼伤，可涂些防晒霜来保护皮肤。

防晒霜中主要成分是水杨酸薄荷酯、水杨酸苄酯、苯甲酸薄荷酯、对氨基苯甲酸乙酯等，这些物质对紫外线有很好的吸收作用。防晒霜既保持一定的油润性又不油腻，而且便于携带，是家居旅游的必备防晒用品。特别是到海滨游泳时，建议你一定要在皮肤上涂抹一些防晒制品，这是因为，一方面游泳时会感觉比较凉快，使人忘记了躲避太阳的暴晒；另一方面，由于海水的反射作用，阳光中的紫外线强度增大，皮肤被灼烧的可能性会大大增加。你可能有这样的常识，凡到海边游过泳的人都比没游泳时皮肤显得黑了许多。

防晒霜跟一般的护肤用品一样，需要一定时间才能被肌肤吸收。所以出门前10~20分钟应涂防晒霜，而去海滩前30分钟就应涂好。通常防晒霜在皮肤上涂抹量为每平方厘米2毫克时才能达到应有的防晒效果。

57.为什么含氟牙膏对预防龋齿很有效？

◇ **名词解释** 氟骨病：指长期饮食含氟量高的水或食物而引起慢性骨骼氟中毒，导致骨质非常致密、硬化，主要症状有腰腿痛、斑釉牙、全身关节疼痛、骨骼变形等。

我们每天都要刷牙，牙膏里主要含有摩擦剂和洗涤剂，通常用碳酸钙和磷酸氢钙的细粉末作为摩擦剂。牙膏里还有保湿剂、增稠剂、甜味剂、防腐剂、色素、香精、活性添加剂等。现在还有加入不同药物的药物牙膏。牙膏通过摩擦牙齿除去牙齿周围的污垢，使牙齿光亮清洁，同时能起到抑制细菌滋生、减退色素、减轻牙龈炎病症、消除口臭等作用。

随着食品种类的丰富，龋齿的发病率在提高。加入氟化钠、氟化锶等化学物质的牙膏叫做含氟牙膏，这些氟化物可以与牙齿表面的钙质发生化学反应，生成一层稳定的不易溶解的氟化钙，从而增强牙齿抵御龋齿的能力。氟元素还能抑制糖类发酵和乳酸菌的活动，减少口腔里的酸性物质，从而减少了患龋齿的机会。因此，含氟牙膏对预防龋齿确实是有效的。

含氟牙膏有防龋固齿的功效，但是也不能盲目使用和长期

> ◎数理化学堂：
>
> 在日常生活中，很多人总是长年累月使用同一种牙膏，不愿意或没想到要换一种牙膏。长期使用同一种牙膏刷牙，会使某些有害的口腔病菌产生耐药性和抗药性，使牙膏失去灭菌护齿的作用。所以，牙科专家建议：应经常更换牙膏的种类，最好3个月左右更换一次；更换时，应普通型和疗效型交替更换。

使用。有的地区，水中含氟量过高，人们长期饮用这样的水会造成慢性氟中毒。中毒后牙齿上出现黄色的氟斑，还会患上氟骨病，使人驼背。在这些地区，人们当然不能再使用含氟的牙膏了。龋齿发病率很高的地区，很有可能是饮用水中缺少氟元素，因此要采取措施给人体补氟，使用含氟牙膏就是其中既安全又方便的一种措施。

58.冷烫精为什么能使头发弯曲？

◇ **名词解释**　化学键：使离子相结合或原子相结合的作用力通称为化学键。

　　过去，美容师往往采用电烫或火烫的方法改变发型。电烫、火烫也叫普通烫，其原理是在较高的温度下使头发中的一种化学键——硫—硫键受热松弛，在强力作用下使头发变形。但这样烫出的发型不易持久且易损伤发质，已经逐渐被冷烫法取代。冷烫，也叫化学烫，主要是靠冷烫精来完成的。冷烫精为什么能使头发变形呢？

　　冷烫精是一种在常温下能使头发弯曲、变形的化妆品。它的主要成分有两种：一种是还原剂，是用巯基乙酸铵浸湿剂和蒸馏水配成；另一种是氧化剂（或称固定剂），主要是过硼酸钠或3%～6%的双氧水（化学名称是过氧化氢）。用冷烫精烫发时，先用碱性还原剂软化头发，使头发中的盐键和二硫键松开，任意改变形状，变成自己希望的形状，然后用氧化剂使盐键和二硫键重新结合，使发型固定下来。用冷烫精烫成的发型比普通烫法做成的发型更加持久。

　　由于冷烫精是碱性化妆品，长期使用会使头发上的油脂减少。因此，为了保护头发表层，冷烫精在生产过程中往往还加入一些油脂性润肤物，以及维生素和蛋白质。

　　需要指出的是：少年是不宜烫发的，成年人烫发也不宜过勤。另外，有些人对冷烫精有过敏现象，可能会引起斑疹、头晕、皮肤红肿。因此，在使用前可先在皮肤上用少量冷烫精做皮试，如过敏，就不要用了。

59.为什么不能用纯酒精消毒?

◇ **名词解释** 生理盐水:渗透压与动物或人体血浆的渗透压相等的氯化钠溶液,在浓度上,哺乳类动物和人体是0.85%~0.9%。我们平常点滴用的生理盐水是0.9%的氯化钠溶液。

药用酒精是医疗单位和家庭药箱的必备药品,是最常用的外用制剂之一。值得注意的是,不同用途的酒精要求不同的浓度。在医疗卫生上常用70%~75%的酒精作消毒杀菌剂。

有人以为,酒精浓度越高,消毒效果越好,这是错误的。酒精之所以能消毒,是因为它能渗入细菌体内吸收细菌蛋白质中的水分,使其脱水变性凝固,从而达到杀灭细菌的目的。为什么用70%~75%的酒精而不用纯酒精消毒呢?

这是因为酒精浓度越高,使蛋白质凝固的作用越强。当高浓度的酒精与细菌接触时,就能使菌体表面迅速凝固,形成一层包膜,阻止了酒精继续向菌体内部渗透,因而不能将细菌彻底杀死。待到适当时机,包膜内的细胞可能将包膜冲破重新复活。因此,使用浓酒精达不到消毒杀菌的目的。如果使用70%~75%的酒精,既能使组成细菌的蛋白质凝固,又不能形成包膜,酒精可以继续向内部渗透,所以能彻底消毒杀菌。如果酒精浓度低于70%,虽可进入细菌体内,但不能将其体内的蛋白质凝固,同样也不能将细菌彻底杀死。

用70%~75%的酒精消毒医疗器械应当用浸泡的方法,时间不得少于30分钟;浸泡消毒后应用无菌生理盐水冲洗,以免器械上的残余酒精刺激机体组织。因为酒精只能杀死细菌,不能杀死芽孢和病毒,所以,医疗注射或手术前的皮肤消毒常使用效果更好的碘酒。为了减少碘对皮肤的长期刺激,一般在用碘酒消毒后,用75%的酒精脱去碘。由于酒精具有一定的刺激性,75%的酒精可用于皮肤消毒,但不可用于黏膜和大创面的消毒。

技术之光闪耀世界

1.为什么说CPU是计算机的大脑?

◇ **名词解释** 集成电路:在一个面板内,采用一定的工艺,把一个电路中所需的晶体管、二极管等元件及布线互连一起,组成的具有电路功能微型结构。

学生在每天上学之前,通常会做一件事,那就是查看文具盒中的文具,把要用到的文具装到书包里,书包里边的这些文具就是在学习中需使用的硬件。同样,当你打开计算机主机的外壳,在主机当中能看得到和摸得着的那些电子零部件就是电脑的硬件,当然了,主机之外的显示器、键盘和鼠标器也是计算机的硬件。

在计算机主机中,最重要的硬件当属CPU了。CPU英文Central Processing Unit的缩写,中文名称是中央处理器。它相当于我们人类的大脑,计算机所能完成的所有工作都要由它来完成或者在它的控制下进行,它的性能高低直接影响着计算机的整体性能,它是决定一台计算机性能的核心因素。

CPU是采用超大规模集成电路技术在小小的硅片上制成的,仅仅一小片而已。别看它的体积小,它的本领可大了,计算机中几乎所有的数据都由它来处理,因此,一台计算机运算能力的大小主要由它来决定。

◎**高科技大观:**

电脑的发展是一个逐步壮大的过程,它的每块硅片上的电路数目从几百发展到几百万之多。但组成芯片的材料并没有改变,仍旧是一块单晶硅片。单晶硅是一种良好的半导体材料,主要用于制造半导体器件、太阳能电池等。它主要由高纯度的多晶硅在单晶炉内拉制而成,具有纯度高、均匀、完整、无缺陷等特点。

默默无闻的内存条是CPU的好帮手。它是计算机运行时的大仓库,用迎来送往这个词形容它所起的作用再恰当不过了。CPU要用到的所有程序和数据,它早就准备好了。只要CPU一声召唤,它立刻就输送过去。然后，又去准备CPU以后要用到的程序和数据。

2.为什么即使断电了电脑上的时间也准确无误？

◇ **名词解释** 主板：安装在电脑机箱内的一种矩形电路板，上面安装了组成计算机的主要电路系统，包括BIOS芯片、I/O控制芯片、扩充插槽等元件。

用过电脑的人都知道，在我们前一次关了电脑之后，等第二次再打开时，电脑上的时间仍然是即时时间，并没有因上一次断电而停止走动。这是怎么回事呢？

原来，计算机内部的主板上装有一个可充电的镍镉电池，这块可充电电池的正常电压是3.6V。在电源切断后，它为时钟提供电源，维持时钟正常工作，同时这块电池还为存放系统参数的CMOS、RAM供电，以保存其中的系统参数。

系统参数包括硬盘类型、软盘驱动器、显示卡、键盘、鼠标、显示器等，反映了计算机设备的情况，还包括日期、时间，等等。设置系统参数也就是确定计算机基本输入输出系统。有了正确的系统参数，计算机才能正常启动。但如果连续两三个月不使用，那么电池中的能量就被消耗，得不到补充。一旦电池的电压降到2.2V以下，CMOS、RAM中的数据便会丢失，计算机就无法启动，正确显示时钟也就无从谈起。

3.为什么计算机一定要有软件才能工作？

◇ **名词解释** 机器指令：是CPU能直接识别并执行的指令，它的表现形式是二进制编码。

计算机由中央处理器（CPU）、存储器（包括内部、外部存储器）和输入输出设备等基本部件组成，这些设备的管理通过操作系统来实现。操作系统属于系统软件，是系统软件中最主要的部分。计算机处理难题时，需要先由编程人员用计算机编程语言来编写程序，但CPU很难直接运行这种程序，还需要编译（或解释）程序，将它们转化成机器指令程序。所以，系统软件中除了操作系统外，还有编程语言及其编译（或解释）系统和其他服务性程序。只有这样，计算机才能运行程序，解决难题。没有软件，计算机就没有服务对象，也不能进行工作。

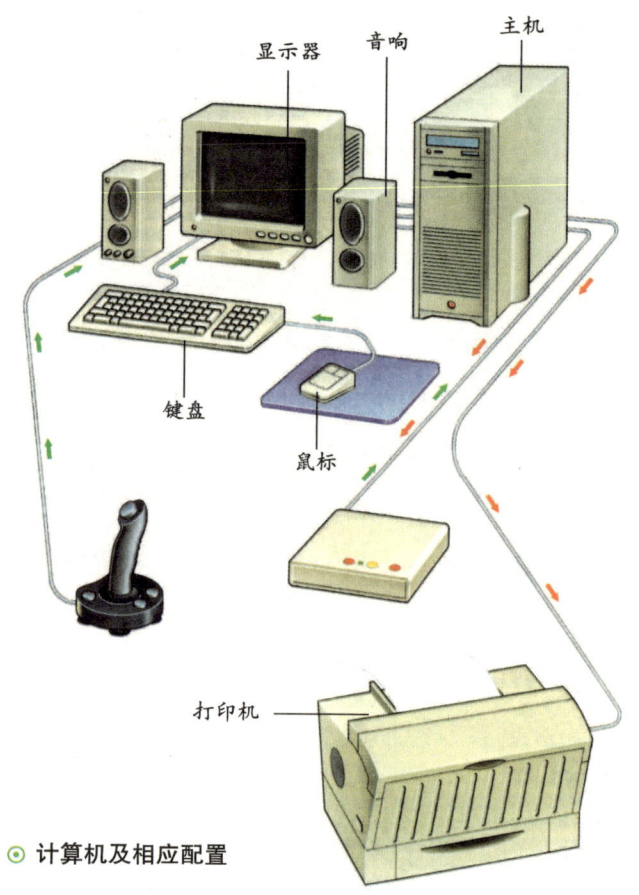
⊙ **计算机及相应配置**

随着电脑上运行的软件越来越庞大，功能越来越强，软件产业成为信息时代最有发展前途的产业之一。目前，在世界范围内，除了操作系统被少数几家软件厂商垄断以外，其他各类用于办公或娱乐的应用型软件，是各大软件公司竞争的主战场。

4.为什么会有因特网？

◇ **名词解释** 搜索引擎：互联网环境中的信息检索系统，通过这个系统，用户可以检索出符合自己搜索要求的信息。著名的探索引擎有谷歌、百度等。

因特网是英文Internet的中文译名，它的前身是美国国防部远景规划局建立的内部网络，名叫阿帕网（ARPAnet）。阿帕网是美国和苏联冷战的产物。苏联发射第一颗人造卫星后，美国不甘落后，决心要在多方面夺回科学技术的领先地位。阿帕网就是几大重要项目中的一个。从1973年起，开始研究"怎样把分组交换网络连接起来"的课题，这个课题就叫做"Internet"。20世纪80年代开始，一些小型的分组交换网逐步连成比较大的网，到1992年前后，正式有了因特网。可以说，因特网是小网融进大网，大网套住小网的结果。

计算机如果连上网络，就不是"孤儿"了，它就能享用到网络上各台计算机的数据，如几个人利用计算机网络进行计算机辅助设计工作，可以在本机上随意发送、接收各种数据和图形。因特网把全世界许许多多台计算机连在一起，构成了一个网络的世界。这是一个由"网民"自己管理自己的新天地。在这个世界里，没有统治者，没有老板，也没有"占山称王"的家伙。在这个世界里，每个人都处在和别人平等的位置上。大家都有发言权，大家又都没有绝对的发言权。搜索引擎帮助我们更快更容易地找到信息，只需输入一个或几个关键词，搜索引擎会找到所有符合要求的网页，你只需要点击这些网页即可。

5.为什么互联网上要设立防火墙？

◇ **名词解释** 安全策略：指在某个安全区域（信息资源）内，用于所有与安全相关的活动的一套规则。它通常建立在授权基础上，未经授权的实体，信息资源不得访问和使用。

在互联网中，人们采用类似防火墙的设备，来保护内部或私人的网络资源不受侵害，具备这种功能的设备被称为"防火墙"。防火墙实际是一种插在内部网与互联网之间的隔离系统，作为两者之间的关卡，起到加强系统安全与信息审查的作用。

建立防火墙的目的是保护内部网络不受外来攻击，为此需要确定"防火墙安全策略"，允许何种类型的信息通过防火墙。目前主要有两

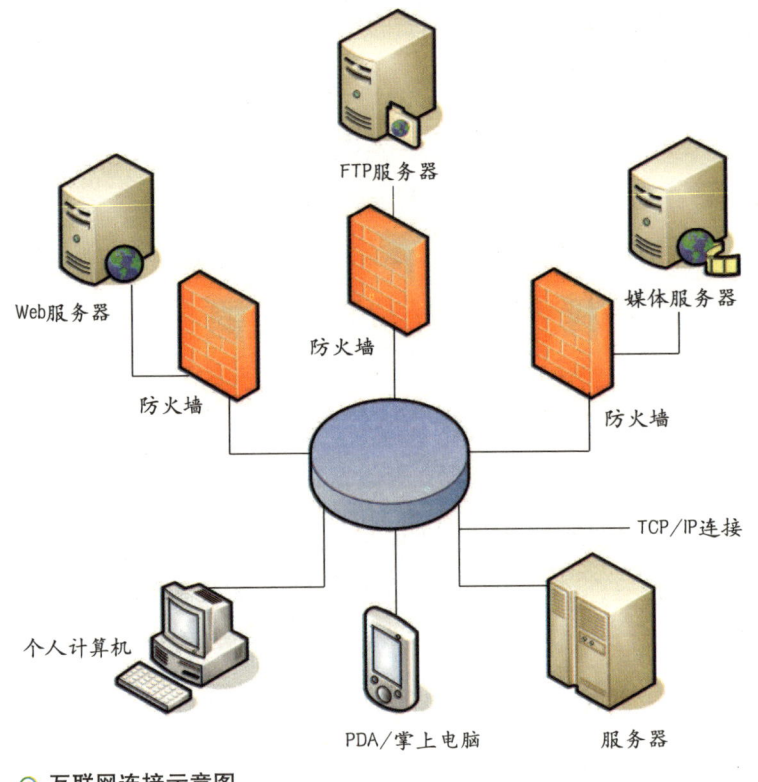

⊙ 互联网连接示意图

⊙ 互联网的发展使整个世界越来越小，成为地球村。在不久的将来，你足不出户就可以享受到互联网提供的个性化服务。

种截然不同的安全策略：一是拒绝一切未被允许的信息进入内部网，一是允许一切未被拒绝的信息进入。从网络的安全性来考虑，前者除了被确认是可信任的信息外，其他的信息都不允许通过，对网络的互联性有一定的影响，但安全性好；后者是，除了被确认是来自不可信任的信息源以外的信息都可以进入内部网络，这样有利于信息交互，但存在一定的安全隐患。

总之，互联网的世界里也充满了各种邪恶，为了保护自己，使自己的利益免受损失，你必须给自己的计算机装上防火墙。

6.为什么电脑也会"生病"？

◇ **名词解释** 计算机程序：为实现特定目标或解决特定问题而用计算机语言编写的命令序列的集合。常见的计算机语言有Basic、Java等。

当电脑出现下列症状时：屏幕上出现乱码、运行速度奇慢、经常死机、突然演奏音乐、异常重新启动等，那就意味着你的电脑"生病了"，需要"诊治"。

电脑又不是人，怎么会生病呢？

其实，电脑跟人一样，也有脆弱的地方，当它脆弱的地方被电脑世界的病毒攻击的时候，它就像人感染了病毒一样生病了。

◎高科技大观：

木马病毒是电脑中较常见的一种病毒，它的名字来源于古希腊传说"特洛伊木马"。木马病毒的基本原理与"特洛伊木马"故事相似：它通过将自身伪装吸引被种者下载执行，然后打开用户电脑的门户，使施种者可以任意毁坏、窃取用户的文件、信息，甚至远程操控被种者的电脑。

电脑病毒是一种人为编制的、具有自我复制能力的一段计算机程序。由于它与生物学上的病毒有相似之处，即都具有寄生性、可传染性、潜伏性和危害性，就跟感冒病毒差不多，能够一传十、十传百，很快"毒"倒一大批计算机，所以，人们形象地称之"电脑病毒"。

由于电脑的软、硬件产品具有许多不安全的"后门"，因此，电脑病毒能够轻而易举地通过后门，进入计算机系统中去兴风作浪。那么，病毒是如何让计算机患病的呢？

它跟感冒病毒一样，也有载体，通过载体到达计算机里。病毒的载体就是光盘、软盘里的一些程序以及电子邮件，它会随同载体一块儿进入计算机中。平时，计算机病毒这只披着羊皮的狼并不产生危害，但是，一旦时机成熟，这只狼就要出来作恶。

随着计算机的普及，病毒与日俱增，现在的计算机病毒到底有多少种，恐怕谁也说不清楚。曾经出现的比较典型的病毒有"黑色星期五"、"小球"、"蠕虫"、"CIH病毒"等。

7.为什么会出现"千年虫"?

◇ **名词解释**　存储器:计算机系统中的记忆设备,用来存放程序和数据。我们最常见的内存就是一种存储器。

在2000年到来之际,加拿大一位100多岁的老人居然被告知:该去上小学了。原因是计算机认定她的出生日期为1994年,而不是1894年。计算机为什么会出现这样的错误呢?

原来,这一切都是千年虫惹的祸。

千年虫并非真正的虫子,它是计算机系统中的一个固有漏洞。这个漏洞产生的机制是:由于计算机软、硬件系统只使用了两位十进制数来表示年份,因此,当日期从1999年12月31日进入2000年1月1日后,系统将无法正常识别由"00"表示的2000年(计算机可能将这个年分识别为1900年),从而使计算机产生与年份、日期相关的计算错误,进而引发计算机各种功能的紊乱。因这种问题只发生在千年之交,所以被称为"千年虫"。

"千年虫"问题的根源始于20世纪60年代。当时计算机存储器的成本很高,如果用四位数字表示年份,就要多占用存储器空间,这会使成本大大增加。为了节省存储空间,压缩成本,计算机系统的编程人员采用两位数字来表示年份。

随着计算机技术的高速发展,虽然后来的存储器在价格上有不小下降,但在计算机系统中使用两位数字来表示年份的做法却由于思维上的惯性而被沿袭了下来。日复一日,年复一年,直到新世纪即将来临的1997年,计算机从业者们才突然意识到这样的做法存在着极大的漏洞——到新千年时,现有的计算机可能将无法正确辨识2000年及其以后的年份。从那以后,计算机业界就拉响了"千年虫"的警报,同时投入极大的财力物力去解决这个问题。经过计算机从业者们的不懈努力,人类最终消灭了"虫害",顺利地跨过了新千年。

8.宽带为什么能使网速更快?

◇ **名词解释** 带宽:指在固定时间内可传输的资料数量,亦即在传输管道中可以传递数据的能力。单位通常以bps表示,即每秒可传输之位数。

宽带其实没有严格的定义,现在的执行标准一般是以目前拨号上网速率的上限56Kbps(数据传输速率的常用单位)为分界,将56Kbps及其以下的接入称为"窄带",之上的接入方式则归类于"宽带"。

宽带是在同一个传输介质上,可以利用不同的频道进行多重传输,并且传输速度在1.5M比特/秒以上的接入技术。与传统的互联网接入技术相比,宽带接入技术的最大优势就是接入的带宽大大拓展,一般是普通拨号上网(窄带)的30倍。宽带接入一直是整个互联网业界和广大网友所孜孜以求的。目前已向公众开放的宽带接入方案有,基于现在电话线路的ADSL技术、基于现有有线电视线路的Cable Modem技术、重新铺设光纤的FTTB宽带技术、宽带卫星技术、本地多点分配系统LMDS技术等。在现阶段,ADSL和CableModem是最为可行的,它们不需要重新布线,接入设备和使用成本都相对较低。目前的宽带对家庭用户而言是指传输速率超过1M,可以满足语音、图像等大量信息传递的需求。很多在拨号上网等窄带环境下无法进行的互联网应用,如在线电影,

> ◎ **高科技大观:**
>
> 信息高速公路的具体构造原理是:通过无线网络设备、光纤和电缆等把政府机关、科研部门、公共图书馆、大学和企业的众多局部网络以及各家各户的所有计算机连接起来,组成一个全国乃至全世界范围的大网络,让用户在办公室或家中利用计算机等设备,就可以方便地实现信息处理,从而实现最大限度地共享信息资源和网络资源。

网络游戏、高清晰的视频及语音聊天以及下载较大的文件等，都可以在宽带环境中实现。

依托互联网宽带技术，网络世界又建起了"信息高速公路"。这是一种高速的计算机网络，它具有多媒体信息的传输功能。

9. 为什么有时收到的电子邮件是一堆乱码？

◇ **名词解释** 乱码：指由于系统或软件缺乏对某种字符编码的支持，而产生的不能正常阅读的混乱字符。如中文操作系统不支持日语，日语出现在该操作环境时就有可能是乱码。

电子邮件是指利用计算机网络交换的信件，也有人习惯地称它为E-mail，这是英文Electronic Mail缩写，它还有个好听的中文俗名叫"伊妹儿"。

电子邮件内容和普通的信件没什么区别，只不过它不是通过邮递员投递的，而是通过计算机网络传送罢了。计算机网络一出现，电子邮件就相伴而生了。与普通邮件相比，电子邮件有许多无法比拟的优点。首先，通过连接全球的因特网，可以把电子邮件传递到世界的每一个角落。其次，电子邮件非常及时，无论距离多么遥远，它都能在几分钟之内把你的问候传送给对方。还有，电子邮件的发送不受时间限制，只要能够登录上因特网随时随地都可以发送。再次，收信人的电子信箱是全球通用的，也就是说，只要收信人拥有一个电子信箱，不管他走到"天涯海角"都能够使用这个信箱接收到来自全世界的信件。最后，电子邮件的内容特别丰富多彩，可以是有声有色的多媒体信息，把你的信件内容声情并茂地传送给对方。

但收发电子邮件给人们带来了便捷的同时，也产生了这样或那样的问题。比如接收电子邮件时偶尔会发现收到的是一堆乱码。这是由于发送方与接收方所使用的中文操作环境不一致。中文电子邮件在发送前

⊙E-mail的中文意思是电子邮件，它收发迅捷，大大方便了我们的生活。

⊙要想避免乱码现象，编码和解码的方法应该一致。

要经过编码，汉字被编成ASCII码后进行发送，接收时又要经过解码，本地的汉字操作环境自动把ASCII码还原成汉字。发送方与接收方所用的汉字操作环境不一样，编码和解码的方法就不一样，乱码现象就会出现。大陆使用简体中文操作环境，台湾地区使用繁体中文操作环境，因此在两地之间互通中文电子函件常会造成乱码现象。通常，中文操作环境不一致时，运用汉字操作环境所提供的文本转换器对邮件进行转码，也能得到和原文一致的中文。

10.为什么会有"闪客"？

◇ **名词解释**　矢量图：根据几何特性绘制的图形，由一些点、线、矩形、多边形等组成。矢量图的特点是放大后图像不会失真，和分辨率无关，这点是与位图最大的不同。

"闪客"一词源于"闪客帝国"网站。这是一家专注于动画产业领域的Flash动画网络媒体。所谓"闪"，是英文Flash（闪光、闪现）

的直译，而"客"则指从事某事的人，闪客就是指做Flash的人。

Flash是一种创作工具，设计人员和开发人员可使用它来创建演示文稿、应用程序和其他允许用户交互的内容。Flash可以包含简单的动画、视频内容、复杂演示文稿和应用程序以及介于它们之间的

⊙ "闪客"可以制作精彩的动画片

任何内容。通常，使用Flash创作的各个内容单元称为应用程序，即使它们可能只是很简单的动画。您也可以通过添加图片、声音、视频和特殊效果，构建包含丰富媒体的Flash应用程序。

Flash特别适用于创建通过Internet提供的内容，因为它的文件非常小。Flash是通过广泛使用矢量图形做到这一点的。与位图图形相比，矢量图形需要的内存和存储空间小很多，因为它们是以数学公式而不是大型数据集来表示的。位图图形之所以更大，是因为图像中的每个像素都需要一组单独的数据来表示。

以前，电影厂的画家们制作动画，需要画

◎高科技大观：

计算机动画技术的快速发展使得实时动画的实现成为可能。在实时动画中，演员穿戴上布满传感器的衣服、头盔、手套、靴子，按照动画剧情的设计做出各种动作，发出各种声音。这些传感器会把演员的动作和语音信号传递给计算机，计算机再将信号通过网络传给工作站，工作站把这些数据与预先设计好的动画人物形象协调起来，然后再现到大屏幕上。

很多张画稿，往往一个动画动作，就需要手工画十几张画稿，一部完整的动画片制作完成需要一年甚至更长的时间。但如今，随着计算机和软件开发技术水平的飞速发展，画家们可以在计算机上利用Flash软件开发制作动画了，此举大大地缩短了动画制作的周期。

11.为什么会出现"黑客"？

◇ **名词解释**　编程：就是使用计算机语言（如Java、Basic等）编写计算机能识别的程序代码，这些程序代码的任务是完成某种特定操作，如计算、关机、重启等。

所谓黑客，源于英语"hacker"，指的是一类对计算机组织及计算机编程非常熟练的人。他们是计算机高手，能够凭借自己的能力进入他人的计算机系统，并对所入系统进行资料查看、更改甚至偷窃等行为。

早期的黑客在美国电脑界是带有褒义的，它的中文译名也不叫"黑客"，而是"骇客"。但是随着"hacker"们无原则、无节制地入侵他人电脑，人们开始对"hacker"心生反感。在中国，这种反感体现在称呼上，就是将"hacker"的译名由"骇客"改为"黑客"。

如今，黑客一词已被用于泛指那些专门利用电脑网络搞破坏或恶作剧的家伙。这些家伙对入侵他人计算机的兴趣过于强烈，总是在不知不觉中潜入他人

⊙ "黑客"可以通过我们的网络进行恶意破坏

的电脑。善意的，会在他人电脑上留下一些恶作剧的痕迹；恶意的，直接就将他人的重要资料盗取。例如，一化名为"光学滑浪者"的人，破译了因特网上许多用户的密码，盗取了用户许多的机密，并扬言要让这些机密公布于众。他盗取了1400多个信用卡的号码，并把其中一部分用户的机密送到了一些计算机出版物的作者那里。他还在计算机屏幕上留下字样："知道吗，这个网络上所有秘密在我们的系统上已无所遁形！如果你发现账户少了几万元，这可能是黑客的所为！"

如今，一些黑客已经改邪归正，重新成为计算机研发人员，而有的黑客仍在危害社会。

12.为什么激光通信的优点更明显？

◇ **名词解释** 光纤：一种利用光在玻璃或塑料制成的纤维中的全反射原理而制成的光传导工具，一般由纤芯和包层组成。

无线电通信的电磁波犹如空气一样遍及全球，在军事上给敌方的无线电侦听带来了十分便利的条件，因而很容易泄密。为解决这一难题科学家想了很多办法，做了大量的实验，终于在1960年7月，找到了一种新颖的通信介质——激光。

这位现代通信家族中的后起之秀，以其独有的通信容量大、保密性好、抗干扰能力强、通信质量好等特点给通信业的发展带来了明媚的春天，成为现代通信领域中引人入胜的热门。激光通信有两种方式，一是有线的光纤通信；二是无线的大气激光通信。这两种通信方式都具有自己的保密特性。

光纤通信是使光信号在极细的玻璃丝光缆中传播，光缆深埋在地下、江、河、海底或铺设在管道中，不易被发现和破坏，尤其是玻璃丝不向外辐射电磁波，不会招惹是非，使截获和侦听无可乘之机。即使碰巧被发现，它也不像金属导线那样容易旁路窃听。

大气激光通信中激光传输是一束平行而准直的细线，发散角小、方向性好，不像电磁波那样在空中到处乱窜，不掌握其传播方向是无法接收到它的信号的，即使发现激

◉ 电缆光纤和光纤内部示意图

光通信信号，由于激光通信的频率极高，比微波的频率高10万倍以上，用现代的电子设备也无法侦听，难以截获和破译。

由此来看，激光通信具有天然的保密性，它将给军事通信事业开辟崭新而广阔的前景。

13.为什么光纤通信更高效？

◇ **名词解释** 光端机：是光通信系统中的终端设备，主要进行光电转换及传输。

当你拿起电话机的话筒（送话器）讲话时，或者用摄像机摄下图像时，声音或图像就变成了电流，再经过电信设备将这些电信号转变成相应强弱变化的光信号，光信号可以沿着光纤传送到远方，远方的接收设备又将其恢复成声音或图像信号，远方的人们就能听到你的声音、看到你的图像了。这就是利用了光纤通信。

光纤通信是利用光导纤维作传输介质，以近红外线区波长1微米左右（比头发丝还细）的光波为载波，将电话、电视、图像、数据等信号调制到光载波上，将信息从一处传到另一处的一种通信方式。

光纤通信的通信过程是一个电变光、光变电的过程。光纤通信系统由光端机、中继器和光缆组成，它具有频带宽、通信容量大、衰耗小、抗干扰能力、保密性强、造价低等优点。从理论上讲，一根头发丝粗细的光纤可传送100万路高质量的电视节目，或100亿路电话；从实际上讲，也可以同时提供几百万路电话。这就意味着可把古今中外的全部文学知识内容，在1分钟左右的时间传送出去。由此可见，光纤通信容量之大，是在此前各种通信方式所不可比拟的。

光纤通信是当今世界上最有发展前途的通信方式之一。目前，光纤通信技术已经被人们广泛应用于邮电通信、广播电视、计算机网络以及交通管理等多种领域之中。

14.为什么要利用卫星进行通信？

◇ **名词解释**　中继站：在无线电通信中，设置在发射点与接收点中间的工作站，作用是把接收的信号放大后再发射出去，增强效果。

20世纪以来，电子通信技术发展极为迅速。以微波为例，它曾借助人造卫星而在通信领域大展身手，实现了全球通信。

微波通信通过建立中继站实现远距离通信。但这种方式有很大缺点，因为地球上有些地方无法建立中继站。比如，从北京到纽约，中间

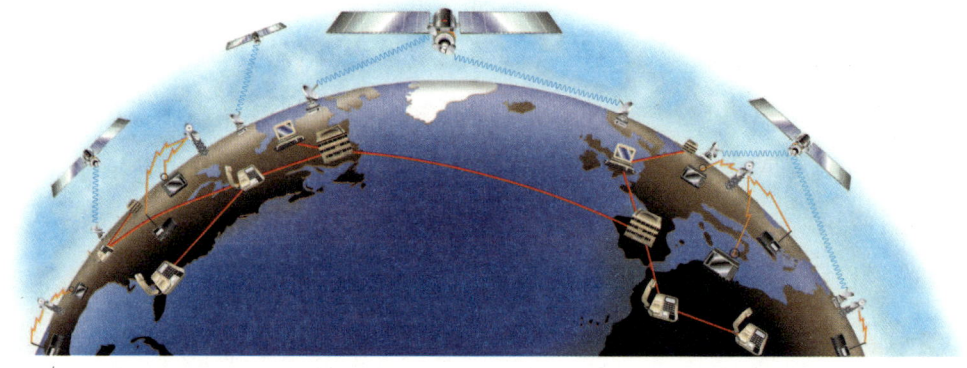

⊙世界被通信卫星环绕着，并通过电线、光缆、无线电和微波链路纵横交错。电信网络将电话、广播、电视和电脑数据连接在一起。

隔着太平洋，距离有上万千米，如果每隔四五十千米建立一个中继站的话，就得在海上建两百多个中继站，这是不可能做到的。

1965年，人类成功发射了第一颗通信卫星，从此在天上建立了"中继站"。

卫星通信地面中继站向卫星发射的信号，经过卫星的放大、变频等处理后，转发给另一个地面站。一般，经卫星处理后，微波的最远通信距离可达13000千米，经过三次卫星通信即可绕地球一周。通信卫星居高临下，不受任何地形限制。一颗卫星发射的微波信号，能够覆盖地球面积的40%，相当于在地面架设300多个微波中继站。卫星覆盖范围内的任意两点或多点均可实现卫星通信。卫星通信的容量巨大，一颗通信卫星可以容纳上万路电话，也可进行多路电视通信，还可以进行数据、文字、图像和移动通信。

15.为什么说铱星系统开创了个人卫星通信的新时代？

◇ **名词解释** 地面接收站：设置在地球上，跟踪卫星运转，接收卫星下行传送的各种数据，以及对其进行数据处理、储存和分发的地面站。

1987年，美国摩托罗拉公司设计出第一代通信星座系统——铱星系统。1998年5月，铱星系统的发射任务全部完成，同年11月1日，全球通信业务正式开通。

原定的铱星系统由77颗卫星组成，分布在7条轨道上，每条轨道上均匀分布11颗，组成一个完整的星座，就像化学元素铱原子核外的77个电子围绕其运转一样，因此被称为"铱星"。后来经过计算证实，6条轨道就足够了，于是卫星的总数减少到66颗，但习惯上仍称为铱星。根据当时的设计，每颗卫星的质量在670千克左右，功率为1200瓦，采取三轴稳定结构，每颗卫星拥有信道3480个，服务寿命为5至8年。美国的"德尔它2型"火箭、俄罗斯的"质子k型"火箭和我国的"长征2号丙改进型"火箭分别承担了铱星卫星的发射任务。

铱星系统构建完成后,其信号覆盖范围囊括全球,用户可以手持电话直接接通卫星进行通信。同以往的通信系统相比,铱星系统的两大优势在于:一是轨道低,传输速度快,信息损耗小,通信质量大大提高;二是铱星系统不需要专门的地面接收站,每部移动电话都可以直接与卫星联络,这就使地球上人迹罕至的不毛之地、通信落后的边远地区以及自然灾害现场都变得畅通无阻。可以说,铱星系统开创了个人卫星通信的新时代。

16.为什么无绳电话可以远离电话机通话?

◇ **名词解释** 寻呼:把信号或信息从基站传送到移动或固定接收器的一种单向无线通信方式。

如今的很多家庭都安装了无绳电话。无绳电话可以使人在接打电话时,行动上不受电话线的制约,非常方便,因此很受人们欢迎。

无绳电话机和普通电话机一样包括两个部分,一是座机,二是手机。所不同的是,普通电话机的座机与手机之间有电线相连,两者不能分开。而无绳电话机的座机与手机之间没有电线相连,它们之间靠无线联络,因此无绳电话机的手机可以随身携带。而且无绳电话机的手机上也带有拨号盘,它具有普通电话机的所有功能。无绳电话机的

⊙ 无绳电话方便了我们的生活

座机实际上是一台带有信号调制发射功能的有线电话机,必须与市话网连接,而手机则是一台无线电话机。在家使用无绳电话机时,可以将手机放入座机,一方面起普通手机的作用;另一方面,座机上的充电装置可以对手机充电。当离开座机较远时,只需将手机带上,在座机附近方圆200米左右的范围内,手机可以通过座机与外界实现电话联系。而且,无绳电话机的座机与手机在一定的范围内可以相互呼叫、通话,这种通话对市话网不产生影响。

随着电话在家庭的日益普及,消费者对电话机的功能、造型提出了更高的要求,加上住房条件的改善,相当部分的家庭需要添置或更新电话机,一户多机也逐渐形成。由于无绳电话机的手机可以随意移动,不受地方限制,并有双机寻呼通话等多项功能,非常方便,很受用户欢迎和喜爱。

17.移动电话为什么可以"移动"?

◇ **名词解释** 基站:移动通信系统中,连接固定部分与无线部分,并通过空中的无线传输与移动台相连的设备。

移动电话,也就是我们所说的手机,它是现代社会最重要的通信工具之一。只要拥有一部移动电话,我们无论移动到哪里都能够与他人保持联络。那么,它是如何做到这点的呢?

原来,与有线电话将语音信号转换成电信号,然后通过电话线传送给对方不同,移动电话进行通信时,是将语音信号转换成无线电信号,然后用发送设备将无线电波传送到天空中,只要能收到这个无线电信号,就可以用转换装置将收到的无线电信号再转换成正常的语音信号。移动电话就是通过与设在各处的自动收发装置不断进行无线电信号的交换来保持通话的。

那么,如何设置自动收发装置,才能让移动电话不论到哪里都能和它保持联系呢？

目前世界上大多数移动电话都是按"蜂窝法则"进行工作的，即在某个城市或地区，根据通信转接设备的功率划分为直径数百米到数千米不等的一个个蜂窝状小区，蜂窝中心是自动收发器的基站。这个基站可收到来自本蜂窝区域内的移动电话信号，并将此信号传递到就近的程控交换机，完成与普通市话的接通；或通过另一基站，将信号与位于该蜂窝区域内的移动电话接通。由于移动电话随时可在各个蜂窝间移动穿行通信，所以，移动电话要随时向中心基站通报自己所处蜂窝的位置和频率，以便电话呼入时中心基站知道向哪个蜂窝转发。

一般来讲，移动时的电话通信，即便是在行驶的火车上，也是不会中断的。但为什么有时却有电话中断或语音不清晰的现象呢？这是因为，理想的蜂窝是正六边形的，各蜂窝在组合连接处都没有死角，而移动电话基站实际组成的蜂窝形状近似圆形相切排列，又由于地形或建筑物等的影响，使实际各基站覆盖形成的蜂窝很难拼接得天衣无缝，留下一些信号死角，这在移动通信里称为盲区。

18.为什么蓝牙技术能让我们的生活变得"无线"？

◇ **名词解释**　遥控器：一种无接触控制机械的装置。现代的遥控器，主要是由集成电路电板和用来产生不同讯息的按钮所组成。

1998年5月，爱立信、诺基亚、东芝、IBM和英特尔5家著名厂商，在联合开展短程无线通信技术的标准化活动时提出了蓝牙技术，世界从此开始迈入"无线"时代。

"蓝牙（bluetooth）"技术是一种沟通各类电子设备的短距离无线连接技术，它使用全球通行的、无须申请许可的2.45吉赫微波工作频段，以1米/秒的速度在10米甚至100米距离内高速传输。它提供一种"无线导线"，使计算机和通信设备不靠电缆就能互相连接起来。此技术最初提出时是作为一种生产手机用无线耳机的方法，但后来它就迅速地推广到整个电子行业中。

科学家们预测，不久的将来，"蓝牙"技术将成为我们生活中重要的组成部分。现在家庭中以电缆连接的所有家用电器设备及其他电子设施都将实现无线连接，家中显得更为简洁，真正实现"无线"，家庭装修时不必为电器的布线而烦恼，使用家电时不必为一大堆遥控器而头疼。一个无线遥控器或是一部手机就能对家中电话、计算机、打印机、数码相机以及电冰箱、微波炉等家用电器进行无线连接和程序控制，随心所欲地生活。除了代替电线以外，借助于蓝牙技术还可轻而易举地在家里或办公室及公共场合（如机场和图书馆等）建立无线网络，随心所欲地工作，难怪有人比喻"未来某一天，一觉醒来，我们将发现生活在一张无形的连接所有电子设备的蓝牙网中央"。

◎ **高科技大观：**

"蓝牙"的得名源自一段传奇历史。公元10世纪的北欧是一个诸侯争霸的动荡年代，英勇善战的丹麦国王哈拉尔·布鲁图斯为平复动荡，不懈地致力于诸侯之间的沟通工作，终于使诸侯们都坐到谈判桌前，实现了和平，哈拉尔也成了维京国王。哈拉尔酷爱吃蓝莓，以至于牙齿都被染成了蓝色，因此被称为蓝牙王。今天，人们就用蓝牙作为"沟通"的代名词，并为无线连接技术命名。

19.为什么传真机可以传送信息？

◇ **名词解释** 扫描：通过电子束、无线电波等的左右移动在屏幕上显示出画面或文字图形。

传真机是应用扫描和光电变换技术，把文件、图表、照片等静止图像转换成电信号，传送到接收端，以记录形式进行复制的通信设备。1842年，英国人A.贝恩提出传真原理。1913年,法国人E.贝兰研制出第一台传真机。随着大规模集成电路、微处理机技术、信号压缩技术的应用，传真机正朝着自动化、数字化、高速、保密和体积小、重量轻的方向发展。传真机按用途可分为气象图传真机、相片传真机、文件传真机、报纸传真机等。记录方式多用电解、电磁、烧灼、照相、感热和静电记录等。

传真机的工作原理其实很简单，即先扫描即将需要发送的文件并转化为一系列黑白点信息，该信息再转化为声频信号并通过传统电话线进行传送。接收方的传真机"听到"信号后，会将相应的点信息打印出来，这样，接收方就会收到一份原发送文件的复印件。

目前市场上常见的传真机可以分为四大类：一是热敏纸传真机（也称为卷筒纸传真机），二是热转印式普通纸传真机，三是激光式普通纸传真机（也称为激光一体机），四是喷墨式普通纸传真机（也称为喷墨一体机）。

随着网络的发展成熟，传统的传真机正在逐渐被新型的网络传真机取代。所谓网络传真机是指不需要传真机只要上网就可以收发传真的新型传真方式。在未来，它极有可能取代传统传真机而成为传真主流。

20.可视电话为什么可以看到图像？

◇ **名词解释**　多媒体技术：利用计算机对文本、图形、图像、声音、动画、视频等多种信息综合处理、建立逻辑关系和人机交互作用的技术。

传统的电话，我们只能相互听到声音。而现在有这样一种电话：它既能让我们听到声音，而且还可看到图像。这就是可视电话。

可视电话是图像通信技术的产物。所谓"图像通信"是用电子学方法，经通信网传送和接收图像信号的通信。它与目前广泛使用的声音通信方式不同，传送的不仅有声音而且还有看得见的图像、文字、图表等信息。这些可视信息通过图像通信设备变换为电信号进行传送，在接收端又把它们真实地再现出来。可以说图像通信是利用视觉信息的通信，它的特点是直观、生动、形象，它含有的有效信息比语音通信大得多，正所谓"百闻不如一见"。可视电话正是利用这一技术研发出来的。

◉ 可视电话

图像通信能实现人与人之间、人与机器之间以及机器与机器之间的通信，大大丰富了通信的内容。由于图像信号包含极其丰富的信息，所以它所传送的信息量远远超过其他通信手段，它已经成为当今通信技术中非常重要的一个分支。微波通信、光纤通信、卫星通信等新型宽带信道的出现，分组交换网和数字数据网的建立以及多媒体技术的飞速发展，都有力地推动了这门学科的发展。数字信号处理和数字图像编码压缩技术也促进了更多新的图像通信方式的产生。图像通信的范围在日益扩大，图像传输的有效性和可靠性也在不断得到完善。

21.数码相机为什么会取代传统相机？

◇ **名词解释**　分辨率：在这里指屏幕图像的精密度，是指显示屏所能显示的像素的多少，分辨率越高，像素越多，画面越精细。

所谓数码相机，是一种能够进行拍摄，并通过内部处理把拍摄到的景物转换成以数字格式存放的特殊照相机。

数码相机的工作原理与传统相机的工作方式是不一样的。事实上，它更像是一台扫描仪、复印机或是传真机。大多数的数码相机都

使用一块特殊的光敏芯片，称做电荷耦合器（CCD）。CCD能对光线作出反应并把反应的强度转换成相应的数值。当光从红、绿、蓝滤镜中穿过时，就可以得到每

◉ 传统相机需要的胶卷

种色光的反应值。然后，再使用软件对得到的数据进行处理，就可确定每一个像素点的颜色。数码相机得到的图像其实就是一个数值的集合，所以可以直接下载到计算机中进行处理。

数码相机不需要胶卷，因而与常规相机相比，拍摄成本要低得多。此外，数码相机还能生成各种各样的图像，具有广泛的用途。数码相机一般使用SRAM（Static Random Access Memory，固态随机访问内存）作为内部存储器，即使关掉电源，保存在SRAM中的数据也不会丢失。

传统的基于胶片的相机其分辨率是无穷的，而数码相机的分辨率则是有限的。数码相机可以直接连接到计算机、电视机或者打印机上。在一定条件下，数码相机还可以直接接到移动式电话机或者手持PC上。数码相机主要用于生成计算机能够处理的图像。除非有扫描仪的帮助，否则其他相机是做不到的。

与普通相机相比，数码相机有太多的优势，正是这些优势使得数码相机最终取代了传统相机。

22.全息照片为什么会有三维立体感？

◇ **名词解释** 显影：使已曝光的感光材料显出可见影像的过程，它是拍摄、

印刷等行业中的一个必要工序。

全息摄影是一种新兴的拍摄技术，它拍出的照片较之普通照片具有更明显的三维立体感。全息照片之所以具有这个特点，这跟全息摄影的拍摄原理有关。

全息摄影技术记录的不是传统相机记录物体的聚焦图像，而是来自被拍摄物体的光波和参考光波所形成的相互干涉的图像，或者说普通相机记录的是光的强度，而全息摄影记录的是光波的位相。

从记录过程来看，普通照相是根据几何光学透镜成像原理，将三维空间中的景物"投影"到二维平面感光胶片上。全息照相却是根据光的干涉原理，将物体的光波和参考光波在底版上形成复杂的干涉图样。一张全息摄影图片即使只剩下一小部分，依然可以重现全部景物。

摄制全息照片的基本程序是，用一块部分反光的玻璃板将从激光器射出的光分成两束。一束光照射到底片上，另一束光则从所要拍摄的物体上散射开来。在散射光中有一部分也照射到底片上，和直接照射的光相互干涉。这样，就在底片上出现干涉图案的明暗条纹（这些条纹大部分都很细密，人们的眼睛是不能直接看到的）。底片经过显影，把它放到激光器的光束中就能再现干涉图案。当你观看用这种方式照的底片时，干涉图像就会产生所拍摄物体的图像。但这是一个虚像，因为它是由错觉产生的，全靠观察者的眼睛把从底片上来的光线聚集起来。这种错觉把原来物体的视差和景深都如实地保存下来。这样全息照片看起来就有了三维立体感。

◎高科技大观：

全息图的产生可以追溯到300多年前，但直到1960年人类发明了激光器以后，全息摄影才得到真正较快的发展。如今，全息摄影可应用于工业上进行无损探伤、超声全息、全息显微镜、全息摄影存储器、全息电影和电视等许多方面。激光全息摄影是一门崭新的技术，它被人们誉为20世纪的一个奇迹。

23.为什么3D电影具有如此震撼的效果?

◇ **名词解释** 偏振光眼镜:一种专门用以观看3D电影的眼镜,戴上这种眼镜,观众能更加逼真地体验到3D电影的立体效果。

2010年,好莱坞大片《阿凡达》在全球隆重上映。在这部史诗般的宏伟巨作里,观众再一次体验到了高科技电影带给人们的震撼视听享受。

《阿凡达》之所以如此受欢迎,除了因为它有一个吸引人的故事情节外,更因为它有一个高技术含量的3D制作,它将3D电影的优点表现得淋漓尽致。真正坐在IMAX影院(巨幕影院)观看的观众都有这样的体验:当影片展现潘多拉星球上的"萤火虫"时,那美丽的小飞虫好像就在观众自己的眼前,有些观众甚至会情不自禁地伸出手去抓它。

这就是3D电影的效果!

3D电影最基本的原理,是同时用两个在水平方向上相差一定距离的摄影镜头,从不同的高度将同一景物拍成两个画面,放映时把这两个画面同时放映在同一银幕上,使两个影像重叠,观众戴上了电影院分发的偏振光眼镜,使左眼只看见左面摄影机所拍摄的画面,右眼只看见右面摄影机所拍摄的画面。由于两只眼睛看到了同一物体的两个不同的画面,这就与人们平时看到有体积并有远近感的物体一样,产生

◎ **高科技大观:**

全息图的产生可以追溯到300多年前,但直到1960年人类发明了激光器以后,全息摄影才得到真正较快的发展。如今,全息摄影可应用于工业上进行无损探伤、超声全息、全息显微镜、全息摄影存储器、全息电影和电视等许多方面。激光全息摄影是一门崭新的技术,它被人们誉为20世纪的一个奇迹。

了明显的立体感。

3D电影是未来电影发展的趋势，因为它带给人们的是最真实、最逼真的体验！

24.为什么激光唱片比传统唱片更先进？

◇ **名词解释** 数模转换：在通信系统中，模拟信号和数字信号是两种基本的信号，数模转换就是把数字信号转换为信息基本相同的模拟信号。

传统的密纹唱片又称为LP唱片，它记录信号的方式是模拟方式。而激光唱片采用数字方式，无论在声音容量上还是在声音质量上，它都比LP唱片更先进。

LP唱片的基本工作原理是利用沟槽即音槽来记录声音信号，而激光唱片（简称CD）是由许多圈的凹坑组成的，这些长椭圆形的凹坑就是所记录的数字声音信号。凹坑的深度为 0.1微米，宽度为 0.5微米，每一个凹坑的长短包含着信号的成分，其最短为0.87μm，最长为3.18μm。当激光照在这些凹坑上时，凹坑与凹坑之间的平坦部分将入射光完全反射，即反射光等于入射光；而有凹坑的地方入射光则产生绕射，这样反射光变弱，这些反射光照到光敏元件后就变成了一组强弱不同的电信号。激光唱机正是利用反射光的强弱变化，使光敏二极管上产生电信号变化，经过预处理即得到了从唱

⊙ 早期的 LP 唱片播放器

片上读取的数字声音信号，这些数字信号再经过EFM解调、错误纠正、数模转换等电路的处理，就可再现最初所记录的模拟的声音。

激光唱片是以凹坑的形式记录信号的。为了方便操作，并考虑到人们的听觉习惯只做成一面，由凹坑组成的许多同心圆轨迹间的间隔只有1.6微米。所以，虽然唱片的直径只有12cm，仍能记录60分钟的声音信号，而直径为30cm的传统密纹唱片，两面加起来记录声音的时间仅为50分钟。

25.触摸屏为什么用手触摸就能反应？

◇ **名词解释** 超声波：指频率高于20000赫兹的声波，它方向性好，穿透能力强，易于获得较集中的能量，可用于测距、测速、清洗、焊接、碎石、杀菌消毒等。

早先，人们通过键盘向计算机输入信息，发布命令。鼠标诞生后，人们就喜欢用鼠标来向计算机发布命令，因为它操作起来十分简单。触摸屏的出现，是计算机输入技术的又一个创新，只要用手指在上面轻轻一点，就完成了信息输入，达到了发号施令的目的。即使完全不懂计算机的人，不经过专门训练，也可以操纵自如。

触摸屏的工作原理并不复杂，它是把显示区域与计算机的一定功能联系起来，屏上的每一个触摸点都对应着一个功能开关，当你的手指接触到这个开关区域时，等于打开了这个开关，相应的计算机程序就会执行预先设计好的一系列命令。可以看出，测量出触摸点的准确位置是触摸屏技术的关键。那么触摸屏如何知道触摸的具体位置呢？有一种表面声波触摸屏，它在屏幕左上角和右下角配备了水平方向和垂直方向的超声波发射器，右上角则安装了两个相应的超声波接收器，工作期间，超声波发射器始终发射超声波。当人们触摸屏幕时，手指阻止和吸收了一部分超声波，使超声波能量有所衰减，手指的位置不同，减弱的程度就不一样，超声波接收器发现超声波的能量减弱后就可以立即算出手指所在位置的坐标值，并立即作出反应。

如今，触摸屏已经广泛应用于包括手机、数码相机、平板电脑在内的各个电子产品领域。

26.液晶为什么能够显像？

◇ **名词解释** 电场：电荷及变化磁场周围空间里存在的一种特殊物质。虽然电场并不是一种由分子或原子组成的真实物质，但它是客观存在的。

液态晶体是处在液体与晶体之间的一种有机化合物，既具有液体的流动性，又具有晶体的光学性质，简称"液晶"。液晶分子的排列是有一定规则的，但它的"性格"非常娇气，对磁、电、光、声、热、力等外界条件的变化非常敏感。例如，当电磁场或者温度变化时，其分子排列立刻发生变化，从而破坏它的光学性能，这叫做电—光效应。科学家们正是利用它的电—光效应，通过控制内部扰动范围的大小、形状和部位，从而达到显示数字和图像的目的。根据液晶这种特殊的性质，制成的液晶显示器在现实生活中有了广泛的应用。

> ◎**高科技大观：**
>
> 液晶种类很多，通常按液晶分子的中心桥键和环的特征进行分类。目前已合成了1万多种液晶材料，其中常用的液晶显示材料有上千种。液晶显示材料具有明显的优点：驱动电压低、功耗微小、可靠性高、显示信息量大、彩色显示、无闪烁、对人体无危害、生产过程自动化、成本低廉、便于携带等。

液晶为什么能显像呢？原来这种液态光电显示材料，利用液晶的电—光效应把电信号转换成字符、图像等可见信号。液晶在正常情况下，其分子排列很有秩序，显得清澈透明，一旦加上直流电场后，分子的排列被打乱，一部分液晶变得不透明，颜色加深，因而能显示数字和图像。液晶显示器中的液晶是夹在两块玻璃之间的。它的显示原理是当电压加在液晶的某个点上时，该点便变黑。液晶显示器的后面有发光装置，为液晶显示提供背景光。这是因为液晶只反射光，而当环境黑暗的时候，没有背景光就看不见显示。

27.为什么说纳米的世界超乎你的想象？

◇ **名词解释**　微观世界：通常人们将感官所不能直接感觉到的微小的物体和现象分别叫做"微观物体"和"微观现象"，而将这些物体和现象的总体叫做"微观世界"。

纳米是一种长度单位，符号为nm。1纳米是1米的十亿分之一，相当于10个氢原子一个挨一个地排起来的长度。假设一根头发的直径为0.05毫米，把它径向平均剖成5万根，每根的厚度即约为1纳米。纳米材料就是符合纳米要求的可以应用的那些材料。科学家们在研究物质构成的过程中，发现在纳米尺度下隔离出来的几个、几十个可数原子或分子，显著地表现出许多新的特性。纳米世界就是一个微观世界，纳米技术就是我们操纵微观世界要使用的技术。

纳米是如此的小，小到我们的日常生活中根本就用到这一计量单位。可是你知道吗？纳米的效用却大得惊人，以纳米为标量的纳米材料所体现的超常规性质甚至超乎你的想象。

在纳米的世界

⊙ 纳米芯片

里，物质的某些性质会发生质的变化。如导电性能良好的铜在纳米级就不导电了；而绝缘的二氧化硅在纳米级却开始导电！二氧化硅陶瓷颗粒缩小到纳米级时，脆性的陶瓷竟然具有了韧性！普通的铁块已经难以压断了，可纳米铁的抗断裂能力比它还强12倍！就算你能折断手腕粗的普通铁棒，你也折不断一根拇指粗的纳米铁条。普通金块要1063℃才溶化，普通银块要960.8℃才熔化，而纳米金在330℃就化为液体，纳米银在100℃就再也保持不住它的棱角！

28. 为什么说我们的世界正在走向黏合？

◇ **名词解释** 铆钉：一种金属制一端有帽的杆状零件，穿入被连接的构件后，在杆的外端打、压出另一头，将构件压紧、固定。铆钉有各种各样的形状。

有这么一种神奇的物质，如果将它涂在两块钢板上，钢板将紧紧粘住，甚至连八匹马也拉扯不开。这种神奇的物质就是黏合剂。

黏合剂是一种能把各种材料紧密地黏合在一起的化学物质，它又被称为"黏结剂"或"胶黏剂"。因为它大多呈液体状态，所以又有人干脆称它为"胶水"。典型的黏合剂，它在形成连接接头前的某个阶段，一般应是液体，因为只有液体才容易粘接在被粘接零件表面上。在一定的条件下（温度、压力、时间等），它能凝固成坚硬的固体，同时，将被粘接的材料紧密结合成一个整体。黏合剂不禁具有极强的黏结性，而且还具有耐水、耐热、耐腐蚀、密封性好、重量轻等各种优良性能，因此它的用途是多方面的。

黏合剂与现实生活紧密结合的程度让人吃惊。你知道吗？在航天工业中，每制造一架喷气式飞机至少要用360千克黏合剂，而用这些黏结剂粘结的面积占总结合面积的60%以上——这样可省去20万个铆钉。牙科医生用医用黏合剂修补牙齿，外科医生用胶粘结血管、肌肉组织，用氰基丙烯酯粘合伤口，10秒钟内即可粘牢，既不需要打麻药，又可免除病人缝合时的痛苦。英国的一位工程师甚至用黏结剂加固桥梁,他通过黏结钢板加固一座桥,竟使其负载能力由原来的110吨提高到500吨。

除此之外,黏合剂在汽车制造、电子工业、生活日用品制造方面,也有着广泛应用。可以毫不夸张地说:我们的世界正在走向粘合!

29.为什么说智能陶瓷是未来世界的主材料?

◇ **名词解释** 陶瓷:是陶器和瓷器的总称,它的主要原料是黏土、长石、石英等。人们先把原料磨成粉,再按一定比例混匀,加工成型,然后送入窑内高温烧结即可制得。

在科学家们的努力之下,最近十几年,新材料的家族中又多了不少新成员,智能陶瓷就是其中的一个,它是未来世界的主要生活生产材料。

智能陶瓷和传统的陶瓷完全是两码事。智能陶瓷有很多奇特的性质,比如它能适时感知与响应外界环境的变化,实现自测、自诊断、自修复、自适应等很多功能。

我们看下面一个例子:在乘车时,我们常常饱受颠簸之苦。但是当我们给轿车装上智能陶瓷减震器之后,我们坐在车内就像是躺在席梦思床上一样。因为该减震器具有识别路面并自行调节的功能,它能将粗糙路面形成的震动

◉ 智能陶瓷材料的水壶

减到最低限度。据测算,整个感知与调节过程大概只需要20秒钟。此外,倘若遇到雨天,智能陶瓷制成的雨刷比普通雨刷能更好地完成刷雨的任务,因为它能自动感知雨量,自动将雨刷调节到最佳的速度。

此外,随着现代陶瓷技术的进步,科学家又制造出了各种类型的新型陶瓷,如具有转换气、热、电、磁、声、光等功能的各种"功能陶瓷",用于人或动物肌体、具有特殊生理功能的"生物陶瓷"等。

应该说,智能陶瓷材料的研究和开发目前正处于兴起阶段,它的应用将对汽车、造船、建筑、机械、家电、航天、国防等工业领域产生重要影响,因此是材料科学家们的一个主攻方向。

30.为什么记忆合金能"记忆"?

◇ **名词解释** 熔点:指在一定压力下,固体由固态转变(熔化)为液态的温度。

合金是一种金属与其他金属或非金属所组成的、具有金属特性的物质。合金熔点低于任一种组成金属的熔点,硬度比其任一种组成金属的硬度大,导电性和导热性低于任一组成金属,有的抗腐蚀能力很强(如不锈钢)。利用合金的这些特性,可以制造高电阻和高热阻材料,还可制造有特殊性能的材料,如在铁中掺入15%的铬和9%的镍,就能得到一种耐腐蚀的不锈钢,适用于化学工业。

在众多的合金中,记忆合金或许是最有趣的。

记忆合金,顾名思义,就是带有"记忆"功能的合金。

⊙ 有许多高档眼镜的边框就是采用记忆合金材料

可是它真的具有意识、能够记忆吗？不是的，它只是一种能够在适当条件下恢复原状的合金体，即形状记忆合金，在外力作用下会发生变形，当外力去掉，在一定的温度条件下，又能回复原来的形状。

记忆合金变形的过程中发生了马氏体转变，因而能回复原状。把金属或合金以较快的速度从高温冷却，就会出现一种新的结晶体，这种新结晶体叫马氏体，这种转变叫马氏体转变。因为冷却速度快，原子的相对位置变化不大，所以原子间不存在相互扩散现象，只是重新组合成新相。

记忆合金可以完全回复原状，即使反复变形500万次，也不会产生疲劳断裂，因而具有许多奇妙的用途。

31.为什么超级塑料这么受追捧？

◇ **名词解释**　天然材料：相对于人工合成材料而言，指自然界原来就有、未经加工或基本不加工就可直接使用的材料，如棉花、沙子、石油等。

多少世纪以来，人们使用的各种材料都直接取自大自然，或是由天然材料加工而成，它们的品种和性能都受到很大限制。随着科技的进步，各种人工合成高分子材料应运而生。

塑料在人工合成的有机高分子材料中诞生最早，发展最快，产量最高，和人们生活的关系也最密切。塑料的显著特点是具有可塑性和可调性。可塑性是指采用最简单的工艺，就可以在短时间内制造出形

◎ **高科技大观：**

高分子化合物的分子链形状细长，或者首尾相连，或者含有小支链，相互交连，吸引力非常强，在强度、弹性等方面都比低分子物质优越许多。人工合成的有机高分子材料的品种很多，主要包括一般说的"三大材料"，即合成纤维、合成橡胶和合成塑料。此外，还包括合成油漆、涂料、胶粘剂和一部分液晶。

状极复杂的塑料制品；可调性是指在生产过程中，可以用改变工艺、变换配方等方法来调整塑料的各种性能。此外，塑料还具有重量轻、不导电、不怕酸碱、不传热的优点。

经过科学家的研究，现在又出现了许多超级塑料：能导电的塑料；比钢的强度高5倍的塑料；耐高温的塑料；既可挡光、隔氧，又可保味，具有多种性能的塑料……

超级塑料在现代非常受追捧。20世纪90年代，美国的科学家成功试飞了一架小型塑料飞机，机身上的部件全部是由塑料制成的，它代表着航空工业的明天。

超级塑料是飞机部件的天然材料，它像钢铁一样坚硬，可以取代金属。再者，超级塑料部件质量相当于相同铝部件质量的一半，因而塑料飞机的耗油量可降到普通飞机耗油量的1/3。

在军事上，现在用超级塑料制成的头盔，已完全取代了钢盔，这种塑料头盔防弹性能更好，而且重量轻，使士兵感到更加舒适。

32.为什么说海水也是我们的电能来源？

◇ **名词解释**　热带：天文地理学上的低纬地带，一般位于赤道两侧，南北回归线之间。

在能源日益紧缺的今天，科学家想尽各种方法来创造新能源。经过长期研究，科学家发现利用海水的温差也可用来发电。

海洋中拥有140亿亿吨海水。太阳辐射给地球的热能，经大气层吸收和反射后，地面上吸收的热能仍然高达80亿千瓦，海水吸收了其中大部分。

不过在海洋深处的海水是很冷的。即使是在赤道两侧的热带海区，一到数十米以下，海水温度就开始迅速下降。到500米深时，海水的温度便只有5℃～7℃。到2 000米以下，就下降到2℃左右了。可以说，海洋的深处，就是一个冷冰冰的世界，像是一个大冷库。

这样，海洋中的温度就存在着差异，有时有20℃左右的差距。利用这种温差可将海洋热能转变成电能，这种发电方式就称为海水温差发电。用这种方法发电，多变的潮汐和海浪不会对它产生影响，一点燃料也不用消耗，也不会对环境造成污染，不仅可以产生电，而且每天还可以获得大量味道甘甜的淡化海水。

另一种利用海水温差发电的方法，是在被太阳晒热的温海水发挥作用的条件下，使被加压的一种液体氨变成蒸气，用这种蒸气去推动发电机发电。

33.为什么等离子体可以发电？

◇ **名词解释** 转子、定子：发电机的主要部件，转子的主要作用是产生旋转磁场，而定子的主要作用是在旋转磁场中被磁力线切割进而产生电流。

我们知道，一般的气体是不带电的，但若把它们加热到几千摄氏度高温的时候，气体分子的运动大大加剧，巨大的热能可把组成气体分子的原子分离成带正电的阳离子和带负电的自由电子。此时，电子和离子带的电荷相反，但数量相等，这种状态被称为等离子态，这样的气体就叫做等离子气体。

等离子态常被称为"超气态"，它和气态有很多相似之处，比如没有确定形状和体积、具有流动性等。科学家们根据等离子体的性质，发明了磁流发电机。

物理常识告诉我们，一般的发电机发电，是通过转子在定子中旋转，反复切割磁力线来产生并输出电能的。而用等离子气体发电，再也看不见飞快转动的转子了，取而代之的是一股高速流动的等离子气体。

等离子气体在发电机中被加热至3000℃左右的高温，并以2000米/秒的速度穿过定子的内部，犹如一根导线，不停地切割定子磁场的磁力线。在磁场的作用下，阳离子和自由电子分别向定子的两壁运动，如果这时在定子内壁的两侧装上导电的电极，并和外面的用电设备接通，那么电流就会源源不断地向外流出。这就是新型的发电技术——磁流体发电。

◎ **高科技大观：**

在茫茫无际的宇宙空间里，等离子态是一种普遍存在的状态。宇宙中大部分发光的星球内部温度和压力都很高，物质差不多都处于等离子态。只有在那些昏暗的行星和分散的星际物质里才能找到固态、液态和气态物质。人类可以利用它放出大量能量时产生的高温，切割金属、制造半导体元件、进行特殊的化学反应等。

磁流体发电最大的特点就是把火力发电厂中的锅炉、汽轮机和发电机来了个"三合一"，从而减少了损耗，大大提高了发电机的效率。它的最高效率为60%，比普通的火力发电提高了20%～25%。

34.为什么可以用激光来鉴别古董？

◇ **名词解释** 蒸气云：光谱分析放电间隙，由于高温使试样蒸发、分解转化为气态原子蒸气，通称蒸气云。

古董是高价值收藏品，蕴藏着极高的利润。一些人为了获得暴利，往往拿假的古董去进行蒙骗。为了鉴别古董的真伪，科学家提出了用激光来鉴别古董的新方法。

那么，为什么可以用激光来鉴别古董呢？

原来，激光也是光，但又不同于普通的光。激光具有特别高的亮度，比太阳光亮100亿倍以上。可以在千分之一秒不到的时间内，在钢板上射出孔来。即使是金刚石，在它的照射下也会顷刻化为一缕青烟。

1859年法国科学家基尔霍夫发明了光谱分析法。他发现，每一种元素发出的光都能组成一种特定的曲线，正如我们都熟悉的指纹——不

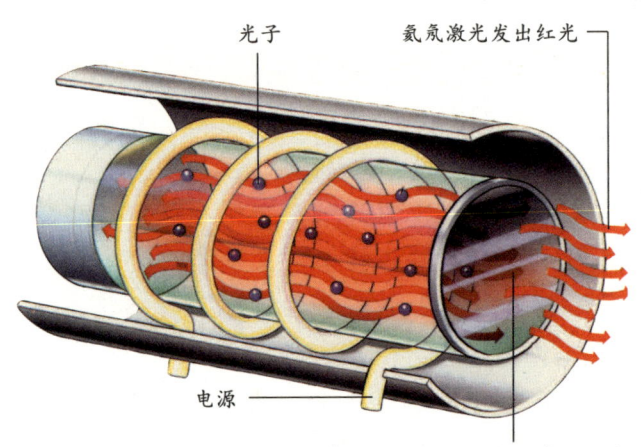

激光束物理结构示意图

同的人，指纹是不同的。这样，只要看见了具有某种特征的光的谱线，就等于看见了某种元素。

光谱分析法在鉴别文物方面功效非常独特。将激光在文物表面的一个极其微小的区域（我们称之为试样）内聚集，并使那一点汽化，直接对蒸气云的发光进行观察，然后再放电对光谱进行观察，通过分析鉴定文物的成分和年代，就能准确地得出结论。

35.为什么机器人能够在太空工作？

◇ **名词解释** 传感器：一种物理装置或生物器官，能够探测、感受外界的信号、物理条件（如湿度、光、热等）或化学组成，并将探知的信息传递给其他装置或器官。

宇航员在太空工作时尽管有耗资巨大的安全保障系统，但生命仍然时刻受到威胁。因此，一些国家在开发高级太空机器人，希望它们能代替宇航员完成预定的工作。

太空机器人多由特殊的复合材料制成，具有抗辐射性好、耐高温、耐低温等特性。

太空机器人配备有各种先进的智能传感器。它有多条操作臂和爬行腿，操作臂上安装有力觉传感器、触觉传感器等多种传感器件，配合三维彩色的视觉传感器，从而达到多臂协同、"手眼"协同的要求。

人们还可以通过远距离通信网络和高速计算机系统，操纵太空机器人工作。

太空机器人还具有较高的智能。具有自主控制能力的高智能太空机器人，能够感知外界环境的变化，自动适应外界环境；它还具有自动修改和编制计算机程序的能力，并能对自身或其他机器人发生的故进行自动诊断和修理。

36.磁悬浮列车为什么能悬浮？

◇ **名词解释** 超导：许多导体在很低的温度下，电阻会突然消失，成为完全无电阻的导体，这种现象叫超导现象，这样的导体就是超导体。

在众多高技术含量的列车中，磁悬浮列车是一种非常理想的类型。这种列车运行的时候与众不同，它不是紧贴着钢轨行驶，而是悬浮在轨面上飞驰。

磁悬浮列车是利用电磁相互作用力，使列车在轨道上悬浮起来高速运行的新型交通工具。由于车轮与铁轨间不接触、无摩擦，运行速度可大大提高。那么，磁悬浮列车怎样悬浮和前进呢？

磁悬浮列车与超导技术联系十分紧密。科学家发现，处在超导状态之下的物质，具有完全导电性和完全抗磁性。超导体的完全抗磁性，会对磁铁产生向上的斥力，足以抵消磁铁的重力，磁铁便会悬空飘浮。磁悬浮列车正是

◎**高科技大观：**

由于超导体没有电阻，在电流流过时就不会因为发热而损失电能，因此采用超导电线可以实现远距离无损耗输电，减少能源浪费。超导体中每平方厘米可以流过几十万安培的强大电流，因而可产生很强的磁场。用超导体制成的超导发电机的功率可比目前的发电机高100倍以上。高速超导电子计算机的计算速度可达每秒几百亿次以上。

利用这一原理,将超导磁体安装在列车底部,轨道则用连续的良导体薄板铺设。当电流从超导体中流过时,产生磁场,就会形成向下的推力,当推力与车辆重力平衡时,车辆就可悬浮在轨道上方。通过改变电流来控制超导体产生的磁场强度,就能调整悬浮高度。

那么,列车前进的动力是什么呢?原来,在磁悬浮列车启动以后,自动控制系统把电流馈送给装在车前轨道垂直面上的电磁线圈,使装在列车前部的超导磁铁受到吸引,产生强大的吸力,吸引车身前进,而自动控制系统控制轨道上的磁场向前推移,车上的超导磁铁不断受到吸引,列车便向前驶去。磁悬浮列车循轨道腾空行驶,没有摩擦,便可达到加快行车速度、消除噪声、减小震动、制动平稳、高速等预期目的。

37.为什么太阳能汽车不耗燃油也能行驶?

◇ **名词解释** 直流电:又称恒电流,是指方向和时间不做周期性变化的电流,但电流大小可能不固定。

随着人类对能源利用的加剧,我们生存的地球面临越来越严峻的环境形势。为了应对这一问题,在交通制造领域,科学家们提出了建造新能源汽车的设想,希望用新能源来代替行将枯竭的传统能源。

所谓新能源汽车是指采用非传统的车用燃料作为动力来源或使用传统的车用燃料、采用新型车载动力装置,综合车辆的动力控制和驱

⊙ 太阳能汽车
⊙ 光电效应原理:当光线照射在金属表面时,金属表面的电子吸收外界的光子而逸出金属表面。

动方面的先进技术，形成的技术原理先进、具有新技术、新结构的汽车。它包括混合动力汽车（HEV）、纯电动汽车（BEV，包括太阳能汽车）、燃料电池电动汽车（FCEV）等。

在众多新能源汽车中，太阳能汽车是科学家较早研发的一种。和传统的汽车相比，太阳能汽车已经没有发动机、座盘、驱动、变速箱等构件，而是由电池板、储电器或蓄电池以及电机组成，采用太阳能电池做动力源，车的行驶只要控制流入电机的电流就可以解决。根据光电转换原理，能立即产生直流电，供给直流电动机，驱动汽车行驶。汽车只装有太阳能电池板，无光照射时就无法行驶。如果要使太阳能汽车在阴天或夜间也能行驶，需要把太阳能电池板产生的电能，一部分供电动机驱动汽车，另一部分供蓄电池充电。这样，没有阳光时，蓄电池便可为电动机供电，让汽车行驶。

不过，由于技术有限及太阳能汽车造价太高等原因，目前太阳能汽车仍处于实验改进阶段。

38.无声手枪为什么可以没有声音？

◇ **名词解释**　枪膛：枪管中装送子弹的部分，是枪械最重要的部分。一支枪的枪膛的口径、长度决定了枪的射程和杀伤力。

你一定听到过"无声手枪"这个名词吧？其实，无声手枪应叫微声手枪，因为它在射击时并不是一点声音也没有，只不过声音很小罢了。

无声手枪的奥妙是在枪管外面接一个附加的套筒，叫做消声筒。消声筒前半部分长出枪口，其结构有多种。有的是由十几个消声碗连接而成，消声碗好似无底的小碗装在消声筒内，当高压气体从枪口喷出，遇到第一个消声碗，气流便在这里膨胀一次，消耗一部分能量。经过若干次膨胀后，这高压气体到达消声筒的出口时，其压力、速度和密度，已降到和外界空气差不多了。有的是在筒内装有卷紧的消声丝网，枪

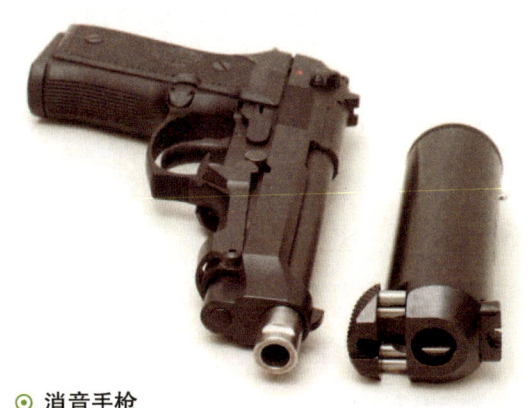

○ 消音手枪

口喷出的高压气体进入消声丝网，大部分能量就会被其消耗掉。有的在筒的前端采用橡皮密封，弹头由枪口射出，穿过橡皮，橡皮很快收缩，阻止气体外流。有的是在消声筒的出口处安装像照相机快门一样的机械装置，靠火药气体作用自动打开，将子弹放跑后迅速关闭。还有的在消声筒后半部套住的枪管上，开有一些细小的排气孔，来放出枪膛内的一部分火药气体，减少枪口处气体压力。此外，无声手枪的子弹也与众不同。它采用速燃火药，发火后燃烧速度很快，从而使枪口处的火药气体相对微弱了。

由于采取了上述一系列消声措施，无声手枪的弹头初速较小，低于声速，避免了弹头飞行时的啸叫，在一定的距离外就听不到枪声了。如果用无声手枪在室内射击，室外听不到声音。在一定距离上，白天看不见火焰，夜晚看不到火光。但是，无声手枪的有效射程有一定的局限性，所以，无声手枪只适用于近距离作战。

39.防弹背心为什么能防弹？

◇ **名词解释**　动能：指物体由于运动而具有的能量，它的大小为物体质量与速度平方乘积的一半。

防弹背心我们经常能在电影或电视上看到：警察身穿一件像棉背心一样厚厚的背心，当匪徒用枪打中他时，他并没有流血受伤。

防弹背心是用什么材料制成的？它为什么能防弹呢？

防弹背心确切地说是一种像盔甲一样用于减少子弹伤害的防护

衣,它是"能吸收和耗散弹头、破片动能,阻止穿透,有效保护人体受防护部位的一种服装"。防弹背心可分警用型和军用型两种。从材料看,防弹背心可分为软体、硬体以及软硬复合体三种。

用来制作防弹背心的材料叫防弹纤维,它是由多种化学物质融合而成的。其特点是密度低、质量小、强度高、韧性好、耐高温、耐化学腐蚀、绝缘性好、易于机械加工和成型。它的强度比钢高6倍,质量却只有钢的六分之一。用这种纤维来做成10层的防弹背心,质量却只有750克,穿在身上可以抵御轻型机枪子弹的射击,子弹根本无法穿透防弹背心,更不要说伤人了。防弹背心就是靠这种防弹纤维来防弹的。这种防弹纤维不仅可以制成背心,也可以用来制成防弹头盔、防弹玻璃。

防弹头盔质量很轻,防弹的性能却大大优于标准钢盔。警察在执行任务的时候戴上防弹头盔与穿上防弹背心自然就安全多了。而安装了防弹玻璃的车和房子可以用来保护一些重要人物,当有人用枪行刺某一重要人物时,子弹只会卡在防弹玻璃上或被反弹回去。

40.坦克为什么被誉为"陆战之王"?

◇ **名词解释**　潜望镜:指从海面下伸出海面或从低洼坑道伸出地面,用以窥探海面或地面上活动的装置,常用于潜水艇、坑道和坦克内用以观察敌情。

自从20世纪初英国发明并首先使用坦克以来,坦克在战场上发挥着越来越重要的作用。凭借出色的陆战能力,坦克被人们誉为"陆战之王"。

作为一种火力强大、装甲坚固、机动快速的陆战武器,坦克既能有效保护自己,又能有力打击敌人。

坦克都带有整套的火控系统。火控系统包括火炮瞄准镜、激光测距仪、电子弹道计算机、双向稳定器、夜视仪、无线电传感器、电子或液压操纵系统、控制与显示装置等。无论白天还是黑夜,停止还是行进

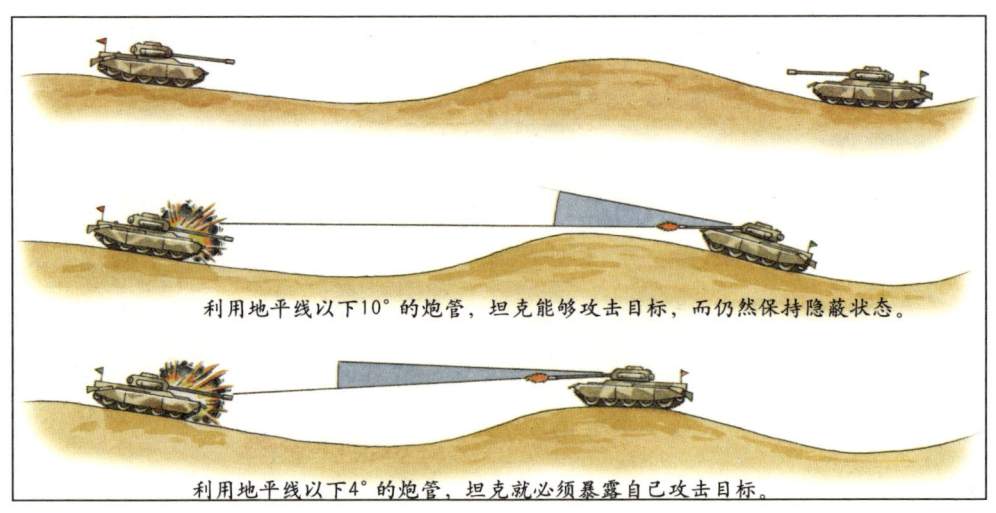

利用地平线以下10°的炮管,坦克能够攻击目标,而仍然保持隐蔽状态。

利用地平线以下4°的炮管,坦克就必须暴露自己攻击目标。

● **坦克战术**

利用地形,经验丰富的坦克兵能够定位敌人。他们可以在不暴露自己的情况下攻击敌人。如果主火力可以压得足够低,他们就可以在这个位置攻击敌人。如果坦克向前推进,炮弹仍然使用同一角度攻击敌人的话,就会暴露自己而遭到敌人坦克的攻击。

状态,火控系统都能又准又快地确定火炮射击的方向和距离,保证火炮迅速地瞄准和击毁敌方的目标。

坦克的车体和炮塔上有许多小窗,这些小窗上安有潜望镜、主动红外夜视仪、微光夜视仪、被动红外夜视仪等光学仪器,它们就像一只只明亮的"眼睛",使车里的人可以看到坦克外部的情况。坦克拥有一双"铁脚板"——履带,即使是在一般轮式汽车难于通行的地域,它都可以通行。坦克能够攀登80厘米到1米高的垂直崖壁,能够跨越2.5～3米宽的壕沟,此外,还能爬30度左右的陡坡。正是因为有这么多优点,所以坦克被人们誉为"陆战之王"。

◎ **高科技大观:**

坦克虽然具有高超的越野性能,但是,车体在行驶中也是非常颠簸的。这样一来,坦克上的火炮要想击中目标,就好比跑马射箭,实在不容易。为了解决这个问题,新型坦克都装有火炮双向稳定器,这样可保证坦克车体在颠簸中仍能准确地击中目标。

41.为什么说预警飞机是空中指挥所？

◇ **名词解释** 雷达：一种利用电磁波探测目标的电子设备，一般包括发射机、发射天线、接收机、接收天线、处理部分以及显示器等部件。

在提供情报信息方面，侦察飞机和侦察卫星做得已经足够好了，可是，还有一种军事装备更出色，工作也更便利，这种军事装备就是预警飞机。

预警飞机在机身上比普通飞机多背了一个像蘑菇一样的大圆盘。圆盘中装着搜索雷达和敌我识别器的天线，这个直径达7米多的大圆盘实际上就是特制的天线罩。看上去笨拙的大个头圆盘其实很灵活，它能在360度的各个方向扫描搜索，每分钟就能绕轴旋转6圈。也就是说，它敏锐的"眼睛"向上还可以看到太空里飞行的人造地球卫星并与其协调合作，向下能发现低空飞行的各种活动目标，以及雷达和导弹阵地的布防等情况，而且还能看到地面的坦克、卡车的调动，甚至能看到潜艇的通气管和潜望镜。

实际上，用预警飞机作战，等于把一个指挥中心搬上了天空，因为在高空飞行的预警飞机直接联系了海、陆、空三军，使它们以最快的速度协同作战，协调整个战场的防空、侦察、空运、营救、护航和空中支援等活动，成为兼管"警戒、控制、通信"三项任务的空中指挥所。例如，在1982年的中东战争中，以色列一架美制E-2C空中预警飞机，飞

◉ 美国E-2C"鹰眼"预警机

到黎巴嫩贝卡谷地的导弹发射基地和叙利亚国内机场，在9千米高空中进行监视，并将那里每种情况的数据立即传送给自己的作战飞机。结果，以色列的飞机几分钟内就将叙利亚的19个导弹基地、200多枚地对空导弹和几十架飞机全部炸毁了，从而使以色列完全掌握了作战的主动权。

42.隐形飞机为什么能隐形？

◇ **名词解释** 红外探测：指利用红外辐射进行探测，具有这种功能的仪器叫红外探测仪，它能把接收到的红外辐射能转换成一种便于计量的物理量。

在1991年的海湾战争中，美国派出1500余架次隐形飞机执行任务，结果却没有一架被击落，整个世界为之震惊。隐形飞机为什么这么神奇？它隐藏着什么秘密？

其实，隐形飞机只是一种比喻的说法，并不是说这样的飞机能从人的视觉中消失。对于这一点在1999年美国轰炸南斯拉夫联盟共和国（简称南联盟）时就有明显体现，当时南联盟军队击落一架隐形飞机，究其原因，竟是飞机被一位老太太发现，通知南联盟军方将其击落的。由此可见，隐形飞机若在人们的视野内出现是不能逃过人们眼睛的。

隐形飞机的名字来源于它能隐身在敌人的侦察探测和预警设备中，也就是敌人的雷达、红外探测和声波探测等对隐形飞机没有反应，若不是被敌人肉眼看到就不可能被察觉，从而实现了隐形。一般情况下，隐形飞机飞行高度很高，往往在云层以上，不可能被肉眼发现，而机器设备也察觉不到它的存在，这样神不知鬼不觉地来到对方的头顶上给予致命的打击，又悄无声息地离去，成了名副其实的"隐形杀手"。

隐形飞机是如何做到不被雷达发现的呢？这要从雷达的原理说起。雷达通过发射电磁波，当电磁波遇到物体后被反射，由雷达的接收装置接收，从而确定物体的存在及其位置。针对这一原理，首先对隐形飞机的外形进行了改造，尽量使电磁波不反射回雷达的表面，而使电磁波射向四面八方，使雷达接收不到，而且，隐形飞机的表面还涂有隐形材料，这种材料是用铁的氧化物和一些绝缘材料合成的物质，它能将雷达发射出的电磁波在飞机表面被转化成热能并将其吸收掉，不再反射给雷达，就这样，雷达这只"千里眼"便失明了。

43. 为什么飞机在空中也能够加油？

◇ **名词解释**　机载计算机：指安装在飞机上的计算机系统。

在空中加油机出现以前，飞机在飞行过程中燃油即将耗尽，只能就近着陆实施陆上加油。空中加油机出现以后，这种情况发生改变——飞机在空中也能够加油了。

空中加油是在加油机和受油机的共同配合下完成的。早期的空中加油设备简陋，加油时加油机在上方，受油机在下方。由加油员手持加油管，对准受油口，依靠加油机与受油机的高度差进行重力加油。后来成功研制了空中加油吊舱，使空中加油技术发展到一个新阶段，并实现了一架加油机同时给几架飞机（最多3架）加油，同型飞机相互之间加油。在加油的过程中，受油机保持好飞行状态，使加油机和受油机之间的距离、高度差保持不变。

20世纪90年代以来，美国及欧洲一些国家加速改进其加油机。除装换新型发动机以外，在加油技术上采用了自动加油管理系统和自动加油管结合系统。自动加油管理系统能在保持飞机最佳的重心位置和飞行状态的同时，使加油机迅速向受油机大量加油，并由机载计算机来计算油箱阀门和油泵的最佳开关时机；自动加油管结合系统可替代伸缩管操纵员，受油机只要保持在加油机后面结合区的一定位置，加油机的结合系统就会自动捕捉住受油机的结合系统并实现与加油管的结合。

有了空中加油技术以后，飞机在飞行中油用完了，就不必再麻烦地着陆加油，只要进行空中加油便可以了，方便快捷，大大地节省了时间。如今，无论是民用还是军用飞机，均能够实现空中加油。

44.无人驾驶飞机为什么能在空中自由飞行？

◇ **名词解释** 航空模型：各种航空器模型的总称，它包括模型飞机和其他模型飞行器。航空模型有尺寸限制，可带发动机也可不带发动机，不能载人。

  飞机的出现让人类征服天空成为可能，人类凭借自己的聪明才智制造了各种各样的飞机。在各类飞机中，无人驾驶飞机是一个新鲜类型，同时也是极具发展前景的一个类型。

  无人驾驶飞机依靠遥控或者自控飞行。它的控制原理与遥控汽车、舰艇和航空模型或者由声音、磁场控制的儿童玩具一样，只不过具体机制要复杂得多。通常远距离指挥无人机按预定航线飞行叫做遥控飞行。遥控飞行需要有远距离的指挥站或遥控站，与无人驾驶飞机组成一套完整的系统。操纵人员在指挥站内借助无线电指令引导系统操纵无人驾驶飞机，指挥无人驾驶飞机按预定路线飞行。遥控的方法有有线遥控、无线遥控、声音遥控、光学遥控等多种，其中以无线遥控的应用最为广泛。无人驾驶飞机还可以无须依赖机外指挥站，靠机上的电子计算机系统自主完成飞行动作，人们称之为自控飞行。

  现代无人驾驶飞机小巧灵活，成本低，遇到机毁时没有人员伤亡的危险，与有人驾驶飞机相比，它们更适合在高度危险的环境下工作，能完成有人驾驶飞机无法完成的任务。

45.为什么说核潜艇是潜艇家族中的"老大"？

◇ **名词解释** 自持力：指舰艇一次装足按设计要求规定的燃料、淡水、食品等，中途不补给，所能连续在海上活动的最长时间，它是衡量舰船性能高低的重要指标之一。

1955年，世界上第一艘核潜艇"鹦鱼"号下水，由此宣告核潜艇时代的到来。核潜艇比常规潜艇拥有更多的优势，是潜艇家族中名副其实的"老大"。

核潜艇是以核反应堆为动力来源的潜艇，

◎高科技大观：

现代潜艇通常来说是雪茄形的，这种设计相比于最早海龟号的"蛋形"已经有了很大改变，这样的壳体也通常被称为"水滴形壳体"。经过了很长时间的发展，潜艇设计者们发现水滴形壳体是目前发现的水下阻力最小壳体形状，但不得不说的是这种形状却在海面漂浮时抵御海浪的能力也较差一些。

而常规潜艇是以柴油为动力来源的潜艇，两者在动力的效能上是有很大差距的。现在让我们来看看核潜艇是如何利用核能来进行航行的。

物理学常识告诉我们，核动力是通过核裂变产生的能量而获得的。潜艇的核动力装置由核反应堆装置、循环泵、蒸汽发生器和透平机等组成。核反应堆装置工作时，核燃料在反应堆内裂变，产生高

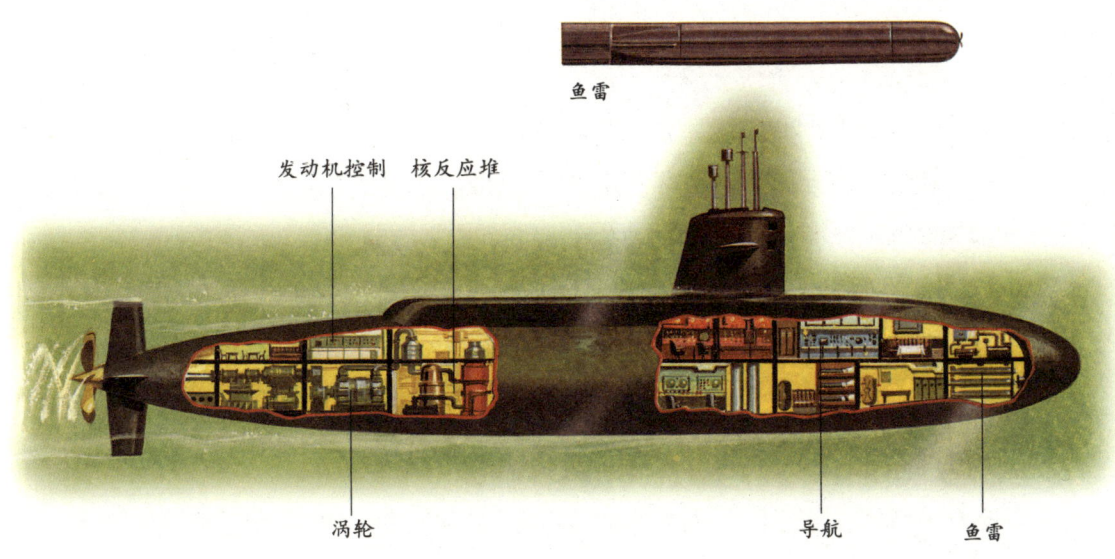

◎ 核潜艇内部结构示意图

温。当循环管路中的压力水经过反应堆时,吸收了大量热能,在循环泵的作用下,高温压力水进入蒸汽发生器,使流经发生器内的水变成高温高压蒸汽,高温高压蒸汽冲动透平机的叶轮转动,艇上的螺旋桨推进器也被叶轮带着一齐转动了,从而完成了由原子能到热能再到机械能的转换。

由于核装置释放的能量大,且持续时间长,因而核动力潜艇推进器的功率都在$1.5×10^7$~$2.2×10^7$瓦以上,水下航速30多节。同时,核潜艇续航能力超强,自持力达60~90天,航程达几十万海里。

如果核装置出现故障,那也没有多大关系,艇上的推进器由应急电动机提供动力,使潜艇能继续航行。

正是因为核潜艇拥有上述这些优点,所以人们说它是潜艇家族中的"老大"。

46.为什么说驱逐舰是海战中的"多面手"?

◇ **名词解释** 鱼雷:一种水中兵器。它可从舰艇、飞机上发射,发射后可自己控制航行方向和深度,遇到舰船,只要一接触就可以爆炸。

辽阔的海面,经常游弋着这样一些舰艇:它们装备各种对地、对空、对海武器,既能侦察、巡逻、警戒,又能护航、布雷及攻击——这就是素有"海上多面手"之称的驱逐舰。

驱逐舰是一种多用途的军舰,以导弹、鱼雷、舰炮等为主要武器,具有多领域作战能力。驱逐舰是海军舰队中突击力较强的舰种之一,用于攻击潜艇和水面舰船,舰队防空,以及护航,侦察,巡逻,警戒,布雷,袭击岸上目标等,是现代海军舰艇中,用途最广泛、数量最多的舰艇。事实上,从本质而言,驱逐舰就是一种大型的鱼雷艇,经过第一次世界大战的洗礼,驱逐舰取代了鱼雷艇而成为一种海上鱼雷攻击的主力,从存在意义上"驱逐"了鱼雷艇。航空母舰混合编队使用的驱逐舰已经成为海军舰队的主要突击兵力，打击敌人鱼雷舰艇的同时还要对敌舰队实施鱼雷攻击。

现代驱逐舰装备有防空、反潜、对海等多种武器，既能在海军舰艇编队担任进攻性的突击任务，又能担任作战编队的防空、反潜护卫任务，还可在登陆、抗登陆作战中担任支援兵力，以及担任巡逻、警戒、侦察、海上封锁和海上救援等任务。现代驱逐舰的舰员们不用再像其前辈那样，在简陋狭窄、颠簸剧烈的舱室里度过他的海上旅程，而是在舒适的封闭的舱室中值勤，利用自动化技术操纵他们的战舰。

47.航空母舰特混编队的规模为什么特别大？

◇ **名词解释** 反潜机：指用于搜索和攻击潜艇的军用飞机，它具有快速、机动的特点，能在短时间内居高临下地进行大面积搜索，同时投掷反潜炸弹。

一个国家可以在远离国土的地方，不依靠当地的地面设施，仅依靠海洋就给对手以军事压力，进而与之作战。能够做到这一点，全因为有航空母舰。

航空母舰一般不单独出航，它往往会组成一个以自己为中心的庞大的舰队群出航。以1艘航空母舰为核心的特混编队，大中型军舰总数在10艘左右，包括潜艇、护卫舰、驱逐舰以及补给舰等，它们分布在600~700平方海里的范围。而以2艘航空母舰为核心的典型特混编队，大中型舰艇则在16~18艘之间。

航空母舰特混编队为什么需要这么庞大的规模呢？

原来，航空母舰编队在海上游弋时，随时面临来自空中、海面、水下和电磁4个方面的威胁，必须具备攻防并举、空舰一体的火力体系。而这一要求，仅靠一两艘航空母舰是难以实现的，这就需要投入很多军舰，组成多层攻防火力体系。以美军航空母舰编队为例，第一层攻防区可以由各舰所携带的350枚巡航导弹，对2500千米以内的地面目

⊙ 一艘巨型美国航空母舰成了小型拖船的海港。

标和460千米以内的水面目标实施攻击；利用20架舰载反潜机对编队范围内的潜艇实施反潜；70架攻击机对地面、水面目标实施攻击；50架战斗机对700千米范围的飞机进行拦截，保证距航空母舰185~400千米距离上的海空安全。第二层攻防区由各舰携带的260枚反潜、反舰导弹、600枚防空导弹、40架直升机，用来打击距航空母舰45~185千米范围内潜艇、水面舰艇和飞机。第三层攻防区则集中各舰的150枚近程防空导弹、30套火神密集阵防空武器系统、220枚鱼雷、160枚反潜导弹，用来对付0.1~45千米范围内的来袭飞机、导弹和潜艇。

可见，一支航空母舰的特混编队要具有强大的突击力和抗饱和攻击能力，显然需要庞大的规模。

48.为什么说未来的导弹是智能导弹？

◇ **名词解释**　人机接口：指人与计算机之间建立联系、交换信息的输入/输出设备的接口，简单的人机接口有键盘、显示器等，高度智能化的人机接口将包含更多先进的设备。

导弹是一种依靠制导系统来控制飞行轨迹继而按制定攻击目标，甚至追踪目标动向的无人驾驶武器。它是20世纪最重要的军事发明之一。

现代战场上的导弹，已经能够利用各种装置，自动准确地攻击目标。但是，军事科学家并不满足于这些，他们正在研发一种具有思维能力的智能导弹。这种导弹能思考，会观察，甚至听得懂人的语言。

智能导弹，关键是采用了图像识别技术。它利用弹内安装的人工智能微型计算机和图像处理装置，把从视觉传感器所获得的图像同数据库中已知武器的图像进行比较。如果是反坦克导弹，它能区分出哪些是自己的坦克，哪些是敌人的坦克。它可以根据计算机存贮器中的坦克信息，在众多的坦克中把要攻击的坦克区别出来。如果是反舰导弹，它不但能识别敌我，而且还能分辨出攻击的目标是航空母舰，还是巡洋舰、驱逐舰。随着科学技术的进一步发展，一旦人机接口技术达到一定的水平，人工智能导弹不仅有"视觉"、会"思维"和自行飞行能力，而且还会有"听觉"和语言能力。它可以借助于计算机和处理装置的帮助，听懂人的语言。只要向它发出攻击命令，说出主攻的方向和所要攻击的目标，它就会像人串门一样，熟门熟路，飞向指定攻击的目标。也许有人认为这只是幻想，其实，在不远的将来，它会像任何先进武器一样，成为军队中的高级武器。

49.核武器为什么具有这么大的杀伤力？

◇ **名词解释**　TNT当量：计算爆炸威力的一种标准，所谓TNT当量是指核爆炸时所释放的能量相当于多少吨TNT炸药（一种烈性炸药）爆炸所释放的能量。

1945年8月6日和8月9日，美国先后向日本的广岛和长崎投掷了两颗炸弹，顷刻间，几十万人伤亡，两座城市也瞬间成为一片瓦砾。是什么炸弹具有这么大的威力呢？

◎高科技大观：

核武器的爆炸方式有空中爆炸、地面爆炸等几种。不同的爆炸方式，其杀伤破坏效果是不同的。空爆的杀伤破坏特点是：杀伤地面人员，破坏地面目标及工矿、交通枢纽和城市建筑等，并形成一定的放射性沾染。地爆的杀伤破坏特点是：破坏地面或地下的坚固目标，杀伤工事内人员，造成严重的放射性沾染。

答案是核武器。核武器是一种利用某些物质，如铀-235、钚-239、氢的同位素氘等爆炸性核反应放出的巨大能量对目标造成杀伤破坏作用的武器。目前研制成功的核武器主要有原子弹、氢弹和中子弹。核武器爆炸的威力可达几万吨、几十万吨，甚至几千万吨TNT当量。

核武器是通过核爆炸后产生的光辐射、冲击波、早期核辐射、核电磁脉冲、放射性沾染5种杀伤因素来毁伤目标的。光辐射指核爆炸产生的高温火球发出来的光和热，温度可达上万摄氏度，能使物体熔化、灼焦、炭化和燃烧，甚至可以使距离爆炸中心几十千米内的所有物体化为灰烬。冲击波指从爆炸中心向四周传播的高压高速气浪，速度可超过声速，毁坏各种工事、建筑，也能造成人类耳鼓膜、心、肺等器官出血或破裂。

早期核辐射在核爆炸最初十几秒内，发出中子流和各种射线，人体受到射线的照射后。可导致细胞的变异和死亡，轻者患上放射性疾病，重者丧失生命。核电磁脉冲是核爆炸时产生的电磁脉冲，作用范围广，对人体和一般物体没有杀伤作用，但对电子设备有较大的干扰破坏作用。放射性沾染指核爆炸时产生的放射性物质对地面、人员、水、空气和物体等造成的沾染，可引起照射伤害而被灼伤。

目前，世界不少国家都拥有核武器，若全部使用，足可以将地球毁灭成百上千次。

50.为什么人造血液还不能真正代替血液？

◇ **名词解释** 红细胞：也称红血球，是脊椎动物中一种含血红蛋白的血细胞。无细胞核，也无细胞器，主要功能是运输和交换氧和二氧化碳。

1966年，美国医学博士克拉克在实验室里进行研究氟碳化合物溶液的试验。一次一只老鼠意外地掉进了此溶液中。过了很久，克拉克才察觉这个不速之客，并将其捞出。结果，本应淹死的老鼠却抖抖身子，一溜烟地逃之夭夭了。这是什么缘故呢？于是克拉克有意将一只白鼠浸入氟碳溶液中，经浸几小时后，捞上来的白鼠仍安然无恙。克拉克进一步研究证明，氟碳溶液具有很强的含氧能力，其含氧量比水大10倍，是血液的2倍多。克拉克立即意识到它可能是人造血液的理想材料。这个发现开创了人造血液的研究方向。

⊙ 血液循环系统概念图

1980年8月，我国科学家也研制成功人造血液，它是氟碳化合物在水中的超细乳状液。这种奇妙的人造血液，与真正的人体里的血液是有所不同的。它不像人们常说的"鲜红的热血"，它的颜色是白色的。自然的人体血液具有不同的血型，不同型号的血液是互不相溶的，而人造血液不分血型，不管哪种血型的人都能使用。它注入人体后，能同人体的正常血红细胞一样，具有良好的载氧能力和排出二氧化碳的能力。

不过，人造血液虽然可以不受血型限制，易于运输，易于保存，而且无毒无菌，但它只有输送氧气的单一功能，所以实质上仅是红细胞的代用品。因此，如何使人造血具有人血的多种功能，还有待于科学家们的进一步探索。

51.为什么心脏也能人工制造？

◇ **名词解释**　硅橡胶：一种性能出色的合成橡胶，具有无味无毒、耐寒耐热、耐氧耐光、绝缘抗老化等特性，在医学上具有广泛的应用。

每年，全世界有无数的人死于心脏病。为了挽救心脏病人，科学家们进行了艰苦的努力，并为此提出了一个大胆的设想——人造心脏。

我们知道，心脏是人类身体中最重要的器官之一，人体内血液的流动使生命得到维持，而心脏正是使血液得以循环的动力。在心脏的心房和心室同主动脉和肺动脉之间都分别有瓣膜相连，这些瓣膜只容许血液单向流动。如果它们出了毛病，譬如开启程度不够大或关闭不严，都会给人体造成严重的后果，发生心脏病。这时病人就得接受手术治疗。如果病情很严重，那么就得替他换一块人造瓣膜才行。

那么用什么材料来制造心脏瓣膜呢？心脏对这种材料的要求是十分高的。它首先应该是无毒的。其次，它不应该引起血液凝固，没有刺激性，不会被机体排斥。另外，还要求材料强度高，耐疲劳。以每年心脏跳动4000万次计算（每分钟70～80次），瓣膜就要受到血液几亿次反复冲击。当然，这种材料更不能老化，要求瓣膜至少有10年的使用寿命。

如今，科技人员已经制造出这种优异的材料了，它就是人工合成的硅橡胶，这是制造人工心脏瓣膜比较理想的材料之一。目前已经有许多人用上了这种材料，他们的生命得到了延续。科技人员的下一个目标便是完全成功地制造出人工心脏，以把完全损坏的心脏从体内更换出来。目前，这一研究也已经取得了一定成就。

52.骨髓移植为什么可以治疗白血病？

◇ **名词解释** 干细胞：具有无限制自我更新能力、同时也可分化成特定组织的细胞，在细胞发育过程中处于较原始阶段。在一定条件下，它可以分化成多种功能细胞。

白血病俗称血癌。它的发病率为十万分之三，平均生存时间短于6个月。国内以急性白血病较多见，其中急性淋巴细胞白血病多见于10岁以下儿童，急性粒细胞白血病多见于20岁以上成人。白血病的传统治疗方法是化学药物治疗（化疗），但它在杀灭白血病细胞的同时，也摧毁了正常的骨髓造血细胞。它可使病缓解一段时间，但又会复发。

随着医学科学的发展，现在又出现了一种新的治疗手段，这就是骨髓移植。即将组织配型相同的供者的"骨髓血"输入经过专门处理的病人静脉，使它在病人的骨髓中"安家落户"，增生繁殖，重建正常的造血和免疫功能。所谓配型相同，就是指在血细胞抗原（HLA抗原）的分布上相同。常在同胞、父母、近亲中做组织配型，也可在无血缘关系的人群中配型，但配型相同的概率只有十万分之一。我国已成立中国红十字会非血缘关系供者骨髓移植登记中心，专门收集骨髓。组织配型完成以后，医生先给病人接受大剂量化疗和全身放射治疗，使全身的白血病细胞、正常骨髓造血干细胞以及免疫细胞"同归于尽"。然后植入正常的骨髓，使病人的

◎ **高科技大观：**

2001年7月3日，美国肯塔基州路易斯维尔大学的外科医生拉曼·格林和罗伯特·多休在丹佛的犹太大医院为一名心脏病患者进行了一次人造心脏的移植手术，手术非常成功，在术后7小时内，患者各项医学指标都正常。术后两天，患者曾出现过肾衰竭、心脏病发作等症状，但两周后病情就得到好转。这是人造心脏在医学上的又一次成功应用。

造血和免疫功能得到重建。此骨髓移植新治疗方法的疗效十分好，除晚期白血病外，一般可达75%的治愈率。因此，一旦发现患上了白血病，越早采取早期骨髓移植，效果越佳。

53.为什么可用基因疗法治疗疾病？

◇ **名词解释**　噬菌体：一种感染细菌的病毒。它可以感染细菌、真菌、放线菌或螺旋体等微生物。

人体的遗传物质——基因存在于细胞核的染色体内，它是脱氧核糖核酸（DNA）组成的密码序列。在人体每个细胞中，有成千上万的基因，一旦基因密码序列受到某些条件的影响而发生突变的话，就会使人发生畸形或患上遗传病，并世世代代传下去。人类遗传病至今已发现有4000多种。

基因是"生命的设计图"，所以当基因因为突变、缺失、转移或是不正常的扩增而"出错"时，细胞制造出来的蛋白质数量或是形态就会出现问题，人体也就生病了。所以要治疗这种疾病最根本的方法，就是找出基因发生"错误"的地方和原因，把它矫正回来，疾病自然就会痊愈了。

基因疗法的基本思路是：将外源遗传物质，通过人工的方法将它转移到受体生物中，使受体生物获新的遗传属性。它的过程是：在体外将所需要的基因（或人工合成的基因）准备好，并与能将基因送入细胞的运输体相结合，构成DNA杂种分子。当载体将杂种分子送入细胞后，基因即在细胞中繁殖复制和表达。运载体一般是病毒、噬菌体或质粒。运载体可自我复制，基因也不断复制。

利用基因疗法治病的典型例子是：1970年有两名（2岁和7岁）因无法制造精氨酸酶而患精氨酸血症的小病人，经用比肖普病毒带入能指令合成精氨酸酶的基因，进入细胞后即合成精氨酸酶和消除精氨酸，从而治愈了精氨酸血症。另外，还有带入指令合成半乳糖酶的基因，从而治愈半乳糖血症的病例。

基因疗法虽然还处于探索阶段，但已显示出美好的前景。

54.为什么核磁共振能应用于医学？

◇ **名词解释** CT："electronic computer X-ray tomography technique"的简称，中文名称是"电子计算机X射线断层扫描技术"。作为仪器，CT是一种功能齐全的病情探测仪。

核磁共振是指处于静磁场中的原子核在另一改变磁场作用下发生的物理现象，在医学领域利用其来获取分子结构，以及人体内部结构信息。

1946年美国斯坦福大学的布洛赫和哈佛大学的伯赛尔教授发明了核磁共振技术，并双双获得了诺贝尔物理学奖金。15年后美国罗太伯教授将它应用于医学领域，并和计算机系统结合，组成了"核磁共振影像诊断仪"。核磁共振影像诊断仪就好比是一双能看穿人体的眼睛，能帮助医生了解人体内的各种结构和病变，从而有助于作出正确的诊断。这种设备可以把脑的沟回、灰质、白质、神经核清楚地显示在荧屏或照片上，分辨出炎症、水肿、坏死或肿瘤等不同情况，鉴别脑梗塞和脑溢血毫不费力；可显示心室大小、心肌厚度、供血情况、血液流量和流速；可观察冠状动脉硬化程度、卵巢的大小、排卵情况、输卵管和子宫病变、胎儿发育情况；此肝、胆、胰、脾、肾、膀胱、运动

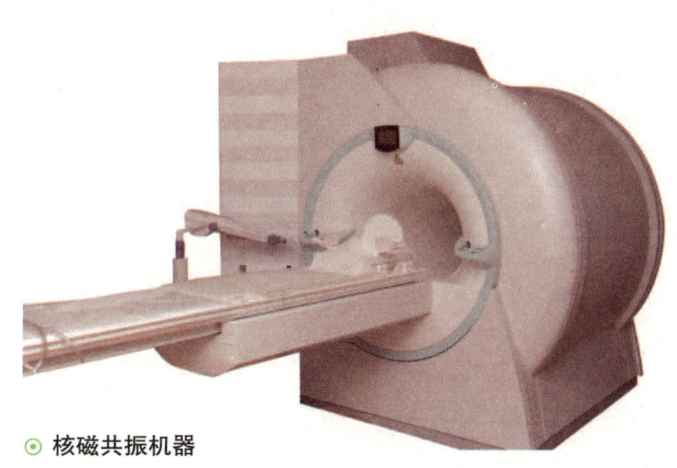
⦿ 核磁共振机器

系统等都能精确地作出判断。

　　核磁共振影像诊断仪与CT相比，具有更多的优点：CT只能显示人体的解剖图像，而它还能反映组织器官的功能情况；CT只能做矢状和水平方向的断面图像，而它可显示立体图像，定位准确，能分辨出1毫米大小的病变；CT是X射线的一种类型，对人体有一定的放射性损害，而它所赖以发挥作用的磁场，只相当于对人有害磁场强度的1/10，相当安全；CT有时需要增强剂，一旦过敏，十分危险，而它根本不用增强剂，图像照样清晰。